이 책을 베네딕도 규칙을 따르고
사랑하는 모든 분께 바칩니다.

성 베네딕도 규칙

2011년 12월 초판 1쇄 발행
2023년 9월 2쇄 발행

지은이　허성석
펴낸이　오택민
펴낸곳　들숨날숨
등록　　2000년 1월 14일 제2000-5호
주소　　39889 경북 칠곡군 왜관읍 관문로 61
　　　　전화 054-970-2400　팩스 054-971-0179
　　　　04606 서울 중구 장충단로 188 분도빌딩 102호
　　　　전화 02-2266-3605　팩스 02-2271-3605
만든곳　(재)왜관성베네딕도수도원 분도인쇄소
홈페이지　www.bundobook.co.kr

ⓒ 들숨날숨, 2011년도

ISBN 978-89-93926-20-0　03230

값 27,000원

들숨날숨은 분도출판사 · 분도인쇄소의 출판브랜드입니다.
이 책은 저작권법에 따라 보호받는 저작물이므로 무단 전재와 무단 복제를 금지하며,
이 책 내용의 전부 또는 일부를 인용하려면 반드시 저작권자와 출판사의 서면 동의를 받아야 합니다.

성 베네딕도 규칙

번역 · 주해

허성석

일러두기

성규 우리말 번역에 있어 특별히 다음 사항을 염두에 두었다.

1. '하느님의 일'(*Opus Dei*)은 '공동기도'나 '시간경'으로 통일했다.
2. 고대 시간은 모두 현대 시간으로 바꾸었다. 예) '제1시' → '오전 7시'
3. 너무 긴 문장은 이해를 돕기 위해 가능한 한 모두 단문으로 나누었다.
4. 성경이나 다른 문헌에서 직접 인용된 부분은 인용부호로 표시했다.
5. 성경 인용은 가능하면 우리말 새번역 성경을 따랐지만 문맥상 어색한 경우에는 성규 라틴어 원문을 따랐다. 신약성경은 200주년 기념성서 번역을 따랐다. 주해와 각주의 시편 번호는 히브리 시편 번호를 따랐지만, 성규 본문에 표기된 시편 번호는 원문 그대로 두었다.
6. 라틴어나 그리스어는 모두 기울임체로 표기했다.
7. 번역을 위해서 순수사본인 라틴어 텍스트(*Sangallensis* 914)를 기본으로 하여 이탈리아어 번역본(*La Regola di San Benedetto*, A cura delle Monache Benedettine di San Marco, Commento di Giovanni Lunardi, Padova 2006)과 영어 번역본(*RB 80*, ed. Timoty Fry, The Liturgical Press: Collegieville: Minnesota 1981), 그리고 우리말 번역본(『수도 규칙』 이형우 역주, 교부 문헌 총서 5: 분도출판사 1991)을 참조하였다.

▶ 목 차 ◀

약 어 표 | 10
참고문헌 | 11
저자서문 | 17

제 1 부 : 입 문

제 1 장_ 성규 연구를 위한 안내 | 23
    1. 성규 연구의 이유 | 23
    2. 성규와 삶의 관계 | 25
    3. 성규의 대상 | 25
    4. 성규 해석법 | 26
제 2 장_ 시대와 환경 | 28
제 3 장_ 성규 전달사 | 32
제 4 장_ 성규의 원천 | 36
    1. 성경 | 36
    2. 수도승 원천 | 37
제 5 장_ 성규와 RM의 관계 | 40
제 6 장_ 성규의 특성과 내용 | 44
제 7 장_ 성규의 구조 | 52
제 8 장_ 성규의 영향 | 56
    1. 타 규칙에 대한 지배 | 56
    2. 수도승 법규 역사 안에서 성규 | 58
    3. 성규와 현행 교회법 | 59
제 9 장_ 베네딕도 생애에 대한 비판적 문제 | 61

제 2 부 : 본문과 주해

성규의 구조와 내용 | 67
머리말: 수도승생활로의 초대 | 68
제 1 장_ 수도승의 부류 | 82
제 2 장_ 아빠스의 자질 | 92
제 3 장_ 공동체 회의 소집 | 103
제 4 장_ 선행의 도구 | 109
제 5 장_ 순종 | 126
제 6 장_ 침묵 | 134
제 7 장_ 겸손 | 139
제 8 장_ 밤기도 | 165
제 9 장_ 밤기도 시편수 | 165
제 10 장_ 여름철 밤기도 | 167
제 11 장_ 주일 밤기도 | 167
제 12 장_ 주일 아침기도 | 168
제 13 장_ 평일 아침기도 | 169
제 14 장_ 성인 축일 밤기도 | 170
제 15 장_ 알렐루야 낭송시기 | 171
제 16 장_ 낮 시간경 | 171
제 17 장_ 각 시간경에 바칠 시편 수 | 172
제 18 장_ 시편낭송 순서 | 173
제 19 장_ 시편낭송 자세 | 187
제 20 장_ 기도 때의 공경심 | 188
제 21 장_ 십인장 | 194
제 22 장_ 취침규정 | 200

제 23 장_ 잘못에 대한 파문 | 210

제 24 장_ 파문의 정도 | 211

제 25 장_ 중대한 잘못 | 211

제 26 장_ 파문당한 이와 허락 없이 교제하는 자 | 212

제 27 장_ 파문당한 이에 대한 아빠스의 염려 | 212

제 28 장_ 잦은 책벌 후에도 개선하지 않는 자 | 214

제 29 장_ 퇴회한 형제의 재입회 | 215

제 30 장_ 어린이에 대한 책벌 | 215

제 43 장_ 기도나 식사에 늦는 형제 | 215

제 44 장_ 파문된 형제의 보속 | 217

제 45 장_ 성당에서 실수한 형제 | 218

제 46 장_ 다른 일에서 잘못한 형제 | 219

제 31 장_ 당가의 자질 | 236

제 32 장_ 수도원의 도구와 물건 | 248

제 33 장_ 개인소유의 금지 | 252

제 34 장_ 필요성에 따른 분배 | 253

제 35 장_ 주간 주방봉사자 | 262

제 36 장_ 병든 형제 | 271

제 37 장_ 노인과 어린이 | 278

제 38 장_ 주간 독서자 | 281

제 39 장_ 음식의 분량 | 292

제 40 장_ 음료의 분량 | 300

제 41 장_ 식사시간 | 307

제 42 장_ 끝기도 후의 침묵 | 313

제 47 장_ 기도 시간을 알림 | 320

제 48 장_ 매일의 노동 | 324

제 49 장_ 사순시기를 위한 규정 | 339

제 50 장_ 먼 곳에서 일하거나 여행하는 형제 | 345

제 51 장_ 가까운 곳으로 여행하는 형제 | 349

제 52 장_ 수도원 성당 | 351

제 53 장_ 손님환대 | 356

제 54 장_ 수도승을 위한 서신이나 선물 | 374

제 55 장_ 의류와 신발 | 379

제 56 장_ 아빠스의 식탁 | 395

제 57 장_ 수도원의 장인 | 399

제 58 장_ 공동체에 받아들이는 절차 | 406

제 59 장_ 귀족이나 가난한 이의 자녀봉헌 | 424

제 60 장_ 사제를 받아들임 | 429

제 61 장_ 외래 수도승을 받아들임 | 435

제 62 장_ 수도원의 사제 | 440

제 63 장_ 공동체의 차례 | 446

제 64 장_ 아빠스 선출 | 461

제 65 장_ 원장 | 473

제 66 장_ 문지기 | 481

제 67 장_ 여행하는 형제 | 487

제 68 장_ 불가능한 명령을 받은 경우 | 491

제 69 장_ 상호변호 금지 | 496

제 70 장_ 월권행위 금지 | 500

제 71 장_ 상호순종 | 505

제 72 장_ 수도승의 좋은 열정 | 511

제 73 장_ 맺음말: 초보자를 위한 규칙 | 518

부 록

부록 1. 종합정리를 위한 안내 | 527
부록 2. 성규 용어 소사전 | 529
부록 3. 성규와 RM 구조 비교표 | 538
부록 4. 성규에 따른 시편배열 | 540
부록 5. 성규에 따른 각 시간경의 순서와 방법 | 542
부록 6. 각 시간경의 구분 유무와 알렐루야 낭송시기 | 544

▶ 약어표 ◀

CC	Collectanea Cisterciensia
CCM	Corpus Consuetudinum Monasticum
CS	Cistercian Studies (Quarterly)
CSEL	Corpus Scriptorum Ecclesiasticorum Latinorum
CSS	Cistercian Studies Series
DIP	Dizionario degli Istituti di Perfezione
PL	Patrologia Latina
RBén	Revue Bénédictine
RBS	Regulae Benedicti Studia
RM	Regula Magistri
SC	Sources Chrétiennes
성규	성 베네딕도 규칙

▶ 참고문헌 ◀

Adalbert de Vogüé, *La Règle de Saint Benoît,* voll. IV-VI, *SC* 184-186, Cerf, Paris 1971-1972.

------------, *La Règle de Saint Benoît: Commentaire Doctrinal et Spirituel,* Tome. VII, Cerf, Paris 1977.

------------, *Étude sur La Règle de Saint Benoît,* Abbaye de Bellefontaine 1996.

------------, *Ciò che dice S. Benedetto,* Roma 1992.

------------, *The Rule of Saint Benedict: A Doctrinal and Spiritual Commentary,* trad. J. B. Hasbrouck, *CSS* 54, Kalamazoo, Michigan 1983.

------------, *La communauté et la abbé dans la Règle de saint Benoît,* Paris-Brussels: Desclée-de-Brouwer, 1961.

------------, "Priest and Monastic Community in Antiquity", *CS* 22(1987:1), 18-20.

------------, "Salmodia e Preghiera" in *La comunità,* Abbazia di Praglia 1991, 294-318.

------------, "The Meaning of Benedictine Hospitality", *CS* 21(1986), 191-192.

André Borias, "Couches redactionelles dans la Règle Bénédictine", *RBén* 85 (1975), 38-55.

Aquinata Böckmann, *Perspektiven der Regula Benedicti,* Vier-Türme-Verlag, Münsterschwarzach 1986.

Basilius, *Le Regole,* ed. Lisa Cremaschi, Edizioni Qiqajon 1993.

Basilius Steidle, *Die Benediktus Regel,* lateinisch-deutsch; Beuroner Kunstverlag, 4^{a}ed., Beuron 1980.

Benedictus Anianensis, *Concordia Regularum,* ed. Hugues Ménard, *PL* 103, 1215-1224.

Benedetto, *La Regola,* ed. A. Lentini, Montecassino 1994.

Benedictus, *La Règle de Saint Benoît I-II,* edd. Adalbert de Vogüé et Jean Neufville, *SC* 181-182, Cerf, Paris 1972.

Catherine Wybourne, "Community order in the rule of St. Benedict: Does it rest on the word of God or an act of faith?", *RBS* 18: St. Ottilien 1994, 196-197.

Georg Holzherr, *Die Benediktsregel: Eine Anleitung zu christlichem Leben,* Einsiedeln: Benziger 1993[4].

Gracía M. Golombás, *La Regla de San Benito,* Biblioteca de Autores Cristianos 406, 2da ed., Madrid 1993.

John Cassian, *The Conferences,* ed. Boniface Ramsfy, New York 1997.

John Cassian, *The Institutes,* trans.&annot. Boniface Ramsey, The Newman Press, New Jersey 2000.

La Regola di San Benedetto e le Regole dei Padri, ed. Pricoco, Salvatore, Fondazione Lorenzo Valla 1995.

La Regola di San Benedetto, A cura delle Monache Benedettine di San Marco, Commento di Giovanni Lunardi, Padova 2006.

Magister, *Regola del Maestro*, voll. I-II, edd. Marcellina Bozzi-Alberto Grilli, Paideia Ed., Brescia 1995.

Master, *The Rule of the Master*, trans. Luke Eberle, Introd. Adalbert de Vogüé, *CS* 6, Kalamazoo, Michigan 1977.

P. Delatte, *Commentaire sur la Règle de Saint Benoit*, Paris 1948.

RB 80, ed. Timoty Fry, The Liturgical Press: Collegieville (Minnesota) 1981.

Règles monastiques d'occident IV-VI siècle d'Augustin à Ferréol, ed. Vincent Desprez, Abbaye de Bellefontaine 1980.

Regole Monastiche Antiche, ed. Turbessi, Giuseppe, Roma 1973.

Sighard Kleiner, *Serving God first*, *CSS* 83, Kalamazoo, Michigan 1985.

Smaragdus, *Samragdi abbatis expositio in Regulam S. Benedicti*, ed. P. Engelbert, *CCM* 8, Siegburg 1974.

Terrence G. Kardong, *Benedict's Rule: A Translation and Commentary*, The Liturgical Press: Collegeville(Minnesota) 1996.

---------------, *Together Unto Life Everlasting*, Assumption Abbey Press 1984.

Von Balthasar H.U., "Les thèmes johanniques dans la Règle de St.Benoît et leur actualit?", in *CC* 37(1975).

거룩한 교부들, "거룩한 교부들의 규칙", 허성석 주해; 장영주 옮김 「코이노니아」 30-31집, 한국 베네딕도 수도자 모임 2005-6, 116-140; 205-235.

그레고리오 대종 『베네딕도 전기』 이형우 역주, 교부 문헌 총서 11:

분도출판사 1999.

백순희 외 『규칙서』: (코이노니아 선집 4), 왜관 수도원 2004.

뻴라지오와 요한 『사막 교부들의 금언집』 요한 실비아 옮김, 분도출판사 1988.

성 베네딕도 『수도 규칙』 이형우 역주, 교부 문헌 총서 5: 분도출판사 1991.

성 아타나시우스 · 성 안토니우스 『사막의 안토니우스』 허성석 옮김, 분도출판사 2015.

아르라르 줌켈러 해설 『아우구스띠누스 규칙서』 이형우 옮김, 분도출판사 1987.

에바그리우스 폰티쿠스 『안티레티코스』 허성석 옮김, 분도출판사 2014.

-------------, 『프락티코스』 허성석 역주, 분도출판사 2011.

에바그리우스 폰티쿠스-요한 카시아누스 『스승님, 기도란 무엇입니까?』 허성준 역주, 생활성서사 2007.

마리아 라르먼, "성규 안에서 Contristare와 Tristitia: 공동체와 사기에 대한 언급", 허성석 옮김, 「코이노니아」 35집(2010), 91-11.

아달베르 드 보궤, "300-700년경 수도원들 안에서 매일의 독서", 허성석 옮김 「코이노니아」 제30집(2005), 22-39.

요한 카시아누스, "제1-3.5.9-10.14.16.19담화", 진 토마스 옮김 『교부』 [코이노니아 선집 6(2004)], 172-353.

-------------, "제도서 제4권", 진 토마스 옮김 『교부』 [코이노니아 선집 6(2004)], 581-608.

-------------, "다니엘 아빠스의 담화", 진 토마스 옮김 「코이노니아」 29집(2004), 209-231.

------------, "세라피온 아빠스의 담화", 진 토마스 옮김 「코이노니아」 30집(2005), 141-170.

------------, "테오도로 아빠스의 담화", 진 토마스 옮김 「코이노니아」 31집(2006), 236-260.

------------, "세레노 아빠스의 첫째 담화", 진 토마스 옮김 「코이노니아」 32집(2007), 52-172.

------------, "세레노 아빠스의 둘째 담화", 진 토마스 옮김 「코이노니아」 32집(2007),173-186.

------------, "케레몬 아빠스의 첫째 담화", 진 토마스 옮김 「코이노니아」 33집(2008),162-181.

------------, "케레몬 아빠스의 둘째 담화", 진 토마스 옮김 「코이노니아」 34집(2009),195-221.

------------, "케레몬 아빠스의 셋째 담화", 진 토마스 옮김 「코이노니아」 35집(2010),210-238.

------------, "파아문 아빠스의 담화", 진 토마스 옮김 「코이노니아」 36집(2011), 181-207.

------------, "요한 아빠스의 둘째 담화", 진 토마스 옮김 「코이노니아」 37집(2012), 190-218.

------------, "피누피우스 아빠스의 담화", 진 토마스 옮김 「코이노니아」 37집(2012), 219-235.

------------, "테오나스 아빠스의 첫째 담화", 진 토마스 옮김 「코이노니아」 38집(2013), 166-206.

------------, "테오나스 아빠스의 둘째 담화", 진 토마스 옮김 「코이노니아」 39집(2014), 171-192.

------------, "테오나스 아빠스의 셋째 담화", 진 토마스 옮김 「코이

노니아」 40집(2015), 123-155.

파코미우스, "성 파코미우스와 그의 수도 규칙서", 이형우 옮김 『교부』 [코이노니아 선집 6(2004)], 385-418.

허성석, 『중용의 사부, 베네딕도의 영성』, 분도출판사 2015.

――――――, 『하느님 찾는 삶: 성 베네딕도와 함께 하는 영적 여정』, 들숨날숨 2010.

――――――, "RB 53장 안에 나타난 그리스도의 역할" 「코이노니아」 27집(2002), 146-180.

――――――, "베네딕도 영성에 대한 고찰", 「코이노니아」 28집(2003), 7-52.

――――――, "렉시오 디비나", 「코이노니아」 29집(2004), 61-107.

――――――, "공동체의 차례와 상호관계" 「코이노니아」 31집 (2006), 65-94.

――――――, "공동체 생활에서 규칙의 위치와 의미" 「코이노니아」 42집 (2017), 77-82.

――――――, "성규를 통해 본 베네딕도 성인의 인격적 면모" 「코이노니아」 35집 (2010), 7-22.

――――――, "베네딕도 성인에게 배우는 리더십" 「코이노니아」 40집(2015), 7-21.

――――――, "수도승생활과 노동", 「코이노니아」 36집(2011), 64-84.

――――――, "공동생활, 걸림돌인가 디딤돌인가?: 공동체 생활을 위한 기술" 「코이노니아」 37집 (2012), 71-84.

――――――, "공동체 영성", 「코이노니아」 38집(2013), 7-21.

▶ 저자서문 ◀

  한국 땅에 베네딕도회 수도승생활이 시작된 지도 어느덧 한 세기가 흘렀다. 1909년 선교 베네딕도회 오딜리아 연합회에서 두 명의 독일 수도승을 한국에 파견하면서부터 이 머나먼 고요한 아침의 나라에까지 성 베네딕도라는 인물과 그의 규칙이 알려지게 되었다. 초기 한국 베네딕도회는 선교 연합회의 이상에 부응하여 교육, 출판, 본당사목, 특수사목 등을 통하여 지역교회의 정착과 복음화에 크게 기여해왔다. 하지만 오늘날 양적으로 성장한 한국 교회는 질적 성장이라는 새로운 대내적 문제에 직면하게 되었고, 이러한 몫을 무엇보다도 수도회들이 담당해 줄 것을 요청하고 있다. 전교지역이라는 상황에서 지역교회의 요청에 부응해 온 한국 베네딕도회 역시 이제보다 큰 영적 나눔이라는 또 다른 요청에 놓여있다. 그것은 무엇보다도 베네딕도 규칙에 나타난 성인의 영적 가르침에 대한 보다 체계적 연구와 구체적 실천을 의미할 것이다. 이것이 베네딕도회원으로서 영적 나눔의 일차적 의미가 아닐까 한다.

  그동안 한국 베네딕도 수도자 모임에서 매년 발행해 온 「코이노니아」란 잡지를 통해 베네딕도 규칙에 대한 단편적 연구 논문들이 번역 혹은 집필되어 규칙에 대한 공부와 이해에 적지 않은 도움을 주었다. 하지만 규칙 전체에 대한 우리말 해설서가 없어 많은 아쉬움을 느껴왔다. 베네딕도 규칙은 천오백년 전에 씌어진 하나의 고전이라 할 수 있는데, 고전 연구를 위해 필수적인 것은 그 텍스트의 현대어 번역본과 주해서이기 때문이다. 베네딕도 규칙의 우리말 번역본은 이미 몇 차례에 걸쳐 나왔지만[1] 주해서는 번역본조차 없었던 것이 현실이다. 물론 에스더 드 왈과 같은 몇몇 저자의 성규에 대한 책이 우리말로 번역되기는 했지만 그것들은 성규에 대한 정식 주해서라기보다는 오히려 묵상서의 성격을 띤 비전문적인 저서들이기에 보다 체계적인 성규 연구를 위해서는 여전히 불충분하다.

필자는 베네딕도회원으로서 이러한 현실에 늘 안타까움과 함께 어떤 의무감을 느껴왔다. 하지만 주해서를 만들기 위해서는 많은 시간과 노력을 요하기 때문에 감히 엄두를 내지 못했었다. 그러다 2007년 미국 시카고에 있는 베네딕도회 공동체에 수개월간 머물 기회가 있었고 이때 여러 해 동안 수련자들에게 했던 필자의 강의록을 바탕으로 우리말 성규 주해서를 본격적으로 작업하여 마칠 수 있었다. 동시에 성규 본문을 다시 번역했다.[2] 가장 최근 번역본이 18년 전에 나왔기에 개정의 필요와 요구가 있어 왔기 때문이다. 지금 돌이켜보면 단기간에 성규 우리말 새 번역과 주해서를 완성하게 된 것은 필자의 능력으로나 시간으로나 도저히 불가능하게 보이기까지 한다. 하지만 앞서 언급한 의무감과 베네딕도 성인의 영적 가르침을 한국 독자들과 나누고자 하는 나름의 사명감이 있었기에 가능했다.

필자는 이 주해서를 너무 전문적이지도 않고 그렇다고 너무 비전

---

1) 가장 최근의 번역본은 1991년에 분도출판사에서 교부문헌총서 제5권으로 발행한 『성 베네딕도 수도규칙』(이형우 역)이다.
2) 이 주해서에서는 필자의 새 번역 본문을 사용하였다.

문적이지도 않은 중간 수준을 선정해 작성했다. 너무 전문적인 주해서는 규칙에 대한 전이해가 많지 않은 독자들에게 너무 건조할 수 있고, 묵상류의 비전문적 해설서 역시 성규 자체에 대한 공부에 그리 큰 도움이 되지 않기 때문이다. 더 깊은 연구를 위해서는 참고문헌에 제시된 자료들을 활용할 수 있을 것이다. 이 주해서를 위해 주로 참고한 자료는 다음과 같다.

1. Adalbert de Vogüé, *Ciò che dice S. Benedetto*, Roma 1992.
2. Adalbert de Vogüé, *The Rule of Saint Benedict: A Doctrinal and Spiritual Commentary*, trad. J. B. Hasbrouck, Cistercian Studies Series 54, Kalamazoo, Michigan 1983.
3. Benedetto, *La Regola*, ed. A. Lentini, Montecassino 1994.
4. *La Regola di San Benedetto*, ed. Monache Benedettine di San Marco, Com. Giovanni Lunardi, Padova 2006.
5. Terrence G. Kardong, *Benedict's Rule: A Translation and Commentary,* The Liturgical Press: Collegeville(Minnesota) 1996.

이 주해서는 크게 2부로 구성되어 있다. 제1부는 입문으로 성규에 대한 구체적 공부에 앞서 성규 전반에 대한 전(前) 이해를 돕기 위해 필요한 내용들을 담고 있다. 제2부는 본문에 대한 주해로 여기서는 새로 번역한 성규 본문을 함께 실었다. 먼저 각 장이나 부분별로 해당되는 본문을 먼저 소개하고 주해를 했다. 주해 부분은 다시 서론, 주석 그리고 결론으로 나누어져 있다. 결론부에서는 주해를 바탕으로 필자의 경험에서 나온 견해도 표현되어 있다. 끝으로 부록에는 특별히 성규 종합 정리를 위한 안내를 소개했고, 성규 용어 소사전을 만들어 각 용어에는 성규 안에 나타나는 해당 부분을 표시했다. 그리고 성규에 나타난 각 시간경에 따른 시편을 실제로 배열해 보았다.

  이 주해서는 베네딕도 규칙을 공부하려는 초보자를 위한 최소한의 안내서에 불과할 뿐임을 밝혀둔다. 따라서 성규에 대한 보다 더 해박하고 전문적 지식을 갖고 있는 전문가에게는 부족한 면이 많을 것이라 여겨진다. 하지만 우리말 최초로 소개되는 주해서로 만족하고 부끄럽고 아쉬운 대로 독자들과 나누고자 한다. 이 주해서를 기점으로 앞으로 더 훌륭한 주해서가 나오기를 기대하며 그 몫을 독자들에게 남겨드린다. 이 주해서가 베네딕도 성인의 영적 가르침을 한국의 독자들과 나누고 그들의 영적 여정에 작으나마 도움이 된다면 필자로서는 더할 나위 없는 기쁨이 될 것이다.

  끝으로 이 주해서가 나오기까지 여러 조언을 주신 허성준 가브리엘 신부님과 우리말 교정을 위해 많은 수고를 아끼지 않으신 송양자 데레사 자매님에게 깊이 감사드린다. 아울러 직접 간접으로 많은 도움을 주시고 수고해 주신 모든 분, 특별히 분도출판사 관계자 여러분에게도 감사드린다.

2011년 12월
화순수도원에서
허성석 로무알도 신부

제 1 부

입문

제 1 장
성규 연구를 위한 안내

1. 성규 연구의 이유

베네딕도 규칙은 그리스도교 전통, 특별히 수도승전통 안에서 매우 중요한 위치를 차지하고 있다. 그것은 모든 시대의 그리스도교적, 수도승적 체험의 핵심을 이루고 있다고 해도 과언이 아니다. 우리가 성규를 알아야 하는 데에는 다음과 같은 이유가 있다.

1) 존재론적, 개인적 이유

성규는 복음과 더불어 수도승의 삶을 인도하는 확실한 안내자로서 우리에게 수도승생활을 잘 살도록 가르치고 있다. 성규는 무엇보다도 복음의 그리스도의 가르침에 깊이 뿌리를 두고 거기서 수액을 끌어올린다. 이 때문에 성규는 주님을 섬기는 학교의 경험 있는 스승과도 같다.[3]

2) 공동체적 이유

성규는 공동체 생활을 규정하는 문헌이다. 즉 함께 하느님을 찾는 삶의 지침이다. 따라서 그 안에는 함께 조화롭게 사는 지혜로운 영적 기술들이 담겨져 있다. 이는 비단 수도승생활 뿐 아니라 모든 그

---

3) 참조: 성규 1,6.

리스도인 삶을 위해서도 유효한 가르침이 된다.

3) 교회적 이유

성규는 고대 규칙들 중 하나이다. 사실 이천년 교회 역사 가운데 3/4에 해당하는 천오백년 동안 그 명맥을 유지해 오고 있다. 성규는 11세기(동서방교회의 분열)와 16세기(프로테스탄트 종교개혁으로 인한 분열) 두 차례에 걸친 결정적 교회 분열 이전에 쓰였기 때문에 교회 일치를 위한 매개체로 작용할 수 있다. 실제로 규칙은 종교간 대화와 일치를 위한 여러 가능한 원인을 제공해 준다. 수도승생활 운동은 교회 분열 이전에 태동하였기 때문에 베네딕도회 수도원들은 교회일치운동과 종교간 대화를 위한 이상적인 장소로 간주되어 왔고 오늘날도 이러한 장소로서의 역할을 계속하고 있다.

4) 문화적 이유

세기를 통해 성규는 보다 위대한 인간적, 종교적 가치들을 위한 촉진제 역할을 해왔고 오늘날에도 여전히 그러하다. 즉 절대자의 우위성, 하느님 찾음, 형제적 사랑의 생활, 기도의 차원, 침묵과 노동의 가치 등등.

규칙은 법적 성격을 띠지만 동시에 금욕적 가치도 지니고 있다. 하나의 규칙은 어떤 가치와 규정을 담고 있다. 가치는 불변하는 어떤 것이고, 규정은 시대에 따라 변화될 수 있다. 성규는 제2차 바티칸 공의회 이후 엄청난 변화에도 불구하고 그 고유의 가치를 상실하지 않았다.

성규는 우리에게 단지 이전 수도승 전통의 도착점으로 뿐 아니라 또한 이후 수도승 전통의 출발점으로 나타난다.

2. 성규와 삶의 관계

성규의 주요 관심사는 수도승생활이다. 그 안에는 하느님 찾음, 상호 건설, 공동전례기도, 개인기도, 손노동 등 어떤 실제적 교육을 위한 체계적 프로그램이 담겨져 있다. 그래서 영원한 생명을 추구하는 수도승생활을 사는 구체적 환경 속으로 우리를 안내한다. 규칙과 삶의 관계는 성경적, 지혜적, 교부적 영성의 토대 위에서 결정된다.

교부적, 지혜적 사상은 스콜라 신학의 그것과는 달리 구체적 삶과 더욱더 일치되어 있다. 그것은 단지 이성만이 아닌 영혼과 육체로 구성된 전인(全人)을 지향한다. 성규가 제정하는 규율 역시 체험에 바탕을 둔 가르침에서 유래한다. 성규에 의하면 아빠스는 가르침에 있어 지혜로워야 한다. 당가도 현명해야 하며, 하느님의 집(수도원)은 지혜로운 사람들에 의해서 현명하게 관리되어야 한다.

규칙(텍스트)과 아빠스(사람), 그리고 공동체(인간 집단)는 수도승을 만드는 세 가지 기본 요소라 할 수 있겠다.

3. 성규의 대상

성규의 대상은 개별 수도승이나 아빠스가 아닌 다양한 기존 공동체들이다. 따라서 우리는 성규 안에서 이미 수도승적 다원주의를 보게 되는데, 바로 여기서 성규를 해석하는 다양한 방식이 유래한다. 성규를 통해 드러나는 수도승 세계는 본질적으로 자립적, 지방분권적, 다원적 세계이다. 수도원은 총체적 양성을 위한 유일한 환경으로 나타난다. '유일하다' 는 것은 새 지원자의 양성임무를 다른 환경에 맡기지 않는다는 의미에서이다. '총체적 양성' 이란 것은 그 지원자에게 인간적, 그리스도교적, 영성적, 수도승적, 신학적 그리고 전례적 양성을 보장해야 한다는 의미에서이다.

4. 성규 해석법

시대와 장소, 구체적 환경과 대상 그리고 상황에 따라 규칙은 다양하게 해석될 수 있다. 그러나 일반적으로 성규를 읽고 해석하는 방법을 **객관적 해석과 주관적 해석** 두 가지로 얘기할 수 있다. 객관적 해석이란 성규에 대한 과학적, 학문적 연구 분석을 통해 본문 자체가 지닌 본래의 객관적 의미와 정신을 알아내는 것이다. 그리고 주관적 해석이란 객관적 해석을 바탕으로 그것을 현재의 구체적 상황에 적용하여 저자가 오늘 우리에게 말하고자 하는 바를 찾아내는 것이다.

성규 해석에 있어 이 둘은 상호보완적인 것으로 함께 가야한다. 그렇지 않으면 성규는 잘 못 이해될 수 있거나 우리에게 별 의미를 주지 못할 수 있다. 만일 객관적 해석으로만 그친다면 성규는 현재 우리 삶과 동떨어진 무의미한 것으로 전락할 수 있다. 반대로 객관적 해석을 바탕으로 하지 않는 주관적 해석 역시 자칫 자구적, 문자적 해석으로 빠져 결국 성규의 참 정신을 살아 낼 수 없게 할 것이다. 이 둘의 관계는 하느님 말씀에 대한 주석과 신학의 관계와도 동일하다. 객관적 해석은 본문 자체에 대한 주석이고 주관적 해석은 그것을 현재의 구체적 상황에서 재해석하고 새로운 의미를 끄집어내는 신학이라 할 수 있다.

따라서 성규를 읽고 해석할 때 마음으로 감상적으로만 접근해서는 안 된다. 그 전에 성규에 대한 공부가 필요하다. 우리는 이미 권위 있는 학자들이 해 놓은 연구 결과들을 참조할 수 있을 것이다.

제 2 장
시대와 환경

　성 베네딕도가 살았던 시대는 고대 후기였다. 313년 콘스탄티누스 황제의 밀라노 칙령을 통한 종교자유와 604년 교황 그레고리우스 1세의 사망, 이 두 연대 사이에 476년 서로마 제국의 멸망이 위치한다. 베네딕도 성인의 출생 연도(480년)와 사망 연도(547년)는 학자들에 의해 합의된 것임을 미리 염두에 둘 필요가 있다.

　로마가 비시고트족에게 처음 정복당했을 때인 410년부터 서로마 제국은 겨우 명맥을 유지해 오다가 성 베네딕도가 탄생하기 몇 년 전에 마침내 멸망했다. 476년 서로마 제국의 마지막 황제 로몰로 아우구스톨로(Romolo Augustolo)는 한 게르만 장군 오도아크레(Odoacre)에게 왕위를 양도했다. 오도아크레는 20년도 채 안되어 고트족 왕 테오도리쿠스에게 왕위를 박탈당한다. 새로운 야만족의 지배는 한 세대 이상 지속되었다. 535년에야 비로서 로마 제국 쪽에서 이탈리아의 재정복을 시도하게 된다.

　성 베네딕도는 젊은 시절을 테오도리쿠스 황제 치하에서 보냈다. 정열적이며 동시에 자유분방했던 이 황제 치하에서 이탈리아는 번성했다. 테오도리쿠스 황제는 로마 문명에 감탄하여 다음과 같이 말하곤 하였다 "한 사악한 로마인이 고트족을 모방하고, 한 훌륭한 고트족은 로마인을 모방한다." 테오도리쿠스는 나이가 들어가면서 점점 더 마음이 완고해지고 의심이 많아져 갔다. 그는 로마에서 유대인들과 그리스도교인들 간의 대립에서 야기되곤 했던 폭동을 가혹하게 진압했다. 몇몇 모략꾼이 로마인들이 동로마 제국 황제와 함께 테오도리쿠스 황제를 거슬러 음모를 꾸몄다고 모함하는데, 황제는 그들의 꾐에 넘어간다.

대표적 희생자는 교황 요한 1세였다. 테오도리쿠스는 교황을 강제로 콘스탄티노플로 가게 하여 아리우스 이단에 비호의적인 결정들을 철회하도록 동로마 제국 황제에게 요청하게 한다. 귀환 길에 교황은 라벤나에서 심한 박대를 받았고 결국 며칠 후에 사망한다.

그레고리우스 1세는 『대화집』에서 한 거룩한 은수자의 현시에 대해서 언급하고 있다. 거기에 따르면 사망한 테오도리쿠스 왕은 자신이 처형한 귀족 심마쿠스와 교황 요한 1세에 의해 이끌려 지옥 불에 던져진다.

이런 일련의 사건과 전설은 당시 이탈리아가 직면했던 이중의 어려움을 잘 보여주고 있다. 종족간 대립에다 종교간 대립까지 겹쳐져 더욱 어려운 상황에 처했다. 사실상 야만족들의 그리스도교의 개종은 로마인의 그리스도교가 아닌 아리우스파 선교사들의 활동을 통해서 이루어졌다. 이처럼 성자께서 성부와 동일한 본성을 지니셨음을 부정한 아리우스 이단은 니케아 공의회(325년)와 콘스탄티노플 공의회(381)의 단죄에도 불구하고 당시에도 여전히 위세를 떨치고 있었다.

6세기 이탈리아는 야만족들(오스고트족, 롱고바르드족 등)의 침입과 약탈로 많은 시련과 박해를 당했다. 아리우스 이단 신봉자들이었던 고트족은 이탈리아인들의 그리스도교가 자기들에게 위협이 된다고 여겨 자주 폭력적으로 반응하였다. 베네딕도는 짤라(Zalla)라고 하는 야만족 전사가 몬테카시노를 지나가는 것을 본다. 그는 농부들을 잔혹하게 대했고, 특히 가톨릭교회의 축성된 사람들을 더욱 잔인하게 다루었다. 그레고리우스 1세에 의하면 그는 성직자나 수도승을 감싸준 사람은 누구든지 이유 없이 처형하였다.[4]

유스티아누스 황제의 왕국(527-565)은 거대했다. 그는 콘스탄티노플에 성 소피아 대성당과 라벤나에 성 비탈레 대성당을 세웠고 많은 시민법과 종교법을 제정하기도 하였는데, 이전의 모든 법을 하나의 법전 안에 모았다. 사회와 종교생활 모두에 적용되는 이 법들은 분명 성규에 영감을 주었을 것이다. 베네딕도 역시 자신의 규칙 안에 수도승 전통으로부터 보다 더 유익한 것들을 응축하게 될 것이다.

6세기 이탈리아 수도승생활이 직면했던 가장 큰 시련과 고통은 롱고바르드족의 침략이라 할 수 있다. 567년 롱고바르드족은 이탈리아를 침략하여 여러 도시와 교회, 수도원들을 약탈하고 파괴하였다. 몬테카시노 수도원도 577년 롱고바르드족에 의해 파괴되었다. 이 파국은 베네딕도 사망 이후에 닥쳤을 것으로 추정된다. 우리는 『대화집』을 통해 어느 날 베네딕도가 이 비극적 사건을 예감하고 눈물을 흘렸다는 것을 알고 있다.[5]

이 시기에 대해서 우리가 알 수 있는 것은 단지 이 엄청난 파괴에도 불구하고 수도승생활은 그 명맥을 유지했다는 것뿐이다. 하지만

---

4) 참조: 『대화집』 II, 31 (그레고리오 대종 『베네딕도 전기』 이형우 역주, 교부 문헌 총서 11: 분도출판사 1999, 211-213).
5) 참조: 『대화집』 II, 17 (『베네딕도 전기』 같은책, 167-169).

당시 수도승생활의 윤리적, 영성적 상황 역시 쇠퇴하였다고 쉽게 단정을 내려서는 안 된다. 사실 우리는 수도승생활의 은수적, 회수도승적 형태들과 시골과 도시 수도승생활, 해안과 섬의 수도원들을 접하게 된다. 이 시대에 고유한 것은 도시 수도승생활 현상이다. 로마의 대성당들(성 바오로 성당, 라테라노 성 요한 성당, 성 알렉시우스 성당, 성 클레멘스 성당, 첼리오의 성 그레고리우스 성당, 성녀 체칠리아 성당 등)은 하나 혹은 두 개의 부속 수도원을 가지고 있었다. 베네딕도가 이 도시 수도원들 중 하나를 선택하지 않고 수비아코의 고독을 선택한 것은 의미심장하다.

베네딕도 당시 종교생활은 아카치우스(Acacius, 콘스탄티노플 총대주교) 열교와 라우렌시우스 열교(Laurentius, 500년에 교황 심마쿠스의 대립교황)로 인해 큰 피해를 입었다. 이 시기에 제2의 세례이자 자발적 순교로서의 수도승생활 개념이 다시 등장하게 되었다. 세상에 대한 포기(fuga mundi), 동정성과 금욕주의의 이상이 새롭게 꽃피어 났다. 이 시기 수도승생활은 참회의 생활로 비쳐졌다.[6]

결국 성 베네딕도가 살았던 당시의 시대적 상황은 야만족의 침략과 약탈, 교회적으로는 아리우스 이단과 교회 분열 등으로 정치, 경제, 사회, 문화, 종교 등 모든 영역에 걸쳐 어려움을 겪었다는 것을 알 수 있다. 이러한 시대적 상황은 실제로 성규 여러 곳에 그대로 반영되어 나타나고 있다. 따라서 시대 상황에 대한 이해는 우리가 성규를 해석하는데 많은 도움을 준다.

---

[6] 참조: 성규 49,1: "수도승의 생활은 언제나 사순시기를 사는 것과 같아야 할 것이다."

제 3 장
성규 전달사

베네딕도 사망 - 몬테카시노 파괴 - 로마로 이전 - 몬테카시노 재건 - 자카리아스 교황 - 파괴 - 화재로 규칙 원본 유실
    547   577   577   717   750   883   896

577년 롱고바르드족이 몬테카시노 수도원을 파괴하자 몬테카시노 수도승들은 로마 라테라노 대성당에 부속된 성 방그라시우스 수도원으로 이전했다. 그때 그들은 성규 원본을 가져와 그것을 라테라노 교황청 문서고에 보관하였다. 그 후 717년 브레쉬아(Brescia) 출신 은수자 페트로낙스(Petronax)[7]가 교황 그레고리우스 2세의 요청으로 몬테카시노 수도원을 재건했다. 이처럼 몬테카시노 수도원 역사 안에서 577년부터 717년까지 140년간의 공백기가 있었는데, 이 시기에 대해 알 수 있는 어떤 역사적 자료나 기록도 존재하지 않는다.

750년 교황 자카리아스는 몬테카시노 수도원 재건을 승인하기 위하여 성규 원본을 수도원에 반환하였다. 그 후 883년 몬테카시노 수도원은 회교도들에 의해 다시 두 번째로 완전히 파괴되었다. 몬테카시노 공동체는 몬테카시노와 나폴리 사이에 있는 테아노(Teano)란 도시로 피신해 가지만, 896년 우연한 화재로 인해 성규 원본은 완전히 소실되었다.

다행히도 784년 샤를마뉴 황제는 프랑크 왕국 내의 모든 수도원

---

[7] 그는 처음엔 교황의 요청을 거절하지만 마침내 교황의 간곡한 요청을 받아들여 몬테카시노 수도원을 재건하고 후에 몬테카시노의 아빠스가 된다.

에 베네딕도 규칙을 준수하게 할 목적으로 성규 자필원고에 충실한 사본 하나를 몬테카시노의 테오도말(Teodomar) 아빠스에게 요청했다. **정통 표준사본**(*Exemplar normale*)이라고 불리는 이 사본은 그 유명한 수도승 바오로 부제가 몬테카시노에서 성규 원본을 필사하여 아아켄(Aachen)으로 가져간 사본이다. 그러나 이 정통 표준사본 역시 후에 소실되었다. 다행히 이 사본이 유실되기 전인 820년경 라이헤나우(Reichenau) 수도원의 아빠스 헤이토(Heito)는 자기 수도승 그리말트(Grimald)와 타토(Tatto)를 아아켄으로 보냈다. 라이헤나우 수도원의 도서관장 레짐벨트(Regimbert)의 요청으로 헤이토 아빠스는 그들에게 아아켄에 있던 정통 표준사본을 필사하게 했다. 이 두 수도승이 필사한 사본이 바로 그 유명한 쌍 갈렌 914(*Sangallensis* 914) 혹은 A 사본(Codex A)이다.

쌍 갈렌 사본은 **순수 사본군**(Classe pura)에 속해 있는 사본이다. 아니앤의 베네딕도(Benedict of Aniane, 750-821)의 사본 역시 순수 사본군에 속한다. 반면 옥스퍼드 사본(*Codex Oxoniensis*, Hatton 48=O)은 본문을 의도적으로 변경한 **위조 사본군**(*Classe interpolata*)에 속해 있다. 그러나 쌍 갈렌 사본은 9세기 초로 거슬러 올라가지만, 옥스퍼드 사본은 8세기 초로 거슬러 올라가는 보다 고대의 것이다. 일부 학자들은 620-630년경 몬테카시노에서 필사한 사본이 아우구스티누스와 그 동료들에 의해 영국으로 건너갔을 것으로 추정하고 있다. **유통사본**(Textus receptus)이라 불리는 세 번째 사본군에 속한 9세기 사본이 또 하나 있다. 이것은 수도원들 안에서 확산되었다. 이 유통사본은 8세기 이후 여러 수도원에서 유통

되어 온 사본이다.

이처럼 비록 성규 원본은 유실되었다 하더라도 대신 여러 다양한 필사본이 우리에게 전해지고 있다. 고대 규칙 중 베네딕도 규칙만큼 많은 필사본을 가지고 있는 규칙은 없다. 이것은 베네딕도 규칙의 우수성과 그것이 미친 영향력을 단적으로 잘 드러내 주고 있다고 볼 수 있다.

우리가 필사본들에서 보게 되는 가장 고대의 성규 명칭은 **수도승들의 규칙**(*Regula Monachorum*) 혹은 **수도원들의 규칙**(*Regula Monasteriorum*)이다. 성규는 그 자체로 잘 구성되고 완성된 단일 작품으로 제시되고 있는데, 거기서 다음 세 가지 근본특성이 부각된다.

첫째, 그 분량에 있어서 『바실리우스 규칙』과 『스승의 규칙』 다음으로 길다.

둘째, 그 독창성과 구조적 견고성에 있어서는 다른 고대 규칙들을 능가한다. 예컨대 『아우구스티누스 규칙』의 경우 규칙이라기보다는 오히려 일종의 영적 권고라 할 수 있다.

셋째, 그 문학적 탁월성에 있어서는 다른 라틴 규칙들에 비해 월등하다.

이 규칙의 저자가 베네딕도 성인이라는데 대해서는 의심의 여지가 없다. 자필원고가 상실된 한 작품에 대해서 제기되는 첫 번째 문제는 이것이다. 즉 우리에게까지 전달된 현재의 본문과 저자의 손에서 나온 후 상실된 원본(자필원고)간의 관계를 결정하는 문제이다. 그리고 현존하는 필사본들을 통해 가능한 한 근접하게 원전을 복원하는 일이다. 실제 필사본들은 그 원본과 비교할 때 다소 차이를 드러낸다. 이런 변화의 동기에는 크게 비의도적 동기와 의도적 동기가 있을 수 있다. 전자는 피곤함으로 인한 필사가의 부주의에 기인하고, 후자의 경우는 문학 양식(문체와 언어)이나 내용(규율)의 측면에서 본문을 수정하고 표준화하기를 원하는데서 기인한다.

여하튼 이 자필원고의 증발 문제는 우리에게까지 전해진 일련의 필사본 전체에 근거한 비평본의 시도를 통하여 해결된다. 이는 어느 사본이 실제로 보다 원본에 가까운 것인지를 결정하는 것이다. 이것은 학자들에게 남겨진 몫일 것이다. 현재 성규에 대한 세 가지 형태의 과학적 출판본, 즉 비평본(critical edition)[8], 고문서본(diplomatic edition)[9] 그리고 사진요본(photographical edition)[10]이 모두 나와 있다.

---

8) 보다 오래 된 필사본들을 분류하면서 내적, 외적 비평을 통하여 원문으로 거슬러 올라가는 것이다.
9) 특별히 중요한 필사본 하나만을 다루어 그 본문을 인쇄상의 용어로 호환한 것이다.
10) 유일한 사본 하나에 대한 일련의 사진들을 모아놓은 것이다.

제 4 장
성규의 원천

원천에 대한 연구는 저자의 독창성과 인식의 정도를 평가하는데 있어 매우 중요하다. 성 베네딕도의 경우 원천들을 단순히 반복하지 않고 자기 나름대로 새롭게 적용했다. 이것은 분명 동방(이집트) 수도승 영성을 서방(갈리아)에 그대로 전달한 요한 카시아누스와 비교할 때 특별한 점이 아닐 수 없다.

성규의 원천은 다양하다. 거기에는 성경, 교회 교부와 수도승 교부들, 몇몇 그리스도교 문학 텍스트(성인들의 생애와 순교자들의 행적 혹은 수난) 등이 있다. 이 원천들은 동·서방 모두를 아우른다. 성규는 전통에 대한 충실과 개인적 체험이 낳은 결실이라 할 수 있다.

1. 성경

성규의 주요 원천은 무엇보다도 성경이다. 성규 전체를 통해 우리는 베네딕도가 성경에서 얼마나 많은 영감을 받았는지 알 수 있다. 그는 "가톨릭 교부들"에 의해 조명되고 주해된 "신적 권위로 써진 신구약 성경"[11]이라고 말한다. 베네딕도는 성경에서 삶의 자양분을 발견하였다.

성 베네딕도는 자주 성경을 인용하는데, 특히 교의적, 권고적 부

---

11) 성규 73,3.

분들(성규 머리말, 4장, 7장 등)에서 더욱 그렇다. 보다 더 많이 인용된 책은 구약성경에서는 시편, 잠언서, 집회서이고, 신약성경에서는 마태오, 루카, 바오로 서간들이다. 시편 본문은 갈리아 본문이 아닌 로마 본문을 사용하고 있다. 라틴어 번역본의 경우 어떤 장에서는 고전라틴어(*Vetus latina*)가 이용되고 또 다른 장에서는 히에로니무스의 불가타(*Vulgata*) 번역본이 이용된다.

성경과 관련하여 성규는 성경 메시지를 현실화하는 능력을 보여주고 있다. 예를 들어 성규 34장은 이렇게 시작된다. "기록된 바와 같이 '모든 사람에게 저마다 필요한 대로 나누어 주었다.'(사도 2,45)" 이런 식으로 수도원 안에 모든 이가 동일한 양으로 필요한 것을 받아야 하는지의 문제와 관련하여 성경을 근거로 과거에서 현재로 건너오고 있다. 이 외에도 여러 예가 있다.

2. 수도승 원천

성 베네딕도가 몬테카시노 수도원을 위해 규칙을 저술할 때, 수도승생활은 3세기 이전부터 이미 있어왔다. 이 무렵 그는 은수생활에서 회수도승생활, 사막 수도승생활에서 도시 수도승생활까지 다양한 형태의 수도승생활을 알고 있었다. 이처럼 베네딕도는 이런 풍부한 수도승 전통에 의지해 있다.

베네딕도 규칙은 법적 문서라기보다는 오히려 영적 체험을 전달하고 하느님을 향한 여정을 제시하고 있다. 베네딕도는 이를 위해 이전 수도승전통, 특히 동방 수도승전통과 자신이 보다 쉽게 접할 수 있었던 다양한 전통에로 거슬러 올라간다. 특별히 그는 히에로니무스가 라틴어로 번역한 『파코미우스 규칙』 루피누스가 라틴어로 번역한 『바실리우스 규칙』 『교부들의 생애』와 그리스어에서 라틴어로 편역한 『이집트 수도승들의 역사』 요한 카시아누스의 『제도서』와 『담화집』 그리고 『아우구스티누스 규칙』을 알고 있었다.

수도승 원천 중 으뜸은 동방 원천, 즉 파코미우스와 바실리우스의 작품들이다. 아달베르 드 보궤(Adalbert de Vogüé)는 파코미우스와 이집트 수도승생활이 성규에 미친 영향을 강조한다. 반면 장 그리보몽(Jean Gribomont)은 바실리우스의 영향을 강조한다. 바실리우스의 『소(小)수덕집』(Parvum Asecticon)은 베네딕도가 유일하게 알고 있었던 중요한 바실리우스의 작품이다. 베네딕도는 엄격한 요소들에 대한 완화와 연약한 이들에 대한 세심한 배려 그리고 사랑의 탁월성을 강조하기 위하여 바실리우스 가르침을 이용하였다. 사실 바실리우스에게 있어 유일한 규칙은 사랑이었다.

파코미우스의 영향은 다음의 점들에서 나타난다. 즉 규칙과 성경의 밀접한 관계, 공동체를 십인조로 구분, 밤기도에 12개의 시편 사용, 아빠스의 판단을 토대로 설정된 공동체의 차례, 새 지원자의 입회 규정, 주간 봉사와 관련된 요소, 잘못에 대한 보속, 문맹 수도승에게 성경 구절을 외우도록 요구, 끝으로 각자 의복을 받아 수도원 옷방에 보관하는 관습 등이다.

또 다른 원천은 『이집트 수도승들의 역사』와 『교부들의 생애』이다. 이 두 원천에서 취한 텍스트들은 새로운 맥락에서 해석되어 첨가된다. 거기에는 언제나 동방 그리스도교의 영적 우선권에 대한 고려가 있다.

라틴 원천과 관련하여 성 치프리아누스의 주의기도에 관한 작품은 성규에서 기도의 정신과 자세에 영향을 주었다. 공동체의 연약한 이와 병자들에 대한 세심한 배려 안에서 성 아우구스티누스의 영향을 감지할 수 있다. 성 레오 대종의 영향 또한 볼 수 있는데, 베네딕도는 모든 신자에게 행한 교황의 사순시기 강론들을 자기 수도승들의 사순시기를 위해 적용한다.

그러나 성 베네딕도는 규칙의 원천으로 간주되는 모든 수도승 텍스트 가운데 어떤 결정적 선택을 하였다. 그는 그 시대에 가까운 규칙 하나를 채택하여 그것을 자기 규칙의 토대가 되는 문서로 삼았다. 그리고 그것으로부터 시작하여 자신의 개인적 작업을 해 나갔다. 그것은 바로 『스승의 규칙』[12]으로 베네딕도 규칙의 일차적 원천이라 할 수 있다.

그 저자와 기원에 대해서는 여전히 알 수 없는 RM은 불과 50여 년 전에야 비로소 빛을 보게 되었다. 그렇다 하더라도 성 베네딕도는 개인적 체험을 바탕으로 RM에서 시작하여 자기 규칙을 저술하였다.

---

12) 이 명칭(*Regula Magistri*: RM)은 원래 이름이 아니다. 가장 오래된 두 필사본은 그것을 '거룩한 교부들의 규칙'(*Regula Sanctorum Patrum*)이라고 부른다. 이 명칭은 아니앤의 베네딕도(Benedict of Aniane, 750-821)에 의해서 부여된 것으로 대부분의 장이 "스승을 통한 주님의 응답"이라는 형식으로 시작되기 때문에 붙여졌다.

제 5 장
성규와 RM의 관계

 두 규칙의 공통부분을 보면 다음과 같다. 성규에서는 머리말과 제 1-7장, 그리고 RM에서는 서언의 시편주해[13]와 제1-10장이다. 이 시작 부분에서 두 규칙은 거의 문자적으로 일치하고 있다. 다시 말해 RM과의 공통부분은 성규 머리말 5절부터 시작해서 대개 성규 7장까지 이어진다. 두 규칙의 관계에서 문제가 제기되는 것은 바로 이 부분에서이다. 실제로 성규에는 RM의 많은 부분이 빠져있고 RM의 어떤 부분과 문장들은 요약되고 생략되어 있다. 또한 성규 67-73장은 완전히 새로운 장들이다. 성규와 RM의 차이점을 보면 다음과 같다.

 1) 교의적 관점에서 가장 중요한 변화는 아빠스의 표상과 개념에 있어서이다. 이는 성규가 아빠스 자신의 인간적 연약함을 고려하고 있고 또 그를 주교와 동일한 수준에 놓지 않는다는 의미에서이다. 따라서 아빠스 직무와 그 수행에 대한 이해 차이에서 다음 사실이 뒤따른다. 즉 공동체 생활이 아빠스를 향한 수직적 관계 뿐 아니라 동시에 형제들 상호간의 수평적 관계를 통해 보다 더 형제적인 삶으로 이루어진다는 점이다.

---

[13] RM 서언은 머리말(Pr.), 테마(Th.), 주님의 기도 주해(Thp.), 시편주해(Ths.) 네 부분으로 이루어져 있는데, 베네딕도는 그 중 거의 시편주해 부분만을 취하고 있다.

2) 성규는 참되고 고유한 의미의 공동체 회의를 소개하고 있다(3장). RM에는 이러한 장이 없다. 이 제도는 공동체 자체 안에 의견교환과 의사소통을 수월하게 하고 장려한다.

3) 아빠스 선출이 공동체 자체의 일이 된다. RM에서는 아빠스가 죽기 전 자기 후계자를 임명했다. 이제 아빠스 선출권은 더 이상 전임 아빠스에게 있지 않고 공동체에 부여된다. 이 새로움은 공동체에 대한 신뢰의 표지라 할 수 있을 것이다.

4) 사제들이 이제 공동체에 받아들여진다(60장; 62장). 이는 성규를 그 원천인 RM과 구분 짓게 하는 요소이다. 이런 식으로 수도원은 자체 성직자를 갖게 되고 공동체는 성사적 측면에서 자율성을 얻게 된다.

5) 성규 56장에서 규정하고 있는 바처럼 아빠스의 식탁은 언제나 손님들과 함께 있다. 이는 공동체의 일상 규율과 리듬을 보호하기 위함이다. 베네딕도의 이 규정은 RM 84장의 병행 본문과 비교할 때 보다 잘 이해될 것이다.

6) RM에서는 서원예식들이 상당히 복잡하고 수련기 안에 따로 분리되어 있는데 반해[14], 성규에서는 단순화되고 수련기 말로 모두 옮겨진다. 이처럼 베네딕도는 RM에 비해 모든 것을 단순화시키고 통합시켰다.

7) 전례규정을 앞당겨 초기 영성부분 직후에 배치시키고 있다. RM에서는 영성부분 다음 규율부분을 배치시킨 것과는 대조적이

---

14) RM에서는 서원(89장)과 착복(90장)이 따로 분리되어 있다.

다.[15] 이는 하느님의 일의 중요성에 대한 베네딕도의 강조를 잘 보여준다. 또 두 규칙 모두에서 여덟 개인 시간경이 이제 낮 시간경과 밤 시간경으로 분명하게 구분된다. 일곱 개의 낮 시간경(아침기도, 제1시경, 제3시경, 제6시경, 제9시경, 저녁기도, 끝기도)은 시편 119,164 ("저는 낮에 일곱 번 당신을 찬미하나이다.")에, 그리고 밤 기도는 시편 119,62("저는 당신을 찬미하기 위하여 한밤중에 일어나나이다.")에 근거한다.[16]

8) 전례 분야에서 기도를 위한 어떤 도구적 요소들이 도입된다. 예를 들어, 하느님 어서 저를 구하소(*Deus adiutorium*), 주님, 자비를 베푸소서(*Kyrie eleison*), 하느님, 우리는 당신을 찬미합니다(*Te Deum laudamus*) 그리고 찬미가와 응송들이다. 이러한 요소들은 전례기도에 다양성과 조화, 그리고 풍부함을 제공한다.

9) 성규에는 보충 부분(67-73장)이 덧붙는데, 이 부가된 장들에서 RM에서 볼 수 없는 공동체 생활의 다양한 문제가 고려되고 있다. 예를 들어, 상호 순명, 불가능한 일에 대한 순명, 수도승이 가져야 할 착한 열정 등이다. 이 부분은 오랜 체험 후에 첨가된 것으로 간주되고 있다.

위의 사실을 통해 우리는 다음 결론을 얻을 수 있다. 즉 성규는 그 분량 상으로는 1/3로 축소된 작품[17]이며, 내용상으로는 더욱 실제

---

15) 두 규칙에서 전례규정의 구조를 보면 다음과 같다.
　　　　　RM 10장: 겸손 .... 33-48장: 전례규정
　　　　　성규 7장: 겸손 .... 8-20장: 전례규정
16) 참조: 성규 16,3-4.

적이고 실천적 작품으로서 오랜 삶의 체험을 반영한다는 사실이다.

---

17) 성규가 비록 RM의 1/3의 분량이지만, 그것은 고대 규칙 가운데 『바실리우스 규칙』과 『스승의 규칙』에 이어 세 번째로 긴 규칙이다.

제 6 장
성규의 특성과 내용

성규 앞부분(머리말-제7장)은 영성적 성격을 띠고 있는 반면, 나머지 부분(제8-73장)은 오히려 제도적, 규율적 성격을 띠고 있다. 성규 66장까지는 대개 RM과 병행되어 나아가지만, 성규 67-73장은 전적으로 베네딕도 고유 부분이라 할 수 있다. 따라서 이 부분에서 특별히 성규의 특성이 잘 드러난다.

1) 성규는 전반적으로 그 원천들에 충실하다. 한편으론 요한 카시아누스와 『교부들의 생애』의 동방 은수생활 전통에서 영향을 받았고, 다른 한편으론 바실리우스와 아우구스티누스의 회수도승생활 전통에서 영향을 받았다. 특별히 형제적 사랑이 강조되는 부분에서 그렇다. 이 부분에서 베네딕도는 결코 RM을 인용하지는 않는다. 여러 면에서 베네딕도는 RM에 고유한 것들을 삭제하고 고대의 전통으로 되돌아간다. 성규의 큰 장점 중 하나는 충실하고 완전한 회수도승전통의 표상을 제공한다는 점이다.

2) 성규는 세상에서의 실제적 분리를 강조하지만 RM에 비하여 손님들에 대해 훨씬 더 수용적이고 개방적이다. 베네딕도는 성규 제53장에서 "방문하는 모든 손님을 그리스도처럼 맞이할 것이다." (53,1)라고 함으로써 환대에 그리스도론적 동기를 부여한다. 즉 환대는 손님 안에서 그리스도께서 받아들여진다는 확신으로 실천되어야 한다는 것이다. 따라서 손님에게 온갖 친절을 드러내야 한다고

말한다.

3) 성규의 새로움 중 하나는 공동체 안에 성직자를 받아들인 것이다. 비록 성직자는 수적으로 제한된 소수였지만 공동체의 성사생활을 위해서는 충분했다. 당시 수도원들에서는 주일에만 미사가 있었다. 수도승 공동체의 성직화는 결과적으로 수도원 안에 다양한 계층을 낳은 기원이 되었다. 그 대표적 예가 11세기에 생겨난 평수사 제도이다.

4) 성규에 따르면 공동체는 지역교회 안에 편입되고 신자들에게서 분리된다. 지역교회에 편입되었다고 하는 것은 아빠스 선출과 승인에 있어 주교의 개입을 예시하기 때문이다. 한편 공동체는 봉쇄를 통해 세상에서 분리된다. 공동체는 베네딕도의 위대한 창작과도 같다. 그것은 아빠스, 원장, 참사회, 장로회, 수련장 등으로 구성된 하나의 조직을 이룬다. 성규에서 십인장 제도에 대해서는 호의적이지만(21장) 원장직에 대해서는 매우 부정적이다(65장). 공동체가 선출한 아빠스는 전 수도공동체의 중심축이 된다.

5) 성규의 또 다른 특성은 그것이 사람들과 그들이 안고 있는 문제와 그들의 영적 진보에 대해 보여주고 있는 주의 깊은 관심이다. 교정규정(23-30장)에서 나타나는 바와 같이 성규의 목적은 사목적, 교육적, 예방적이다. 그 강조점은 늘 사물이 아닌 사람이다(57장). 성규는 사랑 안에서의 진보(7장), 내면성, 영적 갈망을 강조하며, 약한 이와 병자들, 근심 중에 있는 사람들에 대한 세심한 주의와 배려를 아끼지 않는다. 또한 근심에 빠지지 않게 하려고 노력하며, 불평과 마음의 완고함을 거슬러 싸운다.

6) 수도승생활의 위험 중 하나는 이중성이다. 성규는 이에 대한 염려를 드러내며 이중성을 극복하고자 노력한다. 예컨대, "아빠스는 항상 그 명칭이 뜻하는 바를 기억하고 장상의 명칭에 부합하게 행동해야 한다."(2,1), "우리 정신이 우리 목소리와 조화되도록 그렇게 시편을 낭송할 준비를 갖추도록 하자."(19,7), "성당은 그 이름이 뜻하는 바대로 되어야 한다."(52,1) 등에서 잘 나타나고 있다. 진실성은 수도승생활과 규율의 근본요소 중 하나이다.

7) 성규는 각 사람의 상황과 입장에 따라 그에 맞는 권고를 하고 있다. 특히 서로 반대되는 논리가 성립될 수 있는 상반된 입장에 있는 사람들에게 적절한 권고를 한다. 강한 이와 약한 이(34장), 병자와 병실 담당자(36장)에 대해 언급하고 있는 장 등이 좋은 예이다. 그러면서 베네딕도는 그 동기를 '모두의 평화'라고 말하고 있다(34장). 이러한 대기설법(對機說法)[18]과 응병여약(應病與藥)[19]의 지혜는 성규를 살아 있게 하는 생명력과도 같다.

8) 성규에는 언제나 임원이나 장인(匠人)들이 쉽게 빠질 수 있는 교만과 허영심에 대한 염려가 나타난다(57,2). 또한 노동은 한가함을 피하기 위한 것으로 간주된다(48,1). 노동을 하느님 창조사업에의 동참, 자기실현, 가난한 이들과의 연대로 생각하는 우리 현대인에게는 상당히 약한 동기일 수 있다.

9) 성규에서 세상의 개념에 있어서도 변화가 나타난다. 세상에 대

---

[18] 대상에 따라 그에 맞게 진리를 설파하는 것. 부처가 중생에게 행한 설법에서 유래한 말이다.
[19] 병에 따라 그에 맞는 약을 투여하는 것. 이것은 의사에게 요구되는 지혜이다. 영혼의 의사인 영적 사부나 지도자에게 필요한 지혜이기도 하다.

한 RM의 견해는 매우 부정적이고 이원론적인 반면, 성규는 하느님이 창조하신 세상 자체를 부정적으로 보지 않는다. 베네딕도가 경계하는 것은 우리를 죄와 죽음으로 이끄는 세속적 가치들이란 의미로서의 세상이다.

10) 베네딕도에게 있어 수도승생활은 노예상태에서의 해방으로 비유되고 있다. 수도승생활은 바로 이 죄와 죽음의 노예상태에서의 해방 혹은 자유를 의미한다. 고대 수도승생활 개념에 의하면 수도승생활은 이집트의 노예상태에서 해방되어 하느님의 도성 천상 예루살렘으로 향하는 영적 여정으로 비유되었다. 초기 수도승문학에서 이집트는 보통 욕정의 본거지로서의 인간 육신을 상징했다. 그래서 이 욕정과의 싸움은 관상생활과 더불어 수도승생활의 다른 한 축을 구성하는 금욕생활 혹은 수행생활을 뜻했다.

11) 성규는 신학에는 별로 관심이 없지만 은총 문제에 관해서는 아우구스티누스적 경향을 띠고 있다. 성규는 하느님(*Deus*)이란 말을 그분의 아들인 주님(*Dominus*)이란 말로 대체한다. 베네딕도는 예수의 신성을 부정한 아리우스이단에 빠졌던 게르만 침략자들의 시대에 살았다. 따라서 그는 아리우스이단을 거슬러 그리스도 중심성과 그리스도의 신성을 강조할 필요성을 느꼈음이 분명하다. 성규에서 '예수'란 말이 한 번도 사용되고 있지 않고 대신 '그리스도' 혹은 '주님'이란 말이 사용되는 것은 바로 이런 이유 때문이라 할 수 있을 것이다.

12) 성규는 '하느님 찾음'의 구체적 표현으로 개인기도와 공동기도의 중요성을 강조한다. 베네딕도에게 있어 기도는 순수해야 하고

(20,4) 순수한 마음과 통회의 눈물로써 해야 한다(20,3). 순수한 기도 개념은 요한 카시아누스에게서 유래하며, 그것은 정화된 영혼에게서 나오는 기도이다. 기도가 수도승의 삶에 생명을 불어넣어야 하는 지속적 신앙 행위로 귀착되는 것이 특이하다. 베네딕도는 무엇을 해야 할지 그 내용에 대해서보다도 어떻게 해야 하는지 그 방법과 자세에 대해서 더 큰 관심을 갖는다. 따라서 '하느님의 일'을 규정하지만 예식과 예절들에 대해서는 많이 줄였다. 베네딕도는 오히려 기도를 위한 내적 자세를 더 강조하고 있다(19-20장). 그는 본질적인 것이 무엇인지 아는 사람이었음이 분명하다.

13) 성규 각 장의 순서는 연속성을 띠지는 않는다. 누락, 중단, 변경 등으로 인해 RM에 비해 정확성은 덜하다. 전례규정(8-19장)은 금욕부분(머리말, 1-7장) 뒤에 곧바로 이어져 나오는데, 이는 전례와 금욕적 수행 간의 연결을 강조하기 위한 것이다. 교정규정(23-30장)은 중대한 잘못과 가벼운 잘못을 구분함으로써 RM에 비해 더욱 분명하다. 중간 장들(31-57장)은 지상재물에 대한 규정과 그 사용에 관한 내용들이다. 제58-66장은 공동체의 위계적 구성과 각 구성원의 위치를 언급하는 부분이다. "수도원의 문지기"에 관한 66장으로 규칙이 끝난다는 점을 주목할 필요가 있다(66,8). 후에 베네딕도는 맺음말(73장) 전에 67-72장을 부가하였다. 우리는 성규가 어떤 계획에 따라 체계적으로 잘 구성되어 있지 않다 하더라도 각 주제가 어떤 연관성 하에 이어지고 있음을 볼 수 있다.

14) 성규가 한 번에 작성된 문헌인지는 정확히 알 수 없다. 그 사상적, 편집적, 문학적 발전과정을 보면 상당히 오랜 시기에 걸쳐 편

집되었다는 것을 추정하게 한다. 게다가 그 오랜 편집 과정은 어떤 규정들을 결과적으로 불명확하게 만든 것처럼 보인다. 예를 들어 금욕부분은 다양한 길이 교차되는 일종의 여정처럼 제시되는데 이는 근본적으로 지혜 문학적 특성에 기인한다. 성규는 이전의 모든 제도적 전통의 종합처럼 제시되고 있다.

15) 제자교육은 주로 카시아누스가 제시한 틀, 즉 순종과 침묵 그리고 초보자를 두려움에서 완전한 사랑으로 나아가게 하는 덕행인 겸손 실천으로 이루어진다. 이 양성에서는 무엇보다도 각 개인의 구원과 영원한 생명을 얻는데 필요한 공로들에 강조점이 놓여진다.

16) 베네딕도는 일련의 첨가와 삭제로써 수도승생활의 전(全) 영역에서 사랑의 과업을 강조하고 있다. 그는 이 세상에서의 영적 완성 이상을 RM보다도 더 강하게 제시한다.

17) 베네딕도는 RM이 말하는 학교(scola)로서의 공동체 개념을 받아들이면서 동시에 '사랑 안에서의 형제적 친교'라는 공동생활의 새로운 측면을 더욱 강조한다. 이것은 아우구스티누스의 영향이다. 성규는 또 '스승과 제자' 관계의 새로운 측면을 제시한다. 즉 아빠스는 단지 하느님의 이름으로 명령만하고 순종을 요구해서도 안되고 오히려 사랑하고 사랑 받아야 한다는 것이다. 형제적 관계를 위해 베네딕도가 보여주고 있는 이러한 관심은 수도원을 단지 각 개인을 영원한 생명에 나아가도록 준비시키는 단순한 학교가 아니라 진정한 공동체가 되게 한다.

18) 베네딕도는 무엇보다도 당시 기존 공동체들의 다양성을 바라보면서 시대와 장소에 따라 적용할 수 있는 많은 가능성을 열어 놓

는다. 이러한 융통성과 개방성으로 인해 성규는 시공의 한계를 뛰어넘어 여러 새로운 상황에서 적용이 가능했다.

19) 베네딕도는 당시의 상황에 맞게 어떤 고대의 규정들을 완화하였다. 예를 들면, 성무일도의 간결함, 상황에 따른 기도, 시간의 융통성, 단식 규정, 음식과 음료의 분량 등이다. 이러한 변화의 근저에는 경제적 이유가 있음을 발견하게 된다. 그는 RM이 금지하고 있는 들일에 수도승들이 참여하는 것을 허용하고 오히려 격려하기까지 한다(48,7-8). 규정들을 완화한 또 다른 이유는 바로 인간의 나약함에 대한 그의 깊은 이해와 인식에 기인한다.

20) 베네딕도는 당시 수도승생활의 타협을 알고 그것을 받아들이지만 초기의 순수성에 대한 향수와 사막 교부들의 삶에 대한 공부가 도움이 된다고 생각했다. 당시 제도가 쇠퇴했다는 베네딕도의 이런 생각은 그를 RM에게서 분명하게 구별해 준다. RM은 스스로를 고대 전통의 충실한 계승자로 간주하고 있기 때문이다.

21) 베네딕도는 인간에 대한 감각과 RM에게는 부족한 각 개인의 차이점에 대한 감각을 지니고 있었다. 그는 인간 본성의 나약함을 잘 알고 있다. 성규는 여러 곳에서 인간 본성을 언급한다. 특히 병자와 노인과 어린이에 대한 세심한 관심과 배려에서 인간성에 대한 깊은 이해가 잘 드러난다. 성규는 분명 RM에 비해서는 보다 더 부드럽고 낙천적이지만 어떤 면에 있어서는 RM보다 더 엄격하다. 성규 안에는 엄격함과 유순함, 이 두 측면이 혼재되어 있다. 특별히 아빠스 선출에 관한 성규 제64장에서 잘 나타난다.

22) 수도승생활에 관심이 있는 모든 사람이 주의를 기울이도록

권고된다는 점이 세기를 통해 지닌 성규의 역할이라 할 수 있다.

위에서 살펴본 베네딕도 규칙의 특성과 내용을 통해 우리는 성규가 제시하는 항구한 근본가치들을 보게 된다. 즉 하느님과 인간의 의미, 영적 부성과 공동체의 의미, 하느님 찾음과 기도의 우선권, 강한 그리스도 중심성, 인간의 연약함과 한계에 대한 깊은 이해와 수용, 약한 이와 병자, 노인과 어린이에 대한 세심한 보살핌, 모든 것을 서로 연결하여 조화를 이루는 지혜로운 시간활용 등이다.

제 7 장
성규의 구조

머리말 : 수도승생활로의 초대

제1-7장 : 수도승생활의 토대

   제1-3장 : 기본구조

      제1장 : 수도승의 부류

      제2장 : 아빠스의 자질

      제3장 : 공동체 회의 소집

   제4-7장 : 영적토대

      제4장 : 선행의 도구

      제5장 : 순종

      제6장 : 침묵

      제7장 : 겸손

제8-20장 : 하느님의 일

   제8-11장, 14장 : 밤기도

   제12-13장 : 아침기도

   제15장 : 알렐루야 낭송시기

   제16-18장 : 낮 시간경

   제19-20장 : 기도하는 자세

제21-52장 : 수도원 내부 조직화

  제21-22장 : 생활규정1

    제21장 : 십인장

    제22장 : 취침규정

  제23-30; 43-46장 : 잘못과 교정

    제23-26장 : 대소 파문

    제27-28장 : 아빠스의 염려

    제29장 : 퇴회한 형제의 재입회

    제30장 : 어린이에 대한 책벌

    제43-46장 : 보속 방법

  제31-34장 : 수도원 재산

    제31장 : 당가의 자질

    제32장 : 수도원의 도구와 물건

    제33장 : 개인소유의 금지

    제34장 : 필요성에 따른 분배

  제35-42장 : 수도승의 식탁

    제35장 : 주간 주방봉사자

    제36장 : 병든 형제

    제37장 : 노인과 어린이

    제38장 : 주간 독서자

    제39장 : 음식의 분량

    제40장 : 음료의 분량

    제41장 : 식사시간

제42장 : 끝기도 후의 침묵

　제47-52장 : 생활규정2

　　　제47장 : 기도시간을 알림

　　　제48장 : 매일의 노동

　　　제49장 : 사순시기를 위한 규정

　　　제50장 : 먼 곳에서 일하거나 여행하는 형제

　　　제51장 : 가까운 곳으로 여행하는 형제

　　　제52장 : 수도원 성당

제53-66장 : 수도원과 세상

　제53-57장 : 세상을 향한 개방

　　　제53장 : 손님환대

　　　제54장 : 수도승을 위한 서신이나 선물

　　　제55장 : 의류와 신발

　　　제56장 : 아빠스의 식탁

　　　제57장 : 수도원의 장인

　제58-62장 : 공동체에 받아들임

　　　제58장 : 공동체에 받아들이는 절차

　　　제59장 : 귀족이나 가난한 이의 자녀봉헌

　　　제60장 : 사제를 받아들임

　　　제61장 : 외래 수도승을 받아들임

　　　제62장 : 수도원의 사제

　제63-66장 : 공동체 구성원

제63장 : 공동체의 차례

제64장 : 아빠스 선출

제65장 : 원장

제66장 : 문지기

제67-73장 : 부가된 장

  제67장 : 여행하는 형제

  제68장 : 불가능한 명령을 받은 경우

  제69장 : 상호변호 금지

  제70장 : 월권행위 금지

  제71장 : 상호순종

  제72장 : 수도승의 좋은 열정

  제73장 : 맺음말: 초보자를 위한 규칙

제 8 장
성규의 영향

1. 타 규칙에 대한 지배

성 베네딕도가 사망(+547년경)한지 반세기 후 이탈리아에서건 로마에서건 성규를 따랐던 수도원을 발견하기란 거의 불가능하다. 여러 해가 지난 후 몬테카시노 수도승들이 저자의 시대로 거슬러 올라가는 소위 규칙 자필원본을 로마로 가져왔다. 이 사실 자체도 그들이 로마에서 성규를 준수했다고 말할 수 있는 충분한 근거가 되지 않는다. 당시에는 성규만 준수했던 것이 아님은 확실하다. 따라서 620년경 아우구스티누스와 그의 동료들이 영국으로 가져간 규칙이 어떤 것인지는 정확히 알 수는 없다. 성규가 최초로 모습을 드러낸 시기는 620년경 프랑스 남부 알비(Albi)에서였다. 628년 골룸바누스 수도승들이 그들 창설자의 규칙에 성규를 둘째 규칙으로 첨부했다는 사실은 매우 의미심장하다. 골룸바누스의 영향에 힘입어 프랑스 다른 지역에서도 성규가 모습을 드러내는 것을 보게 된다. 즉 632년 솔리냑(Solignac), 635년 레베(Rebais), 640년 베상송(Besançon) 그리고 니베(Nivelles) 등지에서이다. 이 시기는 혼합규칙(regula mixta) 시대로 알려지고 있는데, 이때는 하나의 규칙이 다른 규칙들과 함께 준수되고 어떤 규칙도 구속력 있는 가치를 지니지는 않았다.

여러 다양한 요인으로 인해 성규는 점차 선호되어 그 첫 자리를 차지하게 되었다. 무엇보다도 『대화집』 제2권에서 그레고리우스 1세가 베네딕도를 찬양한 것이 큰 영향을 미쳤다. 그 다음은 공적으로 선언된 성인에 대한 공경과 당시 몬테카시노의 파괴로 인해 프랑스 플뢰뤼(Fleury) 수도원이 베네딕도 수도승생활의 중심이 됨에 따라 성규 확산에 영향을 미쳤다. 끝으로 카롤링거 황제와 영주들의 영향을 들 수 있겠다. 그들은 로마에서 온 모든 것을 존중했을 뿐 아니라 수도승회를 참사회에서 구분하면서 제국 내 모든 수도원에 동일한 규정을 부여하고자 했다. 이런 이유로 그들은 성규를 장려했다. 이렇게 해서 성규는 점차 수도승생활의 근본문서로 정착되어나갔다. 교회법적 규정은 성규의 영향을 받았다. 아아켄(Aachen) 회의는 이미 명쾌하게 잘 제정된 하나의 규정을 확대하는 일 외에 어떤 작업도 하지 않았다.

9세기 대부분의 서방교회에서 성규는 수도승생활의 기본법규가 되었다. 이는 세속권력에서의 자유를 추구했던 다양한 수도승생활 개혁운동이 전개 되었던 10세기 말에서 11세기경에 와서 더욱 그러하게 되었다. 성규를 문자 그대로 준수하고자했던 시토회 개혁, 그리고 그들과 클뤼뉘 수도승들과의 지속적 논쟁을 통해 점차 성규 본문에 절대적 가치를 부여하게 되었다.

변화된 역사적 상황들과 수도승생활의 성직화로 인해 일상생활의 세부 내용을 명확히 규정할 필요성에 따라 '수도승생활 관례'(*Consuetudines monastiche*)가 생겨나게 되었다.

2. 수도승 법규 역사 안에서 성규

세기가 흐르면서 성규가 어떻게 준수되었으며 어떤 요소들이 거부되었는지 알기 위해 수도승 법규 역사 전체를 추적하지는 않을 것이다. 여기서는 단지 다음 몇 가지 사항만 언급하고자 한다. 즉 카르투시오회는 성규와는 다른 수도승생활의 형태를 이루고 있다. 그렁몽(Grandmont) 수도회는 예수 그리스도와 복음만을 유일한 규칙으로 인정한다. 이는 『바실리우스 규칙』, 『아우구스티누스 규칙』, 『베네딕도 규칙』 모두 복음이라는 이 유일한 규칙에서 파생된 것이기 때문이다. 끝으로 은수자들 역시 비(非) 베네딕도회 수도승으로 간주될 수 있다. 그러나 수도승 법규 안에 예외들도 있다. 즉 폰테 아벨라나(Fonte Avellana), 카말돌리(Camaldoli), 발롬브로사(Vallombrosa) 같은 반(半) 은수자회들은 베네딕도회에 속해 있다.

11-12세기부터 시작하여 성규는 '수도승들의 규칙'으로 이야기될 수 있을 것이다. 무엇보다도 수도승회가 정의되는 것은 성규에 대한 언급 안에서이다. 타수도회들은 마치 그들 창설자가 성규를 알고 거기서 영감을 받은 것처럼 성규에서 결정적 요소와 형태들을 취했다.

새 수도회를 설립할 경우 이미 승인된 규칙들 중 하나를 채택하도록 부과하고 있는 제4차 라테란 공의회와 더불어 성규는 새로운 수도단체들을 위한 교회법적 보증 역할을 하게 되었다. 그러나 새 수도회들은 성규를 바탕으로 나름대로 고유한 삶을 도입하고자 했다.

시토회 아빠스들은 타수도회의 규칙이나 회헌 편집에 기여하면서 거기에 베네딕도회적 성격을 부여하곤 했다. 예를 들면, 성전 수

호회, 개혁 시토회(트라피스트회), 첼레스틴회, 성규를 준수하는 마리안힐(Marianhill) 선교사들, 멜키탄회나 아르메니아 베네딕도회 같은 수도회들 역시 성규에서 영향을 받았다.

15세기에 와서 성규에서 여러 요소를 차용하는 일이 보다 빈번해진다. 이는 아마도 다음 두 가지 요인에서 오는 것 같다. 즉 '일상생활의 세부사항도 규정하려는 걱정'과 '인쇄할 규범들의 증가' 이다. 일반적으로 보다 자주 인용된 부분은 장상 평의회(성규 3장)와 수련자의 받아들임(성규 58장)과 관련된 부분들이다. 그 다음으로 아빠스(성규 2장; 64장), 십인장(성규 21장), 당가(성규 31장), 그 외 침묵(성규 6장), 노동(성규 48장) 등 다양한 규정이 인용되고 있다.

수도회 규칙들 안에서의 인용 외에도 성규는 일반 교회법전 안에서도 인용되고 있음을 볼 수 있다. 교회법전 안에 수도승이나 일반 수도자와 관련된 조항들[20] 안에서 인용되고 있다.

3. 성규와 현행 교회법(CIC: 1983)

성 베네딕도의 가장 독창적 제도라 할 수 있는 '수도원 안에 정주'는 '수도회나 연합회 안에 정주' 형태로 수도회 공통법 안으로 들어왔다. 다른 베네딕도회적 요소들은 역사의 과정 중에 변경되었다. 예를 들어 아빠스 선거를 위해 예견된 '더욱 건전한 일부'(*sanior pars*)[21]는 도미니코회의 영향으로 '과반수'(*maior pars*)로 대체되었다.

---

20) D. 42, c. 6; 61, c. 14; 91, c. 2; C. 18, q. 2, c. 15; X, c. 1, III, 41.
21) 성규 64,1.

성규는 현행 교회법에도 영향을 미쳤다. 무엇보다도 수련기와 수도서원과 관련해서이다. 베네딕도는 수련자를 위한 별도의 장소(성규 58,5)를 요구하는데, 현행 교회법 역시 그러하다[22]. 성규와 교회법(제555조 2항) 모두 만 일 년간의 수련기를 요구한다. 수련장에게 요구되는 자질(교회법 제559조)에서도 성규의 흔적이 나타난다(성규 58,6 이하). 베네딕도가 법적으로 서원행위를 규정하는 방식 또한 교회법(제576조 2항)에 담겨있다. 수도원을 떠난 사람을 다시 받아들이는 규정 역시 성규와 교회법은 일치하고 있다. 형제들 모임(성규 3,3)에 담겨 있는 연대책임은 교회법(제516조 1항)에서 언급되는 장상 모임에서 하나의 일반규정이 된다.

결론적으로 성규는 무엇보다도 수도자들의 법규에 특별한 영감을 불어넣었다. 성규의 영향력은 오히려 수도승 법규의 발전과정 안에서 그 중심적 위치를 통해 가늠될 수 있을 것이다.

---

[22] 교회법 제554조: 새 공동체 설립을 위한 한 조건으로서의 고유수련소.

제 9 장
베네딕도 생애에 대한 비판적 문제

　우리는 역사서와 전기들, 사전과 소책자들 안에서 베네딕도 성인의 출생과 사망 년도를 각각 480년과 547년으로, 또 몬테카시노에 정착한 때를 간혹 529년으로 인용하고 있는 것을 자주 보게 된다. 그러나 이 연대들은 어떤 역사적 문헌에 근거한 것이 아니라 단지 학자들 간에 합의된 연대일 뿐이다. 성인의 생애에 대해서도 논쟁의 여지가 적지 않다.

　베네딕도는 노르치아(Norcia)의 한 부유한 가문에서 출생했다고 전해진다. 학업을 채우기 위해 로마로 보내진 그는 곧 로마생활에 염증을 느끼게 된다. 더욱 고독한 삶을 위해 그는 로마를 떠나 수비아코로 가서 사크로 스페코(Sacro Speco)라고 하는 동굴에서 깊은 고독과 침묵 속에 3년간 은수생활을 한다. 그 후 우연히 사람들에게 알려지게 되고 인근 비코바로(Vicovaro) 공동체의 원장으로 추대되기도 한다. 그 공동체에서 쓴 체험을 한 후 그곳을 떠나 다시 수비아코 계곡으로 돌아와 그곳에 열두 명의 제자로 구성된 열두 개의 공동체를 조직한다. 다시 인근 본당 신부의 시기로 인해 어려움을 겪게 된다. 이 모든 반대와 불행을 극복한 베네딕도는 수비아코를 떠나 몬테카시노로 가서 수도원을 세우고 말년에 몬테카시노 공동체를 위해 수도규칙을 저술한다.

　이상이 교황 그레고리우스 1세의 『대화집』 제2권에서 간략히 발

췌한 성인의 생애에 관한 내용이다. 『대화집』은 그레고리우스 1세가 이탈리아 성인들에 관해 593년-594년에 쓴 총 4권으로 이루어진 작품이다. 교황은 베네딕도 성인에게 『대화집』 제2권 전체를 할애하고 있다. 『대화집』 제2권은 성 베네딕도에 관한 최초의 증언이자 오랫동안 유일한 증언이었다. 『대화집』을 통해 베네딕도 성인이 소개되기까지 동시대인들 중 성인에 관해 언급한 사람은 아무도 없었다. 하지만 『대화집』은 중세 초기문학 중 가장 논쟁이 많았던 작품이다. 역사가들은 다음 질문을 제기한다. "어떻게 그레고리우스 1세의 문학작품 안에 『대화집』처럼 신빙성이 떨어지는 전설적 작품이 배치되었으며, 그 낮은 문학수준과 과장된 기적주의를 이 위대한 교황의 고귀한 영성과 가르침에 조화시키는 일이 가능했는가?"

이 문제의 작품에서 성 베네딕도에게 바쳐진 부분은 다른 부분들보다 더 큰 문제를 안고 있다. 따라서 사건이나 연대에는 별 관심이 없는 반면 성인전식 소설에 너무 많은 부분을 할애하는 『대화집』 제2권의 증거적 가치는 과연 무엇인가?

우리는 『대화집』의 문학유형이 성인전기라는 점을 염두에 둘 필요가 있다. 『대화집』에서 베네딕도 성인은 처음부터 영적으로 성숙된 비범한 인물로 묘사되고 있다. 성인의 그러한 성숙은 세 가지 유혹, 즉 교만, 음욕, 분노의 극복에서 유래한다.

학자들은 사건에 대한 이야기(narratio)를 그 사건에 대한 저자의 창의적 해석(dispositio)에서 구분하였다. 실제 『대화집』은 연대기적 사건에 바탕을 둔 역사 전기가 아니다. 그레고리우스 1세의 의도는 베네딕도라는 인물을 통해 동시대인에게 수도적, 관상적 이상과 모범을 제시하고자 하는데 있었다.

결론적으로 베네딕도는 규칙과 더불어 역사 안으로 들어왔고 『대화집』을 통해 경배의 대상이 되었다고 말할 수 있겠다.

제 2 부
본문과 주해

성규의 구조와 내용

구 분			해당부분
수도승생활로의 초대			머리말
수도승 생활의 토대	기본 구조	수도승의 부류(1) 아빠스의 자질(2) 공동체 회의 소집(3)	제1-3장
	영적 토대	선행의 도구(4) 순종(5) 침묵(6) 겸손(7)	제4-7장
			(제1-7장)
하느님의 일		밤기도(8-11,14) 아침기도(12-13) 알렐루야 낭송시기(15) 낮 시간경(16-18) 기도하는 자세(19-20)	제8-20장
수도원 내부 조직화	생활 규정1	십인장(21) 취침규정(22)	제21-22장
	잘못과 교정	대소 파문(23-26) 아빠스의 염려(27-28) 퇴회한 형제의 재입회(29) 어린이에 대한 책벌(30) 보속 방법(43-46)	제23-30; 43-46장
	수도원 재산	당가의 자질(31) 수도원의 도구와 물건(32) 개인소유의 금지(33) 필요성에 따른 분배(34)	제31-34장
	수도승의 식탁	주간 주방봉사자(35) 병든 형제(36) 노인과 어린이(37) 주간 독서자(38) 음식의 분량(39) 음료의 분량(40) 식사시간(41) 끝기도 후의 침묵(42)	제35-42장
	생활 규정2	기도시간을 알림(47) 매일의 노동(48) 사순시기를 위한 규정(49) 먼 곳에서 일하거나 여행하는 형제(50) 가까운 곳으로 여행하는 형제(51) 수도원 성당(52)	제47-52장
			(제21-52장)
수도원과 세상	세상을 향한 개방	손님환대(53) 수도승을 위한 서신이나 선물(54) 의류와 신발(55) 아빠스의 식탁(56) 수도원의 장인(57)	제53-57장
	공동체에 받아들임	공동체에 받아들이는 절차(58) 귀족이나 가난한 이의 자녀봉헌(59) 사제를 받아들임(60) 외래 수도승을 받아들임(61) 수도원의 사제(62)	제58-62장
	공동체 구성원	공동체의 차례(63) 아빠스 선출(64) 원장(65) 문지기(66)	제63-66장
부가된 장		여행하는 형제(67) 불가능한 명령을 받은 경우(68) 상호변호 금지(69) 월권행위 금지(70) 상호순종(71) 수도승의 좋은 열정(72)	제67-73장
		맺음말 : 초보자를 위한 규칙(73)	

머리말 : 수도승생활로의 초대

본 문

¹들어라 아들아, 네 마음의 귀를 기울여 스승의 계명을 (경청하고) 어진 아버지의 권고를 기꺼이 받아들여 충실히 실행하여라. ²이는 불순종의 나태로 멀어졌던 그분께 순종의 노고로 되돌아가기 위함이다. ³그러므로 이제 자기 뜻을 버리고 참된 왕이신 주 그리스도를 위해 싸우고자 가장 강하고 훌륭한 순종의 무기를 잡는 너에게 말하는 바이다.

⁴무엇보다 먼저 네가 어떤 선행을 실행하려할 때 가장 간절한 기도로 그것이 완수되도록 그분께 청하여라. ⁵그래서 우리를 이미 당신 자녀들 대열에 끼워주신 그분께서 어느 날 우리 악행으로 인해 상심하시는 일이 없도록 할 것이다. ⁶사실 우리 안에 있는 그분의 선으로 우리는 항상 그분께 순종해야 할 것이다. 이는 진노하신 아버지께서 당신 자녀들에게 상속권을 박탈하시지 않게 하기 위함이며, ⁷또 우리 악행으로 인해 격분한 두려운 주인께서 당신을 따라 영광으로 나아가기를 거부한 사악한 종들을 영벌에 처하는 일이 없게 하기 위함이다.

⁸그러므로 우리는 이제 "여러분이 잠에서 깨어날 시간이 이미 되었습니다."²³⁾ 라며 우리를 일깨우는 성경의 말씀에 따라 일어나도

록 하자. ⁹하느님 빛을 향해 눈을 뜨고 매일 다음과 같이 외치시며 우리를 권고하시는 하느님의 목소리를 주의 깊게 경청하도록 하자. ¹⁰"오늘 그분의 목소리를 듣게 되면 너희는 마음을 완고하게 하지 마라."²⁴⁾ ¹¹또 "귀 있는 사람은 성령께서 여러 교회에 하시는 말씀을 들어라."²⁵⁾ ¹²그리고 무슨 말씀을 하시는가? "아이들아, 와서 내 말을 들어라. 너희에게 주님 경외함을 가르쳐 주마."²⁶⁾ ¹³너희는 생명의 빛이 있는 동안 달려 죽음의 암흑이 너희를 덮치지 않도록 하여라.²⁷⁾

¹⁴주님은 이렇게 외치시며 백성의 무리 가운데서 당신 일꾼을 찾으신다. 그리고 다시 말씀하신다. ¹⁵"생명을 갈망하고 좋은 것 보려고 장수를 바라는 이는 누구인가?"²⁸⁾ ¹⁶만일 네가 이 말씀을 듣고 "접니다."라고 대답한다면, 하느님은 너에게 이렇게 말씀하실 것이다. ¹⁷만일 네가 참되고 영원한 생명을 얻기 원한다면 "네 혀는 악을, 네 입술은 거짓된 말을 조심하여라. 악을 피하고 선을 행하며 평화를 찾고 또 추구하여라."²⁹⁾ ¹⁸너희가 이것을 행할 때, "나는 너희를 굽어 볼 것이고 너희 간구에 귀를 기울일 것이다. 그리고 너희가 나를 부르기 전에 나는 너희에게 '나 여기 있다.' 하고 말할 것이다."³⁰⁾ ¹⁹친애하는 형제들이여, 우리를 초대하시는 주님의 이 목소

---

23) 로마 13,11.   24) 시편 95,8.
25) 묵시 2,7.   26) 시편 34,12.
27) 참조: 요한 12,35.   28) 시편 34,13.
29) 시편 34,14-15.   30) 이사 58,9.

리보다 우리에게 더 감미로운 것이 무엇이겠는가? [20]보라, 주님은 당신 자애로써 우리에게 '생명의 길'을 보여주신다. [21]그러므로 신앙과 선행실천으로 우리 허리를 묶고 복음의 인도 하에 그분의 길로 나아가 우리를 당신 나라로 초대하시는 그분을 뵈올 수 있도록 하자.[31]

[22]만일 우리가 그분 나라 장막에 머물기를 원한다면 선행으로 달려가지 않고는 결코 거기에 도달하지 못할 것이다. [23]그러나 예언자와 함께 주님께 이렇게 여쭈어보도록 하자. "주님, 당신 장막에 묵을 이 누구오리까, 당신의 거룩한 산에 쉴 이 누구오리까?"[32] [24]형제들이여, 이 질문을 한 후 우리는 다음과 같은 말로 우리에게 응답하시고 당신 장막으로 나아가는 길을 보여주시는 주님의 말씀을 경청하도록 하자. [25]"그는 허물없이 걸어가며 의를 행하는 이, 자기 마음으로 진리를 말하는 이, 자기 혀로 속이지 않는 이, [26]자기 이웃에게 악을 행하지 않는 이, [27]자기 이웃에 대한 중상에 귀 기울이지 않는 이다."[33] [28]그는 사악한 악마로부터 어떤 유혹을 받고서 그 유혹과 함께 악마를 자기 마음의 눈에서 멀리 몰아내어 그를 무력화시키고, 악마의 사소한 유혹조차도 붙들어 그리스도께 쳐 바수는 자이다.[34] [29]주님을 두려워하는 그들은 자기 선행으로 인해 우쭐해하지 않고 자기 스스로는 아무런 선행도 할 수 없고 오직 하느님으로 말미암아 이루어지는 것임을 안다. [30]그들은 예언자와 함께 "주님, 저희에게가 아니라 저희에게가 아니라 오직 당신 이름에 영광을 돌리소

---

[31] 참조: 1테살 2,12.
[32] 시편 15,1.
[33] 시편 15,2-3.
[34] 참조: 시편 15,4; 136,9.

서."35)라고 말하며 그들 안에서 활동하시는 주님을 찬양한다. 31마찬가지로 바오로 사도께서도 다음과 같이 말씀하시며 자기 설교에 대해 자신에게 어떤 공로도 돌리지 않으셨다. "하느님의 은총으로 지금의 내가 되었습니다."36) 32그리고 다시 "자랑하려는 자는 주님 안에서 자랑해야 합니다."37)라고 말씀하신다.

33그래서 주님도 복음에서 말씀하신다. "나의 이 말을 듣고 실행하는 이는 모두 자기 집을 반석 위에 지은 슬기로운 사람과 같을 것이다. 34비가 내려 강물이 밀려오고 바람이 불어 그 집에 들이쳤지만 무너지지 않았다. 반석 위에 세워졌기 때문이다."38)

35이렇게 당신 말씀을 마치신 주님은 우리가 매일 당신의 거룩한 권고에 행동으로 응답하기를 기다리신다. 36그러므로 우리의 악한 행실을 고치도록 우리에게 이 생명의 날들이 연장되는 것이다. 37같은 사도께서 "그분의 호의가 그대를 회개로 이끌려 한다는 것을 모릅니까?"39)라고 말씀하시는 바와 같다. 38왜냐하면 주님은 "나는 악인의 죽음을 기뻐하지 않는다. 오히려 악인이 자기 길을 버리고 돌아서서 사는 것을 기뻐한다."40)라고 말씀하시기 때문이다.

39그러므로 형제들이여, 우리는 주님 장막에 살게 될 사람에 대해

---

35) 시편 115,1.
37) 2코린 10,17.
39) 로마 2,4.
36) 1코린 15,10.
38) 마태 7,24-25.
40) 에제 33,11.

그분께 여쭈어보았고 거기에 거주하기 위한 계명을 들었다. 그러나 문제는 우리가 장막 거주자의 직분을 완수하느냐는 것이다. ⁴⁰그러므로 우리는 몸과 마음을 준비하여 그분 계명에 거룩한 순종으로 분투하도록 하자. ⁴¹본성상 우리에게 거의 불가능한 것에 대해서는 주님께 청하여 그분 은총의 도움을 받도록 하자. ⁴²만일 우리가 지옥벌을 피하고 영원한 생명에 도달하기를 원한다면, ⁴³아직 시간이 있고 또 우리가 이 육신 안에 있으며, 현세 생명의 빛으로 이 모든 것을 완수할 수 있는 동안에 ⁴⁴달려가 영원토록 우리에게 유익할 수 있는 것을 당장 실행해야 한다.

⁴⁵그러므로 우리는 주님을 섬기는 학교를 설립하고자 한다. ⁴⁶이 학교를 설립하는데 있어 우리는 거칠고 힘든 것은 아무 것도 제정하기를 원하지 않는다. ⁴⁷그렇다 하더라도 만일 합당한 이유로 악습을 고치고 애덕을 유지하기 위해 조금 엄격한 어떤 것이 제시될 경우, ⁴⁸두려움에 사로잡혀 좁게 시작하지 않고서는 들어설 수 없는 구원의 길에서 즉시 달아나지 않도록 하라.

⁴⁹진정 우리가 수도승생활과 신앙에 나아갈 때, 우리는 말할 수 없는 사랑의 감미로움으로 마음이 넓어져 하느님 계명 길을 달려가게 될 것이다. ⁵⁰그러므로 주님의 가르침에서 절대 벗어나지 않고 죽을 때까지 수도원에서 그분 가르침을 충실히 지키면서 인내로이 그리스도의 수난에 동참하여 그분 나라의 동거인이 되도록 하자. 아멘.

주 해

개관

1. 성격과 중요성

머리말은 그 성격상 한 작품을 소개하려는 목적으로 써진 일종의 도입이라 할 수 있다. 실제 성규 머리말은 일종의 종교적 가르침이다. 이런 관점에서 머리말은 고대 수도승생활로부터 우리에게 전해진 가장 아름답고 흥미 있는 문헌 중 하나라고 말할 수 있을 것이다. 머리말은 또한 성규에서 수도승생활의 이상을 제시하는 가장 아름답고 중요한 부분 가운데 하나이다. 여기서 제시되는 이상은 베네딕도 성인 전후 서방수도승생활 전체의 이상을 대변하고 있다. 머리말에서 베네딕도 성인은 우리를 수도승생활로 초대하고 있다.

2. 문학양식

머리말의 문학양식은 일종의 강론이라 할 수 있다. RM의 접근방식이 매우 위협적이고 그 동기도 부정적인[41] 것과는 달리 성규는 '사랑'을 강조하고 있고, 사랑의 삶은 금욕적인 삶을 다른 차원으로 변형시킬 수 있음을 강조한다(46-49절). 또 RM은 하느님이 저자를 통하여 직접 말씀하고 계신다고 이야기하고 있지만(5.16절), 이는 성규에서는 전혀 찾아 볼 수 없다. 이 사실은 베네딕도의 중용과 겸손을 단적으로 보여준다.

---

41) RM은 하느님의 무시무시한 심판과 지옥의 위험을 강조한다(머리말 1-27).

3. 청중과 화자(話者)

머리말은 상당히 개인적인 어휘를 사용하고 있다. 주 관심은 각 개인의 영적변형에 있고 이는 성규 제7장까지 이어진다. 이것은 아마도 공동체 감각이 덜 한 RM의 영향에 기인하는 듯하다. 머리말에는 세 명의 화자(話者)가 나오는데, 성규 저자, 수도승생활 지원자 그리고 그리스도이다. 저자는 머리말 첫 부분(1-4절)에 잠시 나왔다가 숨어버리고 단지 마지막 부분(46-49절)에 다시 나타난다. 그러나 우리를 초대하는 것은 바로 그이기도 하다. 머리말의 청중은 수도승생활 지원자라고 할 수 있는데, 그의 역할은 오로지 큰 주의를 기울여 경청하는 것이다. 참된 스승이자 실제 주인공은 바로 그리스도이다. 그분은 담화 전체를 주도하며 매우 아름다운 담화를 통해서 생명으로 나아가는 길을 밝혀주신다. 주도권은 항상 그리스도에게 있다. 이처럼 수도승생활은 처음부터 한 인격과의 만남, 일생을 통한 수도승과 그리스도와의 지속적 대화로 나타난다.

4. 목적과 수단

머리말이 우리를 궁극적으로 초대하는 곳은 하느님 나라이다. 머리말에는 이 종말론적 목표에 도달하기 위한 구체적 수단들이 제시되고 있다. 그것들 중 한 가지 중요한 자세가 있는데, 곧 경청의 자세이다. 이는 영적 여정의 모든 단계를 좌우한다. 순종은 들음과 밀접히 연결되어 있다. 머리말 자체는 수도승생활 안에 '들음'을 각인시킨다. 그 인도자는 복음 성경 자체이다(21절).

5. 성경의 역할

머리말에서 성경은 매우 중요하다. 머리말 거의 절반이 성경 구절로 이루어져 있다. 머리말 8-38절은 시편 34편과 15편에 관한 주해라고 할 수 있다. 이 시편들은 그리스도인으로 새로 태어나는 성인 세례와 관련하여 사용된 시편들인데 수도승생활 시작을 위해서도 유용한 것으로 간주되었다.

6. 구조 및 내용

성규 머리말에서 베네딕도는 네 부분으로 구성된 RM 서언[42]의 네 번째 부분(Ths. 2-46)을 거의 직접적으로 인용하고 있다. 그러나 그는 머리말 첫 부분(1-4절)과 마지막 부분(46-49절)을 자기 말로 바꾸었다. 머리말 1-4절은 위(僞) 바실리우스로 알려진 한 익명의 저자의 작품에 의존하고 있는 반면, 머리말 46-49절은 전적으로 베네딕도 고유부분이라 할 수 있다.

머리말은 논리적 계획에 따라 구성되지는 않았지만 나름대로 어떤 명확한 구조를 드러내고 있다. 그것을 크게 다음 여덟 부분으로 구분해 볼 수 있다.

1-3절 : 모든 그리스도인 삶의 여정
4-7절 : 여정을 위해 필요한 두 가지 요소:
　　　　하느님 은총과 인간의 충실한 응답

---

42) 참조: 각주 12).

8-13절 : 하느님 말씀에서 시작하는 구원으로의 보편적 부르심
14-21절 : 주님 일꾼으로의 개인적 부르심
22-34절 : 주님 장막에 머물기 바라는 사람이 준수할 조건
35-44절 : 선행실천을 위해 시간을 선용하라는 권고
45-48절 : 규칙과 저자의 의도 제시
49-50절 : 독자에게 영원한 영광을 기원하며 맺음

주석

1-3절 : 4절과 함께 베네딕도가 삽입한 부분이다. 성규 첫 마디는 '들어라'는 권고이다. 이것은 매우 의미심장하다. '듣다'(*obscultare*) 라는 라틴어 동사의 명령형 '들어라'(*obsculta*)로 시작된다. 우연히도 성규 마지막 말마디는 '도달하다'(*pervenire*) 라는 라틴어 동사가 사용되고 있다.[43] 이 두 단어는 서로 밀접히 연결되는 것처럼 보인다. 즉 영원한 생명에 도달하는 것은 듣는 데서부터 시작한다는 의미를 암시하고 있다. 이처럼 우리가 지녀야 할 첫 번째 자세는 듣는 자세이다. 그래서 베네딕도는 "들어라 아들아"(1절)라는 말로 시작하며 그 이유를 "불순종의 나태로 멀어졌던 그분께 순종의 노고로 되돌아가기 위함이다."(2절)라고 말하고 있다. 순종(*oboedientia*)은 남의 말을 '듣는 것'(*obscultare*)으로 시작하여 그 말씀을 실행하는 것으로 이루어진다. 따라서 생명의 길로 나아가는 것은 하느님 말씀을 듣고 그것을 실행하는 것을 뜻한다. 베네딕도는

---

43) 참조: 성규 73,9.

바로 이 길로 우리를 초대하고 있는 것이다.

4-7절 : 하느님과 우리의 관계가 부자관계로 묘사되고 있다. 우리가 자식의 도리를 다할 때 상속권을 가지게 된다는 점을 상기시킨다. 베네딕도는 이 여정을 시작하고 마칠 수 있기 위해서는 무엇보다 먼저 주님의 도우심이 필요하고(4절) 그것에 힘입은 우리의 충실한 응답이 요구된다는 점을 말하고 있다(5-7절). 이 사실은 우리 구원을 위해 하느님 은총과 인간의 응답(노력) 모두가 필요하다는 그리스도교 구원론을 충실히 반영하고 있다. 하지만 하느님 은총이 우선된다는 점도 잊어서는 안 될 것이다. 하느님 은총으로 우리는 그분 자녀로 새로 태어났고 새 삶으로 계속 나아가도록 노력해야 하는 것이다.

8-13절 : 또 하나의 새로운 도입이다. 베네딕도는 성경말씀을 경청하도록 우리를 초대하고 있다.

14-21절 : 14-20절까지는 주로 시편 34편에 대한 해설이다. 이를 통해 주님이 보여주시는 생명의 길을 달려가 그분을 뵈올 수 있도록 하자고 초대하고 있다(21절). 여기서 그리스도와 우리 사이에 이루어지는 상호작용을 볼 수 있다.

```
              부르심
   그리스도  ──────────→  우리
           ←──────────
              응답
```

(신앙과 선행실천으로 우리 허리를 묶고 복음의 인도 하에 그분의 길로 나아감: 21절)

21절은 성규에서 가장 아름다운 부분 중 하나로 머리말의 핵심과도 같다. 이절에서 사용된 '허리를 묶다'(*succinctis...lumbis*), '나아가다'(*pergamus*)와 같은 용어들은 긴박성과 역동성을 잘 보여주고 있다. 또 '복음의 인도 하에'(*per ducatum Evangelii*) 란 표현은 우리 영적 여정의 유일하고 참된 안내자는 바로 복음임을 분명히 밝히고 있다. 모든 것은 복음에서 유래하고 거기서 끊임없이 영감을 끌어내야 한다. 규칙 역시 복음에 대한 해설에 불과하다. 복음에 바탕을 두지 않은 규칙이란 존재할 수 없고 설사 있더라도 그것은 참된 규칙이라 할 수 없을 것이다.

22-34절 : 시편 15편에 대한 설명을 통해 주님 장막에 머물기 원하는 사람에게 요구되는 조건들에 대해서 이야기하고 있다. 시편이 그리스도론적으로 해석되고 있고 십계명을 연상시키는 열 가지 덕이 언급되고 있다. 이는 세례 때 입문자에게 행해지는 질의응답을 연상시킨다. 그리스도를 따르기를 원하는 수도승에게 있어 사악한 것은 언제나 악마이다(28절). 주님은 우리에게 길을 밝혀주신다. 그분은 바로 수도승의 모범이시다.

35-44절 : 이제 우리는 다시 처음에 있다. 즉 절정 이후 또 한 번 지상에 있다. 여기서는 계명, 영성생활의 역동성 그리고 회개의 여정 등에 대해서 언급되고 있다. 베네딕도 시대에는 많은 사람이 지은 죄를 보속하기 위하여 수도원에 들어와 참회와 회개의 삶을 살았다. 이 부분에서 또한 하느님의 인내심이 강조되며, 주님께서는 선으로 가득하신 분으로 나타난다(35-38절). 특히 40-44절에서는 매우 다급한 긴장감이 감돈다. 이 부분은 성규 전체에서 가장 긴박하다. 지옥벌과 영원한 생명을 마지막으로 구분한 후 달려가자고 촉구하고 있다(44절).

45-50절 : 규칙과 저자의 의도, 즉 '주님을 섬기는 학교 제정'을 제시하고 영원한 영광을 기원하며 죽을 때까지 이 학교에 머물며 주님의 가르침을 충실히 지키자고 권고하고 있다. 여기에는 은수생활을 위한 가능성이 전혀 보이지 않는다.

학교(*scola*)로서의 수도원 개념은 RM에서 발전되었다. 게다가 '스승'(*magister*)이란 단어는 한 학교에서 제자들을 둔 스승으로서의 '아빠스'를 가리킨다. 그러나 베네딕도는 성규 전체에서 '스승'이란 단어를 머리말 45절에서 단 한 번만 사용한다. 그는 거의 '스승'이나 '제자'와 같은 용어를 사용하지 않고 있다. 아퀴나타 뵈크만(Aquinata Böckmann)의 견해에 따르면 베네딕도에게 있어 아빠스 역시 공동체의 나머지 사람들처럼 이 학교의 한 학생이다. 주님을 섬기는 것을 배우는 이 학교는 바로 '수도원'이다(50절).

RM의 학교는 주로 그리스도를 따르면서 어떻게 십자가를 지는

가를 배우는 고통의 학교로 나타난다. 이에 반해 베네딕도가 삽입한 46-49절은 확실히 RM보다는 덜 엄격하다. 두려움은 우리의 회개와 행동을 자극하는 건전한 동기가 될 수는 있지만 그리스도교 영성의 보다 깊은 차원과는 거리가 멀다는 점을 베네딕도는 알고 있었다. 이 때문에 베네딕도는 머리말의 주요 절 중 하나인 49절에서 그렇듯 사랑을 호소하고 있다. RM은 결코 수도승에게 이 세상에서의 기쁨과 행복을 허락하지 않는다. RM에 있어 영적 완성은 현세에서가 아닌 장차 올 내세에서 실현된다. 그러나 베네딕도에게 있어 수도승생활은 '여기서 지금'(Hic et Nunc) 그 결실을 낳아야 한다. 이 점에서 베네딕도의 영성은 상당히 건전하며 이상과 현실의 조화를 이루고 있었음이 분명하다. 베네딕도의 눈은 항상 하늘(이상)을 향해 있지만 발은 땅(현실)에 굳게 딛고 있는 것처럼 보인다.

결론

머리말 전체에서 베네딕도는 성경을 통하여 우리를 그리스도께 돌아오도록 촉구한다. 다시 말해 하느님 나라에 도달하기 위하여 우리를 회개(그리스도인 삶: 시작부분)와 수도승생활(주님을 섬기는 학원: 끝부분)로 초대하고 있다. 이것은 "하느님 계명 길을 달려가는 것"(49절)을 의미한다. 이를 위해 무엇보다도 마음의 개방, 들음, 순종, 인내가 필요하다. 머리말에는 또한 상당히 강한 그리스도 중심성이 보인다.

베네딕도 성인은 머리말에서 이미 우리 영적 여정의 기본구도를 제시하고 있다. 그것은 바로 교만에 바탕을 둔 불순종으로 인해 하느님에게서 멀어진 인간이 그 반대에 서 있는 겸손과 순종을 도구로 하여 다시 그분에게 되돌아가는 것이다. 이 회귀(回歸) 여정을 위한 구체적인 길 하나가 제시되는데 그것은 바로 수도승생활이다. 이제 베네딕도는 제1장부터 수도승생활을 위한 영적 기술을 규정해 나간다.

수도승생활의 토대 (성규 1-7장)

성규 제1장에서 제7장까지는 소위 금욕 혹은 영성부분이라 할 수 있다. 베네딕도는 머리말 끝에서 수도승생활로 초대한 후 이 부분에서 본격적으로 수도승생활의 토대를 놓고 있다. 제1장에서 제3장까지는 수도승의 부류(1장), 아빠스의 자질(2장), 공동체 회의 소집(3장)등 공동체의 기본구조에 관한 것이고, 나머지 제4장에서 제7장에서는 선행의 도구(4장), 순종(5장), 침묵(6장), 겸손(7장) 등 수도승생활을 위한 영적 토대가 되는 주제들이 다루어지고 있다.

제 1 장
수도승의 부류

본 문

[규칙 본문 시작]
[규칙이란 순종하는 이들의 삶을 규정하기 때문에 생긴 말이다]

[1]네 부류의 수도승이 있다는 것은 주지의 사실이다. [2]첫 번째 부류는 회수도승들로 이들은 규칙과 아빠스 아래 분투하며 수도원 안에서 생활한다.

³두 번째 부류는 독수도승 혹은 은수자들이다. 그들은 수도승생활 초심자의 열정에서가 아니라 수도원 안에서 오랫동안 시험을 거친 후 ⁴많은 형제의 도움을 받아 이미 악마를 거슬러 싸우는 법을 터득한 이들이다. ⁵사막에서 홀로 싸우기 위해 형제들의 진지에서 잘 훈련된 그들은 이제 다른 사람의 도움 없이도 안전하고 하느님의 도우심으로 오직 자기 손과 팔만으로 육체와 생각의 악습을 거슬러 싸울 수 있다.

⁶수도승의 세 번째 부류는 참으로 혐오스러운 '사라바이타'라고 하는 자들이다. 그들은 용광로 속의 금처럼 어떤 규칙이나 경험의 가르침으로 단련되지 않고 납처럼 물러 ⁷삭발로써 하느님을 속이며 행실로는 여전히 세속에 충성을 다하는 이들이다. ⁸둘이나 셋, 혹은 혼자서 목자 없이 주님의 양떼에서가 아니라 자신들의 양무리에 갇혀 사는 자들이다. 그들의 법은 자기들 욕망의 실현이니, ⁹이는 그들이 믿거나 선호하는 것은 무엇이나 다 거룩하다고 말하고 원하지 않는 것은 부당하다고 여기기 때문이다.

¹⁰수도승의 네 번째 부류는 소위 '기로바구스'라고 불리는 자들이다. 이들은 일생 동안 이곳저곳 떠돌아다니며 여러 수도원에서 삼사일씩 손님으로 머문다. ¹¹늘 정처 없이 떠돌아다니는 그들은 한 번도 정주하지 않고 자기 뜻과 탐식에 빠진 자들로 모든 점에서 '사라바이타'들보다 더 나쁜 자들이다.

¹²비참하기 짝이 없는 이 모든 자의 생활양식에 대해서 말하느니 차라리 침묵을 지키는 편이 더 나을 것이다. ¹³그러므로 이들은 제쳐두고 주님의 도우심으로 가장 강한 부류인 회수도승들을 위한 규칙을 제정해 나가도록 하자.

주 해

개관

이 장은 제11-13절을 제외하고는 거의 RM 1장을 따르고 있다. 여러 부류의 수도승을 묘사하는데 있어 성규와 RM은 요한 카시아누스의 『담화집』을 바탕으로 하고 있다. 『담화집』 18,4-8을 보면 네 부류의 수도승, 즉 회수도승, 독수도승, 사라바이타 그리고 거짓 은수자가 언급되고 있다. 카시아누스는 회수도승, 독수도승 그리고 사라바이타를 언급하고 있는 성 히에로니무스에게서 영감을 받았다.[44] RM은 히에로니무스의 이 세 부류에 '기로바구스'를 덧붙였는데, 이 네 번째 부류는 카시아누스의 '거짓 은수자'를 대체한다. 따라서 '기로바구스'는 성규와 RM에 고유한 것이라고 할 수 있다. 그러나 성규는 기로바구스에 대한 RM의 장황한 묘사(1,15-74)를 대폭 줄여 단 2개의 절로 간단히 요약하고 있다(1,11-12).

---

44) 참조: 히에로니무스『서간』22,34-36.

주석

2절 : 회수도승(*coenobita*)

회수도승이 첫 번째 부류로 언급되고 있다. 그 이유는 무엇보다도 앞으로 규칙 전체에서 이들에 대해 다루게 될 것이기 때문인 듯하다. 또 카시아누스에 의하면 회수도승들은 초기 예루살렘 교회의 후계자로서(사도 2,4) 역사 안에서 최초로 나타났기 때문이다. 따라서 아달베르 드 보궤(Adalbert de Vogûé) 신부는 그들에게서 독수도승이 생겨났다고 추정하고 있다.

베네딕도는 회수도승을 "규칙과 아빠스 아래 분투하며 수도원 안에서 생활"하는 사람으로 정의하고 있다. 이 정의에서 우리는 회수도승생활의 세 가지 근본요소를 보게 되는데, 곧 '공동체'(*monasterium*), '규칙'(*regula*) 그리고 '아빠스'(*abbas*)이다. 이 외에도 '순종'(*oboedientia*)과 '금욕적 수행'을 덧붙일 수 있다. 왜냐하면 라틴어 부사 '아래'(*sub*)는 순종을 의미할 수 있기 때문이다. 또 '분투하며'를 뜻하는 라틴어 분사 '밀리탄스'(*militans*)의 동사 원형 '밀리타레'(*militare*)가 비록 '왕을 위해 봉사하는 것'으로 번역되고 또 그 강조점이 악마를 거스른 투쟁에 있지 않다 하더라도 '악을 거스른 투쟁'이란 의미를 배제하지 않기 때문이다. 이 절은 베네딕도회 수도승생활을 잘 요약해 주고 있다.

'규칙과 아빠스'란 표현에서 우리는 또 다른 흥미로운 점을 발견하게 된다. 즉 규칙이 아빠스에 선행되어 나오고 있다는 점이다. 이는 아빠스 역시 규칙 아래 있음을 단적으로 드러내고 있다. 아빠스도 공동체의 다른 형제들과 마찬가지로 규칙을 준수해야 한다는 것이다.[45] 테렌스 카르동(Terence Kardong)의 말을 빌리면 이 점에 있어 베네딕도가 토대를 두고 있는 RM은 규칙을 아빠스 위에 둔 선구자라 할 수 있을 것이다.

3-5절 : 독수도승(anacoreta)

두 번째 부류인 '독수도승'(anacoreta) 혹은 '은수자'(eremita)에 대해서 언급되고 있다. 은수자를 나타내는 라틴어 '에레미타'(eremita)는 사막을 뜻하는 그리스어 '에레모스'(eremos)에서 유래했다. 따라서 은수자는 세상에서 물러나 사막으로 들어간 사람을 나타낸다.

'콘베르사씨오니스'(Conversationis, 3절): 베네딕도는 RM 1,3의 '콘베르시오'(conversio)를 의도적으로 '콘베르사씨오'(conversatio)로 바꾸었다. 초기 수도승들에게 있어 '콘베르사씨오'는 '규율' 또는 '삶의 양식'을 뜻했다. 보통 '수도승생활'로 번역되는 이 용어는 '함께 하는 여정'으로서 수도승생활의 지속적, 역동적 성격을 드러낸다.

이 절에서 사용된 전사(戰士)의 비유는 성규와 RM이 고유하게 사용하는 비유이다. 어떤 의미에서 독수도승은 회수도승생활 저편에 있다. 독수도승생활을 위해서는 먼저 공동체 안에서의 수련이 요청된다. 공동체 생활을 통해 깎이고 단련되어 원만해진 다음 더 깊은 고독과 침묵 속에서 하느님과의 일치에로 나아가야 할 것이다.

---

45) 참조: 성규 3,7: "모든 이는 모든 일에 있어 규칙을 스승처럼 따를 것이며..."

혼자 살다 보면 자칫 독선적이고 괴팍해질 위험이 있다. 반면 공동생활 역시 서로에게 걸림돌이 될 위험을 늘 안고 있다. 성규와 RM에 따르면 이 두 삶의 양식은 서로 반대되기보다는 오히려 보다 밀접히 연결되어 있다. 반면 성 바실리우스는 독수도승생활에 강한 거부감을 갖고 있었다. 드 보궤 신부는 베네딕도의 회수도승생활이 독수도승생활에 열려있다는 견해를 취하고 있다.

6-9절 : 사라바이타(*sarabaita*)

'사라바이타'(*sarabaita*)는 원래 콥트어인데, 이는 '공동체에서 분리된 이'를 뜻한다. 성규와 RM은 카시아누스로부터 이 용어를 차용했다. 카시아누스에 의하면 이들은 오래된 회수도승생활 둥치에서 떨어져 나간 이들이다. 이들에게는 회수도승생활에 필수적 요소인 규칙과 아빠스가 없다. 규칙과 아빠스 없이 자기들끼리 작은 무리를 지어 산다. 그래서 카시아누스는 이들을 거짓 회수도승들로 간주하고 있다. 이는 오늘날 우리 수도승 역시 빠질 수 있는 위험이다. 즉 어떤 삶의 지침도 장상도 없이 그저 각자 자기 좋을 대로 사는 것이다.

'경험의 가르침'(*esperientia magistra*, 6절): 이 말마디는 규칙과 경험이 밀접히 연결되어 있음을 보여준다. 규칙은 바로 하느님 체험에서 생겨난 것이고, 아빠스는 자기가 경험한 바를 가르치는 스승이다. 규칙과 경험의 연결은 회수도승에게 있는 규칙과 아빠스가 사라바이타에게는 결여되어 있음을 더욱 분명히 드러낸다. 규칙은 경험에서 써져야 하며, 경험 있는 아빠스에 의해서 해석되고 가르쳐져야 한다. 보통 베네딕도회 전통 안에는 성규의 가르침에 따라 매일 공동체 전체가 모여 아빠스가 규칙을 읽고 해설하는 관례가 있다. 보통 날마다 규칙의 한 장(*capitulum*)이 읽혀지고 해석된다고 하여 이 모임을 '카피툴룸'(*capitulum*)46)이라 하였다. 오늘날에도 베네딕도회 전통에 충실한 대부분의 수도원에서는 여전히 이 전통을 이어가고 있다.

10-12절 : 기로바구스(*girovagus*)

'기로바구스'(*girovagus*) 란 말은 '원'(圓) 혹은 '회전'(回轉)을 뜻하는 그리스어 '귀로스'(Υυρος)와 '방랑하다', '배회하다' 란 뜻을 지닌 라틴어 '바가리'(*vagari*)의 합성어로 떠돌이 혹은 방랑 수도승을 지칭한다. 베네딕도는 이들에 대해 풍자적으로 길게 언급하고 있는 RM 1장 13-74절을 두 개의 절(11-12절)로 간단히 요약한다. 동방에서 이들의 존재가 알려져 있지 않았던 것은 아니지만 히에로니무스와 카시아누스가 언급하는 다양한 수도승 부류에는 나타나지 않는다. 이들은 아마도 카시아누스가 말하는 거짓 독수도승으로 간주될 수 있을 것이다.

---

46) 영어로는 Chapter Meeting이라고 번역된다. 회의, 모임, 장(章)을 뜻하는 영어의 chapter라는 말도 바로 이 용어에서 유래하였다. 매일 성규를 한 장 (*Capitulum*)씩 읽는 이 공동체 모임 자체를 뜻하던 이 용어는 시간이 지나면서 공동체가 모이는 장소에도 사용되었다. 오늘날 어떤 수도원들에서는 '참사회의실'이라 하여 이 용어를 공동체 모임 장소의 의미로만 사용하고 있기도 하다. 하지만 이 모임의 본래 의미와 목적을 되살릴 필요가 있다.

13절 : 베네딕도는 이런 비참한 자들에 대한 언급을 줄이고 곧바로 회수도승으로 건너뛴다. 다시 '첫 번째 부류'(*primum genus*)를 언급하는 것이 흥미롭다. 성규는 회수도승을 위한 규칙임이 분명하다.

'가장 강한'(*fortissimum*)이란 표현은 머리말 3절의 '가장 강한 순종'(*oboedientiae fortissima*)을 암시한다. 아마도 베네딕도는 회수도승생활을 가장 강하고 가치 있는 것으로 여기고 있는 듯하다. 실제로 함께 사는 공동생활은 서로의 부족을 채울 수 있도록 도와준다. 고대 동방 수도승전통에 의하면 수도원은 독수도승생활로 나아가도록 준비시켜주는 장(場)이기도 하지만 그 자체 안에서 주님을 섬긴다는 의미도 지니고 있다. 여하튼 베네딕도가 회수도승을 가장 강한 부류의 수도승이라고 표현하고 있지만 여전히 은수생활의 가능성을 감추고 있지 않고 열어두고 있다.

독수도승생활과 회수도승생활의 관계

독수도승 혹은 은수자는 먼저 수도원 안에서 단련되어야 한다는 견해는 요한 카시아누스의 『담화집』 18,5에 나타난다. 카시아누스와 전통적 견해에 따르면 독수도승생활이 이상으로 간주되고 있다. 카시아누스는 때때로 회수도승생활을 찬양하고 심지어 그리로 되돌아가는 은수자들에 대해 언급하기도 하지만 전체적으로 그는 고독한 생활을 이상으로 삼는다. RM과 성규도 이러한 견해를 따라 매우 깊은 존경심을 가지고 독수도승을 다루고 있다. RM의 대부분은 이 독수도승생활의 관점에서 다루어지고 있다. 베네딕도는 성규 1장 이후 다시 독수도승에 대해 언급하지는 않지만 성규 1-7장에서 이런 관점이 묻어나고 있다. 따라서 이 견해에 따르면 독수도승은 더 이상 아빠스의 지도를 필요로 하지 않는 사람이다. 그래서 주님을 섬기는 학원, 즉 수도원은 독수도승을 훈련해 내는 장소가 된다.

그럼에도 불구하고 성규 1장은 회수도승에 관한 장이다. 이 장은 회수도승들과 함께 시작해 그들과 함께 끝을 맺는다. 성규 1장에서는 수도원에 대해 비판적인 말을 하지 않는다. 심지어 회수도승을 '가장 강한 부류'(fortissimum genus: 13절)의 수도승으로 선언한다. 그러나 회수도승에 대해 '초심자의 열정'(novicio fervore: 3절) 이란 표현을 사용하기도 한다. 어쨌든 베네딕도는 회수도승을 '수도원에 속해 있는 사람'으로 또 거기서 '규칙과 아빠스 밑에서 분투하는 사람'으로 구체적으로 정의하고 있다.

결론

회수도승이 강할 수 있는 것은 하느님의 도우심뿐 아니라 형제들에게도 도움을 받을 수 있기 때문이다. 베네딕도 성인은 독수도승을 잘 훈련되어 혼자서도 싸울 능력을 갖춘 이로 묘사하고 있다(성규 1,5). 이 점으로 보아 독수도승이 개별적으로는 회수도승보다 강하다는 인상을 다분히 풍기고 있다. 회수도승을 가장 굳센 수도자라고 표현한 것은 서로에게 긍정적 영향을 미쳐 도움이 될 경우를 전제했기 때문이라고 여겨진다. 만일 서로에게 부정적 영향을 미쳐 걸림돌이 될 경우 이 표현은 적합지 않을 것이다. 공동생활을 통해 서로가 서로에게 늑대가 될 수도 있고 양이 될 수도 있기 때문이다. 따라서 회수도승생활의 긍정적 측면과 함께 부정적 측면도 동시에 보아야 할 것이다. 회수도승이 그 자체로서 결코 가장 강하다고 말할 수는 없다. 서로가 서로에게 긍정적 영향을 주고 힘이 되어주었을 때 그리고 그것이 좋은 열매를 맺었을 때 비로소 그 누구보다도 강하다고 말할 수 있을 것이다. 독수도승생활과 회수도승생활을 비교할 때 우열을 따지는 일은 부질없는 짓이다. 이것은 각자의 소명에 따른 문제이고 또 각 삶은 고유한 가치와 동시에 위험을 안고 있기 때문이다.

제 2 장
아빠스의 자질

본 문

¹수도원의 으뜸으로서 합당한 아빠스는 항상 그 명칭이 뜻하는 바를 기억하고 장상의 명칭에 부합하게 행동해야 한다. ²우리는 실제로 그가 수도원 안에서 그리스도의 역할을 대신하는 것으로 믿고 있으니, 그가 그리스도의 명칭으로 불리기 때문이다. ³이는 사도께서 "여러분은 여러분을 자녀로 삼도록 해 주시는 영을 받았습니다. 이 성령의 힘으로 우리가 '아빠! 아버지!' 하고 외치는 것입니다."⁴⁷⁾ 라고 말씀하시는 바와 같다. ⁴따라서 아빠스는 주님의 계명에 어긋나는 어떤 것도 가르치거나 제정하거나 명령해서는 안 된다. ⁵오히려 자기 명령과 가르침으로 하느님 정의의 누룩을 제자들의 정신 안에 넣어 부풀게 해야 한다. ⁶아빠스는 자기 가르침과 제자들의 순종, 이 두 가지에 대해 하느님에게 엄정한 심판을 받게 되리라는 사실을 항상 기억해야 한다. ⁷그는 또 가장(家長)이 양들에게서 어떤 유익함도 발견하지 못할 때마다 그것을 목자의 탓으로 여겨야 한다. ⁸그러나 만일 목자가 거칠고 반항하는 무리를 위해 온갖 정성을 다 기울이고 그들의 불건전한 행위를 고치기 위해 온갖 주의를 다 기울였다면, ⁹그들의 목자는 주님의 심판에서 사면되어 예언자와 더

---

47) 로마 8,15.

불어 주님에게 이렇게 아뢸 수 있을 것이다. "저는 당신 정의를 제 마음 속에 감춰두지 아니하고 당신 진리와 당신 구원을 말했사오나, 그들은 저를 경멸하고 업신여겼습니다."[48] [10]그때 드디어 그의 지도에 불순종했던 양들에게 벌로서 죽음이 닥칠 것이다.

[11]그러므로 누가 아빠스란 직함을 받게 되면 이중의 가르침으로 자기 제자들을 지도해야 한다. [12]즉 선하고 거룩한 모든 것을 말 보다는 오히려 행동으로 보여주어야 한다. 말귀를 알아들을 수 있는 제자들에게는 말로써 주님의 계명을 제시하고 마음이 무딘 이들과 보다 더 단순한 이들에게는 자기 행동으로써 하느님 계명을 보여줄 것이다. [13]그는 또한 (하느님 계명)에 어긋나기에 해서는 안 된다고 제자들에게 가르치는 모든 바를 자기 행동으로 보여줄 것이다. "이는 다른 이들을 가르치고 나서 그 자신이 비난받게 되는 일이 없게 하기 위함이다."[49] [14]또 하느님이 어느 날 그의 죄에 대해 그에게 다음과 같이 말씀하시는 일이 없게 하기 위함이다. "너는 어찌 내 계명들을 늘어놓으며 내 계약을 네 입에 올리느냐? 훈계를 싫어하고 내 말을 뒤로 팽개치는 너이거늘."[50] [15]또 "너는 어찌하여 형제의 눈 속에 있는 티는 보면서, 네 눈 속에 있는 들보는 깨닫지 못하느냐?"[51]

[16]아빠스는 수도원 안에서 사람을 편애해서는 안 된다. [17]만일 누가 선행과 순종에 있어 뛰어나지 않는 한, 어떤 사람을 다른 사람보

---

48) 시편 40,11; 이사 1,2; 에제 20,27.   49) 1코린 9,27.
50) 시편 50,16-17.   51) 마태 7,3.

다 더 사랑하지 말 것이다. [18]어떤 합당한 이유가 없는 한, 자유인을 노예출신의 수도승보다 서열상 앞에 두어서도 안 된다. [19]만일 아빠스가 정당한 이유가 있어 어떤 사람의 서열을 바꾸는 것이 적합하다고 판단할 경우 그렇게 할 수는 있다. 그렇지 않다면 각 사람은 자기 자리를 유지할 것이다. [20]왜냐하면 "노예이거나 자유인이거나 우리 모두는 그리스도 안에 하나이며"[52], 한 주님 아래 동일한 병역에 종사하기 때문이다. 그리고 "하느님께서는 사람을 차별하지 않으시기 때문이다."[53] [21]단지 우리가 선행에 있어서 다른 이들보다 더 뛰어나고 또 겸손한 자로 드러날 경우, 이 점에 있어 우리는 그분에게서 구별을 받는다. [22]그러므로 아빠스는 모든 이를 한결같이 사랑하고 모든 이에게 각자의 공로에 따라 동일한 규율을 적용할 것이다.

[23]아빠스는 자기 가르침에 있어 "타이르고 꾸짖고 격려하십시오."[54]라고 말씀하시는 사도의 권고를 항상 따를 것이니, [24]즉 때에 따라 엄격함과 부드러움을 번갈아 사용하여 스승의 준엄함과 아버지의 애정을 드러내라는 말이다. [25]다시 말해 무질서하고 덤벙대는 이들은 더욱 엄하게 권고하고, 순종적이고 유순하고 인내심 있는 이들은 덕에 더욱 나아가도록 독려하며, 태만하고 오만한 이들은 질책하고 책벌하도록 권고하는 바이다.

[26]잘못을 범하는 자들의 죄를 묵과하지 말고 그 죄가 생기려할 때 즉시 "실로의 제관 엘리가 당한 재앙을 기억하여"[55] 그 싹을 근절할

---

52) 갈라 3,28; 에페 6,8.
53) 로마 2,11.
54) 2티모 4,2.
55) 1사무 2,11-4,18.

것이다. ²⁷정직하고 총명한 이들에게는 한 두 번 말로 타이를 것이나, ²⁸불량하고 완고하며 거만하고 불순종하는 자들에게는 매나 다른 육체의 벌로써 다스려 범죄의 시초에 막을 것이다. 이는 성경에 "어리석은 자는 말로써 고쳐지지 않는다."⁵⁶⁾ ²⁹또 "네 아들을 매로 때려라. 그러면 그의 영혼을 죽음에서 구할 것이다."⁵⁷⁾라고 쓰여 있기 때문이다.

³⁰아빠스는 항상 자기 위치와 명칭을 기억하고 있어야 하며, 더 많이 맡겨진 이에게 더 많이 요구된다는 것을 알아야 한다.
³¹그는 자기가 받은 직무, 곧 어떤 사람에게는 부드럽게 대하고 다른 사람에게는 질책하며 또 다른 사람에게는 설득하면서 영혼들을 다스리고 다양한 기질의 사람들을 섬기는 일이 얼마나 어렵고 힘든 일인지를 알아야 한다. ³²각 사람의 성격과 지능에 따라 모두에게 부응하여 알맞게 해주어 자기에게 맡겨진 양들의 손실을 막을 뿐 아니라, 오히려 착한 양떼가 늘어나는 것을 기뻐할 것이다. ³³무엇보다도 지나가고 사라질 지상 사물에 너무 신경을 씀으로써 자기에게 맡겨진 영혼들의 구원문제를 소홀히 하거나 가볍게 다뤄서는 안 된다. ³⁴오히려 영혼들을 돌볼 임무를 받았으므로 그들에 대해 해명해야 한다는 점을 항상 명심해야 한다. ³⁵또 재산의 부족을 핑계 삼아 변명하지 말아야 하니, "먼저 하느님 나라와 그분의 의로움을 찾아라. 그러면 이 모든 것도 곁들여 받게 될 것이다."⁵⁸⁾ ³⁶그리

---

56) 잠언 29,19.
57) 잠언 23,14.
58) 마태 6,33.

고 다시 "그분을 경외하는 이들에게는 아쉬움이 없어라."[59] 하신 성경 말씀을 기억할 것이다.

37영혼들을 돌볼 임무를 받은 사람은 그것에 대해 책임질 준비가 되어 있어야 함을 알아야 한다. 38또 그는 자기가 돌보는 형제들의 수효가 얼마인지를 알아야 하며, 자기 영혼에 대해서는 물론이고 이 모든 영혼에 대해 심판날 주님에게 해명해야 함을 확실히 알아야 한다. 39이처럼 그는 자기에게 맡겨진 양들에 대해 장차 있을 목자로서의 심문을 항상 두려워하면서 다른 사람들에 대한 해명을 걱정함과 동시에 자신의 해명에 대해서도 염려해야 한다. 40또 자신의 권고로 다른 이들을 교정하면서 자기 자신의 결점도 고칠 것이다.

주 해

개관

이 장은 베네딕도가 RM보다 더 엄격한 모습을 보여주는 성규 안에서 몇 안 되는 장 중 하나이다. 반면 아빠스 선출에 관한 성규 64장은 비교적 매우 부드러운 장이다. 성규 2장은 RM 2장과 병행되는데 RM과 비교해볼 때 다음 몇 가지 특징이 드러난다.

먼저 RM은 아빠스와 형제들의 관계에 있어 수직적 입장에 서 있다. RM에서는 거의 공동체에 대해서 말을 하지 않는다. RM에서 공

---

59) 시편 34,10.

동체의 근본개념은 악마와의 투쟁을 위한 영적기술을 가르치는 학교(scola)이다. 아빠스는 스스로를 아버지이자 어머니로서 드러내야하며 수도승은 아들이어야 한다. 그래서 RM에서는 수도승을 아들이라고 칭하고 있다. 반면 성규에서는 수도승은 아들이 아니라 이제 형제가 된다. 베네딕도는 수도승을 지칭할 때 의도적으로 '아들'(filius)이라는 말 대신 '형제'(frater)라는 말을 즐겨 사용하고 있다. 이처럼 그는 아버지와 아들이라는 이런 수직적 이미지를 포기한다.

베네딕도는 또 RM에서는 한 장으로 되어 있는 아빠스에 관한 이 장과 공동체 회의에 관한 제3장(RM 2,41-50)을 따로 분리했다. 성규 2장은 기본적으로 RM 2장의 노선을 따르고 있지만 성규 27장, 28장, 64장과도 연결된다.

베네딕도에게 있어 형제들은 보다 더 책임감을 갖게 되는 반면, RM에서는 아빠스의 책임감이 더 나타나고 있다. 따라서 RM에서는 수도승들의 맹목적 순종을 강조하고 있다.

성규 2장의 핵심은 공동체라 할 수 있다. 성규 2,20-21에서 네 개의 복수 일인칭 동사가 이점을 잘 보여주고 있다. 그 중심에는 '우리'(noi)가 나타난다. 이 점은 베네딕도의 강한 회수도승적 경향을 드러내 주고 있다. RM은 이 점에서 약간 편파적 경향을 띠고 있다.

끝으로 성규의 문체는 매우 현실주의적이다. 베네딕도는 늘 현실을 고려하고 있다.

성규 2장은 여섯 부분(1-10. 11-15. 16-22. 23-29. 30-36. 37-40)으로 구성되어 있는데 37-40절을 제외한 각 부분은 성경 말씀으로 끝나는 점이 주목할 만하다.

주석

1-10절 : 2절의 '그리스도의 역할을 대신하다'(*agere vices Cristi*)라는 구절은 아빠스가 그리스도가 아님을 분명히 해준다. 아빠스는 그리스도의 대리자로서 그리스도를 드러내야 한다. 만일 그가 그리스도를 대리한다면 그리스도께 대한 의존성 안에서 늘 처신하고 행동해야 한다. 역사 안에서 이 구절에 대한 착각으로 인해 아빠스가 마치 그리스도인양 처신하는 일이 종종 있어왔다. 베네딕도에게 있어 그리스도는 아버지이시다(3절).

아빠스는 자신의 가르침 뿐 아니라 제자들의 순종에 대해서도 하느님에게 해명해야 함을 항상 기억해야 한다(6절). 베네딕도는 아빠스에게 더 많은 것을 요구하고 있다. 이는 많이 받은 이는 더 많은 것을 내어 놓아야 한다는 복음의 가르침에 부합하는 듯하다.

'목자'(*pastor*)라는 말이 세 번씩이나 반복되어 언급되고 있는데(7.8.9절), 사실상 모두의 목자는 바로 그리스도이다. 양들은 참된 목자이신 그리스도께 속해 있다. 따라서 아빠스가 자기 형제들을 일컬어 '내 양떼' 혹은 '내 아들들'이라고 말하는 것은 바람직하지 않다.

11-15절 : 말과 행동으로 하는 이중의 가르침에 대해서 말하고 있다. 이 부분을 시작하는 접속사 에르고(*ergo*: 그러므로)는 앞부분과 별 논리적 연속성을 지니고 있는 것 같지는 않다(11절). 14절의 '너는 내말을 네 뒤로 팽개쳤다.'(*et projecisti sermones meos post te*)라는 구절은 베네딕도가 첨가한 부분이다. 하느님이 시편 구절을 이

야기하시는데 여기서 하느님은 바로 그리스도이다. 14절에서는 아빠스 자신이 '죄지은 이'(*peccanti*)로 표현되고 있다. RM과 성규는 이 용어를 통해 아빠스 역시 연약함을 지닌 인간이기에 죄를 범할 수 있고 따라서 정화될 필요가 있음을 말하고 있다.

16-22절 : 형제들에 대한 아빠스의 태도가 언급되고 있다. 하지만 논의의 핵심 주체는 아빠스가 아니라 그가 돌봐야 하는 공동체이다. 아빠스는 무엇보다도 "사람을 편애해서는 안 된다."(16절)는 것이 베네딕도의 기본생각이다. 그 이유는 "우리 모두는 그리스도 안에 하나"(20절)이기 때문이다. 하지만 예외적인 경우도 인정된다. 그것은 선행과 순종 혹은 겸손에 있어 남보다 뛰어날 경우이다(17.21절). 형제들을 대하는 아빠스의 태도는 동일해야 하지만 그 취급은 다를 수 있다고 보고 있는 것이다. 이렇게 함으로써 형제들이 선행과 순종과 겸손에 더욱더 나아가려고 노력하게 될 것이다. 여기서 우리는 성규와 RM의 지혜를 엿보게 된다. 베네딕도는 결코 예수를 언급하고 있지 않는데 이는 예수의 신성을 부정한 아리우스 이단에 대한 반작용 때문으로 여겨진다.

23-29절 : 가르침의 방법에 대해 말하고 있다. 베네딕도는 사도의 권고를 근거로(23절) 대상에 따라 엄격함과 유순함을 적절히 사용하라고 권고하고 있다(24절). 소위 당근과 채찍을 동시에 사용하라는 말이다. 이는 상당히 융통성 있고 지혜로운 가르침이 아닐 수 없다. 또 성규 전체에서 베네딕도는 자기 공동체를 위해 가정의 모델

을 따르지 않고 오히려 교회의 이미지를 따르고 있다. 29절에서 잠언서의 한 구절(잠언 23,14)을 인용하면서 '아들'이란 단어를 유일하게 한번 사용하고는 있지만 가정의 이미지를 강하게 지니지는 않는다. 베네딕도는 26-29절을 새로 삽입하였는데, 이 구절은 상당히 엄격하게 보이지만 그 이면에는 큰 자비로움을 담고 있다.

30-36절 : 베네딕도는 31-36절을 삽입했다. '무엇보다도'(*ante omnia*)로 시작하고 있는 33절 이하 부분은 더욱 의미심장하다. '영혼들의 구원'(*salus animarum*, 33절), '영혼들을 돌볼 임무를 받았다'(*animas suscepit regendas*, 34절), '하느님 나라와 그분의 의로움'(*regnum Dei et justitiam ejus*, 35절) 등의 표현은 영혼이 사물보다 더 고귀한 가치를 지니고 있음을 잘 드러내 준다. 베네딕도에게 있어 첫 번째 관심사는 영혼의 구원이다. 따라서 아빠스의 가장 중요한 임무는 바로 영혼들을 돌보는 일이다.

37-40절 : 다른 이의 영혼에 대해서 뿐 아니라 아빠스 자신의 영혼에 대해서도 이야기하고 있다. 베네딕도는 아빠스가 수도승들의 죄에 대해서 해명해야 한다고 말하고 있는 RM 35-38절을 삭제했다. RM 7장 역시 같은 말을 하고 있다. 곧 수도승들이 선한 것이건 나쁜 것이건 순종해야 한다고 말한다. 하지만 베네딕도는 맹목적 순종의 어조를 띠고 있는 이 부분을 삭제했다.

39절에서는 다시 목자의 이미지로 되돌아오면서 목자의 미래에 대해서 언급하고 있다. '두려워하면서'(timens)란 표현을 통해 장차 있게 될 심문을 상기시키며 자기 역할을 다하라고 권고한다. 아빠스 역시 다른 형제들처럼 정화와 교정이 필요하며 영적진보를 위해 노력해야 한다는 점이 드러나고 있다(40절).

결론

베네딕도는 목자, 아버지, 스승, 의사 등 아빠스에 대한 여러 이미지를 통해 서로 상반되어 보이는 아빠스의 두 가지 역할에 대해서 이야기하고 있다. 목자로서 아빠스는 자기에게 맡겨진 양떼를 잘 돌보는 어질고 인자한 아버지의 모습을 드러내야 한다. 동시에 의사로서 그는 자녀들의 잘못을 교정해 주는 준엄한 스승의 역할을 다해야 한다.[60] 그러나 오늘날 이 역할이 제대로 이루어지는지는 장담할 수 없다. 특히 의사로서의 역할은 더욱 수행하기가 어려워 보인다. 누구나 남에게 좋은 말을 하기는 쉽지만 쓴 말을 하기는 그리 쉽지 않다. 그래서 대개 꺼리게 된다. 하지만 후자가 없을 때 공동체의 발전을 기대하기는 어렵다. 아빠스는 개인과 공동체의 선익을 위한 것이라면 형제들의 생활에 어떤 형태로든 개입할 권리와 책임을 가지고 있다. 하지만 베네딕도회 수도승생활 안에서 아빠스는 결코 절대 군주가 아니다. 성규에는 아빠스에게 부과된 많은 제한이 있다. 그중 가장 강력한 제한은 지옥불에 대한 위협이다. 베네딕도는 아빠스에게 그가 받아들인 무거운 책임감에 대해 얼마나 가혹하게 이야기하고 있는가! 따라서 상반된 이 두 역할은 서로 조화를 이루며 함

---

60) 참조: 성규 2,24-25; 27,8; 28,2.6-7.

께 가야 한다. 다시 말해 어진 목자와 자비로운 아버지로서의 역할과 동시에 현명한 의사와 준엄한 스승으로서의 역할이 조화롭게 구현될 필요가 있다.

하지만 오늘날 우리에게 아빠스 제도가 얼마나 현실성이 있고 설득력 있는 제도인가는 의문이다. 사실 현대의 아빠스는 종종 영적 사부로서보다는 오히려 행정적 장상으로서의 이미지가 더 강하게 부각되는 것이 현실이다. 아빠스의 고유한 의미는 영적 사부이다. 따라서 그의 일차적 역할은 형제들의 영혼 문제를 돌보는 것이다. 아빠스가 이런 본연의 임무를 수행하지 못하고 단지 형제들의 행정적 문제와 수도원 관리에만 치중해야하는 것이 현실이라면 그의 존재이유는 사라지게 된다. 행정가 또는 관리자로 전락해 버린 아빠스 제도는 그리 설득력을 지니지 못하는 듯 보인다.

제 3 장
공동체 회의 소집

본 문

¹수도원 안에서 어떤 중요한 문제를 다루어야 할 때마다 아빠스는 전 공동체를 소집하여 다루어야 할 사안에 대해 설명해야 한다. ²그는 형제들의 의견을 경청한 후 심사숙고하여 더 유익하다고 판단하는 것을 행할 것이다. ³모든 형제를 회의에 소집하라고 말한 이유는 주님은 자주 더 어린 사람에게 더 좋은 것을 드러내주시기 때문이다. ⁴그렇다 하더라도 형제들은 지극히 겸손한 태도로 자기 의견을 제시할 것이며 감히 자기 견해를 무례하게 옹호하려 하지 말아야 한다. ⁵결정권은 아빠스에게 있고 그가 더 바람직하다고 판단하는 것에 모든 이는 순종할 것이다. ⁶그러나 제자들이 스승에게 순종하는 것이 합당한 것처럼 모든 일을 신중하고 공정하게 처리하는 것은 스승에게 합당하다.

⁷그러므로 모든 이는 모든 일에 있어 규칙을 스승처럼 따를 것이며, 아무도 감히 그것을 경솔하게 어기지 말 것이다. ⁸수도원 안에서는 아무도 사사로운 마음의 뜻을 따라서는 안 된다. ⁹또 누구도 감히 수도원 안이나 밖에서 자기 아빠스와 무례하게 다투지 말아야 한다. ¹⁰감히 그렇게 하는 자는 규정된 벌에 처할 것이다. ¹¹그러나 아빠스 자신은 하느님을 두려워하며 모든 일을 규칙에 따라 행할

것이다. 그는 자신의 모든 판단에 대해 가장 공정한 판관이신 하느님에게 해명해야 함을 확실히 알아야 한다.

¹²그러나 만일 별로 중요하지 않은 수도원의 일들을 처리해야 할 경우에는 장로들의 의견만 들을 것이다. ¹³이는 "모든 일을 의논하여 행하라. 그러면 나중에 후회하지 않을 것이다."⁶¹⁾라고 성경에 씌어 있는 바와 같다.

주 해

개관

성규 3장은 아빠스에 대해 다루는 RM 2장의 끝부분(2,41-50)과 병행된다. 베네딕도는 RM 2장의 한 부분을 따로 떼어내어 하나의 장으로 만들었다. 우리는 이 부분을 중요하게 여겨 강조하고자 하는 베네딕도의 의도를 엿볼 수 있다. 이 장은 요구적이기는 하지만 권위적이지는 않다. 왜냐하면 아빠스는 공동체를 소집하여 형제들의 의견을 들어야 하기 때문이다. 이 점에 있어 RM은 베네딕도보다 훨씬 더 권위적이다.

주석

1-3절 : 전 공동체 소집

---

61) 집회 32,19.

베네딕도는 '어떤 중요한 문제'(aliqua praecipua)가 있을 때마다 공동체 전체를 소집하여(1절) 형제들의 의견을 들으라고 아빠스에게 권고하고 있다(2절). RM에서는 공동체 회의에서 다루는 영역은 단지 물질적, 지상적 사안들로 제한된다(RM 2,48-50). 그러나 성규는 논의영역을 제한하지 않을 뿐더러 새로운 요소를 도입한다. 즉 아무 일을 위해서나 공동체 전체를 소집하는 것이 아니라 물질적이건 영적이건 간에 보다 중요한 일을 위해서만 전 공동체가 소집된다. 장로회는 RM과 비교해 볼 때 베네딕도가 도입한 새로운 요소이다. RM에는 장로들의 회의가 따로 없다. 베네딕도는 최초로 이 두 그룹에 대해서 언급하고 있다.

3절에서는 전 공동체 소집 이유를 말하고 있다. "주님은 자주 더 어린 사람에게 더 좋은 것을 드러내주시기 때문"이라는 것이다. 여기서 주목할만한 점은 젊은 형제들(juniori)의 의견 역시 경청된다는 사실이다. 천 오백년 전 이지만 이는 상당히 민주적이다. 베네딕도에게 있어 이것은 매우 중요하고 의미심장하다. 참으로 시대를 앞서간 성규의 혁신적 가르침이 아닐 수 없다.

4-6절 : 수도승들과 아빠스의 처신

베네딕도는 수도승들과 아빠스를 위한 몇 가지 실천적 지침을 언급하고 있다. 형제들은 자기 의견을 개진할 수 있지만 항상 겸손한 태도와 아빠스의 최종 결정에 순종하는 자세가 필요하다(4-5절). 아빠스에게는 모든 일을 신중하고 공정하게 처리할 것이 요구되고 있다(6절).

7-11절 : 규칙 준수의 중요성

공동체의 중요한 일을 결정하는데 있어 규칙 준수가 특별히 강조되고 있다. 베네딕도는 이렇게 말하고 있다. "모든 이는 모든 일에 있어 규칙을 스승처럼 따를 것이다."(7절) '모든 이'(*omnes*) 라는 표현은 아빠스를 포함한 전 공동체를 뜻한다. 이것이 이 장의 핵심이라 할 수 있다. 규칙이 늘 아빠스 위에 있다. 아빠스는 공동체의 의견을 듣고, 공동체는 아빠스의 결정에 순종한다. 그러나 둘 모두 규칙에 종속되어야 한다. 형제들 뿐 아니라 아빠스 역시 자신의 사사로운 뜻을 따라서는 안 된다(8절). 그는 "모든 일을 규칙에 따라"(11절) 처리해야 한다. 이것은 바로 공동체 모임의 원칙처럼 보인다.

이 장에서 여러 번 나타나는 '모든 일'(*omnibus*, 7.11절)이라는 표현에서 우리는 다음 사실을 보게 된다. 즉 아빠스는 성규 2장에 묘사된 영혼들의 목자인 동시에 이 지상에서 사는 사람들의 단체를 대표하는 으뜸이라는 점이다. 따라서 아빠스 안에 영적 권위와 지상적 권위가 혼합되어 있다고 할 수 있다.

12-13절 : 장로회

베네딕도는 별로 중요하지 않은 일들에 있어서는 단지 장로들의 의견만을 경청하라고 말한다(12절). 장로들이란 누구를 말하는가? 성규 안에서 보면 이들은 사회적, 법적 범주라기보다는 오히려 영적 범주로 구성되는 사람들처럼 보인다. 예컨대, 십인장과 영적 스승과 같은 다양한 직무에 봉사하는 사람들일 수 있다. 이 장에서는 유일하게 한 번 성경구절이 인용되고 있는데 바로 마지막 13절에서 "모든 일을 의논하여 행하라. 그러면 나중에 후회하지 않을 것이다."(집회 32,19) 라는 성경 구절로 장을 맺고 있다.

결론

　수도원에서 일어나는 모든 일의 결정권과 그에 대한 책임은 전적으로 아빠스에게 있다. 아빠스는 어떤 일을 결정할 때 형제들의 의견을 들어야 한다. 이는 그 자신도 불완전한 인간이기에 그릇된 판단을 내릴 수 있기 때문이다. 베네딕도는 아빠스가 형제들의 의견을 들음에 있어 다음의 두 가지 경우로 나누어 이야기하고 있다. 만일 중요한 일일 경우 공동체 전체를 소집하여 많은 형제의 의견을 들으라고 한다. 그러나 만일 그다지 중요하지 않은 일일 경우 장로들의 의견만 들으라고 하고 있다(3,12). 하지만 최종 결정권은 어디까지나 아빠스에게 달려 있다. 동시에 그는 자기 결정에 대해 책임을 져야 한다.

　아빠스는 공동체의 최고 장상으로서 그에게 모든 권한이 부여되어 있다. 그래서 어찌 보면 아빠스는 절대군주처럼 보이기도 한다. 실제 아빠스 자신이 이 권한을 자기 멋대로 쥐고 흔든다면 그는 절대군주와 다를 바 없을 것이다. 그러나 아빠스에게 부여된 권한은 결코 그 자신을 위한 것이 아니다. 이는 공동체와 형제들 각각의 영적 선익을 위한 것일 뿐이다. 만일 아빠스가 이점을 망각한다면 그는 자기 행위에 대해 분명 하느님 앞에서 해명하게 될 것이다.

　아빠스는 공동체를 민주적으로 다스려야 한다. 그래서 가능한 한 많은 형제의 의견을 경청하고 수렴할 필요가 있다. 겸손하게 형제들의 의견을 듣고 지혜로운 결정을 내릴 때 뉘우침이 없을 것이다. 독선과 아집으로 인한 독단은 언제나 금물이다. 장상에게는 무엇보다도 열린 마음과 자세로 형제들의 의견을 경청하려는 노력이 필요하다. 장상의 폐쇄성과 독선은 그의 판단력을 흐리게 하여 사악한 소수의 의견에 휘둘려 그릇된 판단을 내리게 한다. 그 결과 공동체를 위험에 빠지게 할 수 있다. 그래서 아빠스에게 가장 중요하게 요구되는 것이 바로 분별력과 지혜이다.

제 4 장
선행의 도구

본 문

¹무엇보다 먼저 "온 마음과 온 영혼과 온 힘을 다하여 주 하느님을 사랑하라."[62]

²그 다음 "이웃을 자기 자신처럼 사랑하라."[63]

³그리고 "살인하지 말라."[64]

⁴"간음하지 말라."[65]

⁵"도둑질하지 말라."[66]

⁶"불순한 욕망을 품지 말라."[67]

⁷"거짓 증언을 하지 말라."[68]

⁸"모든 사람을 공경하라."[69]

⁹"자기에게 행해지기를 원하지 않는 바를 남에게 행하지 말라."[70]

¹⁰"그리스도를 따르기 위해 자신을 끊어버려라."[71]

¹¹"육체를 다스려라."[72]

---

62) 신명 6,5; 마태 23,37; 마르 12,28-30.33; 루카 10,27.
63) 레위 19,18.34; 마태 19,19; 22,39; 마르 12,31.33; 루카 10,27.
64) 탈출 20,13; 23,7; 신명 5,17.
65) 탈출 20,14; 신명 5,18.
66) 탈출 20,15; 레위 19,11; 신명 5,19.
67) 탈출 20,17; 신명 5,21; 7,25.
68) 탈출 20-16; 23,1; 신명 5,20.
69) 1베드 2,17.
70) 토비 4,16; 마태 7,12; 루카 6,31.
71) 마태 16,24; 마르 8,34; 루카 9,23.
72) 콜로 3,5; 1코린 9,27.

¹²쾌락을 추구하지 말라.

¹³단식을 사랑하라.

¹⁴가난한 이들을 구제하라.

¹⁵"헐벗은 이를 입혀주라."⁷³⁾

¹⁶"병자를 방문하라."⁷⁴⁾

¹⁷죽은 이를 묻어주라.

¹⁸"시련 중에 있는 이를 도와주라."⁷⁵⁾

¹⁹"슬퍼하는 이를 위로하라."⁷⁶⁾

²⁰"세속적 행동방식을 멀리하라."⁷⁷⁾

²¹모든 것에 앞서 그리스도를 사랑하라.

²²"화내지 말라."⁷⁸⁾

²³"원한을 품지 말라."⁷⁹⁾

²⁴마음속에 간계를 품지 말라.

²⁵거짓 평화를 주지 말라.

²⁶애덕을 저버리지 말라.

²⁷거짓 맹세를 피하기 위해 "맹세하지 말라."⁸⁰⁾

²⁸"진리를 마음과 입으로 증언하라."⁸¹⁾

²⁹"악을 악으로 갚지 말라."⁸²⁾

---

73) 토비 1,17; 4,16.
74) 집회 7,35; 마태 25,36.39.43-44.
75) 유딧 13,25; 이사 1,17.
76) 이사 61,2; 예레 31,13.
77) 로마 12,2; 야고 1,27.
78) 시편 37,8; 코헬 7,10; 호세 11,9.
79) 22절 각주와 동일.
80) 집회 23,9; 마태 5,34; 야고 5,12.
81) 시편 6,10.
82) 1테살 5,15; 1베드 3,9.

30 "불의를 행하지 말고 오히려 당한 불의도 인내롭게 참아 견뎌라."[83]

31 "원수를 사랑하라."[84]

32 "너를 험담하는 자들을 다시 험담하지 말고 오히려 축복해주라."[85]

33 "정의를 위하여 박해를 참아 받아라."[86]

34 "교만하지 말라."[87]

35 "술꾼이 되지 말라."[88]

36 과식가가 되지 말라.

37 "잠꾸러기가 되지 말라."[89]

38 "게으름뱅이가 되지 말라."[90]

39 "불평꾼이 되지 말라."[91]

40 "험담꾼이 되지 말라."[92]

41 "자신의 희망을 하느님께 두라."[93]

42 자신 안에서 어떤 선을 보게 되거든 그것을 자기에게 돌리지 말고 하느님께 돌려라.

---

83) 레위 19,15; 1코린 6,6.
84) 마태 5,44; 루카 6,27.35.
85) 민수 23,11; 24,10; 느헤 13,2; 루카 6,28.
86) 집회 4,33; 마태 5,10-12; 루카 6,22-23; 1코린 4,9-13.
87) 티토 1,7.
88) 1티모 3,3.8; 티토 1,7; 2,3.
89) 잠언 20,13.
90) 로마 12,11.
91) 지혜 1,10-11; 집회 10,28; 1코린 10,10.
92) 에즈 22,28; 1티모 3,11; 티토 2,3; 야고 4,11.
93) 시편 78,7; 27,14; 38,8; 1티모 5,5.

⁴³그러나 악은 항상 자신이 행한 것으로 알고 자기 탓으로 돌려라.

⁴⁴심판의 날을 두려워하라.
⁴⁵지옥을 무서워하라.
⁴⁶"온갖 영적 갈망으로 영원한 생명을 열망하라."⁹⁴⁾
⁴⁷매일 죽음이 눈앞에 있음을 명심하라.
⁴⁸매 순간 자신의 일상 행위를 조심하라.
⁴⁹"어디서나 하느님이 자신을 지켜보고 계심을 확실히 알아라."⁹⁵⁾
⁵⁰마음속에 떠오르는 악한 생각을 즉시 그리스도께 메어 쳐 바수고 그것을 영적 장로에게 밝혀라.
⁵¹"나쁘고 사악한 말로 입을 더럽히지 말라."⁹⁶⁾
⁵²많이 말하기를 좋아하지 말라.
⁵³실없는 말과 웃음을 자아내는 말을 하지 말라.
⁵⁴과도하거나 무절제한 웃음을 좋아하지 말라.

⁵⁵"거룩한 독서를 즐겨 들어라."⁹⁷⁾
⁵⁶자주 기도에 열중하라.
⁵⁷"지난 과오들에 대해 매일 기도 중에 눈물과 탄식으로 하느님께 고백하라."⁹⁸⁾

---

94) 시편 42,2-3.
96) 잠언 13,3; 21,23.
98) 느헤 1,4.6-7; 다니 9,4-20.

95) 집회 23,29; 욥기 28,24; 잠언 15,3.11.
97) 마르 12,37; 1티모 4,13.

58 장차 그 같은 과오들을 범하지 않도록 노력하라.

59 "육체의 욕망을 충족시키지 말라."99)

60 "자기 뜻을 미워하라."100)

61 아빠스의 모든 명령에 순종하라. 이런 일은 없어야 하겠지만, 비록 그가 다르게 행동한다 할지라도 "그들이 말하는 것은 행하되 그들이 행하는 것은 행하지 말라."101)는 주님의 명령을 기억할 것이다.

62 성인이 되기 전에 성인으로 불리기를 바라지 말라. 오히려 더욱 진정으로 성인으로 불리기 위해 먼저 성인이 되라.

63 매일 하느님의 계명을 행동으로 실천하라.

64 "정결을 사랑하라."102)

65 아무도 미워하지 말라.

66 "질투심을 품지 말라."103)

67 시기심을 드러내지 말라.

68 다투기를 좋아하지 말라.

69 자만심을 멀리하라.

70 연로한 이를 공경하라.

71 연소한 이를 사랑하라.

---

99) 갈라 5,16.
101) 마태 23,3.
103) 야고 3,14-16.

100) 루카 14,26; 요한 12,25.
102) 유딧 15,11; 1티모 5,22.

72 "그리스도께 대한 사랑으로 원수를 위해 기도하라."104)

73 "해가 지기 전에 불목한 이와 화해하라."105)

74 하느님 자비에 대해 결코 실망하지 말라.

75 보라, 이것이 영적 기술의 도구들이다. 76 만일 우리가 그것들을 밤낮으로 부지런히 사용하고 심판 날에 다시 돌려드린다면, 주님께서 친히 다음과 같이 우리에게 약속하신 그 상급을 받을 것이다. 77 "눈으로 본 적이 없고 귀로 들은 적이 없는 것들을 하느님께서는 당신을 사랑하는 사람들을 위해 마련해 주셨다."106)

78 우리가 이 모든 도구를 부지런히 사용할 작업장은 수도원의 봉쇄구역과 공동체 안에서의 정주이다.

주 해

개관

성규는 수덕-신비신학에 관한 작품이 아니다. 베네딕도는 악습과 덕행 그리고 기도 등 주요 주제에 관해서는 성경과 교부들의 가르침에 의지하고 있다. 그렇다 하더라도 전통적으로 베네딕도 영성의 토대로 간주되어 온 고유한 금욕부분은 성규 4장부터 7장까지 언급되는 내용들로 이루어진다. 이 부분에서는 일련의 금욕적 지침과 수

---

104) 마태 5,43-44; 루카 6,27-28.35. 105) 에페 4,26.
106) 이사 64,4; 1코린 2,9.

도승에게 있어 근본적인 몇몇 덕에 관한 가르침이 제시되고 있다.

1. 성격과 내용

이 장부터 본격적으로 수도승생활의 영적 토대가 되는 주제들이 다루어진다. RM 3-6장과 병행되는 이 장은 거의 대부분 대구법 혹은 반어법으로 이루어져 있다. 이 장은 실제 성규의 종합으로서 세례 예식과 어떤 유사성을 가지고 있음을 드러내고 있다. 즉 신앙-영원한 생명-계명 준수. 일반적으로 그리스도인들에 대한 것들이고 엄격히 수도승적인 것들은 몇 안 되며 단지 끝부분에 나온다. 가자의 도로테우스(Dorotheus)는 하나 혹은 두 개의 벽으로 집을 지을 수 없는 것처럼 몇 가지 덕만으로는 완덕에 나아갈 수 없기 때문에 모든 덕으로 나아가야 한다고 말하고 있다.

베네딕도는 "수도승의 생활은 언제나 사순시기를 사는 것과 같아야 한다."[107]고 말한다. 그는 수도승생활이 일종의 세례준비기 혹은 부단한 파스카 준비여야 한다고 생각하고 있는 듯하다. 이제 초세기 입문자들에게 주었던 가르침이 이 장에서 단문들로 제시되고 있다. 네 가지를 제외하고 모든 그리스도인에게 해당되는 권고들이다. 수도승은 이것들을 마음으로 배워 결정적 파스카 때까지 실천해야 한다.

이 장에서 선행은 도구에 비유되고 있다. 대부분의 문장은 성경에서 직접 혹은 간접 인용된 것들이다. 하지만 모두가 동일한 가치를 지니지는 않는다. 예를 들면, 하느님 사랑과 이웃 사랑이 본질적인

---

107) 성규 48,1.

것이고 다른 것들은 영성생활에 있어 이차적인 것들이다.

2. 구조

이 장의 구조는 매우 단순해서 우리는 그것을 다음 세 부분으로 나눌 수 있다.

1-74절 : 74개의 도구
75-77절 : 하느님 보상에 대한 예고
78절 : 이 모든 도구를 사용할 작업장으로서의 수도원

주석

각 도구에 대해 별도로 주석할 필요는 없고 단지 몇몇 중요한 부분에 대해서만 살펴보고자 한다.

1-2절 : 베네딕도는 선행의 도구 목록을 가장 중요한 복음의 이중계명으로 시작하고 있다. 다른 도구는 모두 이에 대한 적용과 확대일 뿐이다. 하지만 사랑이란 무엇인가? 그는 이에 대해 정의하기를 주저하지 않는다. 이 장 전체가 그 무엇에 앞서 하느님과 이웃을 사랑하는 것이 무엇을 의미하는지 우리에게 말해주고 있다. 우리는 바로 이 사랑의 완성에로 부르심을 받은 것이다.

이 부분에서 한 가지 주목할 점은 베네딕도는 RM 3장 1절과 병행되는 제1절에서 '온 힘을 다하여'(*ex toto corde*)란 내용을 첨가했다. 성규 1절은 마르 12,30에서 인용된 내용으로 RM에는 이 부분이 빠져 있다.[108] RM은 성경을 정확히 인용하지 않는 반면 베네

덕도는 비교적 정확히 인용하고 있다. 그는 성경 인용을 정확하게 하려고 주의하고 있다.

8절 : "모든 사람을 공경하라."(*Honorare omnes homines*)는 구절 역시 주의를 기울일 만한 내용을 담고 있다. RM 3,8에는 "네 부모를 공경하라."로 되어 있다. 베네딕도는 '부모' 라는 말을 의도적으로 '모든 사람'으로 바꾸었다. 그럼으로써 보편적 사랑을 강조하고 있다. 베네딕도에게 있어 수도승은 그리스도를 따르기 위해 모든 것을 끊어 버린 사람이다. 심지어 자기 자신마저도 끊어 버린 사람이다(10절). 따라서 더 이상 혈연에 메여서는 안 되고 보편적 사랑으로 나아가야 한다는 생각에서 이 구절을 바꾼 것이 분명하다. 그는 또 손님환대에 관한 제53장에서도 "모든 이에게 합당한 공경을 드러내라."[109]고 말하고 있다.

10절 : 이 장에는 외적 금욕과 그 토대와 관련된 구절들이 나온다. 사실 수도승생활 안에서 자기 육체를 엄격하게 다스리고 감각적 쾌락에 내어맡기지 않을 필요가 있다. 그러나 베네딕도는 외적 금욕을 부차적인 것으로 돌리면서 거기에 많은 공간을 부여하는 것 같지는 않다. 이 절에서 말하고 있는 바처럼 외적 금욕이란 단지 수단일 뿐이다. 그 목적은 바로 그리스도를 따르기 위한 것이다. 따라서 그 출발점과 도착점은 그리스도께 사랑스런 시선을 고정하는 것이다. 달

---

108) 참조: RM 3,1: "그러므로 마음을 다하고 정신을 다하여 이분을 사랑하라."
109) 성규 53,2.

리 말해 그리스도 추종(*Sequela Christi*)이 우리 수도서원의 목적이라 할 수 있다. 수도승생활은 끊임없이 '자기'로부터 벗어나 그리스도를 향하는 삶이 되어야 한다.

또 이 절에서 예수가 아니라 그리스도를 따른다는 것이 흥미롭다. 이는 그리스도의 신성을 부정한 아리우스 이단을 거슬러 그분의 신성을 상징하는 '그리스도'라는 말을 의도적으로 사용한 것으로 보인다.

11-13절 : 구체적 금욕에 대해 말하고 있다. 11절에서 베네딕도는 "영혼을 위해 육체를 다스리라."고 말하고 있는 RM 3장 11절의 병행부분에서 "영혼을 위해"를 생략하였다. 이는 아마도 이원론적 요소를 피하기 위한 것인 듯하다.

단식과 관련하여(13절) 베네딕도는 그것을 선택적인 것이 아니라 엄격한 삶의 본질적 요소 중 하나로 필수적인 것으로 보고 있다. 그러나 그 실천과 정도는 최상의 계명인 애덕에 종속된다. 제53장에서 그는 손님환대를 위해서는 단식을 중단하는 것을 허용하고 있다.[110]

14-19절 : 실천적 애덕행위가 언급되고 있다. 고대 수도승생활에서 애덕실천은 아주 중요한 것으로 간주되었다. 베네딕도는 가난한 이들에 대해 특별한 주의를 기울이고 있다. 성규 여러 곳에서 우리는

---

110) 성규 53,10-11.

그것을 볼 수 있다.[111] 그는 "가난한 이들을 구제하라."(14절)고 말한다. 이 문장에서 사용된 라틴어 동사 레크레아레(*recreare*)는 단순히 가난한 이들에게 무언가를 주는 행위 이상의 복합적 의미를 담고 있다. RM은 단순히 "가난한 이들에게 먹을 것을 주라."[112]고 한 것과 비교할 때 이들에 대한 베네딕도 성인의 관심을 엿볼 수 있다.

성인은 또 병자들에 대해서도 많은 관심을 가지고 있다(16절). 이것은 특히 병든 형제에 관한 성규 36장에서 잘 드러나고 있다. 또 시련 중에 있거나(18절) 슬퍼하는 이들(19절)에 대한 세심한 관심과 배려도 잘못을 범해 파문된 이들에 관한 장들에서 잘 나타나고 있다.

20-21절 : 이 두 도구는 세례와의 유사성을 생각하게 한다. 이것들은 그리스도만을 갈망하기 위해 사탄과 그의 모든 유혹, 즉 세속적 행동방식을 끊도록 우리를 초대한다. 21절은 성규의 강한 그리스도 중심성을 드러내는 대표적 구절 중 하나이다.[113]

22-23절 : 분노와 원한에 관한 이 구절들은 고대 그리스 철학자들이 정념(情念 the irascible)이라고 칭했던 유혹을 거스른 금욕적 수행을 표현한다. 그러면서 악의 사슬을 끊도록 권고하고 있다. 불의는 불의를 낳고 폭력은 폭력을 부른다. 그리스도께서 친히 "너희는 원수를 사랑하여라. 그리고 너희를 박해하는 자들을 위하여 기도하

---

111) 참조: 성규 31,9; 53,15; 55,9; 66,3.   112) RM 3,14.
113) 성규에는 이와 유사한 구절이 5장 2절과 72장 11절에도 나온다.

여라."114)고 말씀하셨다. 특히 에바그리우스에 의하면 분노와 원한은 순수한 기도를 방해하는 가장 큰 적으로 간주되고 있다.

24-25절 : 마음속에 간계를 품지 말고(24절) 거짓 평화를 주지 말라(25절)는 이 권고는 수도승생활 안에서 흔치 않게 경험할 수 있는 유혹임을 간접적으로 암시하는 듯하다. 수도승의 고상하고 점잖은 예의범절 뒤에 때때로 천박하고 사악한 의도와 속된 관심사들이 감추어져 있다는 것을 베네딕도는 경험으로 배워 알았다. 심지어 그는 수도원에 '거짓 형제들' 115)이 있을 수 있다는 것을 알고 있다. 수도승생활 지원자의 초기 식별에 있어 그의 세심한 주의는 바로 이런 체험에서 비롯된다.116)

29-33절 : 이 내용들은 겸손의 넷째 단계에서 다시 나온다.117) 수도원은 낙원도 지옥도 아니다. 베네딕도는 인간을 잘 이해하고 있다. 각 사람의 마음은 예민하고 민감해서 때때로 남의 단순한 말 한마디나 무례한 행동으로 인해 쉽게 상처받을 수 있다는 것을 알고 있었다. 공동생활 안에서 실제 서로가 서로에게 걸림돌이 될 수도 있고 또 디딤돌이 될 수도 있다. 이 모든 것은 결국 우리 자신에게 달려 있다. 타인에게서 당하는 악이나 불의를 어떻게 받아들이고 대처하느냐에 따라 우리의 영적 진보도 달려있기 때문이다.

---

114) 마태 5,44.
116) 참조: 58,7.

115) 참조: 성규 7,43.
117) 참조 성규 7,35-43.

41절 : 이 절 이후부터 보다 더 수도승적인 덕행들이 언급되고 있다. "자신의 희망을 하느님께 두라."는 이 가르침은 수도승이 바라봐야 할 지향점을 가리키고 있다. 수도승생활은 바로 하느님만을 바라보고 그분을 향하여 나아가는 삶이 되어야 한다. 수도승이 하느님 이외의 것들을 바라보고 희망하는 순간 지향점을 잃고 표류하게 될 것이다.

44-47절 : 베네딕도는 사말(四末)에 대해 언급하고 있다. 즉 죽음(47절), 심판(44절), 지옥(45절) 그리고 천국(46절)이다. 마지막 실재들에 대한 기억과 묵상은 우리로 하여금 늘 깨어 있도록 도와준다. 특별히 죽음에 대한 묵상은 성경과 초기 사막 교부들의 영성 안에서 강조되었던 중요한 요소 중 하나였다. 바오로 사도는 "나는 날마다 죽음을 마주하고 있습니다."[118]라고 말하고 있고, 집회서 저자도 "모든 언행에서 너의 마지막 때를 생각하여라. 그러면 결코 죄를 짓지 않으리라."[119]고 하고 있다. 에바그리우스는 다음과 같이 말하고 있다. "수도승은 마치 다음날 죽어야 하는 것처럼 늘 그렇게 준비할 필요가 있다."[120] 죽음이 임박했음을 생각하는 것은 수도승이 빠질 수 있는 고질적 질병 중 하나인 아케디아(akedia: 영적 태만, 영적 무기력)의 효과적 치료법으로 간주되었다.[121] 이렇듯 수도승은 매일 죽음을 기억해야 한다는 생각은 초기 수도승 문헌에서 자주 발견된다. 베네딕도 역시 교부들의 전통을 이어 "매일 죽음이

---

118) 1코린 15,31.   119) 집회 7,36.
120) 에바그리우스 『프락티코스』 29장.   121) 참조: 『안토니우스의 생애』 19장.

눈앞에 있음을 명심하라."고 말하고 있다. 실제로 만일 우리가 매일 죽는 것처럼 산다면 우리는 죄를 짓지 않을 것이다.

48-54절 : 우리가 매일 범할 수 있는 잘못의 세 영역, 즉 생각(50절), 말(51-54절), 행실(48-49절)과 관련된 내용들이 언급된다. 베네딕도는 어디서나 하느님이 우리를 지켜보고 계시니 항상 생각과 말과 행동에 있어 주의해야 한다고 권고한다(49절). 말과 관련하여 그는 웃음을 자아내는 말을 금지하고 있고(53절) 웃음에 있어 절제를 강조하고 있다(54절). 이 구절을 들으면 우리는 숨이 막힐는지도 모른다. 유머나 웃음이 없다면 수도승생활이 너무 삭막해질 수 있다는 생각이 들 수 있기 때문이다. 웃음에 대한 베네딕도의 생각은 과연 무엇이었을까? 베네딕도가 미소마저 금지하지 않은 것은 분명하다. 그가 금지하고 있는 것은 과도하고 쓸데없는 웃음이다. 마음에서 우러나오는 진실한 미소는 육체적으로는 안면근육의 이완이지만 내적으로는 행복한 영혼 상태를 반영한다. 타인을 향한 이런 미소는 자기 앞에 있는 사람에 대한 애정의 표시이다. 따라서 미소는 일종의 은사이다. 하지만 다른 모든 은사처럼 이 은사 역시 잘 관리할 필요가 있다. 이 때문에 베네딕도는 이에 대한 몇 가지 주의를 주고 있는 것이다.

55-56절 : 이 두절에서는 관상생활의 구체적 내용인 성경독서와 기도에 대해 말하고 있다. 그는 "거룩한 독서를 즐겨 들어라."(55절)고 권고한다. 거룩한 독서(*lectiones sanctas*)는 의심할 여지없이 성경

독서를 뜻하는 것이 분명하다. 수도승들은 매일 하느님 말씀 안에서 영적 양식과 자양분을 얻었다. 또 그는 "기도에 자주 열중하라."(56절)고 말한다. 예수께서 직접 명령하셨고 사도 바오로가 권고한 '끊임없는 기도'는 모든 그리스도인의 이상이다.[122] 이 이상을 실현하기 위해 초세기부터 지금까지 수많은 사람이 나름대로의 길과 방법을 개발해왔다. 특히 수도승들에게 있어서는 그들의 존재이유라고 할 정도로 중요한 이상이었다. 그들은 복음의 이 권고를 최상의 원칙으로 삼았다.

59-61절 : 순종에 관한 내용이 언급되고 있다. 베네딕도는 육체의 욕망(59절)과 자기 뜻(60절)을 따르지 말고 장상의 명령에 순종(61절)하라고 한다. 순종에 관한 성규 5장 12절에서 다시 이런 내용들이 나온다.

65절 : "아무도 미워하지 말라."는 이 권고는 "이웃을 자기 자신처럼 사랑하라."(2절)는 권고 안에 포함된 계명임이 분명한 듯하다. 하지만 사랑은 도달하기 결코 쉽지 않은 이상이다. 만일 우리가 사랑하는 데 성공하지 못한다면 적어도 남을 미워하지는 말아야 할 것이다.

66-67절 : 베네딕도는 질투심을 품지 말고 시기심을 드러내지도 말라고 한다. 하느님 사랑의 열매는 이웃사랑이다. 질투심이나 시기심

---

122) 참조: 1테살 5,17.

은 바로 이웃사랑을 거스르는 것이므로 간결한 표현으로 금지되고 있다. 질투나 시기는 인간이 모여 사는 곳이면 어디든 존재한다. 그것은 수도원 역시 예외가 아니다.

73절 : 베네딕도는 아마도 "해가 질 때까지 노여움을 품고 있지 마십시오."[123]라고 권고하는 사도 바오로의 말씀을 언급하고 있는 듯하다. 잘못한 사람을 용서하는 것은 '주님의 기도'에서 늘 기억되는 복음의 계명이다.[124] 주님은 일곱 번씩 일흔 번까지도 용서하라고 하셨다.[125] 용서와 화해는 결코 쉬운 일이 아님을 우리는 경험으로 잘 알고 있다. 하지만 그러한 힘과 용기를 얻기 위해서는 우리 자신이 주님에게 청하고 받는 용서가 얼마나 무한한지 성찰할 필요가 있을 것이다.

74절 : "하느님 자비에 대해 결코 실망하지 말라." 베네딕도는 이 구절을 선행의 마지막 도구로 제시하고 있다. 하느님 자비에 대한 희망을 말하는 이 절은 성규 4장 전체의 절정이라 할 수 있다. 성규에서는 하느님 자비에 대해서는 RM에서 보다 훨씬 더 강조된다. 사실 우리 영적 여정은 우리 힘이 아닌 하느님 자비의 힘으로 가는 것이다. 그분 자비가 없다면 누구도 이 여정을 제대로 마칠 수 없을 것이다.

---

123) 에페 4,26.
125) 참조: 마태 18,22.

124) 참조: 마태 6,12.

78절 : 베네딕도는 RM 3,84-94의 장황한 종말론적 현시를 생략했다. 성규는 지상에서 시작하여 지상(수도원)에서 끝나고 있다. 이처럼 성규는 RM보다 더 현실주의적이다.

결론

이 모든 선행의 도구는 결국 수도승생활의 직접적 목표(*scopos*)인 마음의 순결(*Puritas cordis*)에 이르기 위한 것이다. 마음의 순결은 하느님 나라(*Regnum Dei*)라는 궁극 목표(*telos*)에로 우리를 안내하게 될 것이다. 마음의 순결 없이, 즉 어린이와 같은 맑고 순수한 마음을 소유하지 못하면 그 누구도 하느님 나라를 차지할 수 없다.[126] 선행의 도구는 바로 이 목표에 이르게 하는 중요하고 유익한 수단임이 분명하다. 하지만 그 자체는 결코 목적이 아니고 또 목적이 될 수도 없다. 말 그대로 도구이자 수단일 뿐이다. 자칫 우리는 목표와 그에 이르기 위한 수단을 혼동할 우려가 있다. 수단 그 자체를 절대시할 때 극단적 금욕주의나 펠라지아니즘과 같은 오류에 빠지게 된다. 중요한 것은 얼마나 많이 행하느냐 하는 것이 아니라 얼마나 많이 사랑하느냐 하는 것이다.

---

126) 참조: 마태 19,14; 5,3.

제 5 장
순 종

본 문

¹겸손의 첫 단계는 지체없는 순종이다. ²이것은 그리스도를 가장 소중히 여기는 사람들에게서 자연적으로 나온다. ³그들은 자기들이 서약한 거룩한 섬김 때문이든 지옥에 대한 두려움이나 영원한 생명의 영광 때문이든 ⁴장상에게서 어떤 명령을 받으면 그것이 마치 하느님에게서 오는 명령인양 지체함 없이 즉시 실행한다. ⁵이런 사람들에 대해 주님은 이렇게 말씀하신다. "내 말을 듣자마자 그들은 즉시 나에게 순종했다."127) ⁶또 스승들에게도 같은 말씀을 하신다. "너희 말을 듣는 이는 내 말을 듣는 사람이다."128) ⁷그러므로 이런 수도승들은 그들 자신의 관심사를 즉시 제쳐 두고 자기 뜻을 포기하며, ⁸하고 있던 일에서 즉시 손을 떼어 그것을 아직 끝마치지 않은 채 그대로 내버려두고 순종에 준비된 발걸음으로 명령한 자의 목소리를 행동으로 따른다. ⁹스승의 명령이 나오는 것과 제자의 준행이 완수되는 것이 마치 한순간에 이루어지듯이 하느님께 대한 두려움에서 오는 신속함으로 이 두 가지 일이 동시에 더욱 신속히 이루어진다.

¹⁰사랑은 그들에게 영원한 생명에 나아가려는 갈망을 일으킨다.

---

127) 시편 18,45.   128) 루카 10,16.

¹¹ 그러므로 그들은 "생명으로 인도하는 길은 좁다."¹²⁹⁾라고 하신 주님의 말씀에 따라 좁은 길로 들어선다. ¹² 그렇게 해서 그들은 자기 임의대로 살거나 자기 욕망이나 쾌락에 순종하지 않고 오히려 다른 사람의 판단과 명령에 따라 걸어가면서 수도원 안에서 아빠스를 자기 으뜸으로 모시며 살기를 바란다. ¹³ 틀림없이 이런 사람들은 "나는 내 뜻이 아니라 나를 보내신 분의 뜻을 실천하려 왔다."¹³⁰⁾고 하신 주님의 말씀을 본받는 이들이다.

¹⁴ 그러나 이 같은 순종은 명령받은 바를 주저하거나 느리지 않게 또 불평이나 거부감 없이 열성적으로 행할 때 비로소 하느님에게 받아들여지고 사람들에게 감미로울 것이다. ¹⁵ 왜냐하면 장상들에게 드러내는 순종은 하느님에게 바치는 것이기 때문이니, 이는 그분께서 친히 "너희 말을 듣는 사람은 내 말을 듣는 사람이다."¹³¹⁾고 말씀하신 바와 같다. ¹⁶ 더 나아가 제자들은 좋은 마음으로 순종해야 한다. 왜냐하면 "하느님께서는 기쁘게 주는 이를 사랑하시기"¹³²⁾ 때문이다. ¹⁷ 만일 제자가 마지못해 입으로뿐 아니라 마음으로도 불평하면서 순종한다면, ¹⁸ 명령을 이행한다 하더라도 불평하는 그의 마음을 보시는 하느님에게 받아들여지지 않을 것이다. ¹⁹ 이런 식의 순종으로는 그는 어떤 은총도 얻지 못할 것이다. 만일 그가 속죄하여 고치지 않는다면 오히려 불평하는 자들에게 내려지는 벌을 받게 될 것이다.

---

129) 마태 7,14.
131) 루카 10,16.
130) 요한 6,38.
132) 2코린 9,7.

주 해

개관

1. 순종의 어원적 의미

순종을 뜻하는 라틴어 오배디엔씨아(*oboedientia*)는 '순종하다'라는 뜻을 지닌 라틴어 동사 오배디레(*oboedire*)에서 나온 명사이다. 이 동사는 옵-아우디레(*ob-audire*)와 매우 근접한 동사이다. 유럽어와 셈족어에서 순종의 개념은 '듣다.' 라는 라틴 동사 아우디레(*audire*)에서 유래하였고 항상 남의 말을 경청하는 자세를 가리킨다. 히브리어 쉐마(*shema*)의 일차적 의미 역시 '경청하다' 이고 이차적 의미는 '따르다.' 라는 뜻을 갖고 있다. 그래서 유대교를 순종의 종교라고 말하기도 한다. 어쨌든 순종의 일차적 의미는 듣는 것, 경청하는 것이다. 그리고 들은 것을 따르는 것이다. 한 마디로 순종이란 '듣고 실천하는 것' 이라 하겠다. 만일 듣기만 하고 따르지 않는다면 그것은 참된 순종이라 할 수 없을 것이다.

2. RM과의 관계에서

이 장은 전적으로 RM 7장에 기초해 있다. 전체적으로 순종의 토대는 RM과 거의 비슷하다. 그러나 베네딕도는 RM 7장의 많은 부분을 생략했다. 먼저 완전한 제자와 불완전한 제자를 구분하는 RM 7,2.10-21을 삭제했다. RM에서는 소수의 완전한 사람들에게는 즉각적 순종이 요구되는 반면 다수의 불완전한 사람들에게는 다소 지체하는 것이 허용된다. 하지만 성규 5장은 모두에게 기쁘게 순종할 것을 요구한다. 틀림없이 그 목적은 자발적이고 의지적인 태도를 북돋아 주기 위함이다. 베네딕도는 또 사라바이타들의 순종 없는 생활을 비판하고 있는 RM 7,22-46을 삭제했고 맹목적 순종을 요구하는 RM 7,52-66도 생략했다. 다음의 한 문장이 베네딕도가 이 구절을 삭제한 이유를 충분히 말해준다. "재판정에서 좋은 일이든 나쁜 일이든 해명해야 할 사람은 명령받은 바를 완수한 사람이 아니라 명령한 사람이기 때문이다."(RM 7,56) 베네딕도의 독창성은 그가 원하지 않는 것을 생략하고 줄인다는 사실에 있다. 그 이면에는 맹목적 순종을 포기하려는 의도가 담겨 있다.

3. 베네딕도의 의도

앞에서 본바와 같이 베네딕도는 RM 7장의 많은 부분을 삭제했는데, 그러면 성규 5장에 남은 요소는 무엇인가? 과연 베네딕도의 의도는 무엇인가? 틀림없이 그는 요한복음 6장 38절에 나오는 그리스도와 같은 순종을 가장 중요하게 생각하고 그것을 염두에 두었을 것이다. 이는 제7장 겸손의 단계에서 다루어질 것이다. 베네딕도는 또한 완전히 의지적이고 온 마음을 다한 순종의 필요성을 강조한다. 그는 만일 순종이 영혼과 육체, 즉 우리 전 존재의 동의를 표현하는 것이 아니라면 순종을 통한 개인의 성장은 불가능하다는 점을 강조하고자 했다.

4. 다른 장들과의 관계

이 장은 성규의 다른 장들(성규 68; 71; 72)과의 관계 안에서 볼 필요가 있다. 성규 안에 나타난 순종은 크게 두 가지 차원을 지니고 있다. 첫째는 수직적 차원으로서 이는 장상에 대한 순종이다. 성규 5장은 주로 이에 대해 이야기하고 있다. 둘째는 순종의 수평적 차원이다. 이는 형제들 상호간의 순종으로 성규 71장에서 다루어진다. 하느님은 장상과 형제들을 통해서만 당신 뜻을 전달하시지 않는다. 우리 양심 역시 하느님 계시의 값진 원천이다. 성규 68장은 양심의 권리를 보호하고자 하는 것처럼 보인다. 그러나 어디까지나 모든 것은 장상의 판단에 유보된다. 불가능한 일을 명령받았을 때 하는 순종은 보다 완전하고 차원 높은 순종이라 할 수 있다.

5. 구조

이 장은 크게 다음 세 부분으로 구분될 수 있다.

1-10절 : 즉각적 순종과 그 동기
11-13절 : 순종에 대한 묘사와 그 정당성
14-19절 : 또 다른 순종의 자세

주석

1절 : 베네딕도는 '지체 없는'(*sine mora*) 순종을 겸손의 첫째 단계(*primus gradus*)라고 말하고 있다. 하지만 겸손에 관한 제7장에서는 첫째 단계가 다르게 나오고 있다. 학자들은 '첫째 단계'라는 표현을 '근본'으로 해석하는 경향이 있다. 실제 순종은 겸손의 구체적 표현 중 하나라 할 수 있다. 겸손하지 않으면 남에게 순종하기란 불가능한 일이기 때문이다. 술피치우스 세베루스는 이렇게 말하고 있다. "수도승의 첫 번째 덕은 이것이다. 즉 다른 사람의 명령에 순종하는 것이다."133) 수도승 전통 안에서 순종이 가장 중요한 으뜸 덕목임은 모두가 알고 있는 바이다.

2-10절 : 순종의 동기들이 제시되고 있다. 무엇보다 그리스도께 대한 사랑이 첫 번째 동기이다(2절). 이는 "참된 왕이신 주 그리스도를 위해 싸우고자 가장 강하고 훌륭한 순종의 무기를 잡는다."는 머리말 3절을 연상시킨다. 그 다음에는 우리가 서약한 거룩한 섬김, 지옥에 대한 두려움, 영원한 생명에 대한 갈망(3절)과 그리로 나아가려는 갈망(10절), 그 명령이 하느님에게서 온다는 신앙(4절)과 하느님에 대한 두려움(9절)이 순종의 동기로 제시된다.

11-13절 : 순종에 대한 묘사가 나오는데 부정적 형태와 긍정적 형태로 묘사되고 있다. 부정적 형태로는 "자기 임의대로 살거나 자기 욕망이나 쾌락에 순종하지 않는 것"(12절)이다. 이것은 "육체의 욕망을 충족시키지 말라."134)와 "자기 뜻을 미워하라."135)는 두 가지 선행의 도구에 부합한다. 긍정적 형태로는 "다른 사람의 판단과 명령에 따라 걸어가는 것"이다. 이는 "아빠스의 모든 명령에 순종하라."136)는 선행의 도구와 일치한다. 또 "수도원 안에서...산다."(12절)는 것은 또한 규칙에 대한 순종을 암시하고 있다.

"아빠스를 자기 으뜸으로 모시며 살기를 바란다."(12절)는 구절

---

133) Sulpizio *Severo, Dial.*, 1,10-11. 134) 성규 4,59.
135) 성규 4,60. 136) 성규 4,61.

은 인간적 차원에서는 분명 불합리하게 보일 수 있다. 하지만 우리를 수도원 안에서 살게 하는 것은 바로 사랑이다. 사랑은 피상적이고 일시적 감정이 아니라 자신을 내어주려는 저항할 수 없는 의지이다. 실제로 다른 사람의 뜻에 따라 행동하는 것은 진정 하느님을 찾는 것과 동의어라 할 수 있다. 이런 식으로 수도승은 사랑을 통해 자기 인격을 통합하게 된다. 베네딕도는 순종의 자유롭고 의지적 성격을 강조하고 있다. 그는 제71장에서 순종은 하나의 미덕이며 따라서 바람직한 것이라고 말한다. 순종은 바로 "나는 내 뜻이 아니라 나를 보내신 분의 뜻을 실천하려고 하늘에서 내려왔다."[137]라고 말씀하신 주님을 모방하는 것이다.

14-19절 : 다시 순종의 내용들이 언급되고 있다. 이 마지막 말들은 순종의 사회적 측면을 표현하고 있다. 순종은 공동생활에 영향을 미친다. 만일 누가 기쁜 마음으로 명령받은 바를 실행할 때 분명 공동체 다른 형제들에게도 큰 귀감이 되고 결국 하느님에게도 받아들여져 은총을 얻게 될 것이다. 베네딕도는 불평이나 불만 없이 자발적으로 기쁘게 순종할 때 비로소 "하느님에게 받아들여지고 사람들에게 감미로울 것"(14절)이라고 말한다. 그는 또 "장상들에게 드러내는 순종은 하느님에게 바치는 것"(15절)이라고 말한다.

순종은 인간적 차원에서는 결코 실천하기 힘든 어려운 덕임에 분명하다. 신앙의 차원에서만 이런 자발적 순종이 가능할 것이다. 불평

---

137) 요한 6,38.

하면서 이행한 것을 두고 우리는 스스로 순종했다고 생각할 수도 있다. 하지만 그것은 참된 순종이 아님을 베네딕도는 분명하게 말하고 있다. 베네딕도는 순종의 내적 자세를 더 강조하고 있다. 그래서 마음과 행동이 일치될 때 비로소 참된 순종이 된다는 것을 가르치고 있다. 진정 중요한 것은 마음에서 우러나오는 내적 순종일 것이다. 결국 베네딕도가 말하는 참된 순종은 주저함 없이, 느리지 않게, 불평 없이, 거부감 없이(14절) 그리고 좋은 마음으로(16절) 하는 것이다.

결론

성규 5장에 따르면 장상에 대한 순종의 근거는 하느님에 대한 순종에 있다(5,15). 이는 장상을 그리스도의 대리자라고 간주하기 때문이다. 따라서 그를 통해 하느님이 말씀하신다고 믿는다. 순종이 "그리스도를 가장 소중히 여기는 사람들"(5,2)에게서 나온다는 말에서 순종은 이제 그리스도를 향해 나아간다. 그리스도께 대한 사랑은 성부께 대한 그분의 순종의 모범을 본받게 한다. 따라서 장상에 대한 순종을 단순히 한 인간에 대한 순종으로 생각해서는 안 된다. 그를 그리스도의 대리자로 간주하여 그리스도께 순종한다고 생각할 때 참된 순종이 될 수 있다. 이처럼 순종의 동기는 그리스도이다. 성규 72,11에서 역시 "아무것도 그리스도보다 선호하지 말라."[138]고 하고 있다. 순종은 '그리스도께' 하는 것이며, 성부께 순종하신 '그리스도처럼' 하는 것이다. 이것이 바로 순종의 토대라 할 수 있겠다.

---

138) 참조: 성규 4,21에도 비슷한 표현이 나온다.

제 6 장
침 묵

본 문

1 우리는 예언자의 다음 권고를 따르도록 하자. "나는 말하였다. '내 혀로 죄짓지 않도록 나는 내 길을 지키리라. 나는 내 입에 재갈을 물렸다. 나는 침묵 중에 머물렀고 낮추어졌으며, 좋은 일에 대해서도 말하지 않았다."139) 2 이 구절에서 예언자는 만일 침묵의 중요성 때문에 때때로 좋은 담화도 하지 말아야 한다면, 죄의 벌을 피하기 위해서 나쁜 말은 얼마나 더 삼가야 하는지를 보여주고 있다.

3 그러므로 침묵의 중대성 때문에 아무리 좋고 거룩하고 교훈적인 주제에 관한 것이라 하더라도 완전한 제자들에게도 말하는 것을 드물게 허락할 것이다. 4 왜냐하면 성경은 "너는 많은 말에서 죄를 피하지 못할 것이다."140) 5 또 다른 곳에서 "혀에 죽음과 삶이 달려 있기 때문이다."141)라고 말하고 있기 때문이다. 6 사실 말하는 것과 가르치는 것은 스승에게 속하고 침묵하는 것과 듣는 것은 제자에게 적합하다.

---

139) 시편 39,2-3.
141) 잠언 18,21.

140) 잠언 10,19.

⁷그러므로 만일 장상에게 어떤 것을 여쭈어볼 일이 있으면 온갖 겸손함과 정중한 복종심으로 여쭈어볼 것이다. ⁸그러나 점잖지 못한 농담이나 쓸데없는 말, 웃음을 자아내는 말은 어느 곳에서나 절대로 금하고 단죄하며, 이런 담화를 위해 제자가 입을 여는 것을 허락하지 말 것이다.

주 해

개관

성규 6장은 베네딕도가 RM에서 가장 많이 삭제한 대표적인 장이다. 이 장은 침묵에 대해 길게 다루고 있는 RM 8-9장의 약 1/10밖에 되지 않는다.¹⁴²⁾ 그러나 베네딕도는 침묵에 대한 엄격한 가르침 자체에 있어서는 RM 8-9장을 따르고 있다. 이 장은 각 부분별로 주해하지 않고 전체적으로 해설하고자 한다. 해설에 앞서 이 장의 구조를 보면 다음과 같다.

1절 : 시편 39,2-3에 대한 인용
2절 : 간단한 해설
3절 : 첫 번째 결론
4-5절 : 두 성경 구절을 통한 입증
6절 : 스승과 제자 관계에 관한 격언

---

142) 일반적으로 성규가 RM의 1/3의 분량인 점을 감안할 때 베네딕도가 RM의 내용을 얼마나 많이 삭제했는가를 짐작할 수 있다.

7절 : 그 직접적 결론

8절 : 수도승의 품위를 벗어나는 온갖 속된 말에 대한 금지

주석

성규 6장에서 우리는 초기 수도승들은 전혀 말을 하지 않았다는 인상을 받을 수 있다. 이는 분명 그릇된 인상이다. 성규에는 대화가 수도승 삶의 일부였다는 사실을 보여주는 부분이 많이 있다.[143] 따라서 전체적으로 볼 때 지속적인 침묵을 지켰다는 인상을 주지는 않는다.

우리의 문맥에서 볼 때 침묵은 쓸데없는 말과 공격적인 말에 대비된다. 침묵은 좋은 말도 하지 않는 것을 뜻하지 않으며, 또한 아무 말도 하지 않는 것도 아니다. 코헬렛 저자는 말한다. "침묵할 때가 있고 말할 때가 있다."[144] 이처럼 참된 침묵은 말을 하지 않는 것이 아니라 말을 할 때와 하지 않을 때를 아는 것이다. 요한 카시아누스는 상황에 따라 침묵이 좋을 수도 있고 나쁠 수도 있다는 것을 알고 있었다. 『담화집』에서 그는 애덕 상 이야기할 필요가 있을 때 말하기를 거부하는 심술궂은 침묵을 비판하고 있다. 그는 이 경우 그들이 형제들을 화나게 한 죄가 있다고 이야기한다.[145] 또 긍정적 가치

---

143) 참조: 성규 26,2; 42; 43,8; 49,7.   144) 코헬 3,7.

145) 참조: 『담화집』 18,16: "우리의 감정을 건드리는 상대방을 무시하여 대답하지도 않은 경우...불쾌한 침묵이나 비웃는 몸짓으로...독한 욕설을 퍼부었을 때보다 말없는 우리의 얼굴이 그의 분노를 더욱 무섭게 충동시킨다...말보다도 거짓된 인내가 더 무섭게 화를 내게 하는 경우가 많고 심술궂은 침묵은 가장 포악한 말보다 더 고약하다."(John Cassian, *The Conferences*, trans.&annot. by Boniface Ramsey, The Newman Press, New Jersey 1997, 650-654)

가 결여되었거나 말하는 것보다 더 수다스럽게 이야기하는 공허한 침묵이 있을 수 있다.

앰브로스 와튼(Ambrose Wathen)에 의하면 베네딕도는 성규 6장에서 침묵이 단순히 '소음의 결핍'이라기보다는 오히려 삶에 대한 진지한 태도임을 지적하고 있다. 그리스도교 수도승에게 있어 침묵의 가장 중요한 의미는 들음이다. 들음에 대한 가장 강력한 권고는 아마도 성규 3장에 있지 않나 한다. 거기서 아빠스는 어떤 중요한 결정에 앞서 전 공동체를 소집하여 모든 이의 의견을 듣도록 권고하고 있다.

사실상 듣기 위해서는 먼저 침묵이 전제된다. 베네딕도는 이 장에서 이렇게 말하고 있다. "말하는 것과 가르치는 것은 스승에게 속하고 침묵하는 것과 듣는 것은 제자에게 적합하다."(6절) 따라서 수도승은 제자이기 때문에 말하기보다는 듣기를 더 원해야 한다. 먼저 침묵하여 남의 말을 경청하려는 자세 없이 형제의 말을, 더 나아가 하느님 말씀을 들을 수 없다. 이런 의미에서 침묵은 순종의 전제조건이라 할 수 있겠다.

결론

참된 침묵은 내적 침묵에 있다. 외적 침묵을 아무리 훌륭히 실천한다 하더라도 마음속으로 형제들에 대한 비판과 불평불만으로 평화롭지 못할 때 그것은 오히려 수다스러운 것만도 못하다. 참된 침묵은 하느님 사랑으로 그분 평화 속에 머무는 것이다. 분별없는 마음상태, 온전히 비어 있으면서도 사랑으로 충만한 공(空) 혹은 무

(無)의 상태에 이르러야 한다. 이처럼 침묵은 사랑과 애덕의 모습을 띠어야 한다. 침묵은 또한 하느님 말씀을 경청하기 위하여 잠시 다른 사람들과의 대화를 멈추는 것이다. 침묵은 적어도 부분적으로 하느님 말씀에 대한 경외심에서 비롯되었다. 고대 수도승들에게 있어 하느님의 일(Opus Dei)은 주로 하느님 말씀을 경청하는 자리였다. 하느님 사랑의 메시지를 경청하면서 함께 침묵 중에 있는 것은 공동체 구성원들을 일치시킬 수 있으며, 그 어떠한 대화보다도 더 중요하고 유익한 형태의 통교일 수 있다. 결국 침묵은 그 자체 안에 가치를 지니고 있지 않다. 그것은 애덕, 들음, 기도를 위한 하나의 수단인 것이다.

제 7 장
겸 손

본 문

¹형제들이여, 성경은 우리에게 이렇게 소리쳐 말한다. "누구든지 자신을 높이는 이는 낮아지고 자신을 낮추는 이는 높아질 것이다."146) ²이 말을 하면서 성경은 모든 찬양이 교만의 일종임을 우리에게 보여주고 있다. ³예언자는 "주님, 제 마음은 오만하지 않고 제 눈은 높지 않습니다. 저는 거창한 것을 따라나서지도 주제넘게 놀라운 것을 찾아 나서지도 않습니다."147)라고 말하며 그 자신이 조심하는 바를 알려주고 있다. ⁴그러나 "만일 제가 겸손한 마음을 가지지 않고 제 영혼을 들어 올렸다면" 어떻게 되겠습니까? "그러면 당신은 자기 엄마에게서 젖을 뗀 아기처럼 제 영혼을 다루실 것입니다."148)

⁵그러므로 형제들이여, 만일 우리가 겸손의 최고 정상에 이르기를 원하고 현세생활의 겸손을 통하여 오르게 될 그 천상적 영광에 속히 도달하기를 원한다면, ⁶우리는 우리의 상승행위로써 "야곱이 꿈에서 천사들이 오르내리는 것을 보았다던 그 사다리를"149) 세워야 할 것이다. ⁷틀림없이 그 내림과 오름은 찬양으로써 내려가고 겸

---

146) 루카 14,11; 18,14.   147) 시편 131,1.
148) 시편 131,2.   149) 창세 28,12.

손으로써 올라간다는 것으로 밖에는 우리에게 달리 이해되지 않는다. ⁸세워진 그 사다리는 우리의 현세생활이며, 우리 마음이 겸손해질 때 주님은 그것을 천상으로 들어 높여 주신다. ⁹우리는 이 사다리의 양측은 우리 육체와 영혼이며, 하느님의 부르심은 그것들 사이에 겸손과 규율의 다양한 단계를 끼워 넣어 우리가 밟고 올라갈 수 있게 하셨다고 말할 수 있다.

¹⁰그러므로 겸손의 첫째 단계는 "하느님에 대한 두려움을 항상 자기 눈앞에"¹⁵⁰⁾ 두고 그것을 잠시도 잊지 않는 것이다. ¹¹또 하느님을 경멸하는 자들은 그들의 죄로 인해 지옥불에 태워지고 그분을 두려워하는 자들은 그들에게 마련된 영원한 생명을 얻으리라는 것을 계속해서 마음으로 생각하면서 하느님이 명령하신 모든 바를 항상 기억하는 것이다. ¹²그리고 매 순간 생각과 혀와 손과 발과 자기 뜻의 죄와 악습에서 그리고 육체의 욕망에서 자신을 지키면서 ¹³하느님이 하늘에서 항상 자기를 보고 계시며 어디서나 자기 행위들을 살피시고 그것들이 매 순간 천사들에 의해서 보고된다는 사실을 알고 있어야 할 것이다.

¹⁴예언자가 "마음과 속을 꿰뚫어 보시는 분 하느님"¹⁵¹⁾이라고 말하면서 그분은 항상 우리 생각 안에 현존해 계신다는 사실을 우리에게 보여줄 때, 그는 우리에게 이것을 알려주고 있다. ¹⁵그는 또

---

150) 시편 36,2.   151) 시편 7,10.

"주님은 알고 계시다, 사람들의 생각을."152) 이라고 말한다. 16그리고 다시 "당신께서는 제 생각을 멀리서도 알아채십니다."153)라고 하며 17또 다른 곳에서 "사람의 생각은 당신에게 밝혀지리라."154)고 말한다. 18그러므로 덕스러운 형제는 자신의 악한 생각들을 경계하기 위하여 자기 마음속으로 "내 허물에서 나를 지킨다면 나는 그분 앞에 무결하게 되리라."155)고 늘 말해야 한다.

19참으로 우리는 우리 자신의 뜻을 행해서는 안 된다. 왜냐하면 성경은 우리에게 "네 뜻에서 멀어져라."156)고 말씀하시기 때문이다. 20그리고 기도 중에 하느님에게 "그분의 뜻이 우리 안에 이루어지도록"157) 청하자. 21그러므로 우리가 "사람에게는 바른길로 보여도 끝내는 죽음에 이르는 길이 있다."158)는 성경 말씀에 주의를 기우릴 때 당연히 우리 뜻을 행하지 말라는 가르침을 받게 될 것이다. 22또 성경이 부주의한 이들에 대해서 "그들은 자신의 욕망으로 부패하고 흉하게 되었다."159)고 말하는 바를 두려워할 때 또한 그럴 것이다.

23육체의 욕망에 관해서 우리는 예언자가 주님에게 "제 모든 욕망은 당신 앞에 있나이다."160)라고 말하는 바처럼 하느님이 항상 우리

---

152) 시편 94,11. 153) 시편 139,2.
154) 시편 76,11. 155) 시편 18,24.
156) 집회 18,30. 157) 마태 6,10.
158) 잠언 16,25. 159) 시편 14,1.
160) 시편 38,10.

안에 현존하심을 믿도록 하자. ²⁴그러므로 "죽음이 쾌락의 문 가까이 있으니"¹⁶¹⁾ 온갖 나쁜 욕망을 피할 필요가 있다. ²⁵이 때문에 성경은 "네 욕망을 따르지 말라."¹⁶²⁾고 우리에게 권고하고 있는 것이다.

²⁶그러므로 만일 "주님의 눈은 어디에나 계시어 악인도 선인도 살피시고"¹⁶³⁾ ²⁷또 계속해서 "주님이 하늘에서 사람의 아들들을 내려 보시며 누가 지각이 있어 하느님을 찾는지 알고자 하신다면"¹⁶⁴⁾, ²⁸또 만일 우리 수호천사들이 매일 밤낮으로 우리 행위들을 주님에게 보고 드린다면, ²⁹그렇다면 형제들이여, 예언자가 시편에서 말하는 바처럼 하느님이 결코 '악에 기울어져 쓸모없게 된' ¹⁶⁵⁾ 우리를 보시지 않도록 매 순간 깨어 있어야 할 것이다. ³⁰그리고 그분은 자애로 우시고 우리가 개선되기를 기다리시기 때문에 비록 지금은 우리를 용서하신다고해도 장차 우리에게 "네가 이런 짓들을 해왔어도 잠잠히 있었다."¹⁶⁶⁾고 말씀하시지 않겠느냐.

³¹겸손의 둘째 단계는 자기 뜻을 사랑하지 않고 자기 욕망을 채우는 것에 기뻐하지 않고 ³²오히려 "나는 내 뜻이 아니라 나를 보내신 분의 뜻을 실천하려 왔다."¹⁶⁷⁾고 하신 주님의 말씀을 행동으로 본받

---

161) 『세바스티아누스의 수난』 4,14; 창세 4,7; 마태 7,13.
162) 집회 18,30. 163) 잠언 15,3.
164) 시편 14,2. 165) 참조: 시편 14,3.
166) 시편 50,21. 167) 요한 6,38.

는 것이다. ³³성경은 또 "쾌락은 벌을 가져오고 억제는 화관을 마련한다."¹⁶⁸⁾고 말한다.

³⁴겸손의 셋째 단계는 하느님에 대한 사랑 때문에 사도께서 "그분은 죽기까지 순종하셨다."¹⁶⁹⁾고 말씀하시는 바로 그 주님을 본받으면서 온갖 순종으로 장상에게 복종하는 것이다.

³⁵겸손의 넷째 단계는 이 순종에 있어 비록 어렵고 거슬리는 상황에서나 혹은 어떠한 종류의 불의한 경우를 당한다 하더라도 그 고통을 의식적으로 묵묵히 받아들이며, ³⁶낙담하거나 회피하지 않고 그것을 견디어 내는 것이다. 이에 대해 성경은 다음과 같이 말하고 있다. "끝까지 견디는 이는 구원을 받을 것이다."¹⁷⁰⁾ ³⁷그리고 다시 "네 마음 굳세고 꿋꿋해지고 주님께 바라라."¹⁷¹⁾ ³⁸또 충실한 이는 모순되는 것조차도 주님을 위해서 참아 받아야 한다는 것을 보여주고자 고통 받는 이들을 대신해서 이렇게 말하고 있다. "저희는 온종일 당신 때문에 살해되며 도살될 양처럼 여겨집니다."¹⁷²⁾ ³⁹하느님의 보상에 대한 희망으로 평온한 그들은 기쁨으로 인내하며 이렇게 말한다. "그러나 우리는 우리를 사랑해주신 분의 도움에 힘입어 이 모든 것을 이겨내고도 남습니다."¹⁷³⁾

---

168) 이 구절은 실제로 성경이 아니라 『아타나시우스의 수난』 17에서 나타난다.
169) 필리 2,8.
170) 마태 10,22.
171) 시편 27,14.
172) 로마 8,36; 시편 44,22.
173) 로마 8,37.

⁴⁰또 다른 곳에서 성경은 말한다. "하느님, 당신께서 저희를 시험하시고 은을 단련하듯 저희를 단련하셨습니다. 저희를 그물에 걸려들게 하시고 무거운 짐을 저희 허리에 지우셨습니다."[174] ⁴¹그런 다음 우리가 한 장상 아래 있어야 함을 보여주기 위하여 계속해서 "당신은 사람들을 우리 머리 위에 두셨습니다."[175]라고 말하고 있다. ⁴² 더 나아가 그들은 역경과 모욕 중에서도 인내로써 주님의 계명을 채워 "한쪽 뺨을 맞으면 다른 뺨마저 돌려대고, 속옷을 가지려는 자에게는 겉옷까지 내어주고, 천 걸음을 가자고 강요받으면 이천 걸음을 가준다."[176] ⁴³그들은 사도 바오로와 함께 "거짓 형제들을 참아주고 박해를 견디며 자기를 저주하는 이들을 축복해준다."[177]

⁴⁴겸손의 다섯째 단계는 자기 마음속에 떠오르는 모든 악한 생각과 은밀히 범한 죄들을 아빠스에게 숨기지 않고 겸손하게 고백하는 것이다. ⁴⁵이에 대해 성경은 우리에게 이렇게 권고하고 있다. "네 길을 주님께 맡기고 그분을 신뢰하여라."[178] ⁴⁶그리고 다시 "주님을 찬송하여라. 선하신 분이시다. 주님의 자애는 영원하시다."[179]고 말한다.

⁴⁷예언자도 마찬가지로 말한다. "제 잘못을 당신께 자백하며 제 허물을 감추지 않고 ⁴⁸말씀드렸습니다. '주님께 저의 죄를 고백합니

---

174) 시편 66,10-11.
176) 마태 5,39-41.
178) 시편 37,5.

175) 시편 66,12.
177) 2코린 11,26; 1코린 4,12.
179) 시편 106,1; 118,1.

다.' 그러자 제 허물과 잘못을 당신께서 용서하여 주셨습니다."[180]

⁴⁹겸손의 여섯째 단계는 수도승이 온갖 비천한 것과 가장 나쁜 것으로 만족하고 자기에게 부여된 모든 일에 있어 자신을 나쁘고 부당한 일꾼으로 여기는 것이다. ⁵⁰그는 예언자와 함께 자기 자신에게 "저는 멍텅구리, 알아듣지 못하였습니다. 저는 당신 앞에 한 마리 짐승이었습니다. 그러나 저는 늘 당신과 함께 있나이다."[181]라고 말한다.

⁵¹겸손의 일곱째 단계는 모든 이 가운데 자신이 가장 열등하고 무가치하다는 것을 말로써 드러낼 뿐만 아니라 마음속으로 굳게 믿는 것이다. ⁵²그래서 자신을 낮추고 예언자와 함께 다음과 같이 말하는 것이다. "저는 인간이 아닌 구더기, 사람들의 우셋거리, 백성의 조롱거리."[182] ⁵³"내가 나를 높였기에 낮아지고 부끄럽게 되었나이다."[183] ⁵⁴그리고 다시 "당신 계명을 배우도록 당신이 저를 낮추신 것은 제게 좋은 일이었나이다."[184]

⁵⁵겸손의 여덟째 단계는 수도승이 수도원의 공동 규칙이나 장상들의 모범이 권고하는 것 외에는 아무것도 하지 않는 것이다.

---

180) 시편 32,5. 181) 시편 73,22-23.
182) 시편 22,7. 183) 시편 88,16.
184) 시편 119,71.73.

56 겸손의 아홉째 단계는 수도승이 말함에 있어 혀를 억제하고 침묵을 지키며 질문을 받지 않으면 말하지 않는 것이다. 57 왜냐하면 성경은 다음과 같이 가르치기 때문이다. "많은 말에서 죄를 피하지 못한다."[185] 58 또 "수다스러운 사람은 지상에서 목적 없이 떠돌아다닌다."[186]

59 겸손의 열째 단계는 수도승이 쉽게 또 빨리 웃지 않는 것이니, 이는 "어리석은 자는 웃을 때 큰 소리를 낸다."[187]라고 기록되어 있기 때문이다.

60 겸손의 열한째 단계는 수도승이 말을 할 때 점잖고 웃음 없이, 겸손하고 진지하게, 간결하고 이치에 맞게 말하는 것이며, 또 너무 큰 소리로 말하지 않는 것이다. 61 이는 "지혜로운 사람은 적은 말로 드러난다."[188]고 기록되어 있는 바와 같다.

62 겸손의 열두째 단계는 수도승이 자기를 보는 사람들에게 마음으로뿐 아니라 자기 몸으로도 항상 겸손을 드러내는 것이다.

63 즉 공동기도(하느님의 일)[189] 중에나 성당이나 수도원 경내나

---

185) 잠언 10,19.
186) 시편 140,12.
187) 집회 21,20.
188) Sextus Enchiridion 145.
189) 성규에서 '하느님의 일'(*Opus Dei*)은 '공동체 전례기도' 혹은 '공동전례기도'를 뜻한다. 여기서는 줄여서 그냥 '공동기도'로 번역하였다. 이것은 사사로이 하는 개인기도와도 또 여럿이 모여서 하는 비공식적 공동기도와도 성격

정원에서나, 길에서나 밭에서나 어디에서든 또 앉거나 걷거나 서 있을 때나 항상 머리를 숙여 땅에 시선을 고정할 것이다. [64]매 순간 자기 죄에 대해 스스로를 죄인으로 여겨 자신이 이미 두려운 심판정에 출두한 것으로 믿을 것이다. [65]복음의 그 세리가 눈을 땅에 내리깔고 "주님, 저는 죄인이오니 하늘을 향해 제 눈을 들기에 부당합니다."[190]라고 말했던 바를 자기 마음속으로 계속해서 반복할 것이다. [66]그리고 다시 예언자와 함께 "저는 어디서든지 몸을 굽혀 낮추어졌나이다."[191]라고 말할 것이다.

[67]그러므로 겸손의 이 모든 단계를 올랐을 때 수도승은 "두려움을 몰아내는 하느님에 대한 그 완전한 사랑"[192]에 속히 도달하게 될 것이다. [68]이 사랑에 힘입어 그가 전에는 두려움을 갖고 지키던 모든 것을 이제는 마치 자연스러운 듯 습관적으로 노력 없이 지키게 될 것이다. [69]더 이상 지옥에 대한 두려움에서가 아니라 그리스도께 대한 사랑과 좋은 습관과 덕행의 즐거움에서 하게 될 것이다. [70]주님은 이제 악습과 죄악에서 정화된 당신 일꾼 안에서 이 모든 것을 성령을 통하여 기꺼이 드러내실 것이다.

이 다른 법적 시간전례라고 할 수 있다. '전례'라고 할 때 이미 이런 법적이고 공적인 성격을 담고 있다. 전례란 '하느님 백성이 드리는 공적 예배'이기 때문이다.
190) 루카 18,13. 191) 시편 38,7-9; 119,107.
192) 1요한 4,18.

주 해

개관

우리는 성규의 금욕적 가르침의 뿌리에 와 있다. 겸손에 관한 이 장에서 베네딕도는 그리스도인 삶과 수도승생활에 대한 자신의 가장 중요한 통찰들을 종합하고 있다. 그에게 있어 겸손은 어떤 개별적 덕이라기보다는 오히려 깊고 총체적인 내적 자세이자 태도라 할 수 있다. 이러한 내적 태도를 통해 수도승은 하느님께 순종하게 된다. 이 장에서 묘사된 사다리는 인간 생활의 모든 궤적과 모든 금욕적 수행을 담고 있다.[193]

사실 성규와 RM 안에서 표현되는 겸손은 금욕적인 것이라기보다 오히려 그리스도론적 동기를 띠고 있다. 즉 그리스도의 겸손에 참여하는 것이다. 이는 겸손의 셋째 단계에서 잘 드러난다(34절). 보다 구체적인 내용들은 본문을 주석하면서 보기로 하고 먼저 겸손이란 말의 어원과 개념 그리고 원천과의 관계에서 성규 7장에 대해서 좀 더 살펴보기로 하자.

1. 어원과 개념

겸손을 뜻하는 라틴어 후밀리타스(*humilitas*)는 형용사 후밀리스(*humilis*)에서 유래했다. '후밀리스'는 다시 흙, 땅을 뜻하는 후무스(*humus*)에서 온 말이다. 그래서 '후밀리스'는 '땅에 속하는', '땅

---

193) 참조: 성규 7,8-9: "사다리는 우리의 현세생활이며…그것들 사이에 겸손과 규율의 다양한 단계를 끼워 넣어…"

의 먼지로 형성된', '땅에 가까운', '땅으로 구부린' 등의 의미를 지니고 있다.

고전 라틴어에서 사람에 언급된 후밀리타스(*humilitas*)는 잉뇨빌리타스(*ignobilitas*: 낮은 신분, 무명)와 인피르미타스(*infirmitas*: 약함, 무력함) 등의 명사와 동의어로 사용되었다. 따라서 출생불명확, 사회 하층신분, 경제력 빈곤, 대수롭지 않은 지위 등을 나타내는데 사용된다. 따라서 명예 없는 낮고 천한 시민의 신분을 가리킨다.

'후밀리타스' 란 말은 그리스도교 저술가들에 의해서 비로소 긍정적 의미를 지니게 되고 하나의 덕(*virtus*)이 된다. 즉 온갖 형태의 교만, 오만, 허영, 자만과는 정반대되는 마음 자세로 바뀌게 된다. 이 덕은 어떻게든 그리스도의 참된 제자의 전 삶으로 스며들어야 한다. 성 베르나르도는 겸손을 다음과 같이 정의하고 있다. "겸손은 인간이 자기 자신에 대한 정확한 인식을 통해 자기 본래 모습으로 낮아지게 하는 덕이다."[194]

이처럼 겸손이란 말의 어원은 흙, 먼지에서 비롯된 우리 인간존재의 기원을 상기시켜주고 우리 실상을 돌아보게 해준다.

2. 원천과의 관계에서

이 장은 성규 72장과 함께 보아야 한다. 베네딕도에게 있어 성규 7장이 영성의 토대라고 한다면 제72장은 그 절정이라 할 수 있

---

194) 성 베르나르도 『겸손의 단계』 I,2.

다.195) 이 장들의 가장 중요한 원천은 무엇보다도 성경으로서 거기서 말하는 모든 바가 언급된다. 성규 72장이 신약성경에 바탕을 두고 있는 반면, 성규 7장의 경우 구약성경과 시편 제25편이 그 원천이라 할 수 있다.

그러나 성규 7장은 카시아누스의 『제도서』 제4권 39절과 RM 10장에 직접 토대를 두고 있다. 카시아누스는 겸손의 단계에 대해서 말하지 않고 그 열 가지 표지에 대해서 이야기하고 있다. 첫 번째 표지는 하느님에 대한 두려움(Timor Dei)으로 성규의 첫 단계와 동일하다. 그러나 베네딕도는 첫 단계에서 죄와 악습에 떨어질 수 있는 인간의 여섯 가지 영역, 즉 생각, 혀, 손, 발, 자기 뜻, 육체의 욕망 중 혀, 손, 발에 대한 설명은 생략하고 생각, 자기 뜻, 육체의 욕망과 같은 더욱 내적인 것들에 대한 설명을 더 발전시키고 있다.

카시아누스는 영적 등정에 대한 세부적, 단계적 프로그램을 제시하고 있지는 않다. 그가 말하고자 하는 바는 오로지 겸손을 통해서만 우리 영적 목표에 이를 수 있다는 것이다. 이 겸손은 본질적으로 자신에 대한 죽음, 즉 자아포기이다.

RM 10장은 『제도서』의 이 부분을 대폭 확대하여 풍부하게 하였다. RM은 다소 추상적인 카시아누스의 지침을 천국에 이르는 사다리196)라는 구체적 모습으로 변형시켰다. 성규는 RM과 실제로는 거

---

195) 아퀴나타 뵈크만은 성규 72장이 오늘날 우리 영성에 더 부합한다는 견해를 취하고 있다.
196) '사다리' 혹은 '계단'은 영적 등정을 상징하는 고전적 비유이다. 그 기원은 창세기의 야곱의 사다리이다. 교부들은 이 비유를 영적 등정에 즐겨 사용하였는데, 6세기 베네딕도 성인의 겸손의 사다리, 7세기 시나이 교부 요한 클리마

의 비슷하나 RM에 비해 덜 논리적이다. RM은 손과 발과 천국의 기쁨 또한 언급하고 있다. RM에서 겸손의 사다리는 천국에서 끝나지만(종말론적 결론) 성규에서는 지상에서 끝나고 있다(영적 결론). 다시 말하면 RM은 직접 종말론(천국에 대한 장황한 묘사)으로 건너가면서 '해야 할 바'에 대해 언급하고 있는 반면, 성규는 사다리에 대한 상징적 해석을 줄이고 대신 두려움을 몰아내는 사랑을 이야기하면서 '그것을 하는 방법'에 대해 언급한다. 이런 의미에서 성규는 보다 실제적이라 할 수 있다.

주석

1-9절 : 이 장의 서언이라 할 수 있는 이 부분에서는 성경의 가르침을 바탕으로 겸손의 중요성(1-4절)이 강조되고 사다리를 세우는 취지 등이 설명되고 있다(5-9절). "누구든지 자기를 높이는 사람은 낮추어지고 자기를 낮추는 사람은 높여질 것이다."[197] 모든 것은 예수의 이 말씀에 바탕을 두고 있다. 천국으로 오르는 이 사다리는 세상의 사다리와는 정반대로 작용하는 것이 주목할 만하다. 즉 오름과 내림의 원리가 정반대이다. 내려감으로써 올라가고 올라감으로써 내려간다. 베네딕도는 이제 우리가 밟고 올라가게 될 이 역설적 사다리의 열두 단계에 대해 하나하나 이야기할 것이다.

쿠스의 대표적 작품 『천국의 사다리』 혹은 『수도승들의 사다리』 그리고 12세기 카르투시오회 제2대 원장 귀고 2세의 수도승들의 사다리 등이 대표적 예이다.
197) 루카 14,11.

10-30절 : 겸손의 첫째 단계. 늘 하느님 현존을 기억함으로써 하느님에 대한 두려움을 갖는 것이다. 첫째 단계는 우리가 그것을 바탕으로 이 장 나머지 모든 부분을 읽게 되는 토대와도 같다. 이 단계는 10-25절과 26-30절 두 부분으로 나누어져 있다.

첫 번째 부분에서는 우선 겸손의 첫째 단계가 '하느님에 대한 두려움'으로 정의되고 있다(10절). 그런 다음 하느님 계명과 그 실행 여부에 따른 결과를 상기시키고(11절), 온갖 악습과 악한 생각을 포기하도록 초대한다(12-18.24-25절). 또 하느님은 언제나 우리를 바라보시고 우리의 은밀한 생각과 욕망을 알고 계신다(13-17.23절). 그리고 우리 행위에 대해 천사들이 그분께 보고 드리기(13절) 때문에 우리는 자신의 뜻을 행해서는 안 된다(19-22절)고 말하고 있다.

두 번째 부분은 지금까지 언급한 내용들을 다시 종합하고 있다. 즉 하느님은 우리를 계속해서 지켜보고 계시며(26-27), 천사들은 우리 행위를 계속 그분께 보고 드리고(28절) 있으니 악에 기울어지지 않도록 깨어 있을 필요가 있다(29절). 지금은 침묵하시는 하느님이 장차 있을 심판에서 우리를 단죄하시는 일이 없도록 노력하자고 촉구하고 있다(29-30절).

하느님 기억, 즉 하느님 현존에 대한 지속적 기억은 하느님에 대한 두려움을 갖게 하여 죄에 떨어지지 않도록 도와준다. 성 바실리우스 역시 이 '하느님 기억'(*memoria Dei*)[198]을 강조한다. 그에게

---

198) "끊임없이 기도하십시오."(1테살 5,17) 성 바오로의 이 권고를 명심한 초기 수도승들은 손노동 중이나 식사할 때나 다른 사람들과 대화하거나 휴식할 때조차 늘 하느님 기억(*mnēmē Theou*) 혹은 '하느님 현존 의식'을 유지하려고

있어 하느님 기억은 일종의 관상 수행의 차원에서가 아니라 하느님의 거룩하심과 그분 심판에 대한 생각을 우리 정신 안에 각인시키기 위한 수단이다. 그럼으로써 마음의 순결을 얻게 된다는 것이다.

하느님에 대한 두려움은 우리를 내적 순결로 인도한다. 사실 하느님의 거룩하심 앞에서 우리 존재는 마치 그분에게서 나오는 눈부신 광채에 노출된 것처럼 느낄 것이다. 우리 모든 행위에 대한 심판관이신 거룩하신 하느님에 대한 기억은 하느님 뜻을 따르기 위하여 우리 뜻을 포기하도록 이끌 것이다.

31-33절: 겸손의 둘째 단계. 하느님의 뜻이 이루어지도록 내 뜻과 내 욕망을 포기하는 것이다. 이제 바로 그리스도가 등장한다(32절). 그리스도가 우리의 모범이다. 그분은 말씀하신다. "나는 내 뜻이 아

노력했다. 그들은 이 '하느님 기억'을 영성생활의 핵심으로 간주하였다. 성경의 한 구절, 특히 시편의 한 구절을 소리 내어 또는 마음속으로 반복하는 수행(meletē)은 하느님에 대한 지속적 의식을 유지하는데 도움을 주었다. '하느님 기억' 개념은 특별히 성 바실리우스에게 있어 매우 중요하다. 이 개념은 『서간 2』의 기도에 대한 다음 정의에서 잘 나타나고 있다. "가장 훌륭한 기도는 정신 안에 하느님에 대한 분명한 생각을 머무르게 하는 것이다. 이것은 하느님의 집이 되는 것을 의미한다. 즉 그분께 대한 우리의 기억을 통하여 우리 안에 거주하시는 하느님을 소유하는 것이다. 우리의 지상적 관심사들이 하느님께 대한 이 지속적인 기억을 방해하지 않고, 우연한 감정들이 그 영혼을 곤란하게 하지 않을 때, 우리는 하느님의 성전이 된다. 모든 사물에서 벗어나 하느님을 사랑하는 사람은 악으로 이끄는 욕망들을 멀리 쫓고 덕으로 인도하는 사물들에 집착하며 하느님 가까이 나아가게 될 것이다." 바실리우스에 의하면, 하느님 기억을 위한 주된 방법은 성경에 대한 되새김(meletē)이다. 이것은 정신 안에 하느님에 대한 생각을 머물게 하는 것이다. 다시 말해 우리 안에 계신 하느님을 소유하는 것이다.

니라 나를 보내신 분의 뜻을 실천하려 왔다."199) 순종은 성부와의 관계에서 그리스도의 본질적 태도였다. 하느님은 우리 안에 이루실 어떤 계획을 가지고 계신다. 우리는 그것을 방해해서는 안 된다. 우리 욕망과 우리 뜻은 바로 하느님의 계획이 실현되지 못하게 방해하는 장애물이라 할 수 있다. 자기 뜻의 포기는 하느님과 그분 빛에 진실한 개방의 자세를 가능하게 해준다. 또한 이웃의 요구에 부응하는 자세를 가능하게 해준다. 육체의 욕망에 대한 포기는 자기 뜻의 손상으로서가 아니라 쾌락주의와 본능적 자기중심주의에서 오는 헛된 욕망, 욕정, 멍에에서의 자유로 간주된다. 우리는 분명 육체의 노예가 되어서는 안 될 것이다. 오히려 성령의 행위에 늘 개방되어 있어야 할 것이다.

34절 : 겸손의 셋째 단계. 장상의 명령에 복종하는 것이다. 여기서도 그리스도의 모범이 제시되고 있다. "그분은 죽기까지 순종하셨다."200) 따라서 그리스도를 대리한다고 보는 장상을 통하여 우리에 대한 하느님의 계획이 드러난다. '온갖 순종'(omni oboedientia)이라는 표현이 나오는데 '온갖'(omni)은 성규 안에서 200번이나 사용되는 형용사이다. 이 말마디는 베네딕도가 원하는 급진성의 한 표지이다. 베네딕도는 이 말을 사용하여 우리 혈관 전체로 스며드는 철저한 순종을 강조하고 있다. 우리 순종의 자세는 하느님과의 일치를 위해 결정적 중요성을 지닌다. 달리 말하면 진정한 순종은 동정성과

---

199) 요한 6,38. 200) 필리 2,8.

마음의 순결을 요구한다. 마음이 순수한 수도승은 완전한 순종을 하게 될 것이다. 왜냐하면 그는 순종 외에 그 어떤 길도 가장 확실하게 하느님에게 인도하지 못한다는 것을 알기 때문이다.

35-43 : 넷째 단계. 어렵고 비위에 거슬리는 것일지라도 모든 것을 순종으로 받아들이는 것이다. 이것은 겸손의 가장 깊은 차원이다. 십자가와 비하(kenosis), 그리스도 모방의 길이 아니고서는 도저히 나아갈 수 없는 지점이다. 다음에 나오는 단계들은 단지 십자가를 통한 구원과 모든 차원과 행위에서의 영적 가난을 발전시켜 나가고 있을 뿐이다. 이 여정은 결코 쉽지 않다. 우리는 겸손과 순종을 실천하는데 있어 불의, 반대, 심지어 모욕 등 온갖 장애를 만나게 된다 (35절). 이런 난관 앞에서 겸손한 수도승의 반응은 단지 묵묵히 참아 받는 것이다(35-36절). 베네딕도는 겸손과 연결된 인내를 매우 중요하게 생각하고 있다. 인내는 무저항이나 단순한 복종이 아니라 그리스도께서 하신 것처럼 행동하는 것이다. 그것은 죽음을 훈련하는 것이라 할 수 있다. 사실상 순종, 인내, 겸손, 죽음은 모두 희생된 어린양을 상징하는 영적 동의어이다. 우리에게 있어 인내는 시험의 순간에 행해지는 자유로운 응답이다.

44-48절 : 다섯째 단계. 자기 잘못에 대한 고백이다. 앞 단계들에서는 하느님이 사람들을 도구로 하여 우리를 시험하실 수 있다는 것을 보았다. 이제 다섯째 단계부터 일곱째 단계까지는 형제들의 발아래로 우리를 낮추는 것이다. 이러한 태도는 '하느님이 형제들 안에

현존하신다.'는 사실에 바탕을 두고 있다. 따라서 우리가 취해야 할 자세는 섬기는 자의 자세일 것이다. 우리가 섬기는 사람들이 우리보다 모든 면에서 부족하더라도 개의치 않는 것이다. 자기 자신에 대한 포기는 분명 거룩하다. 모든 것은 결국 신앙의 문제이다.

　이 다섯째 단계에서는 자기 생각을 드러내는 것에 대해 다루고 있다. 이것은 초기 수도승 영성의 핵심에 자리 잡고 있다. 악한 생각들 혹은 욕정들을 그리스말 전문용어로 로기스모이(*logismoi*)라고 하는데 이것은 회수도승들보다 은수자들에게 더 큰 골칫거리였다.201)

　사막의 지혜는 생각들을 분별할 줄 알고 만일 악한 생각이라면 그것과 어떻게 싸워야하는지를 아는데 있었다. 오로지 순수한 마음으로 참된 하느님 체험을 할 수 있다. 정화의 가장 중요한 수단은 자기 잘못에 대한 고백이라 할 수 있다. 여기서 베네딕도는 악한 생각들을 식별하고 대적하는 문제를 다루고 있는 것 같지는 않다. 단지 단순히 그것들을 고백하는 문제를 다루고 있다.

49-50절 : 여섯째 단계. 겸손 실천에 있어서의 기쁨이다. 우리가 늘 하느님과 함께 머물 때 자기 권리나 개인 주장을 방어하느라 힘을 소진하지 않게 된다. 우리는 다른 사람의 비판과 질책을 받아들이기를 어려워한다. 이는 우리가 그것을 얻으려고 계속해서 노력하는 목표인 단순성과 마음의 순결에서 아직 한참 멀리 있다는 것을 증명

---

201) 참조: 귀달베르또 보르볼리니, "로기스모이: 사막교부들의 생각들에 대한 통제", 허성석 옮김 「코이노니아」 제28집 (2003년 여름), 152-154.

하는 것이다. 만일 우리 잘못, 부족, 무능력을 겸손하게 받아들인다면 그것들은 우리를 사랑에 더욱 빠르게 나아가도록 이끌어준다. 그런 수도승은 자기에게 맡겨진 임무를 완전하게 실행했을 때 교만해하지 않는다. 그의 삶은 극도의 단순성을 띠게 된다. 그는 자신의 성공으로 우쭐해하지 않고 낮추어짐으로 낙담하지도 않는다. 게다가 자랑하지 않는 사람은 가장 보잘 것 없는 것으로 만족하고 바로 이 때문에 평화롭고 모두의 사랑을 받게 된다.

51-54절 : 일곱째 단계. 자신의 부적격함에 대한 깊은 인식이다. 이것은 앞 단계들을 이곳으로 이끄는 정점과도 같다. 여섯째 단계와 더불어 이 단계는 완전한 내적 겸손 상태를 표현한다. 이런 인식의 뿌리는 필리 2,6-11이다. 바오로는 자기 적대자들이 분열을 일으키고 있다는 상황설명으로 시작하고 있다.[202] 그들은 허영심으로 그리스도를 선포하였다. 이에 그는 "무슨 일이든 이기심이나 허영심으로 하지 마십시오. 오히려 겸손한 마음으로 서로 남을 자기보다 낫게 여기십시오."[203]라고 권고한다. 그 동기는 바로 그리스도이다. 죽기까지 순종하신 그분이 가지셨던 마음을 간직하는 것이다.[204] 따라서 자신이 다른 사람보다 못하다는 의식은 비단 수도승들뿐만 아니라 모든 그리스도인에게 해당되는 자세라 할 수 있다. 거기에는 예외가 있을 수 없다. 그래서 이 겸손의 일곱째 단계는 가장 중요한 복음적 자세 중 하나이다.

---

202) 참조: 필리 1,15-17. 203) 필리 2,3.
204) 참조: 필리 2,5-8.

55절 : 여덟째 단계. 각 개인의 독자성 혹은 고유성에 대한 포기이다. 여덟째 단계부터 열한 번째 단계까지 베네딕도는 내적 겸손은 실제적, 외적 행동 방식으로 실천되어야 함을 강조하고 있다. 그것은 일상의 성화이다. 이 단계에서는 "수도원의 공동 규칙이나 장상들의 모범이 권고하는 것 외에는 아무것도 하지 않는 것"이라고 말하고 있다. 오로지 겸손만이 여러 사람이 함께 사는 회수도승생활을 가능하게 해준다. 열심한 수도승은 공동규칙을 버거운 외적 율법으로 느끼지 않고 자유와 기쁨 중에 생활화할 것이다.

56-58절 : 아홉째 단계. 혀에 대한 통제이다. 혀의 억제에 대한 이유로 이미 6장 4절에서 인용된 잠언서의 다음 구절이 다시 인용되고 있다. "너는 많은 말에서 죄를 피하지 못할 것이다."[205] 그리고 새로운 규정 하나가 덧붙는데, 곧 "질문을 하지 않으면 말을 하지 말라"(56절)는 것이다. 이는 이미 고대 수도승들 사이에 일반화된 규정이었다. 질문 받기 전에 말을 하는 것은 자기 과시가 될 수 있다. 자기는 알고 상대는 모른다는 것을 은근히 드러내려는 것이다. 이런 측면에서 이 단계는 수도승에게 필요한 자세일 것이다.

59절 : 열째 단계. 웃음의 절제이다. 베네딕도는 웃는 것 자체를 금지하지는 않는다. 오히려 절제된 웃음을 원하고 있다. 집회서 저자는 이렇게 말한다. "어리석은 자는 웃을 때 큰 소리를 내지만 영리

---

205) 잠언 10,19.

한 사람은 조용히 웃음을 짓는다."206) 수도승은 절대 침울하거나 의기소침해서는 안 되지만 웃음에 있어 절제가 필요하고 늘 진중한 모습과 태도를 유지할 필요가 있다.

60-61절 : 열한째 단계. 대화에서의 진지함이다. 베네딕도는 "말을 할 때 점잖고 웃음 없이, 겸손하고 진지하게, 간결하고 이치에 맞게" (60절) 하라고 권고한다. 여기에 너무 큰 소리로 말하지 말라고 덧붙이고 있다. 깊이 있는 수도승은 조용하게 말을 한다. 그의 말은 존재의 깊이에서 나오기 때문이다. 베네딕도는 겸손은 혀를 통해서 특별하게 표현된다는 사실을 잘 이해하고 있는 듯하다. 그래서 그는 침묵에 세 단계를 할애하고 있다. 침묵은 언제나 내적 생활을 위해 필요한 것으로 간주되어왔다. 침묵은 수도승에게 매우 중요한 근본적 요소이다. 수도승은 하느님의 영역인 침묵의 영역에 매료된 사람이다. 그는 침묵 중에 있는 자이다. 침묵을 사랑하지 않는 수도승은 어떤 중요한 것이 결여되어 있다는 표지이다.

62-64절 : 열두째 단계. 겸손한 태도이다. 이 단계는 겸손의 정점에 도달한 수도승의 모습과 같다. 일단 겸손을 얻게 되면 겸손은 겉으로 드러나게 되고 몸 자체를 변형시킨다. 그래서 복음서의 세리가 취했던 태도를 취하게 된다. 영적 삶과 물리적 삶의 관계가 이런 식으로 강조되고 있다. 이 단계는 존재와 행위 사이에 어떤 모순도 없

---

206) 집회 21,20.

다는 것을 가정하고 있다. 이 단계에 도달한 수도승의 행위는 이제 과시가 아니고 그의 겸손은 그리스도의 이콘이 된다.

특히 이 단계는 마치 첫째 단계의 연속처럼, 출발의 순간에 요구되었던 자세들의 최종 심화처럼 보인다. 첫째 단계에서 언급된 하느님 심판이 나타난다(64절). 첫째 단계와 비교할 때 한 가지 흥미 있는 점이 발견된다. 앞에서는 수도승에게 죄와 악습에서 자신을 지키도록 요구되고 있는데(12절) 반해 여기서는 매 순간 자기 죄에 대해 스스로 죄인으로 여기도록(64절) 요구되고 있다. 이것은 하나의 역설처럼 들린다. 어떻게 처음에는 계속해서 죄에 떨어지지 않도록 주의하라고 하면서 마지막에는 죄인으로 여기라고 하는가! 우리는 이 모순을 스스로 내려감으로써 올라가는 복음의 논리적 역설로 알아들을 수 있을 것이다.

죄를 거스른 싸움은 우리를 죄에 더욱 민감하게 해주며 우리 자신이 스스로 죄인이라는 의식을 더해준다. 어떤 식으로든 이 마지막 단계는 수도승의 영적 여정을 이루는 앞의 모든 단계를 요약하고 있다. 이 단계들을 통해 수도승은 영적으로 더욱 성숙되고 온유하고 겸손하신 그리스도를 자기의 전 존재로 언제나 더 닮아가게 될 것이다.

67-70절 : 장의 결론. 교부 전통에서와 같이 베네딕도에게 있어 겸손은 매우 복합적 실재를 나타낸다. 그것은 수도승적, 그리스도교적 금욕주의 전체와 완전을 향한 전 여정을 담고 있다. 바오로의 견해에 따르면 겸손은 무엇보다 그리스도 모방이다. 단지 외적으로만이

아니라 마음 깊이에서 모방하는 자기비하(kenosis)인 것이다.

이 모든 단계를 통해 "악습과 죄악에서 정화된"(70절) 수도승은 마음의 순결에 도달하게 된다. 마음의 순결은 바로 금욕적 수행의 열매이다. 카시아누스의 표현에 따르면 마음의 순결은 수도승생활의 궁극 목표(telos)인 하느님 나라에 도달하기 위해 반드시 획득해야하는 직접적 목표(scopos)이다.

겸손의 여정은 악습을 제거하고 덕을 획득하는 길이다. 사다리의 끝에 도달한 수도승은 두려움을 몰아내는 사랑의 신비스런 비밀을 알게 된다. 그는 제2의 본성을 얻게 되어 이제부터는 그리스도께 대한 사랑 때문에 모든 것을 기쁘게 하게 된다(69절). 비로소 그는 완전한 자유에 도달하게 된 것이다. 왜냐하면 마음이 깨끗한 사람은 하느님을 뵈올 것이기 때문이다.207) 이제 주님은 "이 모든 것을 성령을 통하여 기꺼이 드러내실 것이다."(70절) 베네딕도는 성령의 통교를 금욕생활의 화관처럼 제시하고 있다.

결론

겸손의 이 모든 단계는 하느님 사랑에 도달하기 위한 과정이다. 각 단계에서는 물론 인간적 노력이 요구되지만, 모든 단계의 정상에서는 이제 '하느님에 대한 두려움'(timor Dei)에서 '하느님에 대한 사랑'(amor Dei)으로의 변화가 이루어질 것이다. 그리고 그때는 인간적 노력이 요구되던 인위(人爲)에서 하느님 은총으로 움직여지는

---

207) 참조: 마태 5,8.

무위(無爲)에로 나아가게 될 것이다.

사실상 겸손은 인간적 노력이라기보다는 오히려 하느님 은총과 같은 것이다. 이 장에는 '우리 안에서, 우리의 연약함 안에서 하느님의 여정'이라는 체험이 담겨 있다. 베네딕도에게 있어 하느님의 행위가 보다 강조된다. 성규 7장에는 많은 것을 시사해주는 작은 변경이 여럿 있다. 예를 들면 20절을 이 장의 핵심이라 할 수 있는데, 성규 전체에서 유일하게 이 절에서 한 번 '뜻' 혹은 '의지'(*voluntas*)란 단어가 긍정적으로 나타나고 있다. 그 중심에 '하느님의 뜻'이 놓여 있다. 즉 하느님의 뜻이 우리 안에서 이루어지는 것이다.

여하튼 우리를 하느님에게서 멀어지게 한 가장 고질적인 악습은 교만이다. 이것을 대적할 수 있는 무기는 바로 겸손이라 할 수 있다. 따라서 겸손은 모든 덕의 정점이며, 우리를 다시 하느님에게 되돌아가게 해주는 주요 수단인 것이다. 특히 사막 교부들에게 있어 가장 중요한 덕목으로 간주되었다.[208] 겸손은 동시에 인간적, 영적 성숙을 가늠하는 바로미터라고 할 수 있다.

---

208) 참조: 카시아누스 『담화집』 20; 『이집트 수도승들의 역사』 18,12-16.

하느님의 일 (성규 8-20장)

베네딕도는 겸손에 관한 제7장을 끝으로 수도승생활을 위한 기본 토대를 마련한 다음 제8장부터 제20장까지 하느님의 일(*Opus Dei*)[209], 곧 공동전례기도[210]에 대해서 이야기한다. 이 부분을 일컬어 흔히 '전례규정'이라고 하는데 여기서 다루어지는 내용을 보면, 밤기도(8-11장; 14장), 아침기도(12-13장), 알렐루야 낭송시기(15

---

209) 대부분의 고대 동방 수도승 문헌 안에서 하느님의 일(*ergon tou Theou*)은 결코 전례나 시간경을 의미하지 않고 수도승의 영적 생활 전체, 즉 수도승생활 자체를 뜻했다. 고독, 영적 수행(*askesis*), 기도 등 수도승생활 안에서 이루어지는 모든 것이 '하느님의 일'에 포함되었다. 서방 라틴어권 수도승 문학 안에서는 '하느님의 일'이란 명칭이 수도승의 임무 중 하나인 시간경에 부여된다. 수도승이 매일 밤낮 수행해야 하는 다양한 일 가운데 가장 중요한 것은 기도이다. 그의 전 활동은 기도에 초점이 맞추어진다. 이는 베네딕도가 기도에 대해서 이야기할 때 '하느님의 일'이란 말을 선호한 이유이다. 기도는 수도승이 사용해야 하는 탁월한 도구이다. 비록 베네딕도가 시간경을 나타내기 위하여 언제나 *Opus Dei* 란 말을 사용한다 하더라도 이 말의 보다 오래되고 폭넓은 의미는 여전히 그의 마음 안에 남아 있음이 분명하다. 베네딕도는 시간경을 수도승생활의 결정적 순간들 가운데 하나로 보고 있다. 그가 이 표현을 사용했을 때 이 점을 의식하고 있었기 때문에 우리는 이 말의 보다 넓은 배경을 염두에 둘 필요가 있다. 수도승의 삶 전체는 하느님의 일이자 봉사이다. 수도승은 이 일, 이 봉사에 자신을 투신하였다. 하느님을 위한 이 일은 시간경 안에서 그 가장 충만하고 가장 분명한 표현을 발견한다. 베네딕도는 시간경을 '하느님의 일'로서 그 탁월한 위치를 부여하였다(참조: Korneel Vermeiren, *Praying with Benedict*, CSS 190, Kalamazoo, Michigan, 1999, 41-53).

210) '공동전례기도'라고 할 때 여기에는 여러 가지 의미가 함축되어 있다. 즉 공동으로 바치는 공적 시간기도라 할 수 있다. 수도승들이 매일 정해진 시간에 함께 모여서 바치는 전례기도란 의미이다. 그래서 이것을 다른 말로 '시간전례', '시간경', '하느님의 일', '공동기도' 등으로 표현할 수 있다.

장), 낮 시간경(16-18장) 그리고 기도하는 자세(19-20장)이다. 다시 내용상 크게 두 부분으로 나눌 수 있는데, 제1부(8-18장)에서는 시간전례 자체에 대해 다루고 있고, 제2부(19-20장)에서는 기도의 자세에 대해 다루고 있다. 이 두 부분을 구분해서 살펴보고자 한다. 제1부는 대표적 장이라 할 수 있는 8장과 9장만 따로 살펴보고 나머지 장들은 전체적으로 묶어서 다루고자 한다. 성규에 따른 시편 배열, 각 시간경의 순서와 방법, 각 시간경 구분 유무, 알렐루야 낭송 시기 등에 대해서는 부록4-6을 참조하기 바란다.

제 1 부
시간전례 (성규 8-18장)

본 문

제 8 장
밤기도

¹겨울철, 즉 11월 1일부터 부활주일까지 새벽 2시에 일어나는 것이 바람직하게 보인다. ²그렇게 하면 형제들은 한밤중이 조금 지나서까지 쉬고 완전히 소화가 된 다음에 일어날 수 있을 것이다. ³밤기도 후 남는 시간은 시편집이나 독서집에서 어떤 것을 배울 필요가 있는 형제들이 그것을 위해 사용하도록 할 것이다.

⁴그러나 부활주일부터 위에 말한 11월 1일까지는 시간을 이렇게 조정할 것이다. 즉 밤기도 후 남은 매우 짧은 시간에는 형제들이 생리적 필요를 위해 나갈 수 있도록 하고 동틀 무렵에 바쳐야 할 아침기도를 뒤이어 바칠 것이다.

제 9 장
밤기도 시편 수

¹앞에서 말한 겨울철에는 먼저 "주님, 제 입술을 열어 주소서. 제

입이 당신의 찬양을 널리 전하오리다."²¹¹⁾ 라는 구절을 세 번 반복한다. ²이어서 영광송과 함께 시편 제3편을 바친다. ³그런 다음 시편 제94편을 후렴과 함께 혹은 후렴 없이 노래한다. ⁴그리고 나서 암브로시우스의 찬미가와 후렴과 함께 시편 여섯 편을 이어서 바친다.

⁵이렇게 한 후 계응송을 낭독하고 아빠스는 강복을 줄 것이다. 모든 이가 의자에 앉으면 형제들은 독서대 위에 놓인 책에서 세 개의 독서를 번갈아 읽고 각 독서 후에는 응송을 노래한다. ⁶두 개의 응송은 영광송 없이 하지만, 세 번째 독서 후에는 선창자가 영광송을 노래한다. ⁷선창자가 영광송을 시작하면 모두 즉시 자기 자리에서 일어나 성삼위께 영예와 경의를 표할 것이다.

⁸밤기도에는 신적 권위를 지닌 신구약 성경의 책들이 읽혀져야 하지만, 유명한 정통 가톨릭 교부들에 의해 저술된 성경 주해서들도 읽혀져야 한다.

⁹이 세 독서와 각각의 응송을 마치면 나머지 여섯 시편을 알렐루야와 함께 노래한다. 이것이 끝나면 기억으로 암송되는 사도의 독서, 계응송 그리고 탄원의 기도, 즉 '주님, 자비를 베푸소서.' (*Kyrie eleison*)가 이어진다. 이렇게 해서 밤기도가 끝난다.

---

211) 시편 51,17.

제 10 장
여름철 밤기도

¹부활주일부터 11월 1일까지는 위에서 언급된 시편 수를 모두 지킬 것이다. ²밤이 짧기 때문에 책에 있는 독서들은 생략하고 이 세 독서 대신에 구약성경에서 하나의 독서를 암송하고 짧은 응송을 이어서 바칠 것이다. ³그 외 모든 것은 위에 말한 그대로 채울 것이니, 즉 밤기도에 시편 제3편과 제94편을 제외한 시편 수를 절대 열두 편 이하로 하지 말 것이다.

제 11 장
주일 밤기도

¹주일에는 밤기도를 위해 조금 일찍 일어날 것이다. 주일 밤기도는 다음과 같이 할 것이다. ²즉 위에서 언급한 대로 여섯 시편과 계응송을 노래한 후 모든 이는 서열에 따라 질서 있게 자리에 앉아 위에서 말한 대로 책에서 뽑은 네 개의 독서를 각각의 응송과 함께 읽는다. ³단지 넷째 응송에만 선창자가 영광송을 한다. 선창자가 영광송을 시작하면 모든 이는 공경심을 가지고 일어설 것이다.

⁴이 독서들이 끝난 후 앞에서와 같이 후렴과 함께 다른 여섯 시편과 계응송을 바친다. ⁵그런 다음 위에서 지시한 방법으로 다른 네 개의 독서를 각각의 계응송과 함께 읽는다.

⁶그 다음 아빠스가 예언서에서 뽑아 준 세 개의 찬가를 바친다. 이 찬가들은 '알렐루야'와 함께 낭송된다. ⁷계응송과 아빠스의 강복이 끝나면 위에 지시된 순서에 따라 신약성경에서 다른 네 개의 독서를 읽는다. ⁸넷째 응송이 끝나면 아빠스는 찬가 '하느님, 우리는 당신을 찬미합니다.'(*Te Deum laudamus*)를 시작한다. ⁹이것이 끝나면 아빠스는 모든 이가 존경심과 경외심을 가지고 서 있는 가운데 복음에서 뽑은 독서 하나를 읽는다. ¹⁰독서 끝에 모든 이는 '아멘' 하고 응답하고 아빠스는 즉시 찬가 '당신께 찬미가 합당하나이다.'(*Te decet laus*)를 시작한다. 그 다음 강복이 끝나면 아침기도를 시작한다.

¹¹이 주일 밤기도 순서는 여름철과 겨울철 모두 동일한 방식으로 지켜져야 한다. ¹²이런 일은 없어야 하겠지만, 혹시라도 너무 늦게 일어나는 일이 있거든 독서나 응송들에서 어떤 것을 간략히 할 것이다. ¹³그렇다 하더라도 이런 일이 일어나지 않도록 특별히 주의해야 한다. 만일 이런 일이 일어났다면 과실을 범한 형제는 성당에서 하느님에게 합당한 보속을 해야 한다.

제 12 장
주일 아침기도

¹주일 아침기도에 먼저 시편 제66편을 후렴 없이 곧바로 낭송한다. ²그런 다음 시편 제50편을 '알렐루야'와 함께 바친 ³후 시편 제

117편과 제62편을 낭송한다. ⁴이어서 '세 젊은이의 찬가'(*Benedictiones*), 시편 제148-150편(*Laudes*)을 바치고 묵시록에서 암기한 독서 하나를 낭독하고, 응송과 암브로시우스의 찬미가, 계응송, 복음서의 찬가(즈가리야의 노래), 그리고 탄원의 기도를 바치고 끝마칠 것이다.

제 13 장
평일 아침기도

¹평일 아침기도는 다음과 같이 거행된다. ²즉 주일과 같이 시편 제66편을 후렴 없이 다소 느리게 낭송하여 모든 이가 후렴과 함께 낭송되는 시편 제50편을 위해서는 참석할 수 있게 할 것이다. ³그 다음 관례에 따라 다른 시편 두 개를 더 낭송할 것이다. 즉 ⁴월요일에는 제5편과 제35편, ⁵화요일에는 제42편과 제56편, ⁶수요일에는 제63편과 제64편, ⁷목요일에는 제87편과 제89편, ⁸금요일에는 제75편과 제91편, ⁹토요일에는 제142편과 신명기의 찬가를 낭송한다. 이 찬가는 두 부분으로 나누어지는데, 각각의 끝에 영광송을 넣어 구분할 것이다. ¹⁰다른 날들에는 로마 교회에서 시편을 바치는 방식에 따라 해당 일에 예언서들에서 하나의 찬가를 뽑아 낭송할 것이다.

¹¹이것이 끝나면 시편 제148편에서 제150편까지의 찬미시편들이 이어진다. 그 다음 사도서간에서 독서 하나를 암송하고 응송과 암브로시우스의 찬미가, 계응송, 복음서의 찬가(즈가리야의 노래), 그리

고 탄원의 기도를 바치고 끝마칠 것이다.

¹²아침기도와 저녁기도는 반드시 그 끝에 장상이 모든 이가 듣는 가운데 주님의 기도 전체를 낭송하고 마쳐야 한다. 이는 다툼으로 인해 흔히 일어나는 가책 때문이다. ¹³이렇게 해서 이 기도문에서 "저희도 용서하였듯이 저희 잘못을 용서하소서."²¹²⁾라는 구절로써 행한 약속 때문에 그들은 이런 종류의 악습에서 정화될 것이다. ¹⁴그러나 다른 기도 거행에서는 모든 이가 "저희를 악에서 구하소서."²¹³⁾라고 응답하도록 이 기도의 마지막 부분만 낭송할 것이다.

제 14 장
성인 축일 밤기도

¹성인 축일들과 모든 대축일에는 주일을 위해 규정된 바와 같이 거행할 것이다. ²다만 시편과 후렴, 그리고 독서는 해당하는 날에 고유한 것을 외울 것이다. 그러나 그 절차는 위에서 지시된 바를 따를 것이다.

---

212) 마태 6,12.   213) 마태 6,13.

제 15 장
알렐루야 낭송시기

¹거룩한 부활주일부터 성령강림주일까지는 시편들이나 응송들과 함께 항상 '알렐루야'를 낭송할 것이다. ²그러나 성령강림주일부터 사순시기 시작까지는 매일 밤 단지 밤기도의 마지막 여섯 개의 시편과 함께 '알렐루야'를 낭송할 것이다. ³사순시기를 제외한 모든 주일에는 밤기도, 아침기도, 일시경, 삼시경, 육시경, 구시경은 '알렐루야'와 함께 낭송할 것이다. 그러나 저녁기도는 후렴과 함께 낭송할 것이다. ⁴응송의 경우는 부활주일부터 성령강림주일까지가 아니면 절대로 '알렐루야'와 함께 낭송하지 말 것이다.

제 16 장
낮 시간경

¹예언자는 "저는 낮에 일곱 번 당신을 찬미하나이다."²¹⁴⁾라고 말한다. ²만약 우리가 아침기도, 일시경, 삼시경, 육시경, 구시경, 저녁기도, 끝기도 때 우리 섬김의 의무를 이행한다면 우리는 이 거룩한 일곱이라는 숫자를 채우게 될 것이다. ³왜냐하면 시편저자는 이 낮 시간경들에 대해 "저는 낮에 일곱 번 당신을 찬미하나이다."²¹⁵⁾라고 말했기 때문이다. ⁴밤기도에 대해서 같은 예언자는 "저는 당신을 찬

---

214) 시편 119,164.   215) 시편 119,164.

미하기 위하여 한밤중에 일어나나이다."²¹⁶⁾라고 말하고 있다.

⁵그러므로 이 시간들에, 즉 아침기도, 일시경, 삼시경, 육시경, 구시경, 저녁기도, 끝기도 때 우리 창조주께 "그분의 의로우신 판결"에 대해 찬미를 드리도록 하자. 또 그분을 "찬양하기 위하여 밤에 일어나도록 하자."²¹⁷⁾

제 17 장
각 시간경에 바칠 시편 수

¹우리는 밤기도와 아침기도를 위한 시편 순서를 이미 규정했다. 이제 나머지 시간경들을 보기로 하자.

²일시경에는 시편 세 개를 각각 영광송과 함께 따로 낭송할 것이다. ³시편 낭송을 시작하기 전, 계응송 "하느님, 어서 저를 구하소서."²¹⁸⁾를 한 후 이 시간경의 찬미가를 노래한다. ⁴세 개의 시편을 마치면 독서 하나가 이어지고, 계응송과 '주님, 자비를 베푸소서.'와 마침기도로 끝낼 것이다.

⁵삼시경, 육시경, 구시경도 같은 순서로 거행할 것이다. 즉 계응송, 각 시간경의 찬미가, 세 개의 시편, 독서와 계응송, '주님, 자비를 베

---

216) 시편 119,62. 217) 시편 119,164.62.
218) 시편 70,2.

푸소서.' 그리고 마침기도로 끝낼 것이다. ⁶만일 공동체가 크면 후렴과 함께 시편을 노래할 것이지만, 작을 경우에는 후렴 없이 시편을 낭송할 것이다.

⁷저녁기도는 후렴과 함께 시편 네 개로 제한되어야 한다. ⁸이 시편들 다음에 독서 하나를 낭독하고, 이어서 응송, 암브로시우스의 찬미가, 계응송, 복음서의 찬가(성모의 노래), '주님, 자비를 베푸소서.' 그리고 주님의 기도를 하고 마칠 것이다.

⁹끝기도는 세 개의 시편 낭송으로 제한되며, 이 시편들은 후렴 없이 이어서 낭송할 것이다. ¹⁰그런 다음 이 시간경의 고유 찬미가, 독서 하나, 계응송, '주님, 자비를 베푸소서.' 그리고 강복으로 마칠 것이다.

제 18 장
시편낭송 순서

¹먼저 "하느님, 어서 저를 구하소서. 주님, 어서 저를 도우소서."²¹⁹⁾라는 계응송과 영광송을 한 다음 각 시간경의 찬미가를 바칠 것이다.

²그리고 주일 일시경에는 시편 제118편에서 네 개의 연을 낭송할

---

219) 시편 70,2.

것이다. ³다른 시간경들, 즉 삼시경, 육시경, 구시경에는 위에 말한 시편 제118편에서 세 개의 연을 낭송할 것이다. ⁴월요일 일시경에는 시편 세 개, 즉 제1편, 제2편, 제6편을 낭송할 것이다. ⁵이렇게 해서 주일까지 매일 일시경에 세 개의 시편을 순서대로 제19편까지 낭송할 것이나, 시편 제9편과 제17편은 각각 둘로 나눌 것이다. ⁶이런 식으로 주일 밤기도는 항상 시편 제20편부터 시작하게 된다.

⁷월요일 삼시경, 육시경, 구시경에는 시편 제118편에서 남은 아홉 개의 연을 각 시간경에 각각 세 개씩 낭송할 것이다. ⁸그러므로 시편 제118편은 주일과 월요일 이틀에 다 끝내고, ⁹화요일 삼시경, 육시경, 구시경에는 시편 제119편에서 제127편까지 아홉 개의 시편을 각 시간경에 세 편씩 낭송할 것이다. ¹⁰이 시편들을 주일까지 항상 동일한 시간경들에 반복하고, 찬미가, 독서, 계응송 역시 매일 동일한 규정을 따를 것이다. ¹¹이렇게 해서 주일에는 항상 시편 제118편부터 시작될 것이다.

¹²저녁기도는 매일 네 개의 시편을 박자에 맞추어 노래할 것이다. ¹³이 시편들은 제109편부터 시작해서 제147편까지이나, ¹⁴다른 시간경들을 위해 배정된 시편들, 즉 제117-127편, 제133편, 제142편은 제외된다. ¹⁵나머지 모든 시편은 저녁기도에 낭송된다. ¹⁶그러나 시편 세 개가 부족하기 때문에 위에서 언급된 시편들 중 보다 긴 시편들, 즉 제138편, 제143편, 제144편은 나누어져야 한다. ¹⁷반면 시편 제116편은 짧기 때문에 제115편과 합할 것이다. ¹⁸저녁기도 시편

순서는 배정되었으므로 나머지, 즉 독서, 응송, 찬미가, 계응송, 찬가는 위에 규정한 대로 따를 것이다.

[19]끝기도에는 매일 동일한 시편, 즉 제4편, 제90편, 제133편을 반복할 것이다.

[20]낮 시간경들을 위한 시편낭송 순서는 정해졌고, 남은 다른 모든 시편은 일곱 번의 밤기도에 똑같이 배정할 것이다. [21]그 가운데 보다 긴 시편들은 나누어서 매일 밤 열 두 개의 시편이 바쳐지도록 할 것이다.

[22]그러나 여기서 특별히 당부하는 바는, 만일 누가 이 시편배열을 마음에 들어 하지 않는다면 그가 더 낫다고 판단하는 대로 다르게 배열할 것이다. [23]다만 어떠한 경우든 매 주간 시편 150편 전체를 노래해야 하며, 주일 밤기도에는 항상 처음부터 다시 시작해야한다는 사실에 주의해야 한다. [24]사실 한 주간에 상용(常用) 찬가들과 함께 시편 전체를 바치지 않는 수도승들은 그들의 섬김에 있어 지나친 태만함과 열성의 부족을 드러내는 것이다. [25]우리가 읽은 바에 의하면, 우리의 거룩한 교부들은 하루에 부지런히 이것을 다 바쳤다고 한다. 그러니 게으른 우리는 한 주간에라도 그것을 완수할 수 있도록 노력하자.

주 해

개관

1. 시간전례의 중요성에 대한 강조

전례부분에서 우리는 베네딕도가 '하느님의 일'을 중요하게 생각하고 그것을 강조하고 있음을 드러내는 몇몇 표지를 볼 수 있다.

1) 새로운 배치

성규 입문에서 이미 언급한 바 있듯이 베네딕도는 영성부분 다음 규율부분이 나오는 RM의 순서를 따르지 않고 이 부분을 영성부분 다음에 곧바로 배치하였다. 즉 RM의 규율부분과 영성부분을 순서를 바꾸어 배치하였다. 이는 그가 하느님의 일을 그만큼 중요하게 생각했다는 것을 반영해준다고 할 수 있겠다.

2) RM에 비해 상대적으로 긴 분량

RM은 전체 95개 장 중 제33장부터 제48장까지 총 16개 장을 하느님의 일에 할애하고 있다. 이는 규칙 전체에서 16.8%에 해당한다. 반면 베네딕도는 전체 73개 장 중 제8장부터 제20장까지 총 13개 장을 할애하고 있는데, 이는 17.8%에 해당한다. 장(章)의 분량뿐 아니라 내용의 분량에 있어서도 상대적으로 길다고 할 수 있다. 전반적으로 성규가 RM의 1/3분량임을 감안할 때 우리는 이 사실 역시 하느님의 일에 대한 베네딕도의 강조를 엿보게 하는 표지라 하겠다.

2. 베네딕도 전례규정의 특성

베네딕도는 한편으론 전통에 깊이 뿌리를 두고 있다. 예컨대 시편의 중요성이나 그 상징적 숫자(12, 3,4) 등은 전통에서 받아들인 요소이다. 그러나 다른 한편 어떤 요소들은 새롭게 도입하였다. 새로 도입한 요소를 보면, 먼저 시편들에 대한 선택이라 할 수 있다. RM의 경우 시편 150편을 처음부터 그냥 순서대로 바치는데 반해, 베네딕도는 절기와 날과 각 시간경에 따라 시편들을 적절히 선택하여 배열하였다. 그리고 독서들과 응송들 안에서의 다양성, 음악적 요소의 도입, 매 시간경을 기도로 맺음 그리고 찬가들을 들 수 있겠다. 여기서 우리는 베네딕도가 전례에 부여하고자하는 다양성과 그의 균형감각을 엿보게 된다. 이 모든 것을 바탕으로 우리는 베네딕도 전례규정의 특징을 다음 몇 가지로 요약해 볼 수다.

1) **명료성**이다. 베네딕도는 각 시간경의 순서와 방법, 시편 배열 등 그 구성을 매우 체계적이고 구체적으로 명료화하였다.

2) **간결성**이다. 특히 당시 로마 교회에서 사용하던 성무일도와 비교할 때 상당히 단순화되어 있다. 예를 들어, 소(小)시간경들[220]에서 시편기도가 반으로 축소되었고, 저녁기도와 밤기도에 어떤 시편들은 반으로 나누어졌다. 다섯 개였던 저녁기도 시편 수는 네 개로

---

220) 일시경, 삼시경, 육시경, 구시경을 말한다. 제2차 바티칸 공의회 이후 일시경은 로마 가톨릭 교회 안에 더 이상 존재하지 않는다.

줄어들었다. 이는 베네딕도가 노동에 더 많은 시간을 부여하고자 축소했을 것이라고 생각할 수도 있을 것이다.

3) 어떤 요소들을 부가하는데 있어서의 **자유로움**이다. 예를 들어 낮 시간경들에 '하느님, 어서 저를 구하소서.' (*Deus in adiutotrium*)란 계응송의 도입[221]이라든지 아침기도와 저녁기도에 찬미가와 시적 요소들과 암브로시우스 찬미가[222] 등과 또 '하느님, 우리는 당신을 찬미합니다.' (*Te Deum laudamus*),[223] '당신께 찬미가 합당하나이다.' (*Te decet laus*)[224]의 도입이다. 그리고 박해받는 의인의 아침 탄원인 시편 제3편을 밤기도 도입시편으로 하고 아침기도의 의미에 잘 부합하는 시편 제66편을 아침기도 도입시편으로 채택한 점 등을 들 수 있다.

4) 시간경 거행 시간에 있어서의 **유연성**이다. 수도승의 하루 일과 안에서 공동기도 외에 성독(*Lectio divina*)과 노동 역시 나름의 가치와 비중을 지니고 있다. 따라서 어떤 경우 절기와 상황을 고려하여 베네딕도는 기도 시간을 앞당기고 있다.

3. 베네딕도의 세 가지 기본 원칙

전례규정 안에서 우리는 베네딕도가 부여하고 있는 세 가지 불변의 원칙을 보게 된다.

---

221) 성규 18,1.
223) 성규 11,8.
222) 참조: 성규 12-13장.
224) 성규 11,10.

1) 시편 150편 전체를 일주간에 낭송

베네딕도는 이렇게 말하고 있다. "한 주간에 상용(常用) 찬가들과 함께 시편 전체를 바치지 않는 수도승들은 그들의 섬김에 있어 지나친 태만함과 열성의 부족을 드러내는 것이다."[225] 그러면서 교부들의 예를 들어 그것을 정당화하고 있다. "우리의 거룩한 교부들은 하루에 부지런히 이것을 다 바쳤다고 한다. 그러니 게으른 우리는 한 주간에라도 그것을 완수할 수 있도록 노력하자."[226]

오늘날 성인이 강조한 이 불변의 원칙을 유지하는 베네딕도회원은 극소수에 불과하다. 대부분의 수도원들에서는 두 주간으로 된 수도승 시간전례를 바치고 있고 심지어 어떤 선교 베네딕도회 계통의 공동체들에서는 네 주간으로 된 로마 성무일도를 따르고 있다. 물론 시편을 바치는데 있어 그 양이 중요한 것이 아니라 어떤 자세로 바치느냐 하는 그 질이 중요한 것임은 두 말할 필요도 없을 것이다. 그렇지만 늘 초기 수도승 전통을 이상으로 제시하고 그리로 돌아가려고 노력하는 성인의 의도를 깊이 되새겨 볼 필요가 있다.

2) 성경 말씀에 따른 일곱 번의 낮시간경

성인은 "저는 낮에 일곱 번 당신을 찬미하나이다."[227]라고 하는 시편저자의 말에 따라 낮 시간경의 수를 일곱으로 정하고 있다. "만약 우리가 아침기도, 일시경, 삼시경, 육시경, 구시경, 저녁기도, 끝기도 때 우리 섬김의 의무를 이행한다면 우리는 이 거룩한 일곱이라는

---

[225] 성규 18,24.   [226] 성규 18,25.
[227] 시편 118,164.

숫자를 채우게 될 것이다."[228] 그는 늘 성경이나 교부들의 전통으로 되돌아가려 한다. 현재 일시경은 제2차 바티칸 공의회 때 폐지되었기 때문에 이 원칙 역시 변화 가능한 원칙이 되어버린 셈이다.

3) 밤기도 시편 수를 열두 편으로 정함

베네딕도는 제9장에서 밤기도 때 바치는 시편 수를 열두 편으로 정하고 있다.[229] 열둘이란 숫자의 기원은 다소 전설적인 고대 수도승 전통에서 유래한다. 이것은 카시아누스에 의해 서방 수도승들에게 전해진 소위 그 유명한 천사의 규칙(Regula Angeli)이었다.[230] 오늘날 이 원칙 역시 소수의 베네딕도회 수도원을 제외하고는 지켜지지 않고 있다.

4. 성규와 RM의 차이점

RM은 매우 논리적이고 질서정연한 반면, 성규는 덜 논리적이다. 이는 베네딕도가 다양한 원천에서 여러 요소들을 첨가하였기 때문이다. 그러나 성규는 RM보다 훨씬 더 합리적이고 실재적이며, 인간

---

228) 성규 18,2.　　　　229) 참조: 성규 9장.
230) 참조: 카시아누스 『제도서』 2,5,4-5: "그들이 밤기도를 하려고 준비하고 있을 때 그들 가운데서 누군가 주님께 시편을 노래하기 위해 일어났다. 그리고 여전히 이집트 전역의 관습대로 모두 자리에 앉아 그가 노래하는 말마디에 마음을 완전히 집중하자 그는 열한 개의 시편을 노래했다. 각 시편은 중간에 기도로 구분되었다. 모든 구절은 같은 어조의 목소리로 발음되었다. 응송으로서 알렐루야와 함께 열두 번째 시편을 마치고서 그는 갑자기 모두의 시야에서 사라졌다."(John Cassian, *The Institutes*, trans.&annot. by Boniface Ramsey, The Newman Press, New Jersey 2000, 40-41)

적이라 할 수 있다.

주석

1. 밤기도 (제8장)

베네딕도는 RM과 마찬가지로 전례규정을 밤 시간경들로 시작하고 있다.[231] 그는 하느님의 일을 규정하는 첫 장을 밤기도와 더불어 시작하고 있다. 이 장은 단지 네 개의 절로 되어 있는 짧은 장이지만 베네딕도의 특징을 보여주는 여러 표지가 담겨져 있다.

그는 해의 길이에 따라 겨울철(11/01-부활주일)과 여름철(부활주일-11/1)로 나누어 시간을 융통성 있게 조정하고 있다(4절). 또 겨울철의 경우 밤이 길기 때문에 밤기도 후 아침기도 전까지 "시편집이나 독서집에서 어떤 것을 배울 필요가 있는 형제들이 그것을 위해 사용하도록"(3절) 배려하고 있다. 반면 여름철은 밤이 짧아 이를 위한 시간이 충분하지 않기 때문에 단지 생리적 필요를 위한 시간을 잠시 허락하고 곧바로 아침기도를 바치도록 규정하고 있다(4절). 이 장에서 우리는 몇 가지 주목할 만한 점들을 볼 수 있다.

첫째, 밤 시간경의 중요성이다. 하루는 하느님의 일로 시작되고 하느님의 일은 바로 밤기도와 더불어 시작된다. 베네딕도는 밤기도를 제일 앞에 배치하고 있는데 그 위치와 중요성 때문일 것으로 보인다. 밤기도는 수도승 전통 안에서 늘 중요한 위치를 차지해 왔다. 수도승들은 깨어 신랑을 기다리는 복음의 열처녀와 같이 우리에게

---

231) 참조: 성규 8-11장.

오시는 그리스도를 깨어 기다리는 사람들로 간주되었다. 세상이 다 잠든 시간에 고요히 깨어 하느님의 말씀을 듣고 오시는 임을 맞는 신부들인 것이다. 밤기도는 바로 수도승의 하루를 여는 시작기도와도 같다.

둘째, 일출의 중요성이다. 마지막 절에서 잠시 언급되는 아침기도 역시 밤기도와 긴밀히 연결되어 있는 중요한 시간경 중 하나이다. 아침기도는 베네딕도의 표현대로 "동틀 무렵에 바쳐야 하는"(4절) 기도이다. 태양은 그리스도를 상징하는데, 바로 신랑이신 그리스도께서 세상에 오시는 그 순간을 깨어 기다리다 그분을 맞이하는 정녀들처럼 찬양을 하며 그분을 맞이하는 것이다. 한편 일출은 그리스도의 부활을 상징하기도 한다. 따라서 아침기도는 부활하신 그리스도께서 오심을 맞이하는 시간이라고도 할 수 있다. 하루는 그리스도와 더불어 시작되고 수도승은 그분에 대한 찬양으로 본격적으로 하루를 시작함으로써 시간의 성화를 이룬다.

셋째, 전례주년에 있어 파스카(부활축일)가 그 중심이다. 베네딕도는 부활축일을 기점으로 겨울철과 여름철 두 절기로 구분하고 있다.

넷째, 인간학적인 부분들이다. 즉 '바람직하게 보인다.'(1절), '한밤중이 조금 지나서까지 쉬고 완전히 소화가 된 다음에'(2절), '시편집이나 독서집에서 어떤 것을 배울 필요가 있는 형제들'(3절), '생리적 필요'(4절)와 같은 표현들이다. 여기서 우리는 베네딕도의 합리적이고 현실적인, 그리고 인간적 측면을 엿볼 수 있다.

2. 밤기도 시편 수 (제9장)

이 장에서는 구체적으로 앞에서 규정한 밤기도에 바칠 시편 수와 그 절차와 방법을 규정하고 있다. 주목할만한 점은 첫째, 밤기도 시편 수를 계절과 요일에 관계없이 열두 개로 고정한 점이다. 이는 베네딕도 전례제정에서 최초의 본질적인 점이라 할 수 있다. 둘째는 밤기도를 다시 두 부분으로 나누어 각 부분에 시편 여섯 개씩 배열했다는 점이다. 끝으로 베네딕도가 여러 요소를 새로 도입했다는 점이다. 즉 베네딕도는 RM과 로마 수도원들의 시간경에서 열두 개의 시편뿐만 아니라 세 개의 독서와 세 개의 응송도 채택하였다. 그리고 이 응송들 앞에는 항상 계응송(versus)이 선행한다.

이 장의 내용을 좀 더 구체적으로 보기로 하자.

1절 : 도입구("주님, 제 입술을…")가 세 번 반복된다. 베네딕도에게 있어 특히 성삼위가 중요했다.

2절 : '영광송'(*Gloria*): 이것은 아리우스 이단에 대한 반대를 드러낸다. 따라서 베네딕도는 '영광송'의 전통적 숫자를 증가시켰다.

4절 : '암브로시우스의 찬미가'(*Ambrosianum*): 베네딕도는 전통적인 밤시간경과 다른 시간경들에 이 요소를 첨가하였다. 이는 교회 전통에서든 수도승생활 전통에서든 관계없이 필요한 요소들을 자유롭게 받아들여 채택하고 있는 베네딕도의 개방성의 한 표시처럼 보인다.

5절 : '독서들'(*lectiones*): 이는 베네딕도가 RM에서 변경한 것이다. RM 44,9-11에서는 단지 주일을 위해서만 독서들이 언급된다.

또 '형제들'(fratribus)이란 복수 명사의 사용은 베네딕도가 전례봉사에 여러 형제의 참여를 원했던 것처럼 보인다.

7절 : '성삼위께'(Santae Trinitatis): 베네딕도가 성삼위께 대한 영예와 경의를 언급한 두 경우 중 하나이다. 다른 한 번은 성규 11,3에서 언급되고 있다. "선창자가 영광송을 시작하면 모든 이는 공경심을 가지고 일어설 것이다." 베네딕도회 전례에서 영광송 때 모두 자리에서 일어나는 관습은 바로 여기에서 비롯된다.

8절 : '유명한 정통 가톨릭 교부들'(a nominatis, orthodoxis, catholicis, Patribus): 이 표현은 RM에는 나타나지 않는 매우 중요한 언급이다. 마치 위(僞) 젤라시우스 교령과도 같다. 베네딕도가 이러한 언급을 한 것은 아리우스 이단 때문이다.

9절 : '노래한다'(canendi): 음악적 요소와 다양한 역할이 나타난다.

결론

우리는 전례규정의 제1부라 할 수 있는 시간전례 부분을 살펴보았다. 지금까지의 내용을 토대로 베네딕도 전례규정의 주요사항을 다음과 같이 정리해 볼 수 있겠다.

(1) **독창성** : 앞에서 보았듯이 베네딕도는 전통에 깊이 바탕을 두고 있지만 거기에만 매이지 않고 하느님의 일을 더욱 풍요롭게 바치도록 도와주는 여러 요소를 창의적으로 새롭게 도입하였다. 이것은 그의 독창성을 잘 보여준다.

(2) **가톨릭성** : 9장 8절에서도 표현되고 있는 바와 같이 베네딕도

는 가톨릭 신앙과 전통에 굳게 서 있다. 그래서 당시에도 여전히 위세를 떨치고 있었던 아리우스 이단을 거슬러 의도적으로 가톨릭 교리를 옹호하고 있다. 이런 흔적은 성규 여러 곳에서 볼 수 있다. 예컨대 삼위일체에 대한 강조라든지 '예수' 라는 말을 한 번도 사용하지 않고 항상 '그리스도' 라는 말을 사용하는 점 등이 그 좋은 예이다.[232]

(3) **성경의 중요성** : 하느님 일의 중심에는 성경이 있다. 그 중에서도 주로 시편이 큰 비중을 차지하고 있다. 하느님 말씀을 경청하고 경청한 말씀을 마음으로 묵상하고 하느님께 마음의 기도를 바치는 것이 바로 시간전례의 핵심이라 할 수 있다.

(4) **시간의 성화** : 전례규정에서 볼 수 있는 또 다른 주요사항은 시간의 성화라 할 수 있다. 고정된 시간에 기도함으로써 하루 전체가 성화될 뿐 아니라 그리스도의 파스카 신비를 중심으로 이루어지는 전례력으로 하루와 주간 그리고 한 해가 성화된다.

(5) **공동체에 대한 표현** : 베네딕도는 형제들이 보다 능동적으로 전례에 참여하도록 유도하고 있다. 그래서 가능하면 여러 형제가 전례봉사에 참여하도록 안배하고 있다. 그에게 있어 전례는 소수에 의해서 이끌어지고 나머지는 그저 수동적으로 끌려가는 것이 아니라 모두가 능동적으로 참여하는 공동체의 일인 것이다. 전례규정 안에

---

232) 아리우스 이단은 성자의 신성을 부정하였기 때문이다. '예수 그리스도' 라 할 때 '예수'는 역사의 예수, 곧 성자의 인성을 나타내고 '그리스도' 라 할 때는 그 신성을 가리킨다. 따라서 우리가 '예수 그리스도' 라고 말할 때 사람이시자 하느님이신 성자의 인성과 신성을 고백하는 것이다.

서 베네딕도의 공동체 의식이 잘 드러난다.

(6) **고정된 요소들과 다양성간의 균형, 장엄함의 등급** : 전례 안에서 바꿀 수 없는 본질적 요소가 있는가 하면 상황과 대상에 따라 얼마든지 변경 가능한 요소들이 있다. 이것을 제대로 구분하지 못하면 전례의 본질이 변질되거나 전례가 예식주의와 형식주의에 빠질 수 있다. 베네딕도는 이것을 알고 있었던 것 같다.233) 그는 변경 가능한 부수적 요소들은 융통성 있게 바꾸고 자유롭게 새로운 요소를 도입하여 다양성과 균형을 유지하고 있다. 이는 전례에 보다 능동적 참여를 유도하기 위한 것임은 두말할 필요도 없을 것이다. 그리고 전례 안에서도 장엄함의 등급을 두고 있다.

(7) **주요 구조** : 시간 전례의 주요구조는 시편 - 독서 - 찬미가 - 기도 순으로 되어 있다. 하지만 오늘날 로마 성무일도는 찬미가를 제일 앞에 두고 있다.

(8) **아침기도의 아름다움과 품격과 음악, 전례의 장엄화와 사람들에 대한 감화, 지속적인 기도**를 위한 도움을 주고 있다.

---

233) 이것은 특히 18장에서 잘 나타나고 있다. "만일 누가 이 시편배열을 마음에 들어 하지 않는다면 그가 더 낫다고 판단하는 대로 다르게 배열할 것이다. 다만 어떠한 경우든 매 주간 시편 150편 전체를 노래해야 하며, 주일 밤기도에는 항상 처음부터 다시 시작해야 한다는 사실에 주의해야 한다."(22-23절) 여기서 우리는 바꿀 수 없는 원칙과 변경 가능한 요소가 동시에 제시되고 있음을 볼 수 있다.

제 2 부
기도의 자세 (성규 19-20장)

본 문

제 19 장
시편낭송 자세

¹우리는 하느님이 어디에나 현존하시며, "주님의 눈은 어디에나 계시어 악인도 선인도 살피신다."²³⁴⁾는 것을 믿는다. ²그렇다 하더라도 특히 우리가 공동기도에 참여할 때 어떠한 의심 없이 이 사실을 믿어야 할 것이다.

³그러므로 예언자가 다음과 같이 말하는 바를 항상 기억하도록 하자. "경외하며 주님을 섬겨라."²³⁵⁾ ⁴또 다시 "지혜롭게 시편을 낭송하라."²³⁶⁾ ⁵그리고 "저는 천사들 앞에서 당신께 노래하리이다."²³⁷⁾ ⁶따라서 하느님과 그분의 천사들 앞에서 어떻게 처신해야 할지 생각하도록 하자. ⁷그리고 우리 정신이 우리 목소리와 조화되도록 그렇게 시편을 낭송할 준비를 갖추도록 하자.

---

234) 잠언 15,3.
236) 시편 47,8.
235) 시편 2,11.
237) 시편 138,1.

제 20 장
기도 때의 공경심

¹만일 우리가 권세 있는 사람들에게 어떤 것을 청하고자 할 때 겸손과 공손함 없이는 감히 그렇게 하지 못한다고 한다면 ²만물의 주 하느님께는 더욱더 지극한 겸손과 순수한 신앙심으로 간청해야 하지 않겠는가! ³우리는 많은 말로써가 아니라 순수한 마음과 통회의 눈물로써 우리의 간청이 받아들여짐을 알아야 한다. ⁴이 때문에 기도는 신적 은총의 영감으로 길어지는 경우가 아니라면 짧고 순수해야 한다. ⁵그럼에도 불구하고 공동체 기도는 전적으로 짧아야 하며, 장상이 신호를 하면 모든 이는 함께 일어설 것이다.

주 해

성규 19장과 20장은 전례의 장엄함이라는 주제를 더 잘 강조하기 위하여 후에 전례규정에 부가되었다. 이 두 장 모두 기도의 자세에 대해 이야기하고 있는데 성규 19장에서는 공동기도에 임하는 자세에 대한 일반적 원칙을 말하고 있다면, 성규 20장에서는 그 구체적 자세들을 언급하고 있다고 할 수 있다.

베네딕도는 제19장을 시작하면서 하나의 근본 원칙을 제시하고 있다. 나머지는 모두 이 원칙에서 나오는 결과들이라 할 수 있다. 그 원칙은 "하느님이 어디에나 현존하시며…특히 우리가 공동기도에 참여할 때"[238] 그렇다는 것이다. 따라서 우리가 어떤 자세로 기도에 참여해야 하는가를 설명하고 있다. 이 장의 핵심은 제7절이라 할 수 있다. 거기서 성인은 그 유명한 다음 권고를 주고 있다. 즉 "우리 정신이 우리 목소리와 조화되도록"(*ut mens concordet voci nostrae*)[239] 시편을 바치라는 권고이다. 만일 시편을 낭송하는 중에 정신이 그 시편 구절들의 의미를 되새기지 못하고 다른 곳을 향해 있다면 하느님 면전에서 이와 같은 불경은 없을 것이다. 다음의 문구를 늘 염두에 둘 필요가 있다. "하느님 앞에 서서 분심하지 말자. 만일 마음으로 기도하지 않으면 혀만 헛되이 놀리는 것이다."(*Ante Deum stantes non simus corde vagantes. Si cor non orat in vanum lingua laborat*)[240] 사실 우리가 늘 하느님 현존을 염두에 둔다면, 그리고 그분에 대한 경외심을 간직하고 있다면 기도 때의 우리의 자세는 더욱 경건하고 진지해질 것이다.

성규 20장은 기도의 자세에 대한 보다 구체적 지침을 이야기하고 있다. 우리가 하느님에게 간청하는 자세로서 "지극한 겸손과 순수한 신앙심"(2절)을 말한다. 그리고 이에 대한 이유를 앞 절에서 먼저 제시하고 있다. 즉 권세 있는 사람에게 무엇을 청할 때 우리가 취하는 자세에 비교하고 있다(1절). 하물며 그보다 훨씬 더 엄위하신 하느님에게 청할 때의 자세는 말할 필요도 없을 것이다. 베네딕도의

---

238) 성규 19,1-2.
239) 이 문구는 오늘날 로마 성무일도 총지침 안에서도 볼 수 있다. 이는 베네딕도의 영향이라 하겠다(참조: 『성무일도 교황령과 총지침』 3항).
240) 이 문구는 로마 성 안셀모 수도원 성당 측면 문 위에 모자이크로 새겨져 있다. 수도승들이 성당에 들어가기 전 두 줄로 행렬해서 기도를 위해 마음의 준비를 할 때 볼 수 있도록 되어 있다.

이 말은 되새겨봄직한 의미 있는 말이 아닌가 한다. 그런 다음 그는 기도의 방법에 대해서 간략하지만 함축적으로 언급한다. 즉 기도는 "짧고 순수해야"(4절) 한다는 것이다. 왜냐하면 "많은 말로써가 아니라 순수한 마음과 통회의 눈물로써 우리의 간청이 받아들여지기"(3절) 때문이다. 기도에 대한 베네딕도의 이 권고들은 우리에게 중요한 교훈을 주고 있다. 통회의 눈물과 순수한 마음으로 바치는 기도는 절대 바리사이의 기도처럼 요란스럽지 않다. 이 기도는 바로 복음에 나오는 세리의 기도일 것이다.

  이 장은 아마도 개인기도의 경우를 이야기하고 있는 것 같다. 대개 공동기도 때 주로 시편을 바쳤지만, 고대 수도승생활 전통 안에서, 특별히 동방 수도승전통 안에서 시편낭송은 개인기도를 도와주는 하나의 수단으로 사용되었다. 공동기도소에서 역시 시편의 한 구절 또는 일정 부분을 낭송한 후 개인묵상과 개인기도를 위한 긴 침묵의 시간이 있었다. 이러한 전통은 점차 그 모습을 감추었고 오늘날은 거의 그 흔적을 찾아 볼 수 없다. 현재 공동 전례기도 안에서 개인기도를 위한 이러한 시간은 각 시간경 끝의 마침기도로 대체되었다. 전례부분을 마무리 짓기 전에 시편과 기도의 관계에 대해서 잠시 살펴보고자 한다.

시편과 기도의 관계

  많은 학자가 성규 안에 규정된 하느님의 일(*Opus Dei*)에 대해서 다루어왔다. 이들 가운데 어떤 이들은 고대 문헌에 근거하여 시간경의 매 시편 뒤에 기도가 따랐다고 주장한다. 그들은 비록 성규에 이

기도에 대한 분명한 언급이 없다 하더라도 성 베네딕도가 그것을 실천했을 것으로 간주하고 있다. 한편 어떤 학자들은 고대 동방에서 행해졌던 이 수행이 성규에서는 완전히 배제되었다고 주장한다. 왜냐하면 베네딕도 자신이 그것을 수행하지 않았기 때문이라는 것이다. 우리는 어느 주장이 더 신빙성이 있는지 쉽게 판단할 수 없다. 이 모든 주장은 어디까지나 학자들의 가설일 뿐이다. 우리는 단지 이에 대해 상이한 입장을 대변하는 학자들의 견해를 듣는 것으로 만족하기로 하자.

1) 첫 번째 견해 (Philippe Rouillard)

베네딕도는 의도적으로 시간경에 대한 보다 고대의 그리고 동방의 개념을 완화하였다. 베네딕도에 따르면 시편은 하느님 말씀에 대한 경청이자 모든 시편을 낭송한 후 따라오는 참된 기도를 준비하는 것이다. 이 기도는 깊은 침묵으로 이루어진다. 이 점에서 베네딕도는 동방 수도승 전통을 적응하였다. 실제로 시편 낭송 후 곧바로 이어졌던 기도는 동방에서 먼저 나타났고 베네딕도 전후 서방에서도 이에 대한 여러 증거들이 발견된다. 동·서방 그리스도교는 모두 이런 침묵기도 시간들을 없애고 점차 시간경을 연속적 낭송으로 바꾸는 경향으로 나아갔다. 성규 19장과 20장에는 시편과 기도라는 이중 요소가 RM 47장과 48장에서보다 훨씬 덜 분명하게 나타난다.

2) 두 번째 견해 (Jean Gribomont)

쟝 그리보몽은 베네딕도에 대한 요한 카시아누스의 영향력을 무시하고 오히려 바실리우스의 영향력을 재평가한다. 특별히 기도에 관한 카시아누스의 가르침을 베네딕도에게 돌리기를 거부한다.『제도서』에 따르면 이집트 수도승들이 매 시편 후 기도하기 위해 멈추었던 것이 분명하다. 반대로 성규 안에서는 이 관습에 대해 언급하고 있지 않다. 왜냐하면 베네딕도는 로마 바실리카 전통을 따랐는데, 이 전통에 따르면 기도는 단순히 매 시간경의 마침기도였기 때문이다. 베네딕도는 카시아누스에 의해서 묘사된 시편 후에 따라오는 기도에 대해서 말하고 있지 않을 뿐더러, 그 이후 어떤 증거도 발견되지 않는다. 성무일도의 기도는 무엇보다도 찬양과 시편기도자의 탄원으로 구성된다. 그리보몽은 시편 뒤에 따르는 영광송과 후렴 역시 기도를 대신할 수 있다고 주장한다.

3) 세 번째 견해 (Adalbert de Vogûé)

시간경의 기도를 시편 낭송으로 전락시키는 것은 성규를 읽을 때 그 배경은 무시한 채 정신만을 알려고 하는 환상 중 하나이다. 실제 시편과 기도는 분리할 수 없지만 구분되는 두 실재이다. 바실리우스,『이집트 수도승들의 역사』(*Historia monachorum*), Agde 공의회, 가자의 요한은 우리에게 시편낭송 안에 포함되어 있는 기도들에 대해 분명하게 이야기하고 있다. 그리고 이 네 증언 중 둘은 이것이 당시 일반적 관습이었음을 확인해주고 있다. 공식적으로는 아니지만 그 외 다른 많은 문헌도 '시편과 기도', '시편을 낭송하는 것과 기도하는 것'의 양분된 형식을 제시하고 있다. 우리는 거기서 시편 후의 기도에 대한 증거를 볼 수 있다.

결국 이 모든 문헌은 시편과 기도가 일반적으로 구분되지만 동시에 분리할 수 없는 행위들로 간주된다는 것을 보여준다. 이 두 행위는 동등하거나 또 상호교환적 성질의 것이 아니다. 즉 기도하는 것은 시편을 낭송하는 것이 아니며, 시편을 낭송하는 것은 기도하는 것이 아니다. 시편은 무엇보다도 먼저 받아들여지는 하느님 말씀이며 그 응답으로 기도를 하는 것이다.[241]

---

241) 참조: A. de Vogûé, "Salmodia e Preghiera" in *La comunita*, Abbazia di Praglia 1991, 294-318.

생활규정1 (성규 21-22장)

제 21 장
십인장

본 문

¹만일 공동체가 크다면 평판이 좋고 생활이 거룩한 형제들을 뽑아 십인장으로 세울 것이다. ²십인장은 하느님 계명과 자기 아빠스의 명령에 따라 자기에게 맡겨진 십인조를 모든 점에서 돌봐야 한다. ³아빠스는 안심하고 자기 짐을 나눌 수 있는 그런 사람을 십인장으로 뽑아야 하며, ⁴서열에 의해서가 아니라 덕스러운 생활과 지혜로운 가르침에 따라 뽑을 것이다.

⁵만일 십인장들 가운데 누가 교만으로 가득 차 책망 받을만한 점이 발견되어 한두 번 책벌하고 다시 세 번까지 책벌하여도 고치려 하지 않거든 그를 파면시킬 것이다. ⁶그리고 그의 자리에 다른 합당한 사람을 임명할 것이다.
⁷우리는 원장에 대해서도 동일한 규정을 정하는 바이다.

주 해

베네딕도는 시간전례를 앞서 규정한 후 성규 21장부터 시작하여 다시 RM에서 다루어진 주제들을 계속 이어 나간다. 베네딕도는 이 장에서 아빠스의 협조자에 대해서 이야기하기 시작한다. 그리고 뒤이어 당가와 원장과 같은 다른 협조자에 대해서도 다루게 될 것이다. 따라서 이 장은 '아빠스의 협조자' 라는 제목을 붙일 수 있을 것이다.

이 장에는 많은 성경적 토대가 있다. 십인장(*decanus*)과 원장(*praepositus*)은 이상적인 관점에서 밀접히 결합되어 있다. 왜냐하면 수도원은 이들을 통하여 교계적 영역에서 보다 효과적이고 상대적으로 세분화되기 때문이다. 성규는 원장 제도보다 십인장 제도에 더 호의적이다. 성규 21장은 RM의 병행부분(11장) 보다 훨씬 더 짧다. 그 분량 상으로 1/15로 축소되었다. 어쨌든 이들에 대한 베네딕도의 선호에도 불구하고 그들은 매우 드물게 인용되고 있다. 그러나 아빠스 직무의 중요성과 형제적 관계에 대한 성규의 강조는 결코 십인장 제도의 의미를 감소시키지 않았다.

십인장 제도의 기원

십인장 전통은 파코미우스, 카시아누스, RM을 통하여 전달되었는데, 그것은 또 다른 전통들(바실리우스, 아우구스티누스, 네 교부들의 규칙)과 더불어 통합된 하나의 전통이다. 이 전통은 프랑스 수도승생활 안에서는 보이지 않고, 에우집피우스(Eugippius)와 스페인 전통(프루투오수스Fruttuosus, 이시도루스, 공동규칙Regula communis) 안에 남아 있다.

'데카누스' (*decanus*) 란 단어는 군대용어이자 싱경용어이다. 로마 군단은 백명, 십명 단위로 구분되었고, 백인대장과 십인대장들이 다스렸다. 십인대장은 성경전통 안에서도 언급되고 있다. 출애굽기에 보면 모세가 제정한 10인, 100인, 1000인의 우두머리들이 나온다. 이집트를 탈출한 이스라엘 백성은 모세에 의해서 1000명, 100명, 50명, 10명 단위의 그룹으로 조직된다. 사막에서 이스라엘의 이 조직화는 히에로니무스와 카시아누스에 의해서 묘사된 이집트 회수도승들의 모델이 되었다. 따라서 10인 단위의 이러한 조직화는 이집트 회수도승생활과 그 여러 분파의 한 특징이라 할 수 있다. 이 제도는 카파도키아의 성 바실리우스에게서도 또 아프리카의 성 아우구스티누스에게서도 나타나지 않는다.

이처럼 고대 수도승생활은 공동체 내부에 다양한 뉘앙스와 이름을 지닌 이러한 세분화의 가능성을 알고 있었다. 성규는 아빠스의 과중한 짐을 나누고자 하는 염려와 더불어 이 전통에 합류하였다. 이로써 '아빠스-수도승' 이라는 수평적 구조가 보다 더 강화된다. 이는 분명 현대적 개념과는 다르다. 왜냐하면 현대에는 데카누스 선출에 공동체가 함께 참여하기 때문이다. 고대 데카누스 제도는 최근 큰 공동체들 안에서 대화와 의견수렴을 위해 조직된 데카누스 제도와도 다르다. 고대 십인조는 대화가 아닌 엄격한 자세와 침묵을 선호해야 했기 때문이다.[242]

역사적으로 성규 안에 십인장 제도는 엄격히 열두 명의 수도승으로 구성된 초기 수비아코 공동체들 안에서는 실현될 수 없었음을

---

242) 참조:『제도서』4, 7-10.

볼 수 있다. 그러나 만일 12 라는 숫자가 오로지 상징적인 것이라 하더라도 적어도 그렇게 고정된 것처럼 보인다. 반면 십인장 제도는 공동체를 위해서 수적으로 제한되지 않았던 것으로 여겨진다. 십인장 직무는 공동체 구성원 숫자에 너무 연결되면서 이후 전통 안에서 약간 약화되었다.

십인장 선별 기준

베네딕도는 십인장으로 임명될 사람의 자질과 조건에 대해서 몇 가지 기준을 제시하고 있다.

1) 좋은 평판(1절) : 무엇보다도 형제들에게서 좋은 평판을 받는 사람이어야 한다. 실제 형제들에게 신뢰를 받지 못하는 사람이 어떤 책임 있는 직책을 맡을 경우 제대로 통솔하지 못할 것이기 때문이다.

2) 거룩한 생활(1.4절) : 아무리 형제들에게 인기가 있고 평판이 좋다 하더라도 그것이 단지 인간적 차원에서 그런 것이라면 이는 문제가 있다. 따라서 영적 차원에서 우선적으로 거룩하고 덕스러운 생활로 뒷받침 되어야 할 것이다.

3) 아빠스의 신뢰(3절) : 십인장은 무엇보다도 아빠스의 협력자이다. 따라서 아빠스가 안심하고 자기 짐을 나눌 수 있을 만큼 그의 신뢰를 받는 사람이어야 한다.

4) 겸손(5절) : 베네딕도는 겸손이란 표현은 사용하고 있지는 않지만 반대로 교만을 언급함으로써 겸손을 강조하고 있다. 즉 십인장이 교만해지면 책벌하고 파면시키라고 말한다. 겸손은 공동체의 다른 임원들에게도 강조되는 아주 중요한 덕목이다.

5) 지혜로운 가르침(4절) : 이 점으로 보아 아빠스는 분명 영적 분야에서도 그들에게 책임을 맡겼던 것이 분명한 듯하다.

사실상 이런 모든 조건과 자질을 갖춘 사람을 찾기란 현실적으로 그리 쉽지는 않을 것이다. 그래도 그들 임무의 중요성을 고려할 때 가능한 한 이런 기준을 고려하여 선별해야 할 것이다. 한 가지 주목할 점은 선별 기준에서 서열은 배제된다는 점이다. 거룩한 생활이나 영적 지혜는 수도승생활의 연륜과는 상관없기 때문이다.

십인장의 임무

RM에서는 데카누스(*decanus*) 란 용어 대신 프래포시투스(*praepositus*) 란 용어가 사용되는데 이는 성규의 십인장에 해당한다. 데카누스는 각 십인조마다 두 명씩 배정되어 있다. 그 이유는 지속적으로 감독 할 수 있게 하기 위해서이다. 즉 하나가 자리를 비울 때 다른 하나가 대체할 수 있게 하기 위해서이다. 그들은 규율을 가르치는 교사의 역할을 지니고 있었다. 또한 수도승들의 고백을 듣고 아빠스에게 얘기하며, 가난을 계속 실천할 수 있게 하기 위해 수도승들의 옷장을 감시하는 역할을 하였다.

『제도서』제4권에서 그들은 수도승들의 양성을 위한 특별한 임무를 지닌다. 파코미우스 공동체들 안에서 역시 장상은 제2인자를 두어 그로 하여금 수도승들을 감시하고 그들의 금욕적 수행을 돌보게 하였다. 그리고 가장 고대의 증언이라 할 수 있는 히에로니무스의 『서간』 22에서는 수도승들을 권고하고 격려하며 선의의 경쟁심을 유발하는 임무를 지니고 있었다.

그러면 과연 성규에서 십인장의 구체적 임무는 무엇인가? 성규에는 이에 대한 명확한 언급은 나타나지 않는다. 베네딕도는 단지 한 번 "자기에게 맡겨진 십인조를 모든 점에서 돌봐야 한다."(2절)고 말하고 있다. '모든 점에서'(*in omnibus*) 라는 표현이 나오지만 너무 광범위한 면이 없지 않다. RM에서는 단지 십인장이 단순한 감독자인데 반해 성규에서는 십인장의 임무는 훨씬 더 광범위하고 미묘할 뿐 아니라 더 교육적이고 영적이다. 달리 말하면 성규에서 십인장은 하느님을 찾는 여정에서 형제들을 돕고 안내하고 조언하며 아빠스와 책임을 공유한다고 할 수 있겠다.

결론

아빠스는 수도원의 모든 일에 책임을 져야하는 것은 부인할 수 없는 사실이다. 하지만 그의 직무가 과중하고 복잡해 질 경우 자기 권한과 의무를 형제들과 함께 나눌 필요가 있다. 그렇지 않으면 그의 수도승생활은 제대로 될 수 없고 아빠스 직무 역시 큰 짐으로 다가오게 될 것이다. 수도승 공동체는 무엇보다도 모든 구성원이 '하느님 찾음'이라는 같은 이상을 실현하기 위해 복음의 구체적 적용인 규칙과 하느님 말씀 그리고 기도와 같은 근본 수단을 공유하며 함께 노력하는 장(場)이다.

제 22 장
취침 규정

본 문

¹각자 분리된 침대에서 잘 것이다. ²침구는 수도승생활 관습에 맞는 것을 자기 아빠스가 배분하는 대로 받을 것이다.

³만일 가능하다면 모두 한 장소에서 잘 것이다. 그러나 수가 많아 그렇게 할 수 없다면 열 명이나 스무 명씩 그들을 돌볼 장로들과 함께 자게 할 것이다. ⁴등불은 아침까지 침실에 계속 밝혀둘 것이다.

⁵옷을 입은 채로 또 띠나 끈도 두른 채로 잘 것이다. 그러나 잠결에 혹시라도 다치는 일이 없도록 칼을 허리에 차고 자지는 말 것이다. ⁶이런 식으로 수도승들은 항상 준비된 상태로 있다가 종이 울리면 지체하지 않고 즉시 일어나 하느님의 일에 서로 빨리 오려고 서두를 것이다. 그러나 온갖 신중함과 단정함으로 그렇게 할 것이다. ⁷보다 젊은 형제들의 침대는 서로 가까이 두지 말고 장로들의 침대와 함께 섞어 놓을 것이다. ⁸하느님의 일을 위해 일어날 때 잠 많은 이들이 핑계대지 못하도록 서로 조용히 깨워줄 것이다.

주 해

개관

 성규 22장은 성규 3장과 그 위치와 역할이 약간 비슷하다. 사실 성규 3장은 베네딕도가 RM 2장에서 언급하는 공동체 소집에 관한 내용을 따로 떼어 별도의 한 장으로 발전시킨 것처럼 성규 22장 역시 프래포시투스(*praepositus*)들의 역할과 밤에 잠을 잘 때 감시하는 그들의 임무에 관해 언급하고 있는 RM 11장의 어떤 점들을 발전시켜 나가고 있다.

 이 장에서는 공동침실이 소개되고 수도승들이 어떻게 잠을 잤는지를 엿보게 해준다. 전체적으로 특별한 이유에 대한 설명 없이 매우 짧은 일련의 규정들로 이루어져 있다. 그것들은 정결 유지, 규율, 깨어 있음, 관상적 침묵 그리고 가난 준수 등과 같은 것을 추정하게 한다. 장은 크게 제1-4절과 제5-8절 두 부분으로 이루어져 있는데, 제1부에서는 규율과 관련된 내용이 나오고 제2부에서는 하느님의 일과 관련해서 이야기하고 있다.

주석

1절 : '각자 분리된 침대에서'(*Singuli per singula lecta*) 자라는 권고는 침묵을 유지하려는 의도도 있지만 그보다는 정결을 유지하기 위한 동기라 할 수 있다. 동성(同姓)이 모여 사는 곳에서 충분히 일어날 수 있는 동성애 문제에 대한 염려와 예방이라 하겠다. 각각의 침대에서 자는 것은 체사리우스의 관습과 유스티아누스 황제의 규정을 반영하고 있다.

2절 : 두 가지 사항, 즉 침구 분배권과 침구 종류가 언급된다. 침구 분배권은 아빠스에게 있고 그 종류도 '수도승생활 관습에 맞는 것' (*pro modo conversationis*) 이어야 한다. 베네딕도가 이런 세세한 것까지 언급하는 데는 경험에서 나오는 나름의 이유가 있을 것이다. 수도승의 침구는 절대 호사스러워서는 안 된다. 호사스런 침구는 세상과 세상이 주는 쾌락과 안락을 포기한 자에게는 어울리지 않는 일이기 때문이다.

3절 : '모두 한 장소에서' (*omnes in uno loco*). 공동침실이 소개되고 있다. 사실 고대 수도승생활에서 독방은 묵상과 하느님과의 만남을 위한 특권적 장소로 간주되었다. 하지만 6세기 초 프랑스, 비잔티움 그리고 이탈리아에서 은수자들의 경우를 제외하고 공동침실이 개인 독방을 대체하게 되었다. 이것은 바로 분리된 침대가 배치된 공동침실, 어린 수도승들에 대한 원로들의 좋은 모범 그리고 취침 중 발생할 수 있는 불미스런 일들에 대한 염려와 관련하여 유스티누스 황제가 공포한 규정을 반향하고 있다. 독방은 묵상과 기도에 그렇게 적합한 장소가 아니라는 것이 당시 일반적 견해였다. 그곳에서 개인소유, 탐식, 무절제와 같은 악습이 만연할 수 있다고 보았기 때문이었다. 따라서 베네딕도가 규칙을 편집할 당시 공동침실은 그 도입이유를 따로 설명할 필요가 없을 정도로 일반적 관습이었다.

성규와 RM 모두 공동침실을 받아들이지만, 성규는 수련자들, 병자와 손님들을 위한 또 다른 침실들을 허용한다. 반면 RM에는 단지 하나의 공동침실만이 있다.[243] 성규에는 이전 수도승전통에 따라 여분의 방을 두고 있다. 이러한 변화는 교계적 관점에서건 영성의 관점에서건 간에 매우 중요하다. 물론 공동침실이 당시 일반적 관습이었다 하더라도 그것은 동방 수도승들의 개인 독방과 비교할 때 결정적 변화가 아닐 수 없다.

베네딕도는 형제들을 "장로들과 함께 자게 하라"고 한다. 장로들(*seniores*)의 임무는 RM의 프래포시투스(*praepositus*)의 임무에 부응한다. 즉 취침 중 형제들을 살피며 규율을 돌보는 것이었다.

4절 : 성규의 새로움은 등불을 아침까지 밝혀두라고 한 것이다. 등불은 중요했다. 왜냐하면 등불을 밝힘으로써 밤의 침묵을 깨지 않고 어떤 신호를 통해 의사전달을 할 수 있었기 때문이다. 또 신호가 나면 온갖 신중함과 단정함으로 하느님의 일에 빨리 올 수 있었기 때문이다(6절). 게다가 침실에서 일어날 수 있는 온갖 불미스런 일을 사전에 예방하기 위한 목적도 있었을 것이다.

5절 : 베네딕도는 하느님의 일을 위해 쉽게 일어날 준비가 되어 있도록 옷을 입고 띠나 끈도 두르고 잘 것을 요구하지만 칼은 제외시키고 있다. 고대인들은 옷을 입고 잠을 잤다. 수도승의 경우 잠잘 때 갈아입을 수 있도록 각자 두 벌의 투니카를 가지고 있었다.[244] 이렇

---

243) 참조: RM 29,2-4; 44,19; 52,4.
244) 참조: 성규 55,10: "사실 수도승에게 잠잘 때와 세탁할 때를 위해서 두 벌의

게 해서 그리스도의 훌륭한 전사처럼 신호가 나면 즉시 성당으로 달려갈 준비를 갖추게 될 것이다. 옷을 입은 채로 잠자는 것은 일어나는 것을 쉽게 해준다. 이러한 관습은 트라피스트회 안에서 비교적 최근까지 유지되었다.

6절 : 수도승이 옷을 입고 자야하는 이유가 언급되고 있다. 그것은 바로 하느님의 일에 준비되기 위해서이다. 베네딕도는 더 나아가 "서로 빨리 오려고 서두를 것이다."(festinent invicem se praevenire) 라고 권고한다. 그는 하느님의 일이 지체되지 않고 제 시간에 시작될 수 있도록 염려하고 있다. 하느님의 일은 수도승의 일 중 가장 중요한 일이라 할 수 있다. 수도승의 하루는 이것이 중심이 되어야 하고 다른 모든 활동과 관심은 여기에 집중되어야 할 것이다. 베네딕도는 '서두르다'(festinare) 라는 동사를 사용하여 하느님의 일에 있어 선의의 경쟁심을 유발하여 형제들을 하느님 찾는 일에 더욱 나아가도록 격려하고 있다. 그러나 '온갖 신중함과 단정함으로'(cum omni gravitate et modestia) 그렇게 하라는 단서를 붙임으로써 충분히 있을 수 있는 일을 예방하고 있다. '신중함'과 '단정함'은 젊은 이들에게 부족한 자질이다.

7절 : 베네딕도는 젊은 형제들 가운데서 있을 수 있는 일을 예견하고 있다. 그래서 그들 침대 사이에 장로들의 침대를 배치하라고 한다.

투니카와..."

8절 : '서로 조용히 깨워줄 것이다.' 상호협력은 공동생활의 근본동기 중 하나이다. 수도승들은 행동으로 뿐 아니라 말로도 침대에서 일어나도록 권고된다. 하지만 밤의 침묵을 유지하면서 그렇게 해야 한다. 이는 형제들 상호간 교육이 중요하고 활발했음을 보여주기까지 하는 것 같다.

결론

이 장에서 베네딕도는 무엇보다 두 가지 점에 대한 염려를 드러내고 있다. 첫째는 막 시작하려 하는 하느님의 일에 빨리 오는데 있어서의 상호도움이다. 둘째는 이 도움에 있어서의 절제이다. 즉 모든 것이 제멋대로가 아니라 질서 있게 행해지도록 하기 위하여 노력하고 있다. 이 장을 마치기 전에 수도승 침실의 역사를 간략히 추적해 보기로 하자.

사막 전통에서 수도승의 독방은 '세 소년이 하느님의 아들을 발견한 바빌론의 용광로' 또는 '하느님이 모세와 말씀하신 구름기둥'으로 불려졌다. 독방의 고독 속에서 수도승은 하느님을 만난다. 수도승의 독방은 하나의 작은 수도원이며, 이 수도원은 그 본질적 요소인 고독, 침묵, 그리고 성령으로 되돌아가게 하였다. 처음 사막에 온 사람에게 영적 사부는 다음과 같은 권고를 하였다. "가서 너의 독방 안에 머물러 있어라. 그러면 너의 독방이 너에게 모든 것을 가르쳐 줄 것이다."[245] 이렇듯 독방 안에서 항구한 인내심을 수행하는

---

[245] 모세 압바의 금언(Raccolta alfabetica, in *Le sentences des Pères du désert*, Solesmes 1981, 500).

것은 중요하였다.

 4세기 이집트 수도승들에게 있어 독방은 기도의 장소이자 개인기도소였다. 그들이 공적 전례거행을 위해 하나의 공동기도소를 가졌던 것과 같이 각 수도승은 개인적이고 고독한 기도를 위한 개인기도소를 갖고 있었다. 거기서 다음 예수의 권고가 실현될 수 있었다. "너는 기도할 때 골방에 들어가 문을 닫은 다음, 숨어계신 네 아버지께 기도하여라."246) 독방의 은밀함 속에서 다른 사람들 앞에서가 아니라 홀로 하느님 면전에서 기도하는 것이 가능했다. 마태복음에서 예수께서는 항상 고독 속에서, 한적한 곳에서, 한밤중에 기도하심으로써 하나의 모범을 보여 주신다.

 이 초기 사막 은수자들은 오늘날의 카르투시오회원들처럼 자기 독방에서 기도하고, 노동하고, 휴식을 취하고 식사를 하면서 전 생애를 보냈다. 특히 요한 카시아누스가 가르치고 있는 바와 같이 독방은 대화나 정신을 딴 데 쏟으려고 떠나는 일이 없이 아케디아(akedia)와 싸우는 장소이자 정신집중을 도와주는 장소로 간주되었다. 따라서 단지 사막에 사는 것만으로는 불충분했고 진정한 의미의 암자가 필요했다. 반면 들 노동은 마음을 흐트러뜨리는 기회로서 간주되었다. 이는 들에서 노동하는데 필요한 에너지 때문이기도 하다. 독방에 대한 높은 평가와 찬양이 이루어진다. 독방에 대한 찬양은 문학의 공통 주제가 되었다. 4-5세기 동안 수도승의 독방은 공동침실 보다는 오히려 일반적 관례였다. 그러다 다음 세 가지 이유로 인

---

246) 마태 6,6.

해 독방 수행은 위기에 처하게 되었다.

첫째, 공동으로 하는 손노동의 의무가 고독을 감소시켰다.

둘째, 일정한 간격으로 바치는 공동전례기도를 들 수 있다. 이에 따른 수도원 일과는 독방의 중요성을 약화시켰다. 공동기도소(성당)가 생겨남에 따라 기도는 오랜 시간 독방 밖에서 행해지기 시작했다. 후에 카르투시오회는 성당과 독방의 균형을 추구하게 된다.[247]

셋째, 탐식이나 윤리적 무질서 등의 악습을 들 수 있다. 독방은 점차 그 고유의 가치를 상실하고 이기주의와 온갖 악습의 기회가 된다고 고발되었다.

따라서 6세기 초 서방 수도승생활은 독방을 포기하게 되는데, 이는 공동기도소에서 바치는 시간경들의 확대, 들 노동, 회수도승생활에 대한 점증하는 의식 때문이라고 할 수 있다. 이와 관련하여 보다 분명한 예화는 6세기 초 쥐라(Jura) 산에 위치한 콩다(Condat) 수도원의 복구이다. 이 수도원은 화재 후 이전과 같은 많은 독방을 다시 만들지 않고 대신 규율을 보다 잘 준수하기 위하여 하나의 공동침실을 만들었다. 이처럼 중세 수도원들을 특징짓는 공동침실은 쥐라 산의 콩다 수도원에서 6세기 초에 소개되었다. 공동침실은 확실히 감독자들로 하여금 개인 방의 남용을 없애는 기회를 제공해 주었다. 베네딕도는 제66장에서 문지기는 현관 옆에 방을 가져야 한다고 말하고 있지만 제22장에서 회수도승들은 공동침실에서 자야한다는 입장을 취하고 있다.

---

[247] 카르투시오회원들은 밤기도, 공동체 미사, 공동 저녁기도는 함께 성당에서 바치고 나머지 시간경들은 모두 개인 독방에서 바치고 있다.

독방에서 공동침실로의 건너감은 수도승전통 안에서 분명하게 나타났다. 성규와 RM 역시 이러한 경향에 가담한다. 독방은 아프리카와 갈리아에서 얼마간 지속되었다. 그러다가 체사리우스와 베네딕도의 영향을 받아 점차 사라지게 되었다. 공동침실은 스페인 수도승생활 안에서 역시 도입된다. 독방에서 공동침실로의 건너감은 어떤 의도적 포기라 할 수 있다. 공동침실은 감독과 규율, 좋은 품행 그리고 공동 가치들을 더 잘 보증하기 위한 금욕의 한 형태이다. 이러한 발전은 적응력, 창조력, 현실주의적 능력의 표지이다. 공동침실 관습은 아침기도나 하루 다른 순간에 잠자는 것을 어렵게 하였다. 그것은 사실상 공공장소가 되었고 따라서 하나의 규율에 놓이게 되었다.

공동침실은 젊은 사람들에게 있어 그 적응이 훨씬 더 수월했다. 또한 고대세계에서 그리고 부유하지 않은 계층들에서 공동장소에서 잠자는 관습은 널리 퍼져있었다. 수도승에게 장상의 허락 없이 물건들을 보관하기 위한 어떤 개인 공간도 주어지지 않았기 때문에 가난 또한 유지되고 강조되었다. 이것은 또한 성규 55,16을 이해할 수 있게 한다. 이런 공동침실의 흔적은 몇몇 고대 수도원 안에서도 확인될 수 있다.

10세기 11세기의 은수생활 운동은 다시 독방과 2층으로 된 하나의 암자를 도입하였다. 특히 11, 12세기에 카르투시오회원들과 까말돌리회원들은 수도승의 독방에 대한 이집트 전통을 재발견하였다. 그러나 베네딕도회 공동체들은 14세기까지 독방을 소개하지 않았다. 15세기에 베네딕도회원들(예, 이탈리아 파도바의 산타 주스티나)은 여러 이유(인문주의, 개인에 대한 감각, 개인기도의 수행, 인격에 대한 존중)로 인해 독방을 채택하게 된다. 시토회원들은 처음에는 공동침실을 사용하였지만, 후에 베네딕도회 공동체들에 의해서 소개된 독방에로의 경향을 따랐다. 17세기에 드 랑세 아빠스는 개인용 작은 침실에 호의적이었지만, 프랑스 혁명 후 오귀스땡 드 레스트랑제는 두꺼운 커튼으로 칸막이 쳐진 침방에 만족하였다. 규율로의 복귀라는 측면과 그 참회적 측면 때문에 1600년에 트라피스트회원들과 더불어 다시 공동침실로 되돌아간다. 공동침실의 엄격함은 개혁가들에 의해 채택된 일반적 금욕생활의 일부분을 형성하였다. 우리 시대에 있어서는 다시 독방에로 되돌아가는 경향이 짙다. 오늘날 대다수 베네딕도회원들은 독방에서 쉬고 기도하고 일을 한다. 트라피스트-시토회에서는 1967년 독방을 인정하였다. 완전히 봉쇄된 개인방은 잠자고 독서하고 기도하는 것을 위해서 허용된다. 단 수도원에 공동성독실(commune scriptorium)이 있는 조건 하에서만 그렇다. 이처럼 오늘날 트라피스트회원들은 다시 독방에로 되돌아갔다. 결국 수도승 침실의 역사는 독방 → 공동침실 → 독방의 주기를 거친 셈이다.

잘못과 교정 (성규 23-30; 43-46장)

수도승 공동체는 인간 공동체이다. 따라서 그 안에는 병자와 같이 육체적으로 연약한 사람도 있지만 동시에 영적, 윤리적으로도 연약한 사람이 있을 수 있다. 이 모든 연약함은 장상과 공동체의 세심한 관심과 배려를 통해 치유될 필요가 있다. 규칙은 단순히 영적 안내서만은 아니다. 그것은 영적 가치들을 구체적으로 표현하고 실현하는 행위의 규범이기도 하다. 따라서 공동체 안에 있을 수 있는 잘못과 그에 대한 교정과 같은 내용들도 담고 있다. 이에 대한 내용은 언뜻 보면 부정적 인상을 줄 수도 있지만 그 이면에는 보다 깊은 인간애가 흐르고 있다.

본 문

제 23 장
잘못에 대한 파문

¹만일 어떤 형제가 반항하거나 불순종하거나 교만하거나 불평하거든 혹은 어떤 점에서 성규에 반대되거나 자기 장로들의 명령을 무시하는 점이 드러나거든, ²우리 주님의 계명에 따라 그의 장로들이 한두 번 그를 개인적으로 훈계할 것이다. ³만일 그가 고치지 않거든 모든 이 앞에서 공개적으로 질책할 것이다. ⁴만일 이래도 개선

하지 않으면, 그가 이러한 벌이 어떤 것인지를 알 경우에는 파문에 처할 것이다. [5]그러나 만일 그가 이해하지 못할 경우에는 체벌(體罰)할 것이다.

제 24 장
파문의 정도

[1]잘못의 비중에 따라 파문이나 책벌의 정도가 정해져야 한다. [2]잘못의 비중에 대한 판단은 아빠스에게 달려있다. [3]만일 어떤 형제가 가벼운 잘못을 범했으면 [4]공동식탁에 참여하지 못하게 할 것이다. 공동식탁에서 제외된 사람은 다음 규정대로 할 것이다. 즉 그는 보속을 다할 때까지 성당에서 시편이나 후렴을 선창하지 못하고 독서도 하지 못한다. [5]형제들이 식사한 후 음식을 받아 혼자서 식사할 것이다. [6]그래서 예를 들어 만일 형제들이 정오에 식사하면, 그는 오후 3시에 식사할 것이고, 만일 형제들이 오후 3시에 식사하면 그는 저녁에 식사할 것이다. 합당한 보속으로 용서를 받을 때까지 그렇게 할 것이다.

제 25 장
중대한 잘못

[1]중대한 잘못을 범한 형제는 공동식탁과 동시에 성당에서 제외된다. [2]형제들 중 누구도 절대로 그에게 다가가 그와 교제하거나 이야

기해도 안 된다. ³그는 혼자서 자기에게 배당된 일을 할 것이다. 또 다음과 같이 말씀하시는 사도의 저 두려운 판결을 명심하면서 계속해서 통회의 슬픔 중에 머물 것이다. ⁴"그런 자를 육체의 죽음에 처하여 주님의 날에 그의 영이 구원받게 할 것이다."²⁴⁸⁾ ⁵그는 아빠스가 그에게 적당하다고 판단한 분량과 시간에 혼자 식사할 것이다. ⁶그 누구도 지나가면서 그에게 강복을 주어서도 안 되고 또 그가 받은 음식에도 강복해서는 안 된다.

제 26 장
파문당한 이와 허락 없이 교제하는 자

¹만일 어떤 형제가 아빠스의 허락 없이 감히 어떤 식으로든 파문당한 형제와 교제하거나 그와 대화하거나 그에게 어떤 전갈을 보낸다면, ²같은 파문의 벌에 처할 것이다.

제 27 장
파문당한 이에 대한 아빠스의 염려

¹아빠스는 잘못한 형제들을 온갖 염려를 다해 돌봐야 한다. 왜냐하면 "의사는 건강한 사람이 아닌 병든 사람에게 필요하기"²⁴⁹⁾ 때문이다. ²그러므로 아빠스는 모든 상황에서 지혜로운 의사처럼 처신

---

248) 1코린 5,5.   249) 마태 9,12.

해야 한다. 그는 '센펙타'들, 즉 성숙하고 지혜로운 형제들을 보내어 ³그들로 하여금 흔들리는 형제를 거의 남모르게 위로하게 하고, 그가 겸손하게 보속하도록 설득하며, "과도한 슬픔에 빠지지 않도록 그를 격려하게 할 것이다."²⁵⁰⁾ ⁴그러나 사도께서도 말씀하시는 바처럼 "그에 대한 사랑을 확인시켜 줄 것이며"²⁵¹⁾, 모든 이는 그를 위해 기도할 것이다.

⁵아빠스는 자기에게 맡겨진 양들 가운데 하나도 잃지 않기 위해 큰 관심을 갖고 온갖 주의와 열성을 다해야 한다. ⁶그는 자신이 건강한 이들에 대한 폭정권이 아니라 연약한 이들을 돌볼 책임을 맡았음을 알아야 한다. ⁷그는 하느님이 예언자를 통해서 말씀하시는 다음 경고를 두려워해야 한다. "너희는 토실해 보이는 것은 취하고 비실한 것은 버렸다."²⁵²⁾ ⁸또 그는 "아흔 아홉 마리의 양을 산에 남겨두고 잃어버린 한 마리 양을 찾아 나선 착한 목자"²⁵³⁾의 자비로운 모범을 본받아야 한다. ⁹그분은 "잃은 양을 당신의 거룩한 어깨에 메고"²⁵⁴⁾ 양무리로 다시 데려다 주실 만큼 그의 연약함에 동정이 지극하셨다.

---

250) 2코린 2,7.   251) 2코린 2,8.
252) 에제 34,3-4.   253) 루카 15,4.
254) 루카 15,5.

제 28 장
잦은 책벌 후에도 개선하지 않는 자

¹만일 어떤 형제가 무슨 잘못 때문에 자주 책벌을 받고 심지어 파문까지 당하고서도 고치지 않는다면 그를 더 엄한 벌에 처할 것이니, 즉 그를 매로써 체벌할 것이다. ²만일 이렇게 해도 고치지 않거나 - 물론 이런 일은 결코 없어야 하겠지만 - 혹시라도 교만에 들떠 자기 행위를 변호하려 한다면, 그때 아빠스는 지혜로운 의사처럼 행할 것이다. ³즉 찜질, 권유의 기름, 성경의 약, 그리고 마지막으로 파문과 태형의 불지짐을 사용할 것이다. ⁴그러고서 만일 그의 이런 노력이 아무 효과가 없음을 보게 되거든 더 효과적인 방법을 사용할 것이다. 즉 아빠스와 모든 형제는 그를 위해 기도를 바쳐 ⁵모든 일을 하실 수 있는 주님이 그 병든 형제를 치유하게 할 것이다. ⁶그러나 만일 이 방법으로도 낫지 않는다면 그때 아빠스는 절단의 칼을 사용할 것이다. 이에 대해 사도께서 이렇게 말씀하시기 때문이다. "여러분 가운데서 그 악인을 제거해 버리십시오."²⁵⁵⁾ ⁷또 "만일 불신자가 떠나려 한다면, 그를 떠나게 하십시오."²⁵⁶⁾ ⁸이는 병든 한 마리 양이 양떼 전체를 전염시키지 못하게 하기 위함이다.

---

255) 1코린 5,13.   256) 1코린 7,15.

제 29 장
퇴회한 형제의 재입회

¹만일 자기 탓으로 수도원을 떠난 어떤 형제가 다시 돌아오기를 원하거든, 그는 먼저 그가 나가게 된 원인이었던 악습을 모두 고치기로 약속해야 한다. ²그런 다음 그의 겸손을 확인하기 위해 그를 마지막 자리에 다시 받아들일 것이다. ³만일 그가 다시 나가거든 세 번까지는 이런 식으로 다시 받아들일 것이다. 그러나 그 이후부터는 되돌아올 모든 가능성이 그에게 막혀버린다는 사실을 알게 할 것이다.

제 30 장
어린이에 대한 책벌

¹각각의 나이와 지능은 적합한 대우를 받아야 한다. ²그러므로 청소년들이나 파문의 벌이 얼마나 중대한지를 잘 이해하지 못하는 이들이 ³잘못을 범할 때마다 엄격한 단식이나 가혹한 매질로써 벌을 주어 고치게 할 것이다.

제 43 장
기도나 식사에 늦는 형제

¹공동기도 시간을 알리는 신호를 들은 즉시 손에 쥐고 있던 모든 것을 내려두고 가장 빠른 걸음으로 달려갈 것이다. ²그러나 신중하

게 하여 웃음거리를 주지 않도록 할 것이다. ³그러므로 아무것도 하느님의 일에 우선해서는 안 된다.

⁴만일 누가 시편 제94편의 영광송이 끝난 후 밤기도에 오면 - 이 때문에 우리는 이 시편을 느리게 천천히 암송하기를 원한다. - 공동기도석에 있는 그의 자리에 갈 수 없다. ⁵대신 마지막 자리에 서거나 그런 게으른 사람들을 위해 지정한 별도의 장소에 서서 아빠스와 모든 이가 그를 볼 수 있게 할 것이다. ⁶공동기도 끝에 공적인 참회로 보속을 할 때까지 그렇게 할 것이다. ⁷우리는 그들이 마지막 자리나 별도의 자리에 서 있어야 한다고 규정했는데 그 이유는 모두가 보게 됨으로써 적어도 그들이 수치심 때문에 고치게 하기 위함이다. ⁸사실상 그들이 성당 밖에 머물러야 한다면, 침대로 돌아가 자거나 밖에 앉아 "악마에게 기회를 주면서"²⁵⁷⁾ 잡담을 하는 사람이 있을 것이다. ⁹그러나 그들이 안으로 들어오면 모든 것을 잃지 않고 장차 고치게 될 것이다.

¹⁰반면 낮 시간경들에 누가 계응송과 그 후에 낭송하는 첫 번째 시편의 영광송이 끝난 후에 오면 우리가 위에서 언급한 규정에 따라 마지막 자리에 서게 할 것이다. ¹¹아빠스가 그를 용서하여 허락해준 경우를 제외하고 보속을 다 할 때까지 시편을 낭송하는 사람들의 공동기도석에 참여하지 못한다. ¹²아빠스가 용서하여 허락한

---

257) 에페 4,27; 1티모 5,14.

경우에도 잘못한 형제는 이에 대해 보속해야 한다.

¹³모두 함께 계응송을 외우고 기도하고 동시에 식탁에 앉아야하는데, 만일 누가 계응송 전에 공동식탁에 오지 못할 경우 ¹⁴그것이 그의 게으름 때문이든 악습 때문이든 간에 두 번까지 질책할 것이다. ¹⁵만일 그가 여전히 고치지 않거든, 그를 공동식탁에 참여시키지 말 것이다. ¹⁶대신 모두와 분리시켜 혼자 식사하게 할 것이며, 그가 보속하고 개선할 때까지 그의 몫의 포도주도 주지 말 것이다. ¹⁷식사 후에 외우는 계응송에 참석하지 않는 사람에게도 같은 벌을 줄 것이다.

¹⁸아무도 정해진 시간 전이나 후에 감히 무엇을 먹거나 마셔서는 안 된다. ¹⁹그러나 장상이 무엇을 주었는데 그것을 거절한 사람은 앞서 그가 거절했던 것이나 다른 어떤 것을 원할 때 합당한 개선이 있을 때까지 전혀 아무것도 받을 수 없다.

제 44 장
파문된 형제의 보속

¹중대한 잘못으로 인해 성당과 공동식탁에서 파문된 이는 공동기도가 끝날 때 성당 문 앞에 말없이 엎드릴 것이다. ²얼굴은 땅을 향하고 성당에서 나오는 모든 이의 발을 향해 엎드려 있을 것이다. ³아빠스가 충분하다고 판단할 때까지 이것을 계속 할 것이다. ⁴아빠

스가 오라고 명령하면 와서 자기를 위해 기도해 주도록 그의 발 앞에 엎드린 다음 모든 이의 발 앞에 엎드릴 것이다. [5]그 때 만일 아빠스가 명령하면 그는 아빠스가 정해주는 공동기도석의 자리로 들어갈 것이다. [6]그러나 아빠스가 그에게 다시 명령할 때까지 성당에서 시편이나 독서 혹은 다른 것을 선창할 수 없다. [7]그리고 모든 시간경에서 공동기도가 끝날 때 있던 곳에서 땅에 엎드릴 것이다. [8]아빠스가 이 보속을 그만두라고 그에게 다시 명령할 때까지 이렇게 보속할 것이다.

[9]반면 가벼운 잘못으로 단지 공동식탁에서만 파문된 이는 아빠스가 명령할 때까지 성당에서 보속해야 한다. [10]그는 아빠스가 강복하고 '충분하다'고 말할 때까지 그렇게 할 것이다.

제 45 장
성당에서 실수한 형제

[1]만일 누가 시편, 응송, 후렴 혹은 독서 낭송 중에 실수하고서 모든 이 앞에 보속하며 자신을 낮추지 않는다면 더 엄한 벌에 처할 것이다. [2]이는 부주의로 범한 잘못을 겸손으로써 고치려 하지 않았기 때문이다. [3]반면 어린이들은 그러한 잘못에 대해 매를 맞아야 한다.

제 46 장
다른 일에서 잘못한 형제

¹만일 누가 주방이나 창고나, 어떤 봉사 중에나, 제빵소나, 농장이나, 어떤 공방이나 어떤 다른 장소에서 일을 하던 중 어떤 잘못을 범했다면, ²즉 무엇을 깼거나 잃어버렸거나 혹은 어디서든 어떤 다른 잘못을 범했다면 ³즉시 아빠스나 공동체 앞에 와서 고백하고 자기 잘못에 대해 보속해야 한다. ⁴만일 그것이 다른 이를 통해 알려지게 될 경우 더 큰 벌에 처할 것이다.

⁵그러나 영혼의 은밀한 죄일 경우에는 단지 아빠스와 영적 장로들에게만 그것을 밝힐 것이다. ⁶그들은 자기 상처와 다른 이의 상처를 폭로하여 공개하지 않고 고칠 줄 안다.

주 해

개관

베네딕도는 성규 전체에서 12개 장을 잘못과 교정에 할애하고 있다. 27장, 28장, 43장과 같은 몇몇 장을 제외하고는 모두 단장(短章)으로 되어 있다. 이 장들에는 온갖 잘못이 나타나는데, 결국 공동체 안에 있을 수 있는 모든 악습이 제시되고 있는 셈이다. 그래서 그 문체를 보면 '만일~하면'(*si, si quis, quod si*)과 같은 가정법으로 되어 있다. 어떤 잘못이 생길 경우를 미리 가정하고 말하기 때문이다.

또 그 목적은 벌을 주고 내치려는데 있는 것이 아니라 영적인 병이라 할 수 있는 어떤 잘못을 교정(*correctio*)하고 개선(*emendatio*)하고 치유(*sanatio*)하는데 있다. 이를 위한 수단으로는 견책(*corripere*), 교정(*corrigere*), 권고(*admonere*), 책벌(*disciplina*), 매(*affligere*), 체벌(*vindicta corporalis*), 파면(*depositio*) 등이 언급된다.[258] 그리고 이 부분에서는 특히 공동체의 중요성이 강조되고 있다. 수도승 공동체는 그리스도 안에 한 몸을 이루고 있고 각 지체의 질병이나 아픔은 결국 몸 전체와 분리된 것이 아니기 때문이다. 잘못과 교정에 대한 규정에 대해서는 크게 23-25장, 27-28장 그리고 43-46장 세 부분으로 나누어 살펴보고자 한다.

성규 23-25장

1. 제 23 장 잘못에 대한 파문

잘못한 형제를 파문[259]시키는 절차가 언급되고 있다. 그 절차는 남몰래 훈계(2절)→공개적 책벌(3절)→파문(4절: 정신적) 혹은 체벌(5절: 육체적) 순으로 이어진다. 이런 벌에 대한 인지여부에 따라 파문이나 체벌이 결정되는 점이 흥미롭다.

---

258) 참조: 성규 2,7-15.23-30; 64,10-15.
259) 성규에서 말하는 파문(*excommunicatio*)이란 우리가 흔히 알고 있는 법적이고 공적인 파문, 즉 수도자 신분이나 성직자 신분에서 제명된다는 의미가 아니라, 말 그대로 공동 혹은 공동체 친교(*communicatio*)에서 배제(*ex*)시킨다는 의미이다. 베네딕도는 그것을 공동기도와 공동식탁에서 제외시키는 것으로 말하고 있다.

2. 제 24 장 파문의 정도

파문의 정도에 따른 그 양식이 제시되고 있다. 특히 가벼운 잘못의 경우가 다루어지고 있다. 크게 두 부분으로 나누어지는데, 앞부분(1-2절)에서는 잘못의 비중에 따라 파문이나 책벌의 정도가 결정되어야 하며(1절) 그 결정권은 아빠스의 판단에 있다(2절)고 말하고 있다. 뒷부분(3-8절)에서는 가벼운 잘못의 경우 공동식탁에서 제외되고(3.5-6절) 성당에서 시편이나 후렴 선창과 독서와 같은 어떤 역할(4절)이 제한되고 있다.

3. 제 25 장 중대한 잘못

중대한 잘못의 경우가 다루어지고 있다. 중대한 잘못을 범했을 경우는 공동식탁과 성당 모두에서 제외된다(1절). 그리고 여러 엄격한 제한이 가해지고 있다. 형제들 중 누구와의 교제나 대화도 금지되고(2절) 일도(3절) 식사도(5절) 모든 것을 통회하는 마음으로 혼자서 해야 한다. 강복도 받을 수 없다(6절). 언뜻 보면 너무 가혹하지 않나 하는 느낌마저 들 수 있다. 그러나 제4절에서 이 모든 이유가 언급되고 있다. 즉 "그의 영이 구원받게" 하기 위함이다.

4. 종합

성규 23-25장, 이 세 개의 장은 공동체를 위해서 상당히 중요하다. 여기 나오는 잘못들은 공동체에 매우 위험하기 때문이다. 이 장들에서 베네딕도는 공동체에 가치를 부여하고 있다. 그래서 '함께 기도하고, 함께 식사하는 것'의 중요성이 강조된다. 한 가지 흥미로운 점은 가벼운 잘못이건 중대한 잘못이건 간에 모두 공동식사에서 제외시키지만, 성당에서 제외시키는 데 있어서는 단계를 두고 있다는 점이다. 즉 가벼운 잘못의 경우 성당에서의 몇몇 역할에서 제외시키는 반면, 중대할 잘못의 경우에는 강도를 높여 성당에서의 공동기도 자체에서 제외시킨다는 것이다. 베네딕도는 성당에서 이루어지는 하느님의 일에서 제외시키는데 있어서는 좀 더 신중을 기울이고 있다. 이는 아마도 그가 영적인 것, 기도에 더 큰 비중과 강조점을 두고 있기 때문이 아닌가 한다.

성규 27-28장

이 두 장은 사실 아빠스에게 해당되는 장이라 할 수 있다. 베네딕도는 잘못한 형제에 대해 아빠스가 어떻게 대하고 보살펴야 하는지 말하고 있기 때문이다. 여기서 우리는 파문의 목적과 두 가지 주요 개념을 접하게 된다. 먼저 파문의 목적과 관련하여 이상적 목적과 실재적 목적을 볼 수 있다. 전자는 "하나도 잃지 않기 위한 것"[260]이고 후자는 "양떼 전체를 오염시키지 않기 위한 것"[261]이다. 또한 아빠스의 역할이 '의사'와 '목자' 개념으로 나타나고 있다. 병든 한 형제를 위해서 아빠스는 의사로서의 역할을 해야 하고 전 공동체를 위해서는 착한 목자로서 그 역할을 다해야 한다는 것이다.

---

260) 성규 27,5.   261) 성규 28,8.

1. 제 27 장 파문당한 이에 대한 아빠스의 염려

이 장은 RM에는 없는 장이다. 이 장에서 사용되고 있는 어휘들은 성규 2장과 매우 비슷하다. 이 장은 아빠스에게 돌려지고 있는데, 크게 제1-4절과 제5-9절 두 부분으로 구성되어 있다. 제1부에서는 의사로서의 역할이 언급되고 제2부에서는 목자로서의 역할이 언급되고 있다. 이 장은 성규 안에서 가장 아름다운 장들 가운데 하나이기도 하다.

베네딕도는 먼저 아빠스를 병자를 치유하는 의사에 비유하여(1절) 지혜로운 의사처럼 행동해야 한다고 말한다(2절). 그러면서 그 처방을 내리고 있다. 첫 번째 처방은 다른 형제들을 보내는 것이다. 아빠스가 직접 나서지 않는 점이 지혜롭다. 하지만 아무나 보내는 것이 아니라 "성숙하고 지혜로운 형제들"(2절)을 보낸다. 그들의 지혜와 성숙은 사람을 위로하고 설득하는 방법을 알게 하기 때문이다. 베네딕도는 더 나아가 그들로 하여금 흔들리는 형제를 거의 남모르게 위로하고 격려하고 설득하게 하라고 말한다(3절). 이것은 매우 현실적인 것으로 사람의 마음을 헤아리고 배려하려 하는 베네딕도의 지혜와 인간미가 돋보인다. 그러면서 그에 대한 공동체의 사랑을 확인시켜 주라고 한다(4절). 상당히 아름다운 표현이 아닐 수 없다. 흔히 어떤 파문이나 책벌을 받게 되면 공동체로부터 소외감을 느끼게 될 수 있다. 베네딕도는 이런 세세한 부분까지 배려하고 있다. 뒤이어 나오는 "모든 이는 그를 위해 기도할 것이다."(4절) 라는 말에서 우리는 이 치유의 전 과정이 단순히 아빠스나 몇몇 사람의 일만이 아니라 공동체 전체의 일이라는 점을 상기시켜 준다. 역할이 잘 분배되어 있음을 보게 된다. 즉 모든 이가 위로자는 아니다. 단지 성숙하고 지혜로운 사람들만이 파문받은 형제를 위로하고 나머지 사람들은 그를 위해 기도한다.

제2부에서는 착한 목자로서의 아빠스의 역할이 언급되고 있다. 제5절에서 파문의 이상적인 목표가 제시되고 있다. 즉 "양들 가운데 하나도 잃지 않는 것"이다. 아빠스는 "건강한 이들에 대한 폭정권이 아니라 연약한 이들을 돌볼 책임"(6절)을 맡았다. 모든 수도승이 연약한 이들이라는 관점으로 바뀐다. 사실 수도승은 완전한 인간이 아니다. 그는 나름대로 인간적 약점과 한계를 지니고 있는 연약한 자이다. 그래서 서로 도와가며 함께 하느님을 향한 여정을 가는 것이다. 8절과 9절에서는 루카 복음(15,4-6)에서 착한 목자에 대한 내용이 인용되고 있다. 다시 착한 목자의 모범이신 그리스도의 중요성이 나타나고 있다.

2. 제 28 장 잦은 책벌 후에도 개선하지 않는 자

이 장 역시 아빠스에게 돌려진다. 이 장에서는 최후의 경우가 다루어지고 있기에 매우 현실적이다. 아빠스는 전능하지 않다. 그 역시 한 인간일 뿐이다. 이 장은 크게 1-5절과 6-8절로 구분되는데, 제1부에서는 병든 한 형제를 최선을 다해 치유하려는 의사로서의 아빠스와 공동체의 관심과 노력이 잘 드러나고 있다. 찜질, 권유의 기름, 성경의 약, 파문과 태형의 불지짐 등과 같은 온갖 의학 용어가 언급되고 있다(3절). 그래도 안 될 경우 기도를 통해(4절) 주님의 손에 맡긴다(5절). 제5절에 이 모든 노력의 목적이 언급되고 있다. 곧

"그 병든 형제를 치유하게" 하기 위한 것이다. 이 표현은 수사학적 절정으로서 이 장의 핵심이라 할 수 있다.

제2부에서는 이 모든 노력에도 불구하고 효과가 없을 경우 의사가 사용할 수 있는 마지막 수단이 동원된다. 곧 "절단의 칼"(6절)을 들이대는 것이다. 그러면서 베네딕도는 그 이유를 이렇게 설명하고 있다. "이는 병든 한 마리 양이 양떼 전체를 전염시키지 못하게 하기 위함이다."(8절) 전 공동체를 위한 걱정이 잘 드러나고 있다. 공동체는 여러 지체로 구성된 한 몸이다. 따라서 목자와 의사는 병든 한 마리 양, 병든 한 지체를 치유하려고 최선의 노력을 다해야 하지만 동시에 양떼 전체와 몸 전체를 또한 생각하지 않을 수 없다. 이 부분에서 우리는 교정의 이상적 목적과 실제적 목적을 다시 한 번 보게 된다.

3. 종합

성규 27-28장의 주요점은 다음 여섯 가지로 요약된다.

첫째, **그리스도 중심성**이다. 병자를 치유하는 의사, 양떼를 돌보는 착한 목자는 모두 그리스도를 상징한다. 아빠스는 바로 그리스도의 역할을 대신하는 것으로 믿어지기[262] 때문에 그리스도처럼 행동해야 한다.

둘째, **공동체의 중요성**이다. 양무리(27,9), 양떼(28,8) 등의 표현을 통해 전체 공동체를 보호하려는 흔적이 잘 나타나고 있다. 또 한

---

262) 성규 2,2.

지체의 병은 곧 몸 전체의 병이자 아픔이기에 그 치유의 과정에 전 공동체가 함께 참여하는 점에서 잘 드러나고 있다.

셋째, 개인과 공동체간의 균형이다. 각 개인이 모여 하나의 공동체를 구성한다. 개인이 없다면 공동체도 있을 수 없다. 따라서 각 개인의 건강은 곧 공동체의 건강과도 같다. 이 점에서 병든 지체에 대한 세심한 관심과 배려가 기울여져야 한다. 그렇지만 공동체가 건강하지 못하고 오염되어 와해되어 버린다면 더 이상 개인도 있을 수 없다. 그래서 각 개인에 대한 배려는 전체 안에서 조화와 균형을 유지해야 한다. 이 장들에서는 이를 위한 베네딕도의 고심의 흔적이 잘 나타나고 있다.

넷째, 현실주의와 동시에 이상주의이다. 앞서 보았듯이 교정의 목적은 이중성을 띠고 있다. 무엇보다 한 마리의 양도 잃지 않는 것이다. 동시에 전체 양떼를 오염에서 보호하는 것이다. 따라서 모든 노력에도 불구하고 치유되지 않을 때는 절단의 칼을 사용한다. 우리는 여기서 베네딕도의 이상주의와 현실주의를 동시에 보게 된다.

다섯째, 성규의 심리학이다. 즉 슬픔을 피하는 것이다. 베네딕도는 성규 여러 곳에서 형제들을 슬픔, 근심, 상심에 빠지지 않게 하려고 세심한 배려를 기울이고 있다.[263] 이 장에서도 성숙하고 지혜로운 형제들을 보내 잘못하여 흔들리는 형제를 남몰래 위로하고 격려하도록 배려하고 있다.[264]

여섯째, 성경적 토대이다. 이 두 장은 모두 성경에 깊이 토대를 두

---

263) 참조: 성규 27,3; 31,6.7.9; 34,3; 35,3; 36,6; 48,7; 54,5.
264) 성규 27,2-3.

고 있다. 특히 착한 목자에 대해서 언급하고 있는 성규 27장 제8-9절이 그러하다.

지금까지 살펴본 바와 같이 성규 27장과 28장은 매우 아름다운 장이라 할 수 있다. 그렇지만 실제로는 우울하기도 하다. 이 두 장 모두 아빠스에게 돌려지고 있는데, 아빠스는 전능하지 않고 그 역시 한 인간에 불과하다. 따라서 최선의 노력을 다한 다음에도 안 될 경우 최후의 수단을 사용할 수밖에 없는 것이다. 수사학적 절정이라 할 수 있는 '병든 한 형제의 구원'[265]이 바로 핵심이고 전(全) 교정규정의 궁극적 목적이라 하겠다.

성규 43-46장

이 장들은 통틀어 "보속 규정"이라는 제목을 붙일 수 있을 정도로 동일한 주제가 다루어지고 있는 한 부분을 이루고 있다. 의식적으로든 무의식적으로든 인간은 실수할 수 있지만 수도승은 자신의 실수와 결점을 겸손하게 인정할 필요가 있다.

1. 제 43 장 기도나 식사에 늦는 형제

RM 73장과 병행되는 이 장에서는 부지런함과 함께 시간준수가 형제적 일치의 표지임을 다시 확인시켜주고 있다. 따라서 공동기도나 공동식탁에 늦게 오는 사람은 형제들에게 잘못을 범하는 것이다. 늦음은 하느님에게 드려야 할 어떤 것을 무시하며 마지막 순간까지

---

[265] 성규 28,5.

자기 뜻을 행하는 표지이다. 그래서 늦는 사람은 하느님에 대한 존경과 순종이 결여되어 있는 것이다.

주석

1-3절 : 이 부분은 매우 아름답다. 마치 행위의 한 모범과도 같다. 이것은 베네딕도가 카시아누스에게서 취한 것이다. 공동기도 시간 준수를 위한 기본 원칙이 제시되는데, 곧 기도시간을 알리는 신호가 있자마자 하고 있던 일을 멈추고 즉시 성당으로 달려가는 것이다(1절). 그 이유는 3절에서 언급되고 있다. "아무것도 하느님의 일에 우선해서는 안 되기"(3절) 때문이다. 그만큼 하느님의 일은 수도승의 하루 일과에서 가장 중요한 일이다. 수도승은 일차적으로 이 일을 위해서 부르심을 받은 것이다. 베네딕도는 성규 4장 21절에서 "모든 것에 앞서 그리스도를 사랑하라."고 말한 바 있다. 공동기도 시간을 정확히 준수하는 것은 바로 그리스도께 대한 사랑과 밀접히 연결된다. 이 사랑이 커질수록 그 어떤 일보다도 그분을 만나고 찬양을 드리는 순간인 공동기도에 더욱 적극성을 띠게 될 것이다. 이 점에서 시간준수는 열심한 수도승생활의 한 표지가 된다. 수도승생활에서 흔히 자기 뜻과 계획에 따라 무엇을 하기가 쉽다.

베네딕도는 5장에서 즉각적 순종에 관해 언급한 개념들을 이 부분에서 다시 반복하고 있다. 즉 웃음거리를 주지 않기 위해 신중함을 유지하면서(2절) 가장 빠른 걸음으로 하느님의 일에 달려가라고 한다(1절). 공동생활에서 부지런함 역시 형제적 일치의 한 표지라 할 수 있다. 우리는 우리 삶의 주요 부분을 형제들과 함께 나누고 있다.

따라서 시간준수는 형제관계를 더 좋게 하는 하나의 수단이 된다.

4-9절 : 이 부분은 베네딕도의 개인적 체험이 반영되어 있다. 밤기도에 늦게 오는 형제를 위한 보속에 대해 언급하고 있다. 성규는 밤기도가 시작될 때 성당에 오지 않는 수도승에게는 비교적 관대함을 보여주고 있다. 그래서 초대송(시편 94편)을 천천히 느리게 암송하여(4절) 잠 많은 이들이 적어도 이 시편이 끝나기 전까지는 성당에 오도록 배려하고 있다. 더 늦게 오는 사람은 공동기도석의 마지막 자리나 아빠스가 지정하는 자리에 앉게 한다(5-6절). 이 점에서 베네딕도는 늦게 오는 사람을 아예 성당 밖에 머물게 하는 다른 규칙들과 차이를 드러내고 있다. 그는 그 이유를 다음 두 가지로 언급하고 있다. 즉 성당 안의 마지막 자리에 앉게 하여 수치심으로 잘못을 고치게 하기 위함이다(7절). 그리고 침대로 되돌아가거나 잡담할 기회를 주지 않기 위함이다(9절). 이것은 베네딕도의 개인적 체험과 인간 심리에 대한 통찰에서 나온 것이 분명하다.

10-12절 : 낮시간경들에 늦게 오는 형제들을 위한 보속에 대해 말하고 있다. 베네딕도는 이들에 대해서는 더욱 엄격하다. 이 경우 늦게 온 형제는 마지막 자리에 설 뿐 아니라 아빠스가 허락하는 경우를 제외하고 보속을 다할 때까지 시편낭송자의 공동기도석에도 참여하지 못한다(10-11절). 게다가 아빠스가 허락한 경우에도 자기 잘못에 대해 보속을 다해야 한다고 말한다(12절). 여기서 우리는 시편낭송자의 공동기도석에 참여하는 것이 하나의 특권처럼 여겨졌다

는 인상을 받게 된다.

13-17절 : 공동식탁에 늦게 오는 형제들에 대한 보속을 다루고 있다. 공동식사에 앞서 하느님 은혜에 대한 감사로 어떤 기도를 바치는 것은 동일한 전통이다. 그렇듯 식사를 하는 행위와 공동체 구성원간의 만남은 영적 가치를 띠게 된다. 수도승이 식사 전 함께 바치는 기도에 참석하지 않을 때 이 영적 가치를 잃게 된다. 창조주께 대한 감사의 의무를 망각하는 것이다. 이 때문에 어떤 보속이 필요한 것이다. 베네딕도는 그들을 두 번까지 질책한 후 세 번째부터는 아예 따로 식사하게 하고 그들 몫의 포도주도 주지 말라고 한다(14-16절). 베네딕도회 삶 안에서 공동식사는 공동기도와 더불어 공동체 의식을 느끼고 함양하는 중요한 순간이다. 오늘날 이것을 너무 소홀하게 여기는 경향이 있지는 않은지 스스로 돌아볼 필요가 있다.

18-19절 : 이 마지막 부분은 식사시간 이외에 무엇을 먹는 형제의 보속에 대한 것이다. 베네딕도는 이런 행위를 절제의 부족과 독립심에서 오는 것이라고 보고 있다. 바로 이 때문에 장상이 제공했을 때(19절) 이외에는 "아무도...감히" 식사시간 이외에 무엇을 먹거나 마셔서는 안 된다(18절)는 엄격한 규정이 나오는 것이다. 장상이 무엇을 제공했는데도 거부하는 것은 오만과 불순종을 드러내는 것일 수 있다. 카시아누스는 이 규정을 자기 자신에 대한 지배와 정결유지를 위한 도움과 같은 일종의 금욕적 수행으로서 제시하고 있다.[266] 이 규정은 사실상 오늘날 베네딕도회 공동체들 안에서 거의 지켜지지

않고 있다. 대부분의 공동체에서는 오전 혹은 오후에 차나 커피를 마시는 시간이 합법적으로 마련되어 있고 또 별도의 간식을 챙겨 먹기도 한다. 물론 고대의 관습대로 엄격하게는 지킬 수는 없다 하더라도 자기를 끊고 다스리는 수행의 차원에서 다시 한 번 진지하게 고려해볼 문제가 아닐까 한다.

2. 제 44 장 파문된 형제의 보속

성규 44-46장에서는 공동기도와 공동식탁에 늦은 사람을 위해 규정된 책벌과의 연결 안에서 파문당한 사람들의 보속절차, 질서, 규율을 보호하기 위한 또 다른 책벌을 다루고 있다. 43장과 함께 이 세 장은 성규 23-30장에서 제정된 교정규정을 보완하고 있다. 이 장은 RM 14장과 병행되는데 책벌 받은 이들이 용서받기 위해서 어떤 방식으로 보속해야 하는가를 규정하면서 성규 24-25장을 보충하고 있다. 여기서 언급되는 내용은 초기교회의 참회규정과 화해예식에서 영감을 받은 것이다. 이 장에서는 앞서 보았던 두 가지 경우의 파

---

266) 참조: 카시아누스 『제도서』 4,18: "규정된 공동식사 전이든 후이든 식사시간 이외에 누구도 감히 음식으로 자기 미각을 만족시키는 일이 없도록 철저한 주의를 기울인다. 왜냐하면 그들이 정원과 과수원을 지날 때 도처에 과일이 나무에 보기 좋게 달려 있고 지나가는 사람의 가슴에 부딪힐 뿐 아니라 땅에 떨어져 밟히기 쉬울 정도이니, 그 광경을 보는 사람으로 하여금 욕망에 응하도록 쉽게 유혹하며 기회도 좋고 양도 많아서 가장 엄격하고 극기가 철저한 수도승에게도 충동을 일으키기에 충분하기 때문이다."(John Cassian, *The Institutes*, op.cit., 87); 『제도서』 5,20: "내적 싸움에서 진보하기를 원하는 수도승들 먼저 감히 어떤 것을 먹거나 마시는데 있어서조차 주의해야 한다. 어떤 종류의 쾌락에라도 굴복하는 자는 식사를 위해 규정된 장소나 때 이전에 식사와는 별도의 것을 취하기 때문이다."(op.cit., 129)

문이 다시 나타나고 있다. 즉 가벼운 잘못과 중대한 잘못의 경우이다. 그 구조를 보면 다음과 같다.

1-8절: 큰 파문의 보속
   1-3절: 1단계
   4절: 2단계
   5-6절: 3단계
   7-8절: 4단계
9-10절: 작은 파문의 보속

주석

1-8절: 중대한 잘못으로 성당과 식당에서 파문된 이의 보속절차가 다루어지고 있다. 1단계는 파문벌에 대한 구체적 방법(1-3절)을 언급하고 있다. 2단계부터 4단계까지는 공동체에 다시 받아들여지는 예식(4-8절)에 대한 것이다. 아빠스의 개인적 판단과 책임이 강조되고 있는 점이 의미심장하다. 아빠스는 잘못을 범한 형제의 참회의 진실성과 항구함에 관해 판단한다. 그에 따라 참회의 기간과 화해의 때가 정해진다.

9-10절: 가벼운 잘못으로 공동식탁에서만 제외된 이에 대해 언급되고 있다. 그는 아빠스가 적당하다고 판단할 때까지 성당에서 보속해야 한다(9절). 그러나 보속의 구체적 내용에 대한 언급은 없다. 큰 파문에 대해서 이미 언급된 바처럼 공동기도 끝에 부복하는 것이

분명하다. 그리고 아마도 공동기도석에서 선창하는 것이 금지되었을 것으로 여겨진다.

이 장에서 특기할 점은 모든 것은 하느님의 일 이후에 이루어진다는 점이다. 그리고 단계를 거쳐 점차적으로 공동체로 받아들여지고 있다는 점이 중요하다. 또 모든 것이 아빠스의 판단과 명령에 따라 이루어지고 있다는 점이라 하겠다.

3. 제 45 장 성당에서 실수한 형제

세 개의 절로 이루어진 성규에서 가장 짧은 장 중 하나인 이 장은 공동기도 중 부주의로 실수했을 경우에 대해 언급하고 있다. 하느님의 일은 큰 주의를 기울여 바쳐져야 하며 어떠한 소홀함도 있어서는 안 될 것이다. 모든 실수는 공동체에 대한 존중의 결여라 할 수 있다. 한 사람의 실수로 기도하는 공동체에 분심을 줄 수 있기 때문이다. 우리는 공동기도 중에 나 자신 뿐 아니라 공동체가 하느님과의 일치를 이룰 수 있도록 서로 돕고 봉사해야 한다.

그러나 아무리 주의를 기울이고 열성적으로 준비한다고 해도 인간 본성상 실수할 수는 있다. 베네딕도는 실수 자체보다도 실수하고서도 수치심이나 자존심으로 인해 모든 이 앞에서 보속하려하지 않는 교만함을 더 문제시하고 엄격하게 다루고 있다(1-2절). 실수한 사람은 자발적이고 공개적으로 보속할 필요가 있다. 자신의 과오를 인정하면서 하느님과 형제들 앞에서 사과의 예를 드러내야 한다. 하지만 베네딕도는 보속의 구체적 내용은 언급하고 있지 않다. 아마도 땅에 부복하는 것이었을 수도 있을 것이다. 어린이의 경우 그런 행위의 의미를 이해하기가 어렵기 때문에 매를 맞아야 한다(3절).

4. 제 46 장 다른 일에 잘못한 형제

이 장은 RM에는 없는 베네딕도 고유의 장으로서 매우 아름답다. 잘못에 대한 보속의 경우를 모든 경우로 확대하고 있다. 크게 1-4절과 5-6절 두 부분으로 구분될 수 있다. 앞부분에서는 외적 잘못에 대해서 말하고 있고 뒷부분은 은밀한 잘못에 대해 언급하고 있다.

주석

1-4절: 물질적 손실과 관련된 외적인 잘못에 대해 이야기되고 있다. 크건 작건 모든 잘못에는 적절한 보속이 따른다는 것이 일반 원칙이다. 여기에는 일상화된 겸손한 태도가 요구된다. 따라서 잘못을 했을 때 첫 번째로 해야 할 일은 먼저 자기 잘못을 드러내는 것이다(3절). 이 최초의 자발적 고백은 개인의 책임감과 장상 앞에서의 진실성을 강조하고 있다. 장상과 수하의 관계는 전적으로 투명해야 한다. 왜냐하면 둘 모두 "하늘의 너희 아버지께서 완전하신 것처럼 너희도 완전한 사람이 되어야 한다."[267] 라는 복음의 계명을 실현하기 위하여 같은 방향으로 걸어가고 있기 때문이다. 만일 그렇게 되지 않는다면 무의식적 잘못은 윤리적 잘못이 되고 더 큰 벌에 처해진다(4절).

---

267) 마태 5,48.

5-6절 : 이 부분은 앞부분과는 달리 영혼의 죄에 대한 은밀한 잘못에 대해 언급되고 있다. 베네딕도는 '상처'(*vulnera*) 라는 의학용어를 사용하고 있다. 마음을 동요시키는 내면의 생각이나 욕정, 경향 등은 공개적으로 드러내서는 안 되는 아주 은밀한 부분이다. 이 경우 적절한 치료법을 제시할 수 있는 사람의 도움이 필요하다. 베네딕도는 아빠스나 영적 장로들에게만 밝히라고 말한다(5절). 그들은 치료법을 알고 남의 비밀을 폭로하지 않는 신중하고 영적인 사람들이기 때문이다(6절).

이 장에서 우리는 베네딕도가 제시하는 행위의 바탕에는 그리스도교의 근본 덕이라 할 수 있는 겸손이 깔려있음을 알 수 있다. 또 성규에 따른 영적지도는 전적으로 아빠스의 몫이지만 성령의 특별한 은사를 받은 다른 이들도 거기에 참여한다는 것을 알 수 있다.

수도원 재산 (성규 31-34장)

베네딕도는 하느님의 일과 파문에 관한 종교적 내용들을 언급한 후 이제 주제를 바꾸어 보다 세속적 문제, 즉 수도원의 재산으로 나아간다. 성규 31장부터 34장까지는 주로 수도원 재산과 소유에 관한 문제가 언급되고 있다. 특별히 잘못과 교정에 관해 규정하고 있는 성규 23-30장과 43-46장 중간에 배치된 성규 31-42장까지의 장들은 모두 베네딕도의 인간성을 잘 보여주고 있다.

제 31 장
당가의 자질

본 문

[1]수도원의 당가(當家)로 선정될 사람은 공동체에서 지혜롭고 품행이 성숙하고 절제있고 과식하지 않으며, 교만하지 않고, 부산떨지 않고, 무례하지 않으며, 굼뜨지 않고, 낭비벽이 없으며, [2]하느님을 두려워하는 사람이어야 한다. 그는 전 공동체를 위해 아버지와 같아야 한다. [3]그는 모든 것을 돌볼 것이나, [4]아빠스의 명령 없이는 아무 것도 하지 말고 [5]받은 명령을 따를 것이다. [6]그는 형제들을 상심시키지 말 것이다. [7]만일 어떤 형제가 혹시라도 당가에게 부당한 요구를 할 경우 무시함으로써 그를 상심시키지 말고 이치에 맞고 겸손

되게 그의 부당한 청을 거절할 것이다.

⁸당가는 "봉사직을 훌륭히 수행하는 이들은 좋은 명성을 얻는다."[268] 하신 사도의 말씀을 항상 기억하여 자기 영혼을 돌봐야 한다. ⁹그는 심판 날에 병자와 어린이, 손님과 가난한 이, 이 모두에 대해 해명해야 함을 분명히 알아 이들을 온갖 정성을 다해 돌봐야 한다. ¹⁰그는 수도원의 모든 기구와 전 재산을 제단의 축성된 그릇처럼 여길 것이다. ¹¹아무것도 소홀히 여겨서는 안 된다. ¹²그는 인색해서도 안 되며 수도원의 재산을 낭비하고 허비해서도 안 된다. 그는 모든 것을 아빠스의 명령에 따라 절제 있게 행해야 한다.

¹³당가는 무엇보다도 겸손해야 하며, 누군가에게 주어야 할 물건이 없을 때 그에게 좋은 말로 대답할 것이니, ¹⁴성경에 "좋은 말 한 마디가 최상의 선물을 능가한다."[269]고 씌여있기 때문이다. ¹⁵그는 아빠스가 자기에게 위임한 모든 것을 돌봐야 하며, 아빠스가 금한 것은 감히 해서는 안 된다. ¹⁶그는 정해진 양의 음식을 어떤 오만함이나 지체함 없이 형제들에게 주어 그들이 불평하는 일이 없게 할 것이다. 그는 하느님 말씀에 따라 "작은이들 가운데 하나라도 죄짓게 하는 자"[270]에게 어떤 갚음이 돌아갈 것인지를 기억해야 한다.

¹⁷만일 공동체가 크면 당가에게 보조자들을 주어 그들의 도움으

---

268) 1티모 3,13. 269) 집회 18,17.
270) 마태 18,6.

로 그 자신이 평온한 마음으로 자기에게 맡겨진 임무를 다하게 할 것이다. ¹⁸예정된 시간에 주어야 할 것을 주고 청해야 할 것을 청하게 하여, ¹⁹하느님의 집에서 아무도 근심하거나 상심하지 않게 할 것이다.

주 해

개관

성규 31장은 수도원 재산 관리자인 당가(當家 cellararius)[271]에 관한 장이다. 이 장은 RM 16장과 병행되는데, RM에 비해 그렇게 이론적이거나 신학적이지는 않다. 베네딕도는 당가의 자질과 임무 등에 대해 언급하고 있다. 자질에 있어 특히 겸손의 중요성이 강조되고 있다. 어떤 점에서 당가와 아빠스는 동일선상에 있는 것으로 드러난다. 따라서 이 장은 아빠스에 관한 2장과 64장과도 연결되어 있고 성규 안에서 가장 영성적이고 아름다운 장들 가운데 하나이기도 하다.

1. RM 안에서

당가의 직무는 RM에서 매우 탁월하다. 성규와 동일한 명칭

---

271) 우리말 '당가'로 번역한 라틴어 첼라라리우스(cellararius)는 광, 창고, 방, 세포 등을 뜻하는 라틴어 첼라(cella)에서 유래했다. 따라서 '첼라라리우스'는 집의 광지기, 창고지기, 청지기를 뜻한다. 수도원에서는 수도원 재산을 관리하고 살림을 맡은 수도자를 말한다. 그래서 우리말로 집관리인을 나타내는 당가(當家)로 번역되고 있다.

(*cellararius*)이 사용되고 있고, 열두 번 나타나고 있다. RM 16장이 당가에 대한 장인데, 총 19개 절로 된 성규 31장의 약 세 배에 해당되는 66개의 절로 이루어져 있다. RM 16,1-25는 모든 선의 제공자이신 하느님에 관한 멋진 묘사로 시작하고 있다. 베네딕도는 신학적 언급을 하는 이 부분을 생략했다.

그런 다음 RM은 주님의 선을 분배하는 청지기로서의 당가에게로 향한다. RM은 당가의 직무가 전적으로 아빠스에게 의존되어 있음을 강조하고 있다. 따라서 당가를 의심하는 어떤 암시들도 보인다. 즉 RM 16,45에서 당가가 한가함에 빠지지 않도록 주의하고 있고, RM 16,53-56에서는 탐식에 대하여 경고하고 있다. RM은 또한 당가가 뇌물을 써서 파문을 피하려고 할까봐 걱정하고 있다.

2. 성규 안에서

베네딕도는 RM 16장의 가르침 중 많은 것을 전하고 있다. 성규 31장에서 당가는 또한 재물분배자이며 아빠스에게 전적으로 종속된다. 그의 돌봄은 RM에서와 같이 병자와 가난한 이들로 확대된다. 비록 의심의 분위기는 사라졌다 하더라도 거기에는 소홀함에 대한 경고들이 있다. 베네딕도는 심판 날에 당가는 해명해야 한다(9절)고 상기시키는데 있어서는 RM을 따르고 있다.

RM 16장에 전적으로 의존함에도 불구하고 베네딕도는 본질적으로 이 장을 나름대로 재작업을 했다. 이것은 분명 필요한 일이었을 것이다. 왜냐하면 당가 직무에 대한 베네딕도의 생각은 RM과는 완전히 달랐기 때문이다. 베네딕도에게 있어 당가는 막중한 책임이 따르고 영적 분별력을 지녀야 하는 중요한 직무이다. RM에서는 당가 직무는 단순히 한 소임에 불과했다.

아마 베네딕도의 당가 직무에서 가장 두드러진 점은 이 직무가 아빠스 자신을 모방하고 있다는 것이다. 우리는 성규 2장이 아빠스가 해명해야 할 최후 심판을 강조하였음을 보았다.[272] 마찬가지로 이 장 9절에서도 같은 내용이 나타난다. 그러나 이 장은 특별히 성규 64장과 매우 닮았다. 64장에서 언급되고 있는 아빠스의 몇몇 자질이 당가에게 함축적으로 적용되고 있다. 즉 지혜(64,2), 절제(64,9), 부산떨지 말 것(64,16) 등. 아빠스에게 적용되는 말마디의 사용은 2절에서 절정에 이른다.[273]

성규 31장과 64장이 서로 닮은 또 다른 점들이 있다. 두 장 모두 사람들을 대하는 첫 번째 태도로서 '친절'을 강조한다. 그런 다음 이는 엄격함에 대한 요구로 균형을 이루고 있다. 아빠스와 당가의 유사성은 무엇보다 수도원에서 차지하는 그들 위치와 역할의 중요성에서 나온다고 볼 수 있다. 이제 내용을 구체적으로 살펴보자.

주석

1-2절 : 당가에게 필요한 자질이 열거되고 있다. 지혜, 성숙한 품행, 절제, 겸손, 차분함, 예의바름, 부지런함, 검소함(1절), 하느님을 두려워함(2절) 등이다. 특별히 1절에서 부정적 표현으로 언급되고 있

---

272) 참조: 성규 2,6.34.38-39.
273) 성규 31,2: "그는 전 공동체를 위해 아버지와 같아야 한다." 그러나 *RB 1980*은 당가는 오로지 아버지와 '같은' 반면, 아빠스는 바로 '아버지' 라고 주석한다. 여기서 아빠스와의 차이점을 두고 있다.

는 내용은 요한 카시아누스의 여덟 가지 악습[274]과 비교된다. 2절에서 '아버지와 같이'(sicut pater) 라는 표현은 당가의 역할이 아빠스의 역할에 비견되고 있음을 보여준다. '수도원의 아버지'[275] 란 표현은 아빠스에게 돌려지는데 여기서는 당가에게도 사용되고 있다. 그만큼 당가 직무의 중요성을 드러내는 것이라고 할 수 있다. 당가는 아빠스에게서 권위를 부여받고 아빠스의 직무에 일정부분 참여하는 것은 분명하지만 그렇다고 그가 아빠스를 대신하는 것은 아니다. 위의 '같이'(sicut) 라는 표현에서 이 차이점이 분명하게 드러난다. 아빠스는 수도원의 아버지이지만 당가는 아버지가 아니라 아버지와 같이, 즉 아빠스에게서 부여받은 임무를 수행할 뿐이다.

3-8절 : 3절에서 당가의 임무가 광범위하게 언급된다. 즉 '모든 것을 돌보는 것' 이다. 이것은 무엇보다 형제들에게 필요한 것을 분배해 주는 것이다.[276] 그리고 수도원 재산을 관리하는 것이다.[277] 그러나 그는 늘 아빠스의 명령에 따라서 행해야 한다(4-5절). 당가는 각자의 필요성에 따라 분배해 주지만 그 양은 아빠스가 정한다. 당가는 아빠스가 정해주는 양에 따라 분배할 뿐이다. 양은 각 사람마다 서로 다르다. 당가는 자기 임의대로 독자적으로 모든 일을 처리하는 것이 아니다. 그는 언제나 아빠스와 연결되어 있다. 이 장에서는 '아빠스' 가 네 번이나 언급되고 있다.[278] 이로써 베네딕도는 당

---

274) 참조: 『제도서』 5-12권.
275) 성규 33,5.
276) 참조: 성규 31,7.13.16.18.
277) 참조: 성규 31,10-12.
278) 성규 31, 4. 12. 15^{2X}.

가가 언제나 아빠스의 명령에 따라야 함을 강조하고 있다. 이처럼 당가는 아빠스에게 전적으로 종속되어 있다. 아빠스는 주로 형제들의 영적인 문제를 책임지지만 동시에 공동체의 물질적인 문제에 대해서도 돌본다. 당가는 물질적인 문제들에 있어 아빠스의 주된 대행자라 할 수 있다.

6절과 7절에서 언급되고 있는 '상심시키지 말라'(non contristet)는 표현은 베네딕도의 인간이해와 배려를 잘 보여준다. 그는 약한 형제들이 상심하거나 근심하는 일이 없도록 항상 노심초사하고 있는 듯하다. 성규 여러 곳에서 이 표현이 자주 나타난다. 이것은 베네딕도의 체험이 반영된 표현임이 분명하다. 실제 어떤 물건을 청했을 때 거절당하면 충분히 있을 수 있는 일이다. 하지만 청을 받은 사람의 입장에서도 항상 쉬운 일만은 아니다. 하물며 누가 매번 부당한 청을 할 경우는 더 더욱 그러할 수 있다. 베네딕도는 이 모든 것을 다 예견하고 있는 듯하다.

"자기 영혼을 돌봐야 한다."(8절) 사람을 대하는 일은 결코 생각같이 쉽지 않다. 특히 당가처럼 모든 형제의 요구와 필요를 돌봐야 하는 직책은 더욱더 그러하다. 따라서 처음에는 좋은 마음과 자세로 형제들을 대하고 그들에게 봉사하지만 점차 지치게 되고 나중에는 영적으로 황폐해질 위험이 있다. 그래서 당가는 자신을 관리하고 돌보는 일이 절대적으로 필요하다. 무엇보다도 세속적인 일에 관여하다 보면 영적, 내적 생활을 소홀하게 될 수 있기 때문에 의식적으로 내적 생활을 위해 더욱 노력해야 한다.

9-11절 : 이 부분은 31장의 핵심이라 할 수 있다. 9-10절에는 당가가 특별히 돌봐야하는 대상이 언급된다. 여기 언급되는 대상은 모두 그리스도께서 현존하시는 대상들이다. 그리스도께서는 특히 제단과 가난한 사람 안에 현존하신다. 사람과 사물을 모두 함께 공경하는 점이 특징적이다.

9절에서는 수도원 안의 병자와 어린이, 수도원 밖의 손님과 가난한 이를 온갖 정성을 다해 돌봐야 한다고 말하고 있다. 손님과 가난한 이에 대한 각별한 관심과 돌봄은 손님환대에 관한 성규 53장 15절과 매우 흡사하다. 또 이들에 대해 하느님에게 해명해야 한다는 점은 아빠스의 경우와 같지만 그가 해명해야 하는 대상은 병자, 가난한 이, 어린이, 손님들이다. 반면 아빠스는 다른 이를 포함한 모든 이에 대해 해명해야 한다. 이 점에서 아빠스와의 차이점을 볼 수 있다.

10절에서 수도원의 전 기구와 재산을 제단(*altare*)과 연결시키는 것은 베네딕도 고유의 것이라 할 수 있다. 수도원의 모든 것을 제단의 축성된 그릇처럼 여기라는 것은 매우 의미심장한 말이 아닐 수 없다. 다시 말해 모든 물건과 재산이 그리스도를 위해 축성된 것으로 간주되고 있다. 사실 이것은 베네딕도의 독창적 생각은 아니다. 바실리우스의 규칙 중 하나인 『소(小)수덕집』(*Parvum*

---

279) 이것은 바실리우스가 아직 사제 또는 자기 주교의 보조자였을 때 열심한 그리스도인 소 공동체들이 제시한 질문들에 대한 203개의 답변들로 이루어져 있다. 이 작품이 흥미로운 것은 성 베네딕도가 바실리우스의 세 규칙 중 이것만을 알고 있었으며, 성규 안에서 그 영향력을 감지하게 된다는 사실에 있다. 루피누스가 이것을 라틴어로 번역하였다. 이것은 밍네의 라틴 교부총서(PL 103) 안에 아니앤의 베네딕도에 의해서 함께 모아진 여러 규칙 모음집 가운데 수록되어 있다.

Asceticon)[279])과 『네 교부의 규칙』(RIVP)[280])에 이미 이런 생각이 나타난다.[281]) 이러한 생각은 수도승전통 안에서 특별한 것이 아니었다. 그러나 공동체의 물건을 제단의 그릇처럼 말하는 것은 베네딕도에게 있어 축성된 것과 세속적인 것이 그렇게 엄밀하게 분리되지 않았음을 암시해 준다.

성규에서 당가는 축성된 것과 세속적인 것을 융합하는 하나의 훌륭한 모범이다. 그의 역할은 주로 물질적인 일들과 관련되어 있음이 분명하지만, 이것은 결코 영적인 고려를 배제하는 것은 아니다.

11절은 핵심과도 같다. "아무것도 소홀히 여겨서는 안 된다."고 하며 부정적 요약을 하고 있다.

12절 : 절제 혹은 중용이 강조되고 있다. 인색함이나 낭비함 없이 '모든 것을 절제 있게'(omnia mensurate) 하라고 권고된다. 절제는 당가에게 요구되는 중요한 자질 중 하나이다. 그러나 여기에는 항상 '아빠스의 명령에 따라'(secundum iussionem abbatis) 라는 조건이

---

280) 이 규칙은 5세기 초(400-410년) 프랑스 레랭이라는 작은 섬에 위치한 레랭 수도원 설립 당시에 편집된 것으로 추정된다. 수도원 설립 문헌과도 같은 이 규칙은 베네딕도 규칙에 영향을 미쳤다(참조: "거룩한 교부들의 규칙", 허성석 주해, 장영주 옮김 「코이노니아」 제30집 (2005년 여름), 116-140).

281) 『소(小)수덕집』 104장은 이렇게 말하고 있다. "물건을 경솔 하게 다룬 이는 신성 모독죄를 범한 것으로 간주 되어야 한다. 그리고 소홀함으로 인해 무엇을 잃어버린 자도 같은 범죄를 범한 것으로 보아야 한다. 사실 하느님께 대한 봉사에 사용되는 모든 것은 의심할 바 없이 하느님께 봉헌된 것으로 생각해야 한다." 또 『네 교부의 규칙』 XII,28에서는 "형제들은 수도원 안에서 사용되는 그릇과 연장, 그 밖에 다른 모든 것들을 축성된 물건처럼 여겨야 한다." 고 말하고 있다.

붙는다. 당가는 어떤 일을 자기 임의대로 처리해서는 안 된다. 그는 아빠스에게 전적으로 종속되어 있음이 다시 한 번 더 강조되고 있다.

13-14절 : "무엇보다도 겸손해야 한다."(13절) 겸손이 매우 강조되고 있다. 베네딕도는 '무엇보다도'(*ante omnia*) 라는 표현을 사용하여 당가가 지녀야 할 가장 중요한 자질로 '겸손'을 제시하고 있다. 또 13절은 청하는 모든 것이 언제나 주어지지는 않는다는 것을 반영하고 있다. 이럴 경우 좋은 말로 거절하여 청하는 사람이 상심하지 않도록 하라고 한다. 여기서 역시 형제들을 상심이나 근심시키지 않으려고 애쓰는 베네딕도의 세심한 배려가 드러난다.

15-16절 : 15절에서 다시 한 번 더 아빠스에 대한 종속이 강조된다. 이로써 베네딕도는 당가의 한계를 분명히 하고자 하는 것처럼 보인다. 16절에서 당가는 '정해진 양의 음식을'(*costitutam annonam*) 형제들에게 주라고 한다. 양이 이미 정해져 있다는 점이 흥미롭다. 그 양은 누가 정하는가? 구체적 언급은 없지만 앞의 표현으로 보면 당가가 정하는 것이 아님은 분명하다. 그것은 아빠스가 정하는 것이라고 보아야 한다.[282]

---

282) 앙드레 보리아스(A. Borias)는 아빠스와 당가의 역할이 서로 분담되어 있다고 주장한다. 즉 아빠스는 영적인 것들에 관해 돌보고 당가는 물질적인 것들에 관해 돌본다는 것이다. 그러나 아퀴나타 뵈크만(A. Böckmann)은 이 견해에 동의하지 않는다. 뵈크만은 아빠스는 물질적인 것들에 대해서 역시 관장한다고 본다. 아빠스가 모든 것의 양을 결정한다는 것이다. 당가의 역할은 단지 형제들에게 정해진 것을 주는 것(*offerare*)이라고 주장한다. 16절의 "정해진 양"이라는 표현을 보면 뵈크만의 견해가 더 타당성이 있는 것처럼 보인다.

사실 수도원 안에 있는 모든 것은 당가의 소유가 아니라 공동체의 소유이다. 당가는 단지 그것들을 관리하고 나누어주는 것일 뿐이다.

17절 : 당가에게 보조자들이 주어진다. 여기서 우리는 한 가지 매우 중요한 사실을 볼 수 있다. 즉 베네딕도는 형제들을 돌보는 이들에 대한 배려도 아끼지 않는다는 점이다. 이 점에서 베네딕도는 매우 관대하다. 그는 항상 상반된 위치에 있는 이들의 입장을 모두 고려하고 배려하고 있다. 이것은 삶의 체험에서 나온 베네딕도의 지혜로움이 아닌가 한다. 실제로 한 사람에게 너무 과중한 짐을 맡기면 결국 형제들에 대한 봉사도 제대로 되지 않는다. 그래서 보조자를 주어 평온한 마음으로 맡겨진 임무를 수행하는 것은 결국 다른 형제들을 위한 것이기도 하다.

18절 : '예정된 시간에'(*horis competentibus*): 이 역시 체험에 바탕을 둔 지혜로움처럼 보인다. 시도 때도 없이 무엇을 청하거나 내어 준다면 상당히 무질서하고 불편할 것이다. 청하는 사람도 미안하고 또 내어주는 사람도 짜증이 날 수 있다. 베네딕도는 이 모든 것을 다 예견하고 미리 정해진 시간에 청하고 내어주라고 하는 것이다.

19절 : '하느님의 집'(*domus Dei*): 베네딕도는 수도원을 '하느님의 집'[283)]으로 표현한다. 하느님이 주인이고 그 안에 있는 모든 것은

---

283) 참조: 성규 52,22; 64,5. 머리말 45절에서는 수도원을 '주님을 섬기는 학원' (*Dominiti scola servitii*)으로 말하고 있다.

그분에게 속한다. 아빠스의 소유도 당가의 소유도 아니고 하느님의 소유이다. 이 장에서는 그리스도가 언급되지는 않는다. 단지 처음(2절)과 마지막(19절)에 '하느님'이 두 번 언급되고 있을 뿐이다. 그러나 10절에 언급된 제단은 바로 그리스도를 암시한다고 볼 수 있다. 이처럼 그리스도의 현존이 약간 감추어져 있지만 이 장에서도 나타난다.

"아무도 근심하거나 상심하지 않게": 형제들을 근심시키지 않으려는 베네딕도의 염려가 다시 드러난다. 거기에는 당가도 포함된다. '아무도'(*nemo*)라는 표현을 통해 베네딕도는 당가와 다른 형제들 모두를 고려하고 있다.

결론

베네딕도가 강조하듯이 수도원 안에서 당가의 위치와 역할은 중요하다. 당가의 인간적, 영적 자질에 따라 공동체의 분위기가 많이 좌우되는 것도 사실이다. 실제로 그 직무 자체가 세속 재물을 관장하는 것이기에 여기에는 많은 위험도 유혹도 따른다. 그래서 영적, 인간적으로 성숙하지 못한 사람이 당가 직무를 맡게 되면 본인도 위험하고 공동체도 평화를 잃게 될 수 있다. 물론 베네딕도가 요구하는 모든 자질을 갖춘 사람을 찾기란 그리 쉬운 일은 아닐 것이다. 그래도 아빠스는 최대한 신중하게 고려하여 적합한 사람을 임명할 필요가 있다. 베네딕도 역시 이 모든 것을 통찰하고 이런 규정을 하고 있는 것이라 여겨진다. 그래서 무엇보다 겸손과 아빠스에 대한 종속을 강조하고 또 형제들을 상심하지 않게 하라고 강조하고 있는 것이리라!

제 32 장
수도원의 도구와 물건

본 문

¹수도원의 재산, 즉 도구와 의복 혹은 어떤 다른 물건들에 관해서 아빠스는 생활과 품행이 믿을만한 형제들을 뽑아 ²유익하다고 판단하는 대로 그들에게 각각의 물건을 맡겨 관리하고 (사용 후) 다시 거두어들이게 할 것이다. ³아빠스는 형제들이 임무교대를 할 때 서로 무엇을 주고받는지를 알기 위하여 이 물품들에 대한 목록을 소지하고 있어야 한다.

⁴만일 누가 수도원의 물건을 더럽게 다루거나 소홀히 다룬다면 질책할 것이다. ⁵만일 고치지 않거든 규정된 벌에 처할 것이다.

주 해

개관

베네딕도는 22개의 절로 된 RM 17장의 긴 내용을 5개의 절로 간략히 요약하였다. 이 장에서는 주로 수도원의 물건을 어떻게 다루어야 하는지에 대해 얘기하고 있다. 수도원은 일상생활을 위해 필요한 재산을 소유한다. 아빠스는 물질적 재산에 대해서 뿐 아니라 그 관리에 대해서도 일차적 책임을 진다. 이 장은 짧은 장이지만 수도승 공동체의 초자연적 본성에서 논리적으로 따라 나오는 몇몇 요소를 담고 있다.

주석

1-2절: '수도원의 재산'(*substantiam monasterii*, 1절): 수도원 안에 있는 모든 것은 개인소유가 아니라 공동소유이고 더 나아가 하느님에게 속한 것이다. 베네딕도는 이 표현과 더불어 장을 시작함으로써 이 점을 분명히 하고 있다. 따라서 뒤에 오는 모든 규정은 바로 이런 견해에서 유래한다.

'도구'(*ferramentis*, 1절): 라틴어 그대로 '철제 도구'로서 정원이나 주방에서 사용되는 도구들이었을 것으로 보인다. 6세기 당시 그러한 도구는 비쌌고 드물었다. 따라서 주의 깊은 관리와 목록이 필요했을 것이다.

'생활과 품행이 믿을만한 형제들을 뽑아'(1절): 성규 31,1과 매우 비슷하지만 여기서는 아빠스의 신뢰가 강조되고 있다. 이 형제들에게 역시 어떤 자질이 요구된다. 즉 생활과 품행에 있어 믿을만해야 한다. 그러면 이들은 과연 누구이며 그 역할은 무엇인가? 앞 장에서 우리는 당가가 수도원 재산을 관리하고 분배하는 역할을 한다고 보았기 때문이다. 베네딕도는 당가와는 별도로 어떤 형제들을 뽑아 그들에게 어떤 품목을 다시 맡기고 있다. 이들에게 특별한 덕행이 요구되고 있는 점으로 보아 단순히 장인(匠人)들은 아니었고 일종의 임원들이었음은 분명하다. 베네딕도는 가능하면 여러 사람에게 역할을 맡겨 일을 분담시키고 있는 것 같다.

'관리하고 다시 거두어들임' (*custodienda atque recollegenda*, 2절): 이들의 역할은 도구나 물건을 관리하고 다시 거두어들이는 것이다. 도구나 물건이 사용 후 다시 거두어진다는 것은 공동생활의 중요한 측면 중 하나이다. 각 구성원은 개인 도구를 소유하지 않고 다른 구성원과 함께 공유하는 것이다.

3절 : '임무교대' (*adsignata*): 이들의 임무가 자주 바뀌는 인상을 주는데 그 이유가 궁금하다. 왜냐하면 베네딕도는 주방을 제외하고는 전반적으로 수도승들이 자기 직무에 비교적 오랜 기간 봉사하게 하는 것처럼 보이기 때문이다.[284] 파코미우스의 경우 모든 도구는 매주 재배당된다. 하지만 파코미우스 공동체에서는 매주 십인장들까지 포함하여 소임이 돌아간다.

'물품목록' (*brevem*): 베네딕도회 역사 전체를 통해서 일반적으로 당가가 이런 종류의 목록을 보유해왔다. 따라서 이 장에서 당가에 대해 전혀 언급되지 않는 것이 놀랍다. 오히려 베네딕도는 아빠스가 이 목록을 소지하고 있어야 한다고 말하고 있다.

4절 : 수도원의 모든 도구와 물건을 소홀히 다루지 않도록 주지시키고 있다. 그 동기는 첫째, 수도원의 모든 것은 개인소유가 아닌 공동소유이기 때문이다. 따라서 물건을 소홀히 다루는 것은 다른 이들을 존중하지 않는 것을 의미한다. 이런 개인의 가난은 애덕을 실천

---

[284] 성규 53,17에서는 손님집 주방에 일 년 임기로 돌아가도록 규정하고 있다.

하는 도구가 된다. 두 번째 동기는 모든 것은 하느님에게 속해 있기 때문이다. 따라서 제단의 축성된 그릇처럼 다루어져야 한다.[285] 물건을 함부로 사용하는 것은 수도정신의 결여이자 모든 것의 주인이신 하느님에 대한 사랑과 경배의 결여를 나타낸다.

결론

수도원의 물건을 다루는 자세와 그 관리에 대해서 언급하고 있는 이 장은 비단 수도자들에게 뿐 아니라 개인주의와 물질적 풍요로 인해 낭비와 사치에 빠질 수 있는 현대인에게도 시사해주는 바가 크다. 우리가 다른 사람과 더불어 공동선을 찾아나간다는 공동체 의식, 더 나아가 인류 공동체 의식을 가지고 있다면 우리가 접하고 사용하는 모든 물건이나 자연을 함부로 대하지 못할 것이다. 모든 것은 공동선을 위한 것이다. 수도원의 도구와 물건을 소홀히 다루는 데는 '나'와 '너', '내 것'과 '네 것'이라는 개인주의적 소유의식이 깊이 자리 잡고 있기 때문이다. '우리', '우리 것'이라는 공동체 의식이 있을 때 우리가 사용하는 모든 물건을 정중하고 조심스럽게 다룰 것이다.

---

285) 참조: 성규 31,10.

제 33-34 장
재물의 소유와 분배

성규 33장과 34장은 재물의 소유와 분배에 대해 이야기하고 있다. 이 두 장은 묶어서 전체적으로 살펴보고자 한다.

본 문

제 33 장
개인소유의 금지

¹무엇보다도 수도원에서 이런 악습은 근절되어야 한다. ²즉 아무도 감히 아빠스의 허락 없이 무엇을 주거나 받아서도 안 되며, 어떤 것을 자기 것으로 소유해서도 안 된다. ³책이나 서판이나 펜, 그 어떤 것이라 할지라도 절대 아무것도 개인이 소유할 수 없다. ⁴왜냐하면 수도승은 자기 몸과 뜻조차도 자기 임의대로 소유해서는 안 되기 때문이다. ⁵필요한 모든 것은 수도원의 아버지께 청해야 하며, 아빠스가 주거나 허락하지 않은 어떤 것도 소유해서는 안 된다. ⁶기록된 바와 같이 "모든 것은 모두에게 공동소유여야 하며, 아무도 어떤 것을 자기 소유라고 말하거나"²⁸⁶⁾ 간주해서도 안 된다.

---

286) 사도 4,32; 2,44.

⁷만일 누가 이 극히 나쁜 악습을 즐기는 것이 드러나거든 한두 번 권고할 것이다. ⁸만일 그가 고치지 않거든 책벌할 것이다.

제 34 장
필요성에 따른 분배

¹기록된 바와 같이 "모든 사람에게 저마다 필요한 대로 나누어 주었다."²⁸⁷⁾ ²이 말로 우리가 - 그런 일은 결코 있어서는 안 되는 - 사람을 차별하라고 말하는 것이 아니라, 오히려 연약함을 고려하라는 말이다. ³그러므로 적게 필요한 사람은 하느님께 감사드리고 상심하지 말 것이다. ⁴반대로 많이 필요한 사람은 자신의 약함 때문에 겸손해야 하며, 자기가 받은 자비로 인해 교만해져서는 안 된다. ⁵이렇게 하면 모든 구성원이 평화로울 것이다.

⁶무엇보다도 어떠한 이유로든지 어떤 종류의 말이나 표현으로도 불평의 악을 드러내서는 안 된다. ⁷만일 누가 불평하는 것이 발견되거든 그를 더 엄한 벌에 처할 것이다.

---

287) 사도 2,45; 4,35.

주 해

개관

　성규 33장과 34장 각각의 제목에는 '만일'(Si)이라는 가정법이 사용되고 있는데 이는 베네딕도가 삽입한 것이다. 이러한 가정법은 성규 29장, 54장, 68장에서도 역시 사용된다. 가정법의 사용은 그러한 일은 결코 없어야 하는데도 인간 공동체 안에 있을 수 있음을 반영한다.

　이 두 장은 사도행전의 가르침에 깊이 뿌리를 두고 있다. 개인소유를 금지하고 공동소유를 강조하는 성규 33장은 사도 4,32에 근거하고 있고, 필요성에 따른 분배에 대해 말하는 성규 34장은 사도 4,35에 바탕을 두고 있다. 성규 33,6과 34,1에서 사도행전의 말씀이 인용되고 있는데, 이는 베네딕도가 초기 예루살렘 공동체를 이상으로 하고 있음을 드러내주고 있다. 또한 이 두 장은 수도승 전통에서도 영향을 받았다. 개인소유를 강하게 금지하고 있는 33장은 RM 82장과 요한 카시아누스의 『제도서』 4,3.5.6.13.14.15.20; 7,21, 『네 교부의 규칙』 2,32이 그 원천이라 할 수 있다. 반면 34장의 회수도 승생활의 경향은 아우구스티누스, 바실리우스, 파코미우스, 히에로니무스 등의 영향을 받았다.

　두 장의 유사점과 차이점도 나타난다. 그것을 정리하면 옆의 표와 같다.

　이제 각 장을 따로 살펴보고 나서 가난의 관점에서 함께 정리해보고자 한다.

구 분	성규 33장	성규 34장
유사점	1. 제목에 가정법 'Si' (만일) 사용 2. 'Si' 에 대한 응답 = 'No' 3. 그 저변에는 '휴머니즘' 이 있음	
차이점	1. 부정적이고 강한 어조 2. 금욕적, 개인적 측면이 부각됨 3. 개인소유의 금지(반면, 공동소유는 허용) 4. 악습: 개인소유(1. 7절)	1. 휴머니즘, 현실주의 2. 공동체적 측면이 부각됨 3. 각자의 필요에 따른 분배 4. 불평(6절)

제33장 개인소유의 금지

수도승의 개인소유를 강하게 금지하고 있는 이 장은 주로 카시아누스의 영향을 받았다. 따라서 개인적, 금욕적 측면이 부각되고 있다.[288] 베네딕도는 "수도원에서 이런 악습은 근절되어야 한다."(1절)고 강하게 전제하고 그 악습의 내용을 설명해 나가고 있다(2-3절). 그것은 장상의 허락 없이 자기 뜻대로 무엇을 주고받는 행위와 개인소유의 악습이다. 그런 다음 이 장의 핵심이라 할 수 있는 4절에서 이러한 행위를 금지하는 근본이유가 언급되고 있다. 즉 "수도승은 자기 몸과 뜻조차도 자기 임의대로 소유해서는 안 되기 때문이다." 이 '자기 뜻의 포기' 는 서원의 문맥과 연결된다. 수도승은 서원을 통해 그리스도께 자기 자신을 완전히 봉헌함으로써 더 이상 자기 몸과 뜻에 대한 재량권을 가지고 있지 않다.[289] 따라서 매우 그리스도 중심적이라 할 수 있다. 이 장에서는 아빠스의 권위가 강

---

[288] 참조: RM 16,58-61.
[289] 참조: 성규 58,25: "그 날부터 그는 자기 몸에 대해서조차도 더 이상 아무 재량권이 없음을 알기 때문이다."

조되고 있는데, 2절과 5절에서 '아빠스'가 두 번이나 언급되고 있다. 5절에서 '수도원의 아버지'가 한 번 언급되는데, 이 용어 사용은 33장의 강한 어조를 완화하며 인간적이고 인격적이게 한다.

이 장은 결국 개인소유의 포기와 공동소유를 강조하고 있다고 하겠다. 그 이유를 정리하면 다음 세 가지로 요약된다. 첫째, 개인소유는 심각한 악습이기 때문이다(1.7절). 둘째, 수도승은 서원을 통해 자기 자신을 포기하였기 때문이다(4절). 끝으로 '모든 것은 모두에게 공동소유여야 하기'[290] 때문이다(6절).

제 34 장 필요성에 따른 분배

성규 33장의 보충이라 할 수 있는 성규 34장은 주로 아우구스티누스의 영향을 받았다. 따라서 공동체적 측면이 부각되고 있다. 이 장에서는 공동체가 그 중심이라 할 수 있다. 베네딕도는 사도행전 4장 35절의 구절로 시작하면서 각자의 필요성에 따른 분배에 대해서 이야기하고 있다(1절). 필요성에 따라 필요한 것들을 분배하는 것은 매우 현실적이고 인간적이다. 필요성은 바로 분배의 기준이다.

2절에서는 그 동기가 언급된다. 한마디로 인간의 연약함에 대한 고려 때문이라는 것이다. 이 점 역시 베네딕도의 현실주의적이고 인간주의적 면모를 잘 반영해 주고 있다. 2절의 삽입구, 즉 "그런 일은 결코 있어서는 안 되는"(*quod absit*) 역시 베네딕도의 현실주의를 잘 드러내 주고 있다.

---

290) 참조: 사도 4,32.

3-4절에서는 형제들이 취해야 할 자세가 언급된다. 적게 필요한 사람은 하느님께 감사드리고 상심하지 말라고 한다(3절). 반면 많이 필요한 사람은 겸손하고 교만하지 말라고 권고한다(4절). 여기에 몇 가지 흥미로운 점이 발견된다. 즉 적게 필요한 사람이 오히려 감사해야 한다는 것이다. 그리고 약한 사람은 바로 많이 필요한 사람이라는 점이다. 따라서 전자는 자신의 강함에 대해 감사드리고 후자는 약함 때문에 겸손해야 한다는 것이 베네딕도의 생각이다. 흔히 이와 반대로 될 수 있다. 베네딕도는 수도승들에게 새로운 이상을 제시하고 있는 것이다. 수도승생활에 더 깊이 나아가면 나아갈수록 점차 '최소한의 것으로 만족하는'(parvo contentus) 삶으로 나아가게 될 것이다.

이 장의 핵심은 '공동체의 평화'를 얘기하는 5절이라 할 수 있다. 베네딕도는 "이렇게 하면 모든 구성원이 평화로울 것이다."라고 하며 그 목적을 제시하고 있다.

끝으로 6-7절에서는 불평의 악을 드러내지 않도록 강하게 경고하고 있다. 베네딕도는 불평을 공동체의 평화를 깨는 중대한 악습으로 간주하고 있다. 그의 관심은 평화로운 공동체 건설에 있다.

가난의 관점에서

RM에서는 수도원을 위해서가 아니라 개별 수도승들을 위해 '가난'이란 단어를 사용한다.[291] RM에 있어 수도원 밖의 가난한 이들

---

291) 참조: RM 91,23-27; 89,18-19.

과의 관계는 무엇을 주거나 도움을 주는데 있다. 반면 성규에서는 개별 수도승이 아닌 수도원에 대해 단 한번 '가난' 이란 말을 사용한다.292) 수도원 밖의 가난한 이들과의 관계는 무엇을 주고 극진히 보살피는데 있다.

성규 58,17에서 '가난' 이 언급되지는 않지만, 성규 58,24에서 재산의 포기가 언급된다. 그렇듯이 말로는 분명하게 요청되고 있지는 않지만 가난은 수도승들 가운데 생활화된다고 볼 수 있다. 예컨대 재산에 대한 포기와 의존, 잉여분에 대한 포기, 자유로운 사용권 포기, 필요한 것으로 만족함, 재산의 나눔, 가난한 이들과의 연대 등이다.

1. 가난의 이상

성규에서 제시되고 있는 가난의 이상은 공동소유이다. 베네딕도는 사도행전에 묘사된 초기 예루살렘 공동체의 모범293)에서 영향을 받았다.

1) "아무 것도 개인이 소유할 수 없다."(성규 33,3)

성규 33장은 개인소유의 포기를 강조하고 있는데 그 이유는 세 가지로 요약될 수 있다. 첫째, 순종 때문이다. 수도승은 자기 몸과 뜻도 개인의 마음대로 가져서는 안 되기 때문이다(성규 33,4). 수도승은 서원을 통해 자기 몸과 뜻조차 하느님을 위하여 포기하였다. 개인소유의 포기는 바로 자기 뜻을 포기하는 겸손과 순종을 구체적

---

292) 참조: 성규 48,7.   293) 참조: 사도 4, 32; 4, 35.

으로 실천하는 하나의 방법이라 할 수 있다. 둘째, 모든 것은 모든 이에게 공동소유이기 때문이다(성규 33,6). 셋째, 인간의 탐욕 때문이다. 재물에 대한 사랑은 인간의 마음을 좀먹게 한다. 결국 베네딕도가 개인소유의 포기를 철저하게 요구한 것은 초기 예루살렘 공동체에서 영감 받아 참다운 형제적 공동체(*koinonia*)를 건설하기 위해서이다.

2) "모든 사람에게 저마다 필요한 대로 나누어 주었다."(성규 34,1)

이는 연약한 형제들을 고려하기 위함이다(성규 34,2). 베네딕도는 각 사람의 고유성을 인정하고 있다. 적게 필요한 사람은 애석하게 생각하지 말고 이에 대해 오히려 하느님께 감사드리고(성규 34,3), 연약하여 많이 필요한 사람은 교만하지 말고 오히려 자신의 연약함에 대해 겸손해야 한다(성규 34,4). 이렇게 할 때 모든 지체들이 평화 중에 지내게 될 것이다(성규 34,5). 이처럼 베네딕도에게 있어 공동소유의 최종 목적은 개인적 금욕이라기보다는 오히려 수도원 안에서의 평화와 조화이다.

2. 가난의 실천

성규 안에서 수도승의 가난 실천은 크게 두 가지 형태로 이루어지고 있다고 볼 수 있다. 즉 '단순하고 검소한 생활'과 '가난한 이들에 대한 관심과 배려'이다. 전자는 다시 공동체적 차원과 개인적 차원으로 이루어진다. 공동체적 차원에서는 먼저 수도원의 모든 물건을 제단의 축성된 그릇처럼 다루는 것이다.[294] 또 수도원의 생산물을 세속 사람들이 파는 것보다 언제나 약간 싸게 파는 것이다.[295] 끝으로 규율을 완화해 가면서까지 심한 노동을 하도록 허용하는 것이다.[296] 개인적 차원에서는 음식과 음료의 절제[297]와 의복과 신발에 대한 규정[298] 등에서 가능성을 찾아볼 수 있겠다. 베네딕도는 각 수도승들에게 필요한 것은 주도록 허락하지만 필요 이상의 것을 얻으려 함에 대해서는 경고하고 있다. 따라서 필요한 최소한의 것으로 사는 것 역시 가난 실천의 구체적 수단이 될 수 있을 것이다. 가난한 사람들에 대한 관심과 배려는 성규 안에서 자주 언급되고 있다.[299] 이는 이들에 대한 베네딕도의 관심을 잘 반영해주고 있다. 수도승 공동체는 비록 세상과 어느 정도 격리되어 살아가지만 늘 사람들의 어려움과 고통에 귀 기울여야하고 특별히 가난하고 고통 중에 있는 이들에 대한 연대감을 잃어버려서는 안 될 것이다.

3. 성규의 한계

개인적 가난은 강조되는 반면 공동소유의 허용으로 인해 공동체적 가난이 상대적으로 덜 강조되고 있다는데 있지 않나 여겨진다. 부유한 공동체 안에서 각 개인이 가난하다고 해서 이것이 참으로 가난의 정신에 부합한다고 할 수 있겠는가? 부유한 공동체의 가난

---

294) 참조: 성규 31,10.
295) 참조: 성규 57,8-9.
296) 참조: 성규 39,6; 40,5; 41,4; 48,7.
297) 참조: 성규 39,10; 40,5.
298) 참조: 성규 55장.
299) 참조: 성규 41,14-19; 31,9; 53,15; 55,9; 58,24; 59,7; 66,3-5.

한 수도승. 이는 현대사회 안에서 얼마나 호소력을 가지고 있을지는 의문이다. 이 점이 바로 오늘날 수도 공동체의 외적 비대화를 초래한 공동소유의 한계가 아닌가 한다. 부유한 공동체의 가난한 개인도, 가난한 공동체의 부유한 개인도 있을 수 없다. 의당 부유한 공동체에 부유한 개인, 가난한 공동체에 가난한 개인이 되기 마련이다. 따라서 개인적 가난과 공동체적 가난은 조화를 이루는 방향으로 나아가야 할 것이다.

결론

　독수도승생활이 철저한 고독과 침묵 속에서 하느님을 찾는 생활이라면 회수도승생활은 한 장상 밑에 형제들과의 친교 안에서 하느님을 찾는 생활이라 할 수 있겠다. 따라서 공동생활은 자기 뜻의 포기와 겸손 없이는 불가능하다. 대개 회수도승생활의 이상은 사도 2,43-47; 4,32-37의 예루살렘 초기 공동체이다. 베네딕도 성인도 바로 여기에 착안하여 공동소유를 강조하고 있다. 그는 개인소유를 수도원에서 근절되어야 할(33,1) 악습으로 강하게 금지하고 있다. 그것은 수도승은 자기 몸과 뜻조차 하느님을 위하여 포기한 자이기 때문이다. 공동소유는 바로 자기 뜻을 포기하는 겸손과 순종을 구체적으로 실천하는 방법들 중 하나이다. 우리는 과연 베네딕도 성인의 이러한 권고를 오늘날 얼마나 실천하고 있는지, 아니 적어도 그렇게 살려고 노력하고 있는지 자문해 볼 필요가 있다.

수도승의 식탁 (성규 35-42장)

베네딕도는 성규 31장부터 34장까지 수도원의 재산에 대해서 다룬 후 이제 주제를 바꾸어 성규 35장부터 42장까지는 수도승의 식탁에 대해 규정하고 있다. 이 부분에서는 먼저 주간 주방봉사자(35장)부터 시작해서 병든 형제(36장), 노인과 어린이(37장), 주간 독서자(38장), 음식의 분량(39장), 음료의 분량(40장), 식사시간(41장) 그리고 끝기도 후의 침묵(42장)이 다루어지고 있다.

제 35 장
주간 주방봉사자

본 문

¹형제들은 서로에게 봉사해야 한다. 그래서 만일 누가 병들었거나 수도원의 어떤 중요한 일 때문에 바쁜 경우가 아니라면 아무도 주방봉사에서 제외되어서는 안 된다. ²왜냐하면 이 봉사를 통해 보다 큰 상급을 얻게 되고 애덕을 키우게 되기 때문이다. ³약한 이들에게는 보조자들을 주어 그들이 근심 중에 봉사하지 않게 할 것이다. ⁴그러나 공동체의 규모나 지역의 여건에 맞게 모든 이에게 보조자를 줄 것이다. ⁵만일 공동체가 클 경우, 당가와 위에서 말한 바와 같이 더욱 중요한 직무를 맡은 사람들은 주방봉사에서 제외되어야

한다. ⁶다른 모든 이는 사랑으로 서로 봉사할 것이다.

⁷주간봉사를 끝마치는 형제는 토요일에 청소를 할 것이다. ⁸그는 형제들이 손과 발을 닦는 수건을 세탁해야 한다. ⁹또한 봉사를 마치는 이와 봉사를 시작하는 이는 모든 형제의 발을 씻어주어야 한다.
¹⁰주방봉사에 사용하던 용기들은 깨끗하고 온전한 상태로 당가에게 반납되어야 한다. ¹¹그러면 당가는 그것들을 새로 시작하는 주방봉사자에게 건네줄 것이다. 이렇게 하여 그는 무엇을 주고받았는지 알게 될 것이다.

¹²주간 주방봉사자들은 식사시간 한 시간 전에 각자 정해진 분량 외에 한 잔의 음료와 약간의 빵을 받아먹을 것이다. ¹³그렇게 하여 식사시간에 불평이나 과로함 없이 자기 형제들에게 봉사하게 될 것이다. ¹⁴그러나 대축일에는 식사 마침기도가 끝날 때까지 기다려야 한다.

¹⁵주일 아침기도 후 즉시 주간봉사를 시작하는 사람들과 마치는 사람들은 성당에서 모든 이 앞에 무릎을 꿇고 자기들을 위해 기도해 달라고 청할 것이다. ¹⁶주간봉사를 마치는 사람은 다음 구절을 외울 것이다. "저를 도우시고 위로하신 주 하느님, 찬미받으소서."³⁰⁰⁾
¹⁷이 구절을 세 번 반복한 다음 그는 강복을 받는다. 그리고 뒤이

---

300) 다니 3,52; 시편 86,17.

어 봉사를 시작하는 사람이 나와 "하느님, 어서 저를 구하소서. 주님, 어서 저를 도우소서."301) 18이 구절 역시 모든 이가 세 번 반복한 다음, 그는 강복을 받고 그의 봉사를 시작한다.

주 해

개관

RM 18장과 병행을 이루는 이 장에서 베네딕도는 주방봉사자의 임무에 대해서 이야기하고 있다. 베네딕도회 공동체 안에서 상호봉사의 중요성은 규칙이 그것을 모두에게 부과하고 있다는 사실에서 이미 예고되고 있다. 합당한 이유가 없는 한 아무도 봉사에서 면제되지 않는다. 왜냐하면 봉사는 애덕의 표현이기 때문이다. 참된 사랑은 사랑하는 사람에 대한 봉사를 요구한다. 이 장의 구조를 보면 다음과 같다.

1-6절: 상호봉사
7-11절: 청소
12-14절: 사전 식사
15-18절: 강복

---

301) 시편 70,2.

주석

제목 : '주방'(*coquinae*): 이 라틴어는 함축적 의미를 지니고 있다. 오늘날 단순히 음식을 준비하는 장소로서의 주방만을 의미하는 것 같지는 않다. 농경사회나 단순한 문화 안에서 주방은 정원과 농장을 관리한다고 볼 수 있다. 따라서 이 말마디는 뵈크만의 견해를 빌리면 적어도 조리, 식탁봉사, 집안일 등을 포함하고 있다고 보는 것이 맞을 것이다.

1-6절 : 베네딕도는 상호봉사에 대해서 이야기한다. 주방봉사는 상호봉사를 위한 구체적 수단으로 제시되고 있다. 먼저 "형제들은 서로에게 봉사해야 한다."(1절)는 원칙을 제시한 후 곧바로 이에 따른 결과가 언급된다. 합당한 이유가 없는 한 아무도 제외되어서는 안 된다고 못 박고 있다. 그런 다음 상호봉사의 이유가 언급된다. 즉 보다 큰 상급을 얻고 애덕을 키우는 수단이 되기 때문이라는 것이다(2절). 사실 봉사를 하는 것은 항상 쉬운 일만은 아니다. 때론 자기 차례가 돌아와서 마지못해 하는 경우도 있을 수 있다. 베네딕도는 이 모든 가능성을 충분히 예견하고 여기에 영적 동기를 부여하고 있다. 모든 일을 사랑을 실천하는 기회로 생각하라는 것이다. 이러한 동기부여가 없다면 수도승생활에서 부과되는 모든 임무나 봉사는 그저 짐으로 다가오게 될 것이다. 그래서 베네딕도는 "사랑으로 서로 봉사하라."(6절)고 권고하고 있는 것이다.

그러나 두 가지 예외가 언급되고 있다. 첫 번째는 약한 이들에 대한 배려이다. 베네딕도는 "공동체의 규모나 지역 여건에 맞게"(4절)

약한 이들이 "근심 중에 봉사하지 않도록" 보조자들을 주라고 한다(3절). 여기서 우리는 베네딕도의 인간이해의 깊이를 보게 된다. 또 다른 예외는 병자나 중요한 직무로 바쁜 이들에 대한 배려이다(1.5절). 이것은 베네딕도의 현실주의적 면모를 잘 보여준다.

원칙이 있고 그것을 준수하는 것은 중요하지만 항상 원칙대로만 할 수 없는 것이 인간 현실이다. 원칙만을 고수하는 것은 현실과 괴리된 이상주의에 불과하다. 병자들이 봉사하기란 현실적으로 불가능하다. 그들은 봉사를 받아야하는 대상이다. 또 수도원 일로 바쁜 사람에게 무조건 획일적으로 봉사를 시키는 것도 맞지 않는 일이다. 그 역시 수도원 전체를 위해 다른 형태의 봉사로 수고하고 있기 때문이다. 이상과 현실을 조화시키는 균형 감각이 없다면 원칙은 현실성 없는 규정으로 전락하게 될 것이고 사람을 죽이는 도구가 되어버릴 위험이 있다.

그렇다고 예외가 일상화되어서도 안 될 것이다. 너도 나도 바쁘다는 핑계로 예외를 인정받으려 한다면 공동체 안에 불평과 불만이 팽배하게 되고 결국 공동체의 평화도 깨질 것이다. 그러면 원칙이라는 것도 허수아비에 불과하게 될 것이다. 그래서 베네딕도는 "만일 공동체가 클 경우...더욱 중요한 직무를 맡은 사람들"(5절)이라는 조건을 달며 아주 조심스럽게 이런 예외를 두고 있는 것이다.

7-11절 : 주간봉사를 마치기 전에 해야 할 일들을 언급하고 있다. 그것은 무엇보다도 그 주간에 사용하던 모든 것을 청소하는 것이다. 즉 주방청소(7절), 수건세탁(8절), 용기 세척(10절) 등이다. 이 일은

토요일에(7절) 이루어진다. 왜냐하면 보통 주일부터 새로운 주간이 시작되기 때문이다. 엄밀히 말하면 전례적으로는 토요일 저녁부터 시작된다고 할 수 있다.

9절 : '모든 이의 발을 씻어주다' (pedes...omnibus lavent): RM은 주방봉사자들이 매일 형제들과 손님들의 발을 씻어주도록 요구하고 있다.[302] 고대에는 발을 매일 씻어야 했기 때문에 베네딕도의 이 주간 예식은 상징적인 것이었음이 분명하다. 카시아누스의 『제도서』 제4권에 나오는 내용을 보면 더욱 확실하다.[303] 발 씻는 것은 요한복음 13장에 나오는 예수의 모범과는 분리될 수 없다. 카시아누스는 이 발씻음이 그리스도의 계명에 순종하기 위한 것이었다고 전하고 있다.[304]

12-14절 : 봉사자들의 사전 식사에 대해 이야기하고 있다.

12절: '식사시간 한 시간 전에' (ante unam horam refectionis): '유일한 식사시간 이전에'로 해석될 수도 있다. 고대 수도승들은 보통 하루 한 끼 식사를 했기 때문이다.[305] 드 보케, 뵈크만, 슈타이들(B. Steidle)과 같은 학자들은 이런 견해를 취하고 있다. 비록 라틴어 문

---

302) 참조: RM 30,3-7.
303) 『제도서』 4,19,2: "형제들이 모두 한 곳에 모여 관례대로 잠자기 전에 노래하는 시편을 외울 때 주간 봉사를 마치는 사람들이 차례대로 모든 이의 발을 씻겨 준다."(John Cassian, *The Institutes,* op.cit., 87-88)
304) 참조: 『제도서』 4,19,2.   305) 참조: 『제도서』 5,23.

장 상으로는 '식사시간 한 시간 전에' 라는 식으로 구성되어 있다 하더라도 이 절에서 그 실제 의미는 하루의 '유일한 식사시간 이전에' 라고 주장한다. 베네딕도는 평일과 단식일에 보통 하루 한 번의 식사를 언급하고 있고[306] 또 14절에서 대축일에는 그 예외를 두고 있는 것으로 보아 이 주장이 더 신빙성이 있는 것처럼 보인다.

13절 : '불평이나 과로함 없이 봉사하게'(*sine murmuratione et gravi labore serviant*): 주간 봉사자들에게 미리 음료와 빵을 받아 먹게 하는 이유는 단순히 자기 주린 배를 채우는데 있는 것이 아니라 불평이나 과로함 없이 형제들에게 보다 더 잘 봉사하게 하기 위함이다. 결국 베네딕도는 봉사자들과 형제들 모두를 고려하고 있다.

14절 : '식사 마침기도가 끝날 때까지'(*usque ad missas*): 전통적으로 이 구절을 자구적으로 해석하여 그냥 '미사가 끝날 때까지'로 번역하곤 한다. 그러나 미싸스(*missas*)를 단순히 '미사'로 번역하기에는 전후문맥 상 무리가 따른다. 특히 슈타이들을 위시한 대부분의 학자는 그것을 '미사'가 아니라 '식사 마침기도'로 해석하고 있다. 한편 렌티니(Lentini)는 이 견해에 반대 입장을 취한다. 그는 그것이 식사시간 바로 직전에 있었던 '공동체 미사'를 말하는 것이라는 전통적 견해를 고수하고 있다. 그는 12절의 언급 또한 '식사시간 한 시간 전에'로 고수하기 때문에 봉사자들이 그 때 미사공심제를 깰

---

306) 참조: 성규 39; 41장.

수 있기 때문에 베네딕도가 이렇게 말하는 것이라고 주장한다. 그러나 홀쯔헤르(Holzherr)는 또 다른 해석을 제시한다. 이 절의 주체는 봉사자들이 아니라 다른 수도승들이라는 것이다. 수도승들은 봉사자들이 미사 파견 전에 나가도록 '식사를 준비하도록 압박' 해서는 안 된다는 것이다. 모든 견해가 나름대로 일리는 있지만 첫 번째 견해가 가장 타당성이 있는 듯 여겨진다.

15-18절 : 이 부분에서는 주간봉사를 마치는 사람들과 새로 시작하는 사람들 모두에 대한 공동체 기도와 강복에 대해 말하고 있다. 특징적인 점은 시작과 마침을 위해 외우는 구절이 각각 세 번씩 반복되고 있다는 점이다(17-18절). 이는 삼위일체를 상징한다. 성규 여러 곳에서 3이란 숫자가 종종 나타나고 있음을 볼 수 있다. 공동기도 도입구절이나 서원예식 안에서 수쉬페도 모두 세 번씩 반복하라고 한다. 이 모두 삼위일체에 대한 강조라 할 수 있다.

또 주간봉사의 시작과 마침이 전례 안에서 이루어지고 있다는 점이다. 따라서 노동이 기도의 분위기 안에서 이루어진다. 형제들에 대한 봉사에 전념하는 것은 자신을 하느님께 봉헌하는 것으로 바뀐다. 노동은 이제 하느님께 바치는 희생이 된다. 베네딕도는 더 세세한 규정으로 나아가지는 않고 대신 사랑으로 서로 봉사하라는 원칙만을 제시하고 있다(6절).

결론

상호봉사는 공로와 애덕을 닦기 위한 좋은 수단이 될 수 있다(2

절). 왜냐하면 섬기는 일은 종의 일이므로 이는 자기를 낮추는 겸손이라 할 수 있고, 따라서 교만으로서 내려가고 겸손으로써 완덕의 절정에 도달할 수 있기 때문이다.[307] 그러나 참된 섬김의 바탕은 사랑에 있다. 사랑이 없는 섬김은 그저 형식적이고 수동적인 것에 불과할 뿐 진정한 섬김이 아닐 것이다. 따라서 어떠한 공로나 애덕을 닦기 위한 수단이 될 수 없다.

    수도승들은 그리스도 안에 온전한 자유인이다. 그러나 그들이 누리는 자유는 자신의 욕망을 만족시키기 위한 것이 아니라 하느님과 형제들을 섬기기 위한 자유이다.[308] 따라서 수도승은 자유인이면서 동시에 서로에게 종이 되어야 한다. 그것은 결국 하느님을 섬기는 것이다. 바로 여기에 상호봉사의 근거가 있다고 보겠다.

---

307) 참조: 성규 7,5-7.   308) 참조: 갈라 5,13-14.

제 36 장
병든 형제

본 문

¹모든 것에 앞서 우선적으로 병든 형제들을 돌보아야 한다. 그래서 실제로 그리스도께 하듯이 그렇게 그들에게 봉사해야 한다. ²왜냐하면 그분 친히 이렇게 말씀하셨기 때문이다. "내가 병들었을 때 너희는 나를 방문하였다."[309] ³또 "너희가 이 작은 이들 가운데 한 사람에게 해준 것이 바로 나에게 해준 것이다."[310] ⁴그러나 병든 형제들 자신은 하느님에 대한 존경에서 자기가 봉사 받는다는 점을 명심하여 지나친 요구로 자기에게 봉사하는 형제들을 상심시키지 말아야 한다. ⁵그렇다 하더라도 그들을 통해 보다 큰 상급을 얻게 될 것이기에 인내로이 견디어주어야 한다. ⁶그러므로 아빠스는 병든 형제들이 어떤 소홀함으로 불편을 겪지 않도록 각별히 주의를 기울여야 한다.

⁷병든 형제들에게는 별도의 방을 마련해 주고 하느님을 두려워하고 부지런하고 주의깊은 봉사자를 붙여줄 것이다. ⁸그들에게는 필요할 때마다 목욕을 할 수 있게 할 것이나, 건강한 이들 특히 젊은이들에게는 보다 드물게 허락할 것이다. ⁹또한 몹시 허약한 병자들에

---

[309] 마태 25,36.   [310] 마태 25,40.

게는 고기를 먹도록 허락하여 기력을 회복할 수 있게 할 것이다. 그러나 그들이 기력을 회복했거든 보통 때와 같이 금육을 해야 한다.

¹⁰그러므로 아빠스는 병든 형제들이 당가나 병실봉사자들에게 소홀한 취급을 받지 않도록 각별한 주의를 기울여야 한다. 왜냐하면 자기 제자들이 범한 모든 잘못은 자신의 책임이기 때문이다.

주 해

개관

성규 36장과 37장은 그 주제에 있어 RM의 연속성을 다시 끊는다. RM은 주방 봉사(23장)에 대한 언급 후 곧바로 식사 문제를 이야기하고 있다. 그렇다 하더라도 식사에 대해 언급하는 3개의 장(26-28장) 중 마지막 장은 병자와 어린이들에 대해 말하고 있다.[311] 이 두 대상에 관한 베네딕도의 규정은 분명 RM 28장에서 유래한다. 어린이들의 경우 베네딕도는 RM의 음식 규정에 머무르고 있다. 반면 병자들의 경우 음식 문제를 건너뛰고 있다. 음식에 관해서는 오로지 끝에서(9절) 간단히 언급할 뿐이다. RM은 병에 대해서 이야기하지 않으며, 아픈 형제에 대해 상당히 의심스러워하는 분위기가 역력하다. 반면, 베네딕도는 그와는 다르다. 베네딕도가 병자들에 대해 따로 한 장을 할애한 것은 나름대로 의미를 지니고 있다. 바실

---

311) 참조: RM 28, 13-18.19-26.

리우스나 아우구스티누스와 같은 이전 수도승생활 제정자들 역시 병자에 대해 많은 관심을 가지고 있었지만 그 어떤 규칙도 베네딕도처럼 완전히 한 장을 따로 할애하지는 않았다. 이는 병자에 대한 베네딕도의 관심을 잘 드러내주고 있다고 하겠다.

이 장에는 일련의 반복구가 나타난다. 처음(1절)과 중간(6절) 그리고 끝에서(10) 베네딕도는 모든 것에 앞서 병든 형제들을 우선적으로 돌보라고 강하게 권고하고 있다. 제1절에서는 일반적인 방식으로 그 원칙이 제시되고[312], 제6절에서는 특별히 아빠스에게 언급되며, 제10절에서는 아빠스의 책임에 당가나 병실담당자의 책임이 부가된다. 이 반복구 사이에 두 개의 문단이 삽입된다. 그 중 첫 번째 문단은 봉사정신에 대해서, 그리고 두 번째는 그 실천적 방식에 대해서 다루고 있다. 장의 구조는 다음과 같다.

    1-6절 : 이론적 토대
    7-9절 : 구체적 실천
    10절 : 결론

주석

1-6절 : 베네딕도는 1절에서 두 가지 근본원칙을 제시한다. '모든 것에 앞서 병든 형제들을 돌봐야 한다.' 는 것과 '그리스도께 하듯이 그렇게 그들에게 봉사해야 한다.' 는 것이다. 그런 다음 최후심판에 대한 마태복음 25장 36절을 인용하며 그리스도론적 동기를 제시한

---

312) 베네딕도는 그리스도론적 동기를 제시한다(참조: 성규 53장).

다(2-3절). 이후 언급되는 내용은 모두 이 두 원칙에서 나오는 의무들이다.

병자들에 대한 우선적이고 극진한 돌봄은 무엇보다도 그리스도 위에 토대를 두고 있다. 즉 그리스도께서 친히 그들 안에 현존하신다는 믿음 안에서 가능하다. 주간 봉사자들에 관한 성규 35장에서는 사람들 안에 그리스도의 현존이 단지 예시되고 있지만 여기서는 명백히 나타나고 있다. 발 씻음으로 마무리되는 주간 봉사는 무엇보다도 최후의 만찬, 즉 자기 제자들에게 봉사하신 예수의 모범을 생각하게 한다.[313] 이제 그 직무의 다른 면이 드러난다. 곧 자기 형제들 각자 안에서 섬김을 받으신 예수이다. 그리스도는 사실 종이며 주님이시고, 섬김의 모범이자 섬김을 받는 주님이시다. 따라서 병든 형제들은 그리스도처럼 봉사를 받아야 하는 것이다.

그러나 그들 역시 "지나친 요구로 자기에게 봉사하는 형제들을 상심시키지 말아야 한다."(4절)고 말하고 있다. 병자와 병실당당자의 이 상호의무는 이미 성 바실리우스에 의해 언급되긴 하였지만[314], 단지 병든 형제 쪽에서 베드로 사도와 같은 겸손한 자세로 봉사를 받아야 한다는 점을 언급하는 것으로 그치고 있다. '근심시키지 말라'(*non contristent*)고 하는 권고는 베네딕도 고유의 것으로서 이는

---

313) 참조: 성규 35,9.
314) 참조: 바실리우스『소 수덕집』36-37장. 바실리우스는 제36장에서 "병든 형제에게 봉사할 때 어떤 마음으로 해야 하는가?"에 대해 말하고 있고 제37장에서는 "봉사를 받는 이는 어떤 자세로 받아야 하는가?" 언급하고 있다. "마치 종이 제 주인으로부터 받듯이 해야 하는데 주님으로부터 봉사를 받은 사도 베드로의 경우가 이를 잘 보여 주고 있다."(37장)

당가의 장과 주간 주방봉사자의 장을 상기시킨다. 이 구절에서 역시 체험에 바탕을 둔 베네딕도의 지혜와 중용이 잘 드러난다. 그는 항상 상반된 입장을 모두 고려하고 배려하고 있다. 이런 일은 실제 일상 안에서 충분히 있을 수 있는 일이다. 병자들에게 봉사하는 것은 결코 쉬운 일이 아니다. 그래서 베네딕도는 거기에 그리스도론적 동기를 부여하고 있고, 병자들에게도 하느님에 대한 존경심에서 자기가 봉사를 받는다는 점을 기억하여 지나친 요구로 봉사하는 형제들을 상심시키지 말라고 하는 것이다.

그런 다음 무게중심은 다시 병든 형제들 쪽으로 옮겨지고 있다. 그럼에도 불구하고 봉사자들에게 상급을 상기시키며 인내를 요구하고 있다(5절). 또한 아빠스에게도 그들이 소홀한 취급을 받지 않도록 각별히 주의를 기울이라고 권고하고 있다(6절). 왜냐하면 그들은 약자이고 바로 그들 안에 그리스도가 현존하시기 때문이다.

7-9절: 앞의 정신을 토대로 병든 형제에 대한 구체적 봉사의 내용이 언급되고 있다. 병자를 위한 별도의 방(*cella deputata*)과 봉사자(*servitor*)를 배려하고(7절), 목욕(8절)과 고기(9절)가 허락된다. 병실과 병실담당자, 목욕과 고기와 같은 규정들은 RM에는 나타나지 않는다.

병자들을 위한 장소와 그들을 돌보는 봉사자는 이집트 회수도승 생활의 오랜 전통이다. 동시에 베네딕도는 병실담당자에 대해서 말하면서 아마도 아우구스티누스 규칙 또한 염두에 두고 있는 듯하다.[315] 그러나 베네딕도는 봉사자의 자질에 대해서도 언급하고 있다. 하느님에 대한 두려움, 부지런함, 신중함(7절) 등이다. 이것들은 병자를 돌보는데 있어 필수적 자질이라 할 수 있다. 만일 이러한 자질을 갖추지 않은 형제가 병든 형제를 돌본다고 가정하면 어떤 일이 벌어질지 충분히 상상할 수 있다. 그만큼 병실 소임은 가장 중요한 소임 중 하나이다. 그래서 장상은 이에 대한 인식을 가지고 있어야 한다.

베네딕도는 목욕에 대해 말하면서 "건강한 이들 특히 젊은이들에게는 보다 드물게 허락"(8절)하라고 말한다. 이것은 매우 제한적인 것처럼 보일 수도 있지만 이 문제와 관련하여 베네딕도는 고대 수도승전통에 비해 관대한 편이다. 사막의 안토니우스 성인은 전혀 씻지 않았다고 한다. 일반적으로 수도승전통은 안토니우스의 경우처럼 온 몸을 씻는 것에 대해 부정적 태도를 지니고 있었다. 히에로니무스는 수차례 목욕을 금지하였는데, 특히 욕정을 일으킬 위험이 있는 젊은 수행자들에게 더욱 그러하였다. 바로 이런 이유에서 베네딕도는 젊은이들에게 목욕을 드물게 허락하라고 말하는 것이다. 금육도 허약한 병자들에게는 관면이 되고 있다. 그 목적은 기력회복을 위한 것이다. 따라서 기력을 회복하면 다시 금육을 지키도록 규정하고 있다(9절).

목욕과 육식에 관한 규정들은 오늘날 거의 사라졌다. 고대 수도승

---

315) 참조: 『계명집』 V,8: "병자들이나 병후 요양자들 혹은 열이 없으면서도 허약해서 고통받는 이들을 간호하는 책임은 한 형제에게 맡겨서 그가 필요하다고 판단하는 것을 당가에게 청하게 할 것이다."(아르라르 줌켈러 해설 『아우구스띠누스 규칙서』 이형우 옮김, 분도출판사, 1987, 133).

전통은 자기 욕정을 다스리고자 하는 수행자에게 목욕과 육식을 포기하도록 권고하였다. 그들은 이러한 포기를 수행의 일환으로 여겼던 것이다. 우리는 교부들의 이 가르침을 늘 주의 깊게 경청할 필요가 있다.

10절 : 결론과도 같은 이 절에서 베네딕도는 6절에 이어 다시 아빠스에게로 향하고 있다. 실천적 규정들에서 다시 본질적 주제로 되돌아가면서 마지막으로 아빠스에게 병자들을 잘 돌보라고 권고한다(10절). 그러면서 당가와 병실봉사자들을 아빠스에게 연결하고 있다.[316] 수도원의 아버지인 아빠스는 이 모든 것에 대해 책임이 있다는 것이다.

결론

이 장에서 베네딕도가 강조하고자 하는 바는 결국 병든 형제들에 대한 세심한 관심과 돌봄이라 할 수 있다. 그 이유는 그들 안에 그리스도께서 현존하신다는 복음의 가르침에 깊이 근거하고 있다. 따라서 그들에 대한 봉사는 바로 그리스도께 대한 봉사라는 강한 그리스도론적 동기를 제시하고 있다. 여기에서 이를 구체적으로 실현하기 위한 다른 모든 규정이 나오고 있는 것이다.

---

316) 참조: 체사리우스 『동정녀를 위한 규칙』 42,5: "당가수녀와 병실담당 수녀는 다른 모든 염려에 앞서 병자들에게 베푼 간호와 정성에 대해 하느님과 천사들 대전에서 해명하게 될 것이다."

제 37 장
노인과 어린이

본 문

¹비록 인간 본성 자체가 이 두 연령층, 즉 노인과 어린이들에 대한 동정심으로 기울어진다 하더라도 규칙의 권위로 그들을 배려해 주는 것이 바람직하다. ²그들의 연약함을 항상 고려하여 어떤 식으로든 음식과 관련된 규칙의 엄격함을 그들에게 요구하지 말 것이다. ³오히려 애정어린 배려로 대우해야 하며 정해진 식사시간 전에 식사할 수 있게 할 것이다.

주 해

개관

세 개의 절로 이루어진 이 장은 독립된 장이라기보다는 마치 앞 장의 부록과도 같다. RM은 단식일과 식사시간에 관한 긴 장 한 가운데(RM 28,19-26)에 어린이들을 위한 감면들을 열거한다. 어린이들은 직접적으로 고려되고 있는 반면 노인들은 단지 마지막에 잠깐 언급되고 있을 뿐이다.³¹⁷⁾ RM의 해당 부분보다 두 배나 짧은 성규 37장은 RM의 이 구체적 규정들 가운데 어떠한 것도 언급하고 있지

---

317) 참조: RM 28,26: "사실 아주 어린이들과 노약자들과 병자들은 식사에 관한 한 동일한 기준의 관면을 적용하는 것이 정당하다고 판단된다."

않지만, 감면을 베풀게 하는 동정심과 자비를 강조하고 있다. 베네딕도는 식사시간을 규정(성규 41장)하기 전에 이 문제를 다루면서 이들에 대해 그렇듯 세심한 관심을 드러내고 있다.

단지 한 마디 말로 마지막에 노인들을 언급하는 RM과는 달리 성규 37장에서는 노인들이 어린이들과 동등한 위치에서, 아니 오히려 그들보다 앞에 나타나고 있다. 베네딕도는 이렇게 함으로써 이 두 연령층의 공통된 연약함을 고려했던 이집트 수도승들을 기억하였을 것이다.318)

주석

1절 : 베네딕도는 인간 본성 자체가 이 두 연령층에 대한 동정심으로 이끈다고 전제하고 있다. 그럼에도 불구하고 규칙의 권위로 그들을 배려해줄 필요가 있다고 하면서 제도화한다. 이것 역시 베네딕도의 체험이 반영된 언급처럼 보인다. 실제로 누구나 또 항상 그들에 대해서 동정심을 갖게 된다고는 볼 수 없다. 베네딕도는 이 점을 잘 알고 있었던 것 같다. 그래서 약자들에 대한 배려를 규칙의 권위로 확고히 하고자 한다.

2절 : 배려의 내용이 언급된다. 그것은 음식에 관한 엄격한 규정을

---

318) 『파코미우스 규칙』을 라틴어로 번역한 히에로니무스는 자신이 쓴 머리말 5에서 이집트 수도승들에 대해 다음과 같이 적고 있다. "일을 한 이와 노인과 어린이들을 위해, 그리고 더위가 극심한 날에는 저녁에도 마찬가지로 식사를 준비한다."

적용하지 말라는 것이다. "연약함을 항상 고려해야한다."는 것이 베네딕도가 제시하는 원칙이자 이유이다. 인간의 연약함에 대한 고려와 배려는 베네딕도의 인간이해의 깊이와 폭을 가늠케 해준다.

3절 : 이 절에서는 배려의 구체적 적용이 언급된다. 그것은 정해진 식사시간 전에 식사하도록 허락하라는 것이다. '정해진 식사시간 전에' (*praeveniant horas canonicas*) 란 표현은 노인과 어린이들의 경우 하루에 두 번 식사했음을 암시하고 있다. 고대 수도승들은 보통 하루에 한 번 식사했다. '호라스 카노니카스' (*horas canonicas*) 는 성규 67,3에서는 법적 시간경, 즉 공동기도를 뜻하지만, 식탁에 관한 부분(35-42장)에 삽입된 이 짧은 장에서는 공동식사를 가리키는 것이 분명하다.

결론

성규 37장은 짧지만 베네딕도의 인간이해와 약자에 대한 관심과 배려를 보여준다. 인간 공동체라면 어디에나 있게 마련인 약한 이들(물리적, 영적, 인간적)은 자칫 무시되고 소외될 수 있기 마련이다. 그러나 베네딕도는 오히려 건강한 이보다도 병든 이, 약한 이에게 더 많은 관심을 기울이고 있다. 이는 복음의 가르침에 깊이 뿌리를 둔 그의 태도에서 나오는 것임이 분명하다. 우리는 "연약함을 항상 고려해야 한다."는 베네딕도의 가르침을 깊이 되새길 필요가 있다.

제 38 장
주간 독서자

본 문

¹형제들의 식탁에서 독서를 생략해서는 안 된다. 또 우연히 책을 잡는 사람이 독서를 시작하는 일이 있어서도 안 된다. 독서자는 주일부터 시작하여 한 주간 내내 이 봉사를 맡아야 한다. ²봉사를 시작하는 사람은 미사와 영성체 후 하느님이 교만의 정신을 자기에게 물리쳐 주시도록 모두에게 기도를 청할 것이다. ³그는 성당에서 다음 구절을 선창한다. "주님, 제 입술을 열어 주소서. 제 입이 당신의 찬양을 널리 전하오리다."³¹⁹⁾ 그러면 모든 이는 이 구절을 세 번 반복할 것이다. ⁴이렇게 강복을 받은 후 그는 주간 독서봉사를 시작할 것이다.

⁵완전한 침묵을 지켜 단지 독서자의 목소리 외에 감히 어떤 수군거림이나 목소리도 들리지 않게 할 것이다. ⁶형제들은 먹거나 마시기 위해 필요한 것을 서로 봉사하여 그 누구도 아무것도 청할 필요가 없게 할 것이다. ⁷하지만 만일 필요한 어떤 것이 있거든 말로써가 아니라 오히려 어떤 신호 소리를 내어 청할 것이다. ⁸아무도 감히 독서나 다른 것에 관해서 질문해서는 안 된다. 이는 (악마에게)

---

319) 시편 51,17.

"기회를 주지 않기 위해서"³²⁰⁾이다. ⁹그러나 장상은 감화를 위해 짧게 무엇을 말할 수 있다.

¹⁰주간 독서담당자는 영성체 때문에 또 금식을 견디는 것이 그에게 너무 힘들지 않도록 독서를 시작하기 전 약간의 물탄 포도주를 받을 것이다. ¹¹후에 주방봉사자들과 식탁봉사자들과 함께 식사할 것이다.

¹²형제들은 서열에 따라서 (독서를) 읽거나 노래하지 말고 청중을 감화시킬 수 있는 사람들이 할 것이다.

주 해

개관

이 장은 RM 24장과 병행되는데, RM은 주간 주방봉사자에 대한 설명을 끝내기 전에 갑자기 주간 식당독서자에 관한 장을 삽입하였다.³²¹⁾ 베네딕도는 40개의 절로 된 RM의 긴 구절을 12개의 절로 요약하고 있다. 그러나 식사 동안 읽을 책, 즉 모르는 사람이 없도록 언제나 반복해서 읽혀지는 성규 자체에 대해 언급된 부분³²²⁾을 생략한다. 베네딕도가 빠뜨린 RM의 이 부분들은 이집트 수도승생활에서 영감 받은 식탁에서의 침묵에 관한 간략한 언급으로 대체된다

---

320) 에페 4,27; 1티모 5,14.
321) RM은 제23장과 제25장에서 주간 주방봉사에 대해 이야기하고 있다.

(5절).

1. 식당독서의 기원

카시아누스에 의하면 식당 독서는 이집트에서가 아니라 카파도키아에서 유래한다.[323] 이집트 수도승들은 침묵 중에 식사를 하였다. 처음으로 식당독서가 언급되는 곳은 바실리우스의『대(大)수덕집』(Asceticon Magnum)[324] 안에서이다. 거기에 다음과 같은 질의응답이 주어진다.

"질문: 우리는 어떤 영혼의 자세와 어떤 주의로 식사 중에 독서하는 사람들의 말을 경청해야 하는가?

대답: 우리가 먹고 마시는 중에 갖게 되는 큰 기쁨으로 인해 정신

---

[322] RM 24,26: "식사시간에 식탁에서 규칙을 읽어야 하는 이유는 이러하다. 전 공동체가 식사하기 위해 함께 모였을 때, (규율) 준수와 교정을 (보장하는) 내용을 들은 모든 이가 아무 핑계를 대는 일없이 합당하게 준수할 수 있도록 하기 위해서이다."

[323] 참조『제도서』4,17: "수도원에서 형제들이 음식을 들 때 거룩한 독서를 낭독하는 관례는 이집트에서 나온 것이 아니라 카파도키아에서 나온 것으로 알고 있다."(John Cassian, Institutes, op.cit., 86)

[324]『윤리 규정서』,『소(小)수덕집』(Asceticon Parvum)과 더불어 바실리우스 3대 작품 가운데 하나로서 회수도승생활을 위한 가르침을 담고 있다. 이것은 다시 질의응답식의 318개의 장들로 된『짧은 규칙』(Regulae brevius tractatae)과 55개의 장으로 된『긴 규칙』(Regulae fusius tractatae)으로 구성되어 있다. 한편『소(小)수덕집』은 203개의 질의응답으로 이루어져 있는데, 이는 열심한 그리스도교 단체들을 위해 작성한 것이다. 바실리우스의 작품들은 원래 그리스어로 되어 있는데『소(小)수덕집』만 루피누스(Rufinus)에 의해 라틴어로 번역되어 서방에 알려지게 되었다. 베네딕도 성인이 성규 73장에서 언급한 바 실리우스의 규칙은 바로 이『소(小)수덕집』이었다.

이 육체의 쾌락들로 분산되지 않고, '나는 꿀보다, 벌집보다 더 달콤하도다.' 라고 말한 사람과 동일한 영혼의 자세로 오히려 그것들에 대해서보다도 주님의 말씀들에 대해 더욱 기뻐하도록 해야 한다."[325]

후에 아우구스티누스는 영혼의 양식과 육체의 양식이라는 이 두 대비를 다시 취한다.

"공동식탁에 앉으면 일어날 때까지 관례대로 독서하는 내용을 소음을 내거나 떠들지 말고 귀담아 들을지니, 너희 입으로 음식만을 먹지 말고 또한 귀로 하느님의 말씀을 받아들일 것이다"[326]

아를의 체사리우스 역시 이와 비슷한 말을 하고 있다.

"공동식탁에 앉아서는 침묵을 지키며 독서에 주의를 기울여야 한다. 너희 입으로 음식만을 먹지 말고 귀로도 하느님의 말씀을 들을 것이다."[327]

"공동식탁에서 식사할 때에는 아무도 이야기 하지 말고 한 사람이 책을 읽을 것이다. (이는) 육신이 지상의 음식을 먹는 것처럼 영혼은 하느님의 말씀을 먹기 위해서이다. 사실 주께서 (이에 대해) "사람이 빵으로만 사는 것이 아니라 하느님의 모든 말씀으로 살리라"고 말씀하셨다. 하느님의 말씀으로 양육되지 않는 영혼은 마치 비 내리지 않는 땅, 양식 없이 (사는) 육신과 같다."[328]

RM은 "사람은 빵만으로 살지 않고 하느님의 입에서 나오는 모든 말씀으로 산다."[329]는 복음의 말씀을 인용하며 "입으로 먹고 귀로도

---

325) 『짧은 규칙』 180.   326) 『계명집』 III,2.
327) 『동정녀를 위한 규칙』 18,2.5.   328) 『수도승을 위한 규칙』 9,1-4.
329) 마태 4,4.

배불리 먹을 때 이중(二重)으로 식사하게 된다."330)고 말하고 있다. 이렇게 해서 수도승의 식당은 사막에서의 그리스도를 모방하는 공간이 된다.

하지만 베네딕도는 식당독서 관습에 신학적 배경을 제시하지 않고 있다. 그는 단순히 그것을 생략해서는 안 된다고 말하고 있다.

2. 구조

이 장의 구조는 다음과 같이 나누어질 수 있다.
1절 : 일반 원칙
2-4절 : 주간독서자 강복
5-9절 : 독서를 듣는 자세
10-11절 : 독서자를 위한 배려
12절 : 독서자의 자격

주석

1절 : 베네딕도는 장을 시작하면서 먼저 두 가지 일반 원칙을 제시한다. 곧 '식당독서를 생략해서는 안 된다' 는 것과 '한 사람이 한 주간 동안 봉사해야 한다.' 는 것이다. RM과 같이 베네딕도 역시 식당독서를 생략해서는 안 된다331)는 점과 독서를 주일부터 시작하면서 한 주간 동안 한 형제에게 맡긴다. 그러나 그 이유에 대한 설명은 전

---

330) RM 24,5.
331) 참조: RM 24,4: "신적 양식이 육신의 식사에 절대로 빠지지 않도록 할 것이다."

혀 없다. 위에서 보았듯이 이전 수도승 전통에서는 식당독서에 관한 신학적 의미와 중요성을 설명하는데 베네딕도는 이 모든 것을 생략하고 그냥 간단히 생략해서는 안 된다고만 하고 있다. 이는 아마도 수도승 전통 안에서 이미 널리 일반화된 중요한 관습이었기 때문에 굳이 이에 대한 설명을 반복할 필요가 없었을 수도 있다. 또 한 주간 단위로 봉사하게 하는 이유는 다른 규칙에도 특별한 언급은 없다. 이것은 고대의 관습이었던 것 같다.

'우연히 책을 잡는 사람' (qui arripuerit codicem): 이는 "한 사람이 책을 읽을 것이다."[332]라고 말하고 있는 체사리우스를 간접적으로 비판하는 것처럼 보인다. 베네딕도는 준비되지 않은 독서를 피하고 있다. 독서자가 사전에 준비하지 않거나 아무나 갑자기 책을 읽을 경우 듣는 사람에게 감화를 주지 못할 것이 분명하기 때문이다. 이를 위한 이유를 베네딕도는 12절에서 구체적으로 언급하고 있다.

2-4절 : 주간 독서를 시작하는 사람에 대한 강복을 언급하고 있다. 베네딕도 역시 RM처럼 강복 예식과 함께 이 봉사 직무를 시작한다. 2절에서 봉사를 시작하는 사람은 모두에게 기도를 청하는데, 그 목적은 새로운 것이다. 즉 하느님이 '교만의 정신'(spiritum elationis)을 물리쳐 주시도록 하기 위함이다. 교만은 겸손과 반대되는 악습으로 베네딕도는 온갖 종류의 교만을 경계하고 있다. 사실 독서 직무는 어떤 능력을 요구한다. 모두가 독서를 제대로 할 수 있는 것은 아

---

332) 『수도승을 위한 규칙』 9,1.

니다. 따라서 남들 앞에서 독서나 선창을 하는 것은 교만의 동기를 부여할 수 있다. 이 때문에 베네딕도는 전체 공동체가 주일에 그를 위해 기도해줄 필요가 있다고 보는 것이다.

'미사와 영성체 후에'(*post missas et communionem*): 미사(*missas*)는 일반적으로 주일 성찬례를 뜻하고, 영성체(*communio*)는 주간에도 있었다. 슈타이들(B. Steidle) 같은 학자는 미싸스(*missas*)를 시간경 마침기도로 보고 있지만 주석가들 마다 서로 의견이 갈리고 있다. 영성체는 10절에서 다시 언급된다.

3절에서는 기도의 내용이 언급되고 있다. 독서자와 공동체는 야간기도 시작을 위해 시간전례에서 이미 사용된 구절, "주님, 제 입술을 열어 주소서. 제 입이 당신의 찬양을 널리 전하오리다."[333]를 세 번 반복한다. 이 절에서 주간 주방봉사자들에 대한 강복을 상기시켜 주는 두 가지 새로운 점이 나타난다. 즉 이 예식이 식당에서 행해지는 RM에서와는 달리 성당에서 이루어진다는 점이다.[334] 그리고 위의 구절이 한 번이 아니라 세 번 암송된다는 점이다. 이는 아마도 삼위일체를 암시하는 듯하다.

5-9절 : 베네딕도는 독서를 경청하기 위한 첫째 조건으로 절대적 침묵을 강조한다. 읽혀지는 말씀은 침묵 중에 반향 되어야 한다(5절). 이 침묵을 유지하기 위한 세 가지 수단을 제시하고 있다. 첫 번째 수단은 '상호 봉사' 이다(6절). 식사 중에 주방봉사자에게 무엇을 청하

---

333) 시편 50,17.   334) 참조: RM 24,8.

느라 침묵을 깨는 일이 없도록 서로 도우라는 것이다.

　두 번째 수단은 말을 대신한 '신호소리'의 사용이다(7절). 이것은 이미 파코미우스에 의해서 묘사되고 카시아누스에 의해서 전해진 전통적 방법이다.335) 하지만 이는 다소 의아스럽게 보인다. 왜냐하면 그 목적이 침묵을 유지하기 위한 것인데 볼 수 있는 수신호가 아니라 소음을 일으키는 신호 소리를 내라고 권고하기 때문이다. 이 점에서 베네딕도는 아마도 파코미우스와 카시아누스의 전통을 그대로 따르고 있는 것 같다.

　세 번째 수단은 '질문금지'이다(8절). 독서에 관한 질문은 독서를 중단하게 할 수 있는 또 다른 원인이 되기 때문이다. 반면 RM은 오히려 질문을 허락하고 장려한다. 읽혀진 본문에 대해 형제들이 완전히 이해하기를 원하기 때문이다.336) 그러나 베네딕도는 질문 자체를 금지한다. 그가 부여하는 이유, 즉 '기회를 주지 않기 위해서'는 악마337)나 신앙의 반대자들338)에게 빌미를 제공하게 되는 인간적 연약함을 향한 성 바오로의 충고들과 관련된다.

　비록 형제들의 질문을 금지한다 하더라도 성규는 감화를 위해 장상의 짧은 개입을 허락한다(9절). 베네딕도는 장상의 해설을 짧게

---

335) 참조: 『제도서』 4,17: "십인장도 식탁에 가지고 오거나 가지고 갈 것이 있음이 확인되면 말소리보다도 다른 소리로 신호를 준다."(John Cassian, *The Institutes*, op.cit., 86-87)
336) 참조: RM 24,19: "애매하고 모호한 점이 있어 형제들이 똑똑히 알아듣지 못하면 아빠스는 형제들에게 질문을 받고 설명하거나 자신이 자발적으로 설명해주도록 할 것이다."
337) 참조: 에페 4,27.　　　　　　338) 참조: 1티모 5,14.

제한하는 점에서 RM과 유사하다. RM은 아빠스로 하여금 성규의 불명확한 점들을 간략히 설명하고 형제들이 잘 들었는지를 확인하기 위하여 그들에게 질문을 하도록 격려하고 있다.[339]

10-11절 : 독서자에 대한 배려가 언급되고 있다. 베네딕도는 독서자에게 약간의 물 탄 포도주를 허락하고 있다. 이것은 다음 두 가지 동기에 기인한다. 즉 영성체와 금식을 견디는 것이 너무 힘들지 않게 하기 위함이다(10절). 첫 번째 동기는 RM에서 유래하는 반면 두 번째 동기는 베네딕도 고유의 것이다. 당시 미사는 보통 주일에 있었고 주간에는 영성체(communio)가 있었다. 주일과 축일 미사 끝에 받은 영성체나 주간에 받은 영성체는 공동식사 바로 직전에 있었다. 따라서 독서를 하기 전에 입에 남아 있을 수 있는 성체 때문에 입을 헹굴 필요가 있었다.[340] 그러나 베네딕도는 형제들에게 너무 과도한 부담을 주지 않으려는 자신의 개인적 배려를 RM의 이 규정에 결합시키고 있다. 베네딕도가 독서자에 대해서 말하고 있는 바는 이미 주간 주방봉사자에 관해서 언급한 것들이다.

12절 : 이 장의 마지막 문제는 독서자에 관한 것이다. 즉 누가 독서할 것인가? 이에 대해 우리는 성규 47장 3절에서 다시 보게 될 것이다. 베네딕도는 9절에 이어 12절에서 '세우다', '감화시키다' 란 뜻

---

339) 참조: RM 24,34.
340) 참조: RM 24,14: "성체를 내뱉지 않기 위해서 자기 (몫의) 포도주를 받고 독서를 시작할 것이다."

의 라틴어 '애디피카레'(aedificare) 란 중요한 단어를 사용하고 있다. 베네딕도의 관심은 독서를 통해 형제들에게 감화를 주는 것이었다. 따라서 아무나 독서봉사를 해서는 안 되고 "청중을 감화시킬 수 있는 사람이 읽거나 노래해야 한다."(12절)는 것이다. 장상이 말씀에 부여한 해설과 마찬가지로 읽혀진 말씀은 각 지체의 신앙을 강화하면서 그리스도의 몸을 건설해야 한다.341) 그리고 우리는 독서를 위해 단지 읽지만 않고 노래로도 하였음을 알 수 있다. 렌티니에 의하면 몇몇 이탈리아 수도원은 아직도 어떤 대축일들에 교부 독서를 노래하고 있고, 어떤 유럽 수도원들은 여전히 식당독서를 일정한 음으로(recto tono) 하고 있다.

베네딕도는 식당 독서로 무엇을 읽는지에 대해서는 언급이 없다. 아우구스티누스와 카시아누스에게 있어 독서를 위해 읽었던 것은 성경이었다. 성경은 바로 수도승 독서의 핵심이라 할 수 있다. 베네딕도 공동체 역시 수도승 전통에 따라 주로 성경을 읽었을 것으로 추정된다.

결론

성규 38장의 핵심 메시지는 "사람은 빵만으로 살지 않고 하느님의 입에서 나오는 모든 말씀으로 산다."342)는 복음의 가르침일 것이다. 우리는 영혼과 육신으로 통합된 존재이기 때문에 육신을 위해서 육적 양식이 필요한 것처럼 영혼을 위해서도 영적 양식이 필요하다.

---

341) 참조: 에페 4,12.29.   342) 마태 4,4.

그 영적 양식은 바로 하느님 말씀이다. 수도승은 예수의 권고대로 하느님 말씀으로 사는 사람이다. 그래서 언제 어디서나 하느님 말씀 안에 머무를 필요가 있다. 육적 양식을 섭취하는 식사 중에도 하느님 말씀을 들으며 동시에 영적 양식을 계속 섭취하는 것이다. 여기에 식당독서의 의미와 중요성이 있다. 하느님 말씀을 전하는 독서자 역시 겸손한 자세로 독서를 하여 듣는 사람을 감화시켜야 할 필요가 있다. 이것이 바로 이 장에서 베네딕도가 말하고자 하는 바이다.

제 39 장
음식의 분량

본 문

¹매일의 식사를 위해 정오이든 오후 3시든 모든 식탁에는 요리된 두 가지 음식이면 충분하다고 믿는다. 이는 각 개인의 연약함 때문이다. ²이렇게 해서 만일 누가 하나를 먹을 수 없을 경우 다른 것으로 보충할 수 있을 것이다. ³그러므로 모든 형제에게 요리된 두 가지 음식이면 충분할 것이며, 만일 과일이나 신선한 채소가 있다면 세 번째로 곁들여 줄 것이다. ⁴하루 한 번 식사할 때든지 점심과 저녁에 두 번 식사할 때든지 하루에 넉넉한 한 리브라의 빵으로 충분할 것이다. ⁵만일 저녁에도 식사할 경우 당가는 그 양에서 3분의 1을 따로 보관해 두었다가 그것을 저녁식사에 줄 것이다.

⁶만일 평소보다 노동을 더 심하게 했을 경우, 아빠스는 그렇게 하는 것이 적합하다고 판단하면 자기 재량과 권한으로 어떤 것을 추가로 주게 할 수 있다. ⁷그러나 무엇보다도 과식을 피해 수도승이 결코 소화불량에 걸리지 않게 할 것이다. ⁸왜냐하면 모든 그리스도인에게 있어 과식보다 더 어울리지 않는 것은 아무것도 없기 때문이다. ⁹이는 우리 주님이 다음과 같이 말씀하시는 바와 같다. "여러분의 마음이 과식으로 무뎌지지 않도록 주의하십시오."³⁴³⁾

¹⁰그러나 어린이들에게는 어른들과 같은 분량을 주지 말고 그 보다 약간 적게 주어 모든 것에서 절제하게 할 것이다.

¹¹병자와 매우 허약한 사람을 제외한 모든 이는 네 발 가진 짐승의 고기를 절대로 먹지 말 것이다.

주 해

개관

이 장과 다음 장들(40장, 41장)은 주간 주방봉사자들을 위한 규정(35장)과 더불어 시작되는 수도승의 식탁과 관련된 부분을 결론짓고 있다. 성규 39장과 40장의 구조는 매우 비슷하고 사용되는 말마디 역시 비슷하다. 예컨대 연약함(*infirmitas*)이나 분량(*quantitas*) 등이다. 이 마지막 세 장에서 베네딕도 역시 RM과 마찬가지로[344] 음식, 음료, 식사시간에 대해 연속적으로 다루고 있다.

제목에서부터 끝에서 두 번째 구절(10절)에 이르기까지 베네딕도의 본문은 단지 특별한 몇 가지를 생략하고 그 동기들을 덧붙이면서 RM의 본문을 거의 비슷하게 따르고 있다. 단지 고기를 금하는 마지막 구절(11절)만이 RM에 없는 내용이다. 베네딕도는 그것을 삽입하면서 병든 형제들에 대한 규정에서 이미 언급한 것을 반복한다.[345]

---

343) 루카 21,34.   344) RM 26-28장.
345) 참조: 성규 36,9: "몹시 허약한 병자들에게는 고기를 먹도록 허락하여 기력을 회복할 수 있게 할 것이다."

장의 구조는 다음과 같다.

1-6절 : 음식의 분량과 식단
7-10절 : 과식에 대한 경계
11절 : 금육 규정

주석

1-6절 : 베네딕도는 음식의 분량과 식단에 대해서 이야기한다. 그는 매일의 분량을 정하는데 있어 어떤 주저함을 드러내고 있다. 각 개인의 연약함을 고려하여 요리된 두 가지 음식이면 충분하다고 전제하고 있다(1.3절). 그럼으로써 하나를 못 먹을 경우 다른 것을 선택할 수 있다는 것이다(2절). 이것은 상당히 현실적이고 인간적 배려로 보인다. 또 "만일 과일이나 신선한 채소가 있을 경우 세 번째로 곁들여 주라."(3절)고 말한다. 이 세 번째 음식은 필수적인 것이 아님을 알 수 있다. 만일(Si)이라는 가정법이 이를 잘 드러내준다. 하지만 이것은 당시 지중해 문화권에 속해 있는 이탈리아에서는 일반적 관습이었다.

그런 다음 베네딕도는 '넉넉한 한 리브라의 빵'(*panis libra una propensa*)으로 하루 빵의 양을 정하고 있다(4절). 고대 로마에서 한 리브라는 오늘날의 도량형으로 대략 300-327그람 정도 되는 양이었다. RM과 비교할 때 전반적으로 베네딕도는 어떤 제한과 엄격함의 정신을 유지하려고 노력하고 있다. 그러나 유일한 예외는 빵의 분배에 관한 언급에서 나타난다. 빵의 양에 있어서는 RM보다 약간 더 관대하다. RM은 "하루에 한 '리브라'가 되는 반쪽 빵으로 충분할 것이다."346)라고 말하고 있다. 하지만 베네딕도는 '넉넉한' (*propensa*)이라는 형용사를 덧붙임으로써 다소 관대함을 보이고 있다. 베네딕도는 힘든 노동에 따른 융통성을 미리 염두에 두고 있는 것이 분명하다. 만일 어떤 수도승이 힘든 노동을 했을 경우 그렇지 않은 사람과 똑같은 양을 획일적으로 고수하는 것은 이치에 맞지 않는다. 이 점에 있어서도 베네딕도의 중용과 섬세함이 드러난다.

한 리브라의 빵과 요리된 두 가지 음식과 과일이나 채소라는 베네딕도의 식단은 우리가 알고 있는 보다 고대 공동체의 메뉴, 즉 히에로니무스가 묘사한 이집트 회수도승의 식단과 비슷하다.347) 그들에게 있어 빵, 야채 혹은 소금과 기름으로 양념된 채소가 필요했다. 이는 빵과 소금으로 축소된 독수도승의 보다 엄격한 절제와 대조를 이룬다. 카시아누스에 의하면 이집트 은수자들은 하루 식사량으로 과하지도 부족하지도 않은 한 리브라의 빵을 먹었는데, 제9시에 반을 먹고 저녁을 위해 나머지 반을 남겨두었다.348) 그 이유는 불시에 찾아오는 손님을 고려한 애덕의 차원에서였다. RM과 마찬가지로 베네딕도 역시 만일 하루 두 번 식사할 경우 저녁을 위해 1/3을 남겨두라고 하고 있다(5절). 그러나 그 동기는 달랐다. 동기야 어쨌든 하루 한 리브라의 분량을 유지하고 있다는 점은 공통된다.

성규는 저녁식사의 내용물은 정확히 규정하지 않고 오로지 주식의 내용만을 우리에게 알려주고 있다. RM에 따르면 이 두 번째 식사는 보다 간소하게 이루어졌다. 두 규칙은 아빠스의 재량으로 어떤

---

346) RM 26,2.
347) 참조: 히에로니무스『서간』22,35.
348) 참조:『담화집』2,19-26.

것을 더 부여할 수 있도록 하고 있다. 그러나 반대의 상황에서이다. RM의 경우 추가분은 축제와 기쁨의 표지349)인 반면, 베네딕도에게 있어서는 노동과 피로로 인한 동기에서였다(6절). 이러한 차이는 틀림없이 시대의 차이에서 온다. RM은 테오도리쿠스 왕국 치하에서 이탈리아가 평화를 누렸던 때에 자기 수도승들을 힘든 농사일에서 감면하였다. 반면 고트족 전쟁들로 인한 환난의 시기에 규칙을 쓰고 있는 베네딕도는 수도승들에게 들 노동과 노고를 허용할 수밖에 없었던 어려운 상황에 직면해야만 했다.

7-10절 : 베네딕도는 과식을 경계하고 있다. 추가로 주어지는 보충분이 과식(crapula)350)에까지 이르게 해서는 안 된다는 점을 강조한다(7절). 베네딕도는 이처럼 과식을 피하게 하는 근본적 이유로 주님의 권고를 들고 있다. 즉 과식하게 되면 마음이 둔해진다는 것이다(9절). 다시 말해 늘 깨어 있기 위함이다. 또한 과식은 소화불량에 걸리게 하여 신체의 리듬을 파괴하는 요인이 된다. 그리고 베네딕도는 소식을 절제를 배우게 하는 수단으로 이야기하고 있다(10

---

349) 참조: RM 26,11-12: "주일과 다른 축일들, 또는 아무 날이든 외부 인사가 방문하는 날에는 아빠스는 장상의 자격으로 자기가 원하는 음식을 더 하도록 허락할 것이다. 또 사부들의 전기들에서 읽고 있는 증언에 따라 달콤한 (과자도 허락할 것이니), 거기에는 그들이 축일들에 주님께 맛있는 음식을 청하자 천사가 꿀을 가지고 그들에게 나타났다고 한다."
350) 여기서 세 번씩이나 반복되고 있는 '크라풀라'(crapula)란 단어(7.8.9절)는 루카 21,34("방탕과 만취와 일상의 근심으로 너희 마음이 물러지는 일이 없게 하여라.")에서 유래한다. 고전 라틴어로는 만취 혹은 과음이란 뜻으로 사용되었다.

절). 공동침실에서와 마찬가지로 식당에서 수도승은 늘 준비되어 있으면서 스승(그리스도)의 돌아옴을 생각해야 한다. 그렇게 마음을 가볍게 유지하는 것은 그리스도의 제자인 수도승이 해야 할 바이다. 만일 주님께 늘 주의를 기울이지 않는다면 수도승과 다른 그리스도인 간에 어떠한 차이점도 존재하지 않게 될 것이다.

11절 : 끝으로 베네딕도는 금육에 관해 언급한다. "병자와 매우 허약한 사람을 제외한 모든 이는 네 발 가진 짐승의 고기를 절대로 먹지 말 것이다." 창세기에 의하면 인간은 원래 채식주의자였다. 단지 노아의 홍수 이후 동물의 고기를 먹을 허락을 얻었다. 그리스도교 금욕주의는 영지주의자들의 경우처럼 고기 자체를 나쁜 것으로 간주하여 고기 섭취를 거부한 것이 아니라 원래의 행복에 대한 향수 때문에 욕정을 보다 잘 다스리기 위하여 고기 섭취를 포기하였다. 이교 세계의 엘리트들이 베네딕도 보다 먼저 이 길을 걸었다. 만일 베네딕도가 다른 많은 사람처럼 다른 살아 있는 생명체에서 네발짐승을 구분하고 있다면 아마도 창조 설화 때문일 것이다. 즉 새와 물고기는 5일째 되던 날 물에서 나오고 땅 짐승과 인간은 6일째 되는 날 나타난다. 조류와 물고기는 실제 네발짐승의 고기보다는 덜 자극적이다.

수도승생활 안에서는 언제나 가능한 한 육류식품을 거부하려는 경향이 있어왔다. 그렇듯 성규의 음식 규정은 정상적 건강을 지닌 현대인에게는 실천하기가 그리 어렵지 않다. 그것을 진지하게 받아들이는 것은 우리 몫일 것이다.

결론

수도승생활 교부들은 식이요법이 정신과 활동에 미치는 영향을 잘 이해하고 있었다. 따라서 그들이 서원한 삶의 양식에 적합한 음식의 분량을 정하고자 노력하였다. 우리는 일반적으로 초기 수도승들의 음식규정은 단순하고 검소했으며 또한 다양했다고 말할 수 있다. 그것은 선호된 금욕적 수행의 일환이었다. 이와 관련하여 카시아누스가 전해주는 교부들의 가르침은 다음과 같이 요약될 수 있다. 즉 수도승에게 있어 식이요법은 다음 세 가지 목적을 추구해야한다. 첫째, 직접적으로는 탐식의 욕정과 간접적으로는 이와 밀접히 연결된 음욕의 욕정 이 두 욕정을 다스리는 것이다. 둘째, 수도승이 서원한 가난을 준수하는 것이다. 셋째, 기도와 독서나 묵상과 같은 모든 영적 활동을 도와주는 것이다.[351] 그들은 바로 이런 목적에 따라 음식의 분량과 내용을 정하였던 것이다.

베네딕도 역시 교부들의 이런 전통에 바탕을 두고 있다. 하지만 그에게는 당시 수도승생활이 교부들의 시대에 비해 많이 쇠퇴했다는 의식이 있었다. 그래서 그는 음식의 양을 정하는데 있어 어떤 주저함과 망설임을 보여주고 있다. 특히 이 장 시작부분에서 세 번씩이나 반복해서 사용하고 있는 '충분하다'(*sufficere*)는 동사가 이를 잘 반영해주고 있다.[352] 그렇지만 약한 사람들과 상황에 따른 변화 가능성을 열어두고 있다. 그러나 위에서 보았듯이 베네딕도가 제시

---

351) 참조: 카시아누스 『제도서』 5,23 (John Cassian, *The Institutes*, op.cit., 131-132).
352) 참조: 성규 39,1.3.4.

하는 식단은 특별한 것이 없을 정도로 매우 단순하다. 베네딕도는 연약한 이들을 고려하며 규정하고 있지만 더 앞으로 나아갈 수 있는 사람들을 위해서 항상 길을 열어 놓고 있다.

제 40 장
음료의 분량

본 문

¹ "이 사람은 이런 은사, 저 사람은 저런 은사, 저마다 하느님에게서 고유한 은사를 받았다."³⁵³⁾ ² 그러므로 우리는 약간 주저하면서 다른 이들의 식사량을 정하는 바이다. ³ 그렇다 하더라도 약한 이들의 연약함을 고려하면서 각 사람에게 하루 한 헤미나의 포도주면 충분하리라고 믿는다. ⁴ 그러나 하느님에게서 금주할 힘을 받은 사람들은 특별한 보상을 받게 되리라는 것을 알 것이다.

⁵ 만일 그 지역의 필요성, 노동 혹은 여름철 더위로 더 많은 양이 요구될 경우, 장상은 과음이나 만취에 빠지지 않도록 항상 염려하면서 그것을 허락할 수 있다. ⁶ 비록 우리가 "포도주는 전혀 수도승을 위한 것이 아니다."³⁵⁴⁾ 라는 것을 읽어 알고 있다 하더라도, 우리 시대 수도승들에게는 이것을 납득시킬 수 없기 때문에 적어도 과음까지는 가지 말고 절제 있게 마시는 것으로 합의하도록 하자. ⁷ 왜냐하면 "포도주란 지혜로운 사람까지도 탈선하게 만들기"³⁵⁵⁾ 때문이다.

---

353) 1코린 7,7.
354) 『교부들의 생애』 (Vitae Patrum) 5,4,31. 이 작품은 두 명의 로마인, 곧 펠라지우스와 요한이 사막교부들의 금언을 라틴어로 번역한 최초의 주제별 모음집이다. 본문은 라틴 교부문헌(PL) 73의 제5권과 제6권에 수록되어 있다.
355) 집회 19,2.

⁸하지만 지역적 상황으로 인해 위에 말한 양을 구할 수 없고 그보다 훨씬 적게 혹은 전혀 구할 수 없는 경우 그곳에 거주하는 사람들은 하느님을 찬양하고 불평하지 말 것이다. ⁹무엇보다도 우리는 불평이 없도록 권고하는 바이다.

주 해

개관

이 장은 RM 27장과 병행되지만 성규 39장 보다는 RM에 훨씬 덜 의존해 있다. 베네딕도는 RM으로부터 제목에 사용된 용어들과 헤미나(*hemina*) 란 명사 그리고 술 취할 위험을 경계하면서 예외적인 양의 허용을 받아들인다(5절). 그 외 나머지는 모두 새로운 것이다.

나머지 문제에 있어서 베네딕도는 음식에 관한 장에서와 마찬가지로 RM보다도 더 엄격하고 제한적이다. RM에게 있어 포도주를 마시는 것이 문제를 일으키는 것처럼 보이지 않는다. 그는 주저 없이 충분한 양의 포도주를 허용한다. 반대로 베네딕도는 즉시 자신의 염려를 표현하며 허용하는 바를 마지못해서 허락하는 것처럼 보인다.

포도주에 대한 이러한 반감은 초기 수도승 전통으로 거슬러 올라간다. 고기와 마찬가지로 포도주도 단지 대홍수 이후, 원죄 이후에 나타났다. 이러한 관점에서 그리스도교 금욕주의는 자기 제자 티모테오에게 했던 성 바오로의 다음 말을 좁게 이해하였다. "물만 마시지 말고 그대의 위장이나 잦은 병을 생각하여 포도주도 좀 마시십시오."³⁵⁶⁾ 사도에 의하면 병자들 외에 포도주를 마시는 것이 합법적이지 않았던 것처럼 보인다.

베네딕도가 약한 이들의 연약함(infirmorum)에 대해서 이야기 할 때 아마도 사도의 이 말씀을 염두에 둔 것이 아닌가 한다. 아무튼 그는 초기의 이상에 대해서도 또 당시 현실에 대해서도 알고 있었다. 비록 RM이 했던 것처럼 베네딕도 역시 현실을 수용한다 하더라도 그는 RM이 하지 않는 고대인들의 규율과 그것을 비교하며 원래의 빛에서 그것을 판단하고 있다. 이 장은 다음 세 부분으로 구분된다.

1-4절 : 음료의 분량 규정
5-7절 : 추가량과 과음에 대한 경계
8-9절 : 예외적인 경우

주석

1-4절 : 베네딕도는 사도 바오로가 코린토 신자들에게 했던 각자 다른 은사를 받았다[357]는 말을 인용하면서 장을 시작하고 있다(1절). 물론 바오로는 성(性)의 절제를 염두에 두고 동정성의 은사에로 향하며 한 말이었지만 베네딕도는 이것을 포도주와 관련하여 인용하고 있다.

'약간 주저하면서' (*cum aliqua scrupulositate*, 2절): 앞에서 언급한 다양성 때문에 베네딕도는 양을 정하는 것에 다소 우려하고 있는 것 같다. 인간의 필요는 매우 다양하고 모두에게 동일한 양을 적용

---

356) 1티모 5,23.   357) 참조: 1코린 7,7.

하는 것이 얼마나 어려운 일인가를 베네딕도는 잘 알고 있었다. 반면 RM의 경우 양을 정하는데 있어 전혀 주저함을 보이지 않는다. 여기서 역시 베네딕도의 인간이해의 폭과 세심한 배려를 볼 수 있다.

'식사량'(mensura vitus, 2절): 이 구절은 번역본에 따라 조금씩 다르게 번역되고 있다. 어떤 번역본은 비투스(vitus)를 생략하고 그냥 '분량'이라고 번역하기도 하고 또 다른 번역본은 '음식과 음료의 양'이라고 번역하기도 한다. 비투스(vitus)는 '음식'을 뜻하는 치부스(cibus)와 '음료'를 뜻하는 포투스(potus) 모두를 통칭하는 말이라 할 수 있다. 따라서 음식과 음료를 통칭하는 우리말 '식사'를 사용하여 '식사량'으로 번역하는 것이 적합한 듯하다.

3절에서 베네딕도는 그 양을 하루 한 헤미나(hemina)로 정하며 자기 수도승들에게 포도주를 허용한다. 한 헤미나가 현대 도량형으로 어느 정도의 양인지 정확히 산출할 수는 없다. 학자마다 조금씩 차이가 있다. 슈타이들(Steidle)은 최소 0.25리터라고 보고 있고, 렌티니(Lentini)나 드 보궤(de Vogûé)는 대략 0.5리터로 생각한다. 아마도 0.5리터가 안 되는 양으로 생각할 수 있을 것이다. 베네딕도는 이 양을 충분하다고 생각하고 있고(credimus...sufficere) 또 약한 이들의 연약함을 고려(contuentes imbecilitatem)한 것이라고 말하고 있으니 아마도 당시로서는 과하지도 부족하지도 않은 평범한 양이었을 것으로 추정된다. 사실 지중해 문화권에서 포도주는 사치스럽거나 특별한 것이 아니었다. 물에 석회가 많아 식초로 녹여주지 않으면 내장에 석회가 쌓이게 되기 때문에 식사 때 포도주를 마시게 된 것이다. 보통은 물과 섞어 마셨다. 이것이 자연스럽게 오늘날까지 일종의 식사문화가 된 것이다.

  그러나 베네딕도는 절제의 선물을 받은 사람을 복되다고 생각한다(4절). 따라서 고대 수도승들에게 있어 일반적 규율인 절제는 하나의 특별한 선물이 되었다. 베네딕도가 절제에 대한 상급을 언급할 때 그는 바오로의 한 문장을 반향하고 있다. 1코린 3장 8절에서 바오로는 자신을 아폴로와 하느님의 다른 협력자들에게 비교하면서 그들 수고에 대한 품삯을 결정할 하느님의 심판에 호소하고 있다. 그 보상은 각자의 노고에 따라 주어질 것이다. 분명 하느님의 모든 종은 특별한 은사를 받는다. 그러나 각 사람은 하느님의 은총을 통하여 자신의 특별한 노력으로 공로를 세울 수 있다.

5-7절 : 베네딕도는 한 헤미나의 평범한 양을 언급한 후 다소 융통성을 보여준다. 그 이유는 RM이 예측한 기쁨의 동기들 때문이 아니라 음식 규정[358]에서와 마찬가지로 현실적 필요성 때문이다. 베네딕도는 지역의 필요성, 노동이나 지나친 더위 때문에 더 많은 양이 필요할 경우 아빠스의 판단과 재량에 맡기고 있다(5절). 그러나 성규 39장에서처럼 추가분의 허용 뒤에는 즉시 지나침에 대한 경계가 따른다.

  추가량에 관한 제한에서 베네딕도는 포이멘 압바의 다음 문장을 인용하고 있다(6절). "포도주는 전혀 수도승을 위한 것이 아니다."[359] 가장 고대의 수도승적 지혜의 간결한 표현인 이 금언의 인용은 베

---

358) 참조: 성규 39,6.
359) 『교부들의 생애』(*Vitae Patrum*) V, 4,31.

네딕도가 시간전례 마지막 부분에서 인용한 경우와 매우 유사하다.360) 베네딕도는 포이멘 압바의 입을 빌어 수도승들이 추구해야 할 하나의 이상을 제시하고 있는 것이다. 그러면서 동시에 현실을 인정하고 수용하는 자세를 보여준다. 즉 과음을 경계하고 절제를 강조하고 있다. 베네딕도는 교부들의 예를 통해 동시대 수도승들에게 수도승으로서의 최소한의 품위를 유지하게 하려고 노력하고 있는 듯하다. 사실상 적당한 포도주는 마음을 즐겁게 하고 건강에도 도움이 되기에 나쁘다고 말할 수는 없다. 문제는 무절제로 인한 과음에 있는 것이다. 7절에서 베네딕도는 과음의 부절적함에 관해 RM이 했던 단순한 의미에 대한 고려들361)을 "포도주란 지혜로운 사람까지도 탈선하게 만든다."는 집회서 19장 2절의 인용으로 대체하고 있다.

8-9절 : 아주 예외적인 경우가 다루어지고 있다. 위에 규정한 양의 포도주를 구할 수 없거나 아예 포도주 자체를 구할 수 없을 경우이다. 이 경우에 대한 베네딕도의 권고가 아주 인상적이다. 즉 불평할 것이 아니라 오히려 하느님을 찬양해야 한다는 것이다(8절). 베네딕도는 불평을 재차 금지하고 있다(9절). 이 부분은 필요성에 따른 분배를 언급하는 성규 34장을 연상케 한다. 거기서도 이와 비슷한 언급을 하고 있다. 적게 필요한 사람이 하느님께 감사드리고362) 절대

---

360) 참조: 성규 18,26: "우리의 거룩한 교부들은 하루에 부지런히 이것을 다 바쳤다고 한다."
361) 참조: RM 27,24-26.   362) 참조: 성규 34,3.

불평을 하지 말라고 한다.363) 사실 이탈로 부르심을 받는 것은 하나의 은총이다. 왜냐하면 '적은 것으로 만족하는'(parvo contentus) 사람이 가장 행복한 사람이기 때문이다.

결론

　베네딕도는 매우 현실주의자였음이 분명하다. 그는 결코 이상만을 쫓은 몽상가가 아니었다. 그는 구체적 인간 현실을 인정하고 받아들이며 거기서부터 출발한다. 그래서 약한 이들의 연약함을 고려하여 포도주의 양을 하루 한 헤미나로 타협한다. 그리고 항상 있을 수 있는 상황에 따른 유동 가능성을 열어둔다. 지역의 필요성이나 힘든 노동 혹은 무더위로 인해 더 필요할 경우 아빠스의 판단과 재량에 맡길 줄 아는 여유로움이 있었다. 반대로 정한 양을 구할 수 없는 경우에도 불평하지 말고 하느님 섭리에 감사하라는 깊은 신앙의 차원을 제시한다. 그러나 베네딕도는 현실을 인정하고 수용하지만 결코 거기에 그냥 머무르지 않는다. 그는 항상 수도승들이 나아가야 할 이상을 동시에 제시한다.364) 이 점이 베네딕도의 특징이자 매력이라 할 수 있다. 다시 말해 이상과 현실의 조화, 이상주의와 현실주의의 균형이라 할 수 있다. 이러한 중용과 융통성의 한 면이 이 장에서도 잘 드러나고 있다.

---

363) 참조: 성규 34,6-7.　　　　364) 참조: 성규 18,25; 49,1.

제 41 장
식사시간

본 문

¹거룩한 부활주일부터 성령강림주일까지 형제들은 정오와 저녁에 식사를 할 것이다. ²그러나 성령강림주일부터 온 여름철 동안은 만일 수도승들이 들일을 하지 않거나 여름철 무더위가 방해하지 않는다면 수요일과 금요일에는 오후 3시까지 단식할 것이다. ³다른 날들에는 정오에 식사할 것이다. ⁴만일 들일이 있거나 여름철 더위가 심할 경우 계속 정오에 식사를 할 것인지는 아빠스가 결정할 일이다. ⁵이처럼 그는 모든 것을 조절하고 안배하여 영혼들이 구원되고 형제들이 타당한 불평 없이 해야 할 바를 하게 할 것이다.

⁶9월 13일부터 사순시기 시작까지는 항상 오후 3시에 식사할 것이다. ⁷사순시기부터 부활주일까지는 저녁에 식사할 것이다. ⁸그렇다 하더라도 저녁기도를 여유를 두고 미리 바쳐 저녁식사를 위해 등불이 필요 없게 할 것이다. 모든 일을 햇빛이 있는 동안 끝마칠 수 있도록 할 것이다. ⁹그러나 언제나 저녁식사 시간이든 유일한 식사시간(오후 3시)이든 모든 일이 햇빛이 있을 때 이루어지도록 조절할 것이다.

주 해

개관

베네딕도는 47절로 되어 있는 RM 28장을 9개의 절로 요약하고 있다. 식사시간을 규정하고 있는 이 장은 굳이 해설이 필요 없을 정도로 너무 명확하고 단순하다. 베네딕도는 한 해를 네시기로 나누어 거기에 맞게 규정하고 있다. 첫째 시기는 부활주일부터 성령강림주일까지이다(1절). 둘째 시기는 성령강림주일부터 9월 14일까지이다(2-5절). 셋째 시기는 9월 14일부터 사순시기 시작까지이다(6절). 마지막 시기는 사순시기이다(7절).

주석

1절 : 부활주일~성령강림주일

이 부활시기에는 하루 두 번 정오(육시경 직후)[365]와 저녁(해질 무렵)에 식사하라고 한다. 왜냐하면 주님 부활의 기쁨을 누리는 시기이기 때문이다. 따라서 베네딕도는 하루에 오직 한 번만 식사했던 이전 수도승전통을 거슬러 단식을 완전히 해제하고 있다. 성 히에로니무스와 카시아누스에 의해서 묘사된 이집트 회수도승들은 일 년 내내 하루 한 번 오후 3시경에 식사했다.[366] 오직 사순시기와 부활

---

365) 참조: 성규 48,5.
366) 참조: 히에로니무스 『서간』 22,35; 카시아누스 『제도서』 5,23; 『담화집』 21,23: "축제시기에는 통상 매일 제9시에 드는 음식을 조금 당겨서, 즉 제6시에 들 것이다. 그러나 이것은 단지 음식의 통상 분량과 내용을 바꾸지 않는다는 조건 하에서이다."(John Cassian, *The Conferences,* op.cit., 737)

시기에만 그러한 엄격함을 강화하거나 완화하였다.

2-5절 : 성령강림주일~9월 14일

　이 시기는 여름철이다. 이 시기에는 식사시간과 식사횟수가 요일과 상황에 따라 조정되고 있다. 특별한 일이 없는 한, 즉 들일이나 무더위가 방해하지 않는 한 수요일과 금요일에는 하루 한 번 오후 3시에 식사하고(2절) 나머지 날들에는 정오에 식사하라고 한다(3절). 오후 3시의 식사는 하루 한 번의 식사를 뜻하고 정오에 식사할 경우 하루 두 번의 식사를 뜻한다. 여름철 동안 수요일과 금요일을 제외한 모든 날에도 전통을 거슬러 두 차례의 식사를 허용한 것은 들일이나 더위로 인한 상황을 고려한 배려라 할 수 있다. 게다가 베네딕도는 들일이나 더위가 심할 경우에는 아빠스의 재량으로 수요일과 금요일의 단식마저 해제할 수 있는 가능성을 열어두고 있다(4절).

　이처럼 하루 한 끼 식사로 엄격한 단식을 유지했던 초기 수도승 전통의 규율은 RM에 의해서도 전체적으로 유지되었으나 베네딕도와 그의 동시대인인 체사리우스에게서 완화되었다. 하루의 길이, 더위, 들 노동의 수고가 이러한 완화를 설명해 준다. 베네딕도는 피로로 인한 동기 때문에 일과표의 엄격함을 완화한다. RM처럼 방문 중인 손님들을 환대하기 위해서가 아니다. 베네딕도는 이 모든 조절과 안배의 궁극 목적이 영혼들의 구원과 형제들이 불평 없이 모든 일을 행하게 하기 위함이라고 말하고 있다(5절). 단식은 영혼들을 구원하는 목표를 가지고 있다. 그리고 영혼들이 불평을 할 때, 그들은 구원되지 않고 멸망한다. 그러한 분별의 책임을 맡은 아빠스는 수도승들의 불평이 '정당한 불평'(iusta murmuratione)일 수 있다고 말하는 것을 들어야 한다. 이는 성규 안에서 이 혐오할 만한 것(불평)이 정당화된 것처럼 나타나는 유일한 곳임이 틀림없다.

6절 : 9월 14일~사순시기 시작

부활주일과 적절한 균형을 이루기 위하여 여름철과 겨울철의 경계인 9월 13일이 선택된 것처럼 보인다. 베네딕도는 겨울철이라 할 수 있는 이 시기에는 항상 오후 3시에 식사하라고 규정하고 있다. 오후 3시 식사는 하루 한 번 식사를 뜻한다. 베네딕도는 부활시기와 여름철에 초기 수도승전통의 단식 규율을 완화하였지만 이 시기에는 다시 전통으로 되돌아가고 있다. 따라서 오후 3시경에 한 번 식사를 하는 겨울철 일과가 여전히 기본일과로 남아 있다.

7절 : 사순시기

주님의 수난과 죽음을 묵상하고 거기에 참여하는 이 거룩한 사순시기에는 겨울철보다 더 엄격한 단식이 이루어진다. 즉 하루 한 번의 식사시간이 오후 3시에서 저녁으로 더 늦추어진다. 사순시기 저녁에, 즉 저녁기도 후 한 번 식사하는 것은 아마도 당시 교회의 일반적 관습법이었던 것 같다. 베네딕도는 수도승들에게도 이 법을 따르게 하고 있다.

8-9절 : 일과시간 조정

베네딕도는 하루의 모든 것이 빛이 있는 동안 행해져야 한다고 말하고 있다(8-9절). 그 이유는 무엇인가? 여기에는 분명 등잔에 사용되었던 기름을 절약하려는 경제적 이유가 있었을 것이다. 또 형제들, 특히 힘든 일을 한 사람들에게 사순시기 단식을 덜 힘들게 하려는 현실적 배려도 있었을 것이다. 하지만 신학적 동기 역시 배제되지 않는다. 즉 밤은 말하기에 적합하지 않은 시간인 것처럼 먹기에도 적합하지 않고 오로지 잠을 자거나 기도하는 시간이라는 것이다. 아마도 밤은 악의 시간이자 악의 상징일 수 있기[367] 때문이다. 그래서 RM은 끝기도 이후에 먹거나 마시는 것을 절대 금하고 있다.[368]

9절에서 사용된 '조절되다'(*temperetur*) 라는 동사는 베네딕도의 융통성을 잘 보여주는 말마디이다. 그는 한 번 고정된 일과시간을 무슨 일이 있어도 끝까지 고수하려는 답답한 모습을 보이지 않는다. 오히려 상황에 따라 여러 가지를 고려하여 융통성 있게 조정하는 자유로움을 보여준다. "안식일이 사람을 위하여 생긴 것이지 사람이 안식일을 위하여 생긴 것이 아니다."[369] 라는 주님의 권고를 늘 염두에 두고 있는 듯하다.

결론

베네딕도가 이 장에서 나누고 있는 부활시기, 여름철, 겨울철, 사순시기 이 네 시기는 '보다 관대함' 에서 '보다 엄격함' 으로, 하루

---

[367] 참조: 로마 13,12-13: "밤이 물러가고 낮이 가까이 왔습니다. 그러니 어둠의 행실을 버리고 빛의 갑옷을 입읍시다…"
[368] 참조: RM 30,23: "끝기도 후에는 어느 형제에게나 무엇을 먹거나 물까지도 마실 허락을 주지 않는 바이다."
[369] 마르 2,27.

두 번의 식사에서 한 번의 식사로, 부활하신 그리스도의 현현에서 사막에서 그분의 단식과 수난으로의 여정을 연출하고 있다. 여름철의 두 거룩한 날, 즉 수요일과 금요일 역시 주님 수난을 기념한다. 일반적으로 단식은 주님의 부재(不在)에 대한 표지이며, 단식의 관면은 그분 현존의 표지로 간주된다.370)

단식은 수도승에게 있어 중요한 체험 중 하나이다. 따라서 드 보궤 신부는 오늘날 단식이 우리 건강을 약화시킨다는 논리로 아침, 점심, 저녁에 하루 세 끼 식사를 고정하게 된 것은 수도승생활의 중요한 구성요소 중 하나를 잃은 큰 퇴보라고 주장하고 있다. 실제로 우리 역시 초기 교부들처럼 오직 저녁에 한 번만 식사하는 것이 불가능하지는 않을 것이다. 하지만 현대는 고대와는 달리 복잡하고 많은 에너지를 소비하기 때문에 하루 한 번 식사를 요구하는 것은 무리일 수도 있다. 하루 세끼 식사가 정착된 오늘날 수도원들 안에서는 이런 주장이 더 더욱 현실성 없게 느껴질 것이다. 이것은 각 개인의 몫으로 남겨져야 할 문제일는지 모르겠다. 우리가 수도승생활에 더 깊이 나아가면 갈수록 선행의 도구 중 하나가 말하는 바처럼 단식을 사랑하는 것을 배우게 될 것이다.

---

370) 참조: 마태 9,15.

제 42 장
끝기도 후의 침묵

본 문

¹수도승들은 늘 침묵을 지켜야 하겠지만, 특히 밤 시간에 그래야 한다. ²그러므로 단식하는 날이나 보통 날에는 언제나 이렇게 할 것이다. ³만일 두 끼 식사가 있을 경우, 저녁식사를 마치고 나서 즉시 모두 함께 앉아 한 사람이 『담화집』이나 『교부들의 생애』 혹은 청중에게 유익할 수 있는 다른 어떤 작품을 읽을 것이다. ⁴그러나 구약의 처음 일곱 권이나 열왕기는 읽지 말 것이다. 왜냐하면 그 시간에 이 성경 본문들을 듣는 것이 이해력이 부족한 이들에게는 유익하지 않기 때문이다. 이 본문들은 다른 때에 읽혀져야 한다.

⁵만일 단식하는 날이거든, 저녁기도 후 잠시 여유를 두었다가 언급한 대로 즉시 『담화집』을 읽을 것이다. ⁶거기서 네다섯 쪽 혹은 시간이 허락 되는대로 읽어 ⁷누군가 맡겨진 일로 바쁜 경우에라도 이 독서를 하는 동안 모두가 참석할 수 있게 할 것이다. ⁸그러므로 모두 함께 모였을 때 끝기도를 바치고 끝기도를 마치고 나가면서 어떤 말을 하는 것이 누구에게도 더 이상 허락되지 않는다. ⁹만일 누가 이 침묵의 규칙을 어기는 것이 발견되거든 엄한 벌에 처할 것이다. ¹⁰손님들을 접대해야 하거나 아빠스가 누구에게 어떤 것을 명령한 경우에는 예외이지만, 그 때 역시 최대한 신중하고 지극히 절제

있게 행할 것이다.

주 해

개관

　이 장과 관련되는 RM의 장은 30장이다. RM은 식탁에 관한 부분 이후, 종종 식사 뒤에 따라오는 오침과 밤의 잠에 대해서 말하고 있다. 이렇듯 식당으로부터 휴식의 방법과 기상을 규정하고 있는 공동 침실로 건너간다(RM 29-30). 이것에 즉시 밤기도가 따르기 때문에 RM은 31장부터 전례부분을 소개하고 있다. 반대로 베네딕도는 성무일도에 대한 묘사를 미리 하였고 RM의 이 모든 부분에서 단지 휴식과 밤의 침묵에 관한 현재의 장만을 취하고 있다. 그렇듯 하루의 마침을 위한 권고로 끝난 선임자를 잘 따르고 있다. 장의 배열 상으로 볼 때 RM이 성규보다는 더욱 논리적이다.

　베네딕도는 이 장에서 저녁기도와 단식의 날이 아닐 경우 저녁식사도 마치고 이제 하루 마지막 공동체 활동을 규정하고 있다. 이 장은 크게 밤 시간의 침묵(1-2절), 끝기도 전 공동체 독서(3-7절), 끝기도 후의 침묵(8-11절) 세 부분으로 구분된다. 두 번째 부분은 다시 보통날의 경우(3-4절)와 단식일의 경우(5-7절)로 나누어진다.

주석

1-2절 : 베네딕도는 일반원칙을 제시하며 이 장을 시작한다. "수도승들은 늘 침묵을 지켜야 하겠지만, 특히 밤 시간에 그래야 한다."(1

절) '말을 적게 제대로 하다'란 뜻을 지닌 '타치투르니타스' (taciturnitas) 란 용어371) 대신 보다 더 절대적 가치를 지닌 '실렌씨움'(silentium) 이란 용어372)가 사용되고 있는 점이 주목할 만하다. 그만큼 밤의 침묵, 즉 끝기도 이후의 침묵이 강조되고 있는 것이라 볼 수 있다. 이 문장은 밤을 침묵을 위해 특별히 유보된 시간이 되게 한다. 이러한 밤의 침묵은 하느님을 향해 있다. 따라서 베네딕도는 단식일이나 보통날에 관계없이 이 원칙이 항상 준수되어야 한다고 강조하고 있다(2절). 단식일이란 오후 3시에 한 끼만 식사하는 날을 뜻하고 보통날은 정오와 저녁에 두 끼 식사하는 날을 의미한다. 그러나 제목에서 언급된 주제, 곧 끝기도 후의 침묵에 대해서는 단지 첫 번째 문장(1절)과 마지막 부분(8-11절)에서만 언급되고 있다.

3-7절 : 밤의 침묵을 강조한 후 베네딕도는 끝기도 전 공동체 독서에 대해 언급하고 있다. 그는 RM 30장에서는 전혀 언급이 없는 끝기도 전의 독서를 덧붙였다. 그러나 실제 이 독서는 새로운 것은 아니다. 이미 아우구스티누스 규칙 안에서 나타나고 있다. 그러나 아우구스티누스는 이에 대해 이미 언급한 바 있다. "저녁기도 후 적당한 순간에 모두 앉아서 독서를 할 것이다. 그런 다음 잠자기 전에 하는 시편을 바칠 것이다."373) 여기에 베네딕도는 많은 규정을 덧붙인다. 즉 보통날과 단식일의 경우를 구분(3. 5절), 읽지 말아야 할 책(4절), 독서의 길이(6절) 그리고 이 독서의 기능(7절) 등을 덧붙였다.

---

371) 참조: 성규 6,T.2.3; 7,56; 42,9.   372) 참조: 성규 38,5; 42,1; 48,5; 52,2.
373) 『수도원 규정서』(Ordo monasterii) 2.

먼저 보통날과 단식일을 구분하여 시간표가 조정되고 있다. 저녁 식사를 하는 보통날에는 저녁식사 후에 바로 모여 독서를 읽고(3절) 오후 3시경 하루 한 끼 식사하는 단식일에는 저녁기도 후 잠시 여유를 두었다가 하라고 한다(5절). 그리고 이 은총의 밤시간에 준비되어 있기 위하여 독서 하나가 선택되는데 무엇보다도 『담화집』[374]과 『교부들의 생애』[375]가 권고되고 있다. 그 외 청중에게 유익을 줄 수 있는 다른 작품도 읽을 수 있도록 가능성을 열어두고 있다(3절). 베네딕도가 권고하고 있는 위의 두 작품은 주로 독수도승적 환경에서 유래한다. 베네딕도의 수도원 안에서 이 작품들에 대한 특별한 존중은 회수도승적 형태와 독수도승적 형태가 일치되어 있는 수도승생활에 대한 하나의 표지로 볼 수도 있을 것이다.

4절에서는 읽지 말아야 할 책들로 구약의 처음 일곱권과 열왕기가 제시되고 있다. 어떤 면에서는 성경의 어떤 부분이 배제되는 것이 이상하게 보일 수도 있다. 그러나 베네딕도는 그러한 배제의 이유를 분명하게 설명하고 있다. 즉 어떤 청중은 그 자구적이고 육감적 의미를 뛰어 넘을 능력이 없을 수 있기 때문이라는 것이다. 이제 밤의 거룩한 시간은 유혹의 시간이기도 하다. 그래서 이런 책들은 다른 때 읽혀져야 한다고 권고하고 있다. 베네딕도의 지혜로움을 다

---

[374] 이것은 요한 카시아누스의 작품임이 분명하다. 베네딕도는 그의 이름을 언급하지 않는데 이는 카시아누스가 세미펠라지아니즘(*semipelagianism*)의 의심을 받았기에 괜한 논쟁을 피하기 위해서였을 것으로 추정된다.
[375] 이 작품은 틀림없이 최근 로마에서 번역된 교부들의 금언집이었을 것이다(참조: 각주 353). 베네딕도는 이 작품을 앞에서 이미 두 차례 언급한 바 있다(참조: 성규 18,25; 40,6).

시 보여주는 대목이다.

6절에서는 이 독서의 길이가 간단히 언급되고 곧바로 7절에서 독서의 기능이 언급되고 있다. 즉 모두를 끝기도에 참석하게 하려는데 있었다.

8-11절 : 다시 끝기도 후의 침묵에 대해 이야기하고 있다. 베네딕도는 끝기도 후에 말하는 것이 "누구에게도 더 이상 허락되지 않는다."(8절)고 강하게 말하고 있다. 만일 누가 이 규정을 어기면 엄한 벌을 주라고 한다(9절). 그러나 늘 그렇듯이 베네딕도는 여기서도 예외적인 경우를 말하고 있다. 즉 손님접대의 경우나 아빠스가 명령한 경우에는 예외를 두고 있다(10절). 하지만 이런 경우에도 "최대한 신중하고 지극히 절제 있게"(11절)라는 단서를 달고 있다.

밤의 침묵은 고대 수도승 전통 안에서 엄격하게 규정되었다. 이것은 회수도승생활 만큼이나 오래된 고대의 규율이다. 파코미우스는 이미 그것을 규정하였다.[376] 그러나 파코미우스 수도승들은 독방에서 잠을 잤고 그들에게 요구된 침묵은 주로 정결준수의 목적이 있었다. 형제들이 공동침실에 모였던 RM과 성규에서는 오히려 모두의 잠을 보호하는 것에 대해 다루어진다. 성규의 규정은 공동으로 요구된 필요한 휴식을 보증하고자 하는 바램 위에 그 토대를 두고 있다.[377] 성당에서도 마찬가지로 침묵 중에 기도할 수 있어야 한

---

376) 참조: 파코미우스 『계명집』 94: "아무도 어둠속에서 다른 이와 이야기하지 말 것이다."(『교부』: 코이노니아 선집 6, 왜관 수도원 2004, 403)
377) 참조: 성규 48,5.8.

다.378) 이런 식으로 공동생활을 위한 요구들은 점점 강화되었고, 성규는 언제나 보다 결정적 방법으로 그것들을 실행에 옮긴다. 이 공동체적 차원은 끝기도 전에 모두 한 곳에 모이는 이유를 세 번 반복해서 주장하고 있는 베네딕도의 본문에서 강조되고 있다.379) 베네딕도는 세 번에 걸쳐 '모두 함께'(omnes in unum), 즉 공동체 전체가 할 것을 강조하고 있는 점이 흥미롭다.

결국 밤에 이야기해야 할 경우 상당한 신중함을 유지할 것을 권고하면서 베네딕도는 성 바실리우스의 한 부분을 기억하고 있는 것처럼 보인다. 바실리우스는 공동기도 중 수도원 안에서의 그릇된 말을 염두에 두고 있다.380) 반면 베네딕도는 끝기도 후에 발설되는 말을 이야기하고 있다. 그렇듯 밤과 공동기도의 유사성이 다시 나타난다. 공동기도에서처럼 밤은 침묵, 신중함, 성스런 경외심 등으로 감싸져야 한다. 왜냐하면 공동기도가 우리를 하느님 현존 앞에 두는 것처럼 밤은 하느님 활동의 광대함을 드러내기 때문이다. 즉 밤은 지상의 것들을 덮으면서 우주의 심원함을 드러내기 때문이다.

결론

수도승에게 있어 침묵은 그의 존재와 행위를 지탱해주는 절대적

---

378) 참조: 성규 52,3.5. 379) 참조: 성규 42,3.7.8.
380) 참조: 바실리우스『소(小)수덕집』137: "어떤 일에 봉사하거나 규율을 잡는 일에 할당된 사람, 또는 일의 분배를 맡은 사람이 아니면 절대 말해서는 안 된다. 그러나 이러한 이들도 신중히 처신할 것이니, 꼭 필요한 때에만 그 혼자 말하되 정숙과 정중함으로 할 것이지 소란을 일으키거나 다른 사람들에게 방해가 되도록 해서는 안 된다."

가치를 지니고 있다. 그것은 하느님의 말씀을 경청하고 그분께 응답하기 위해 절대적으로 필요한 요소이다. 따라서 수도승은 늘 침묵을 유지할 필요가 있다. 특별히 끝기도 이후의 시간은 하느님과 은밀히 만나는 친교의 시간이다. 대화는 바로 이 친교를 깨고 방해하기에 침묵은 절대적으로 필요하다. 우리의 입은 오직 하느님을 찬미하는 데 사용되어야 할 것이다. 입이 만일 남을 비방하고 비난하거나 아니면 쓸데없는 잡담에 사용된다면 가장 추해질 것이다. "수도승들은 늘 침묵을 지켜야 하겠지만, 특히 밤 시간에 그래야 한다."(1절)는 베네딕도의 권고를 항상 명심할 필요가 있다.

생활규정2 (성규 47-52장)

이 부분에서는 다시 공동체 생활을 위한 규정들이 다루어지고 있다. 예컨대 기도시간을 알리는 문제(47장), 매일의 노동(48장), 사순시기를 위한 규정(49장), 먼 곳에서 일하거나 여행하는 형제(50) 그리고 수도원 성당(52장)에 대한 내용들이다. 제48장과 제49장을 제외하고는 그 내용이나 분량 면에서 상대적으로 비중이 크지 않은 작은 장들이다.

제 47 장
기도시간을 알림

본 문

[1]낮과 밤에 공동기도 시간을 알리는 것은 아빠스의 임무이다. 그 자신이 그것을 알리거나 아니면 주의 깊은 형제에게 이 책임을 맡겨 모든 것이 제 때에 이루어지도록 할 것이다.

[2]시편과 후렴의 선창은 아빠스 다음 위임받은 사람들이 서열에 따라 할 것이다. [3]만일 이 일을 잘 완수하여 듣는 사람들을 감동시킬 수 있는 사람이 아니면 감히 노래하거나 읽지 말 것이다. [4]아빠스의 명령을 받은 사람은 겸손함과 신중함과 경외심을 가지고 이를

행할 것이다.

주 해

개관

    네 개의 절로 이루어진 이 짧은 장은 서로 다른 두 가지 문제를 다루고 있다. 즉 '기도 시간을 알림'과 '기도 선창자 선택기준'이다. RM은 이에 대해 전례 부분을 열고 닫는 구분된 두 개의 장, 즉 RM 31장과 RM 46장에서 각각 다루고 있다. 베네딕도는 전례 부분을 미리 언급하였고 이 장에서는 그 시작과 끝의 흔적들을 하나로 결합하고 있다.

주석

1절 : 베네딕도는 "기도시간을 알리는 것은 아빠스의 임무"라고 전제하고 시작한다. RM에서 기도시간 알림은 두 명의 주간봉사자와 아빠스에게 의존해 있다. 그들이 아빠스에게 성무일도 시간이 되었다는 것을 알리면 아빠스는 성당에서 신호를 주었다.[381] 베네딕도에게 있어서는 한 사람에게 이 임무가 맡겨진다. 그러나 이 사람은 아빠스일수도 있고 그에게 위임받은 주의 깊은 한 형제일 수도 있다. 이 일을 아빠스가 관장하고 주의 깊은 형제에게(*sollicito fratri*) 맡기는 이유는 하느님의 일에 부여된 중요성 때문이다. 또 당시에는

---

381) 참조: RM 32,4-8.

시간을 계산하는 도구들이 발달되지 않았기 때문에 이 소임은 어렵고 부담스러운 것이었음이 분명하다. 아마도 자주 기도가 제때에 이루어지지 않았을 것이다. 그래서 베네딕도는 이렇듯 중요한 하느님의 일이 정해진 시간에(*horis competentibus*) 이루어지도록 강조하고 있다.

2-4절: 시편이나 후렴 선창자의 선택과 자세에 대해서 언급하고 있다. 선창은 아빠스와 그에게 위임받은 사람들이 서열에 따라 하도록 제한된다(2절). 아빠스 자신이 직접 시편과 후렴을 선창하는 점이 인상적이다. 여기서 역시 우리는 신적 봉사의 중대성이 강조되고 있음을 볼 수 있다. 또 모두가 순서에 따라 하는 것이 아니라 이러한 역할을 제대로 수행할 능력이 없는 사람들은 제외된다(3절). 그 능력이란 바로 "듣는 사람들을 감동시킬 수 있는" 능력이다. 사실 베네딕도 시대에 시편이나 후렴의 필사본을 읽거나 노래하는 것은 쉽지 않은 복잡한 일이었고 많은 숙달을 요구했다. 그래서 대부분의 수도승은 청중을 이해시켜 감화를 줄만큼 이 일을 제대로 할 능력이 없었음이 분명하다. 이 절들에서 우리는 주간독서자에 관한 마지막 언급을 다시 보게 된다.[382] 그러나 주간독서자의 경우 베네딕도가 서열에 따른 연속성을 배제한 반면, 시편이나 후렴 선창의 경우에는 장상에게 위임된 어떤 선택을 통하여 서열의 연속성을 받아들이고 있다.

---

382) 성규 38,12: "형제들은 서열에 따라서 (독서를) 읽거나 노래하지 말고 청중을 감화시킬 수 있는 사람들이 할 것이다."

4절에서 베네딕도는 선창자의 내적 자세를 겸손함, 신중함, 경외심 이 세 마디로 묘사하고 있다. 우리는 특별히 성당에서 겸손이 필요하다는 것을 이미 알고 있다.[383] 읽거나 노래하는 것은 쉽게 교만을 불러일으키므로[384] 겸손을 유지하기 위한 노력이 필요하다. 신중함과 경외심의 자세는 이미 RM을 통해 시편을 바치는 사람들에게 요구되었다.[385] 이 세 가지 자세는 겸손의 첫 번째 단계와 시편 낭송 자세에 관한 장을 가득 채우고 있는 신적 위엄의 의미를 함께 표현하고 있다.[386] 카시아누스는 영적 덕행과 인식에 별로 나아가지 못한 초심자가 흔히 자기 목소리가 고와서 다른 사람보다 시편을 더 잘 노래한다고 생각하여 교만에 빠진다고 말하고 있다.[387]

결론

이 짧은 장 안에서도 우리는 하느님의 일의 중요성과 그에 대한 베네딕도의 강조를 볼 수 있었다. 아빠스가 직접 나서서 이 모든 일을 주관한다는 것이 이에 대한 좋은 증거라 하겠다. 이는 온갖 행정적 일들과 관리로 많은 시간과 정신을 쏟아야 하는 현대의 아빠스가 주의 깊게 되돌아봐야 할 일일 것이다.

---

383) 참조: 성규 45,1-2. 384) 참조: 성규 38,2.
385) 참조: RM 47, 1.4: "경외심을 지닌 신중함과 시편을 외우는 태도가 극진하여, 주님께서 우리가 바치는 것을 더 기쁘게 들으실 수 있도록 할 것이다...경외심을 가지고 그분 앞에서 용약하라."
386) 참조: 성규 7,10-30; 19,1-7.
387) 참조: 『제도서』11,13 (John Cassian, *The Institutes*, op.cit., 245-246)

제 48 장
매일의 노동

본 문

¹한가함은 영혼의 원수이다. 그러므로 형제들은 정해진 시간에 손노동을 하고 또 다른 정해진 시간에 성독(聖讀)을 해야 한다.

²따라서 우리는 이 두 가지 일을 위한 시간을 다음과 같이 규정해야 한다고 생각한다. ³즉 부활주일부터 10월 1일까지 아침에 일시경을 끝내면 오전 10시까지 필요한 노동을 할 것이다. ⁴오전 10시부터 육시경 전까지 독서에 전념할 것이다. ⁵육시경과 식사를 마치면 자기 침대에서 완전한 침묵 중에 쉴 수 있다. 만일 누가 개인적으로 독서하기를 원하면 독서할 수도 있지만 다른 사람들을 방해하지 않도록 할 것이다. ⁶구시경은 조금 앞당겨 오후 2시 30분경 바칠 것이다. 그리고 다시 저녁기도 때까지 필요한 노동을 할 것이다. ⁷만일 지역의 상황이나 가난으로 인해 직접 추수를 해야 할 경우가 있더라도 상심하지 말 것이다. ⁸왜냐하면 우리 교부들과 사도들처럼 자기 손으로 일해서 살아갈 때 진정한 수도승이기 때문이다. ⁹그러나 연약한 이들을 고려하여 모든 것을 적절하게 행할 것이다.

¹⁰10월 1일부터 사순시기 시작까지는 오전 8시까지 독서에 전념할 것이다. ¹¹오전 8시에 삼시경을 바치고 오후 3시까지 모든 이는

자기에게 배정된 일을 할 것이다. [12]구시경을 위한 첫 번째 신호가 울리면 각자 하던 일을 제쳐두고 두 번째 신호가 울릴 때까지 준비되어 있어야 한다. [13]식사 후에는 각자 독서나 시편 (공부)에 전념할 것이다.

[14]사순시기 동안에는 아침부터 오전 9시까지 독서에 전념하고 그 이후부터 오후 4시까지 각자에게 배정된 일을 할 것이다. [15]이 사순시기 동안 모든 이는 성경 낱권들을 받아 그것을 순서대로 다 읽을 것이다. [16]이 책들은 사순시기 시작 때 분배되어야 한다.

[17]무엇보다도 한 두 명의 장로에게 책임을 맡겨 형제들이 독서에 전념하는 시간에 수도원을 돌게 하는 것이 좋을 것이다. [18]그들의 임무는 혹시라도 어떤 형제가 나태해져 독서에 전념하지 않고 한가함이나 잡담에 빠지지는 않았는지 살피는 것이다. 그것은 그 자신에게 해로울 뿐 아니라 다른 이들에게도 방해가 된다. [19]이런 일은 없어야 하겠지만, 만일 그런 형제가 있거든 한두 번 책망할 것이다. [20]만일 고치지 않거든 규정된 벌에 처하여 다른 이들에게도 경종이 되도록 할 것이다. [21]어떤 형제도 정해진 시간 외에 다른 형제와 교제해서는 안 된다.

[22]주일에도 마찬가지로 다양한 봉사에 위임된 사람들을 제외하고 모두 독서에 전념할 것이다.

[23]만일 누가 너무 태만하고 게을러서 묵상이나 독서하기를 원하

지 않거나 할 수 없거든 그에게 어떤 일거리를 주어 빈들거리지 않게 할 것이다.

²⁴병들었거나 허약한 형제들에게는 너무 한가하지도 않고 너무 과도하여 도망가지 않을 정도의 일이나 수공예를 맡길 것이다. ²⁵아빠스는 그들의 연약함을 고려해야 한다.

주 해

개관

성규의 중요한 장 중 하나인 이 장에서는 수도승의 하루 일과와 노동 그리고 렉시오 디비나 등 수도승생활에 의미 있는 여러 내용이 언급되고 있다. 수도승생활의 목적은 단지 공동기도를 바치는 그 자체에 있지 않고 하느님을 찾는 데 있다. 이를 위해 수도승은 단지 한 가지 활동에만 제한되지 않고 삶의 모든 순간에 그의 온 힘을 바쳐 노력한다. 베네딕도는 수도승의 하루를 균형 있게 하는 두 요소인 기도와 노동의 규정을 받아들인다. 그리고 이것들을 유지하고 조화롭게 하기 위하여 이 두 요소 사이에 매우 중요한 세 번째 요소, 즉 성독(聖讀 Lectio divina)을 도입하고 있다. 그는 하루 일과를 정하는 중에 즉시 성독을 언급한다. 성규 48장은 RM 50장과 병행되는데 베네딕도는 78개의 절로 되어 있는 RM의 긴 장을 25개의 절로 요약하고 있다.

1. RM과 성규의 비교

구 분	RM	성규
노동과 성독	1. 성독 보다도 노동에로 더 정향 됨. 노동의 목적에 있어 한가함을 피하기 위한 금욕적인 측면이 두드러짐 2. 노동을 독서와 함께 함 3. 거룩한 담화나 침묵 중에 노동을 함 4. 성독을 그룹으로 함 종합: 노동에 중요성이 부여됨	1. RM보다도 성독에 강조점이 주어짐. 노동을 금욕적 목적(1.23절)에서 뿐만 아니라 또한 필요성에 따라 함 2. 노동과 성독이 분리됨 3. 노동 중에 침묵이 보다 강조됨 4. 성독을 개인적으로 함 5. 성규 안에서 성경이 보다 중요한 것으로 드러남 종합: 둘 간의 균형과 조화가 보다 더 중요함
일과시간	1. 보다 단순함(단지 두 개의 계절로 나누어지고 언제나 동일한 시간(제1,3,6,9시)에 시간경이 바쳐짐 2. 보다 더 논리적임 3. 겨울철과 더불어 시작	1. 보다 더 융통성이 있음(사순시기를 포함하여 세 개의 계절로 나누어짐. 계절에 따라 일과시간을 조정하고 변경함) 2. 보다 더 심리학적임. 3. 여름철과 더불어 시작. 파스카가 무엇보다 더 중요하고 전례주년 안에서 중심을 차지함

2. 구조

장의 구조는 다음과 같다.

1절 : 일반원칙: 노동과 성독의 필요성

2-6절 : 여름철 일과표(부활주일~10/1)

7-9절 : 예외적인 들노동

11-13절 : 겨울철 일과표(10/1 ~ 사순시기 시작)

14-16절 : 사순시기 일과표

17-21절 : 성독시간을 돌봄

22-25절 : 몇몇 특별한 경우

주석

1절 : 베네딕도는 한가함은 영혼의 원수이므로 정해진 시간에 손노동과 성독(*Lectio divina*)을 하라는 일반원칙을 제시하며 장을 시작하고 있다(1절). 하느님의 일은 언급되고 있지 않고 있는데, 아마도 그것에 대해서는 성규 8장에서 20장까지 충분히 언급했기 때문일 것이다. 손노동과 성독은 이 장에서 처음 언급되고 있다.

2-6절 : 이 두 가지를 위한 시간 규정의 필요성이 언급되고(2절). 부활주일(파스카)에서 10월 1일까지의 여름철 일과표가 규정되고 있다.

3절 : 일시경 후 제4시(*hora pene quarta*), 곧 오전 10시까지 필요한 노동(*quod nesessarium fuerit*)을 하라고 한다.

노동은 오전 9시의 삼시경으로 중단되었을 것이 분명한데 베네딕도는 이에 대한 언급은 하고 있지 않다. 여름철 노동 시간을 오전 일찍 배당한 것은 무더위 때문으로 이는 베네딕도의 분별력을 보여준다. 또 절기 구분이 파스카와 더불어 시작하고 있는 점도 베네딕도의 특징이라 할 수 있다. 그에게 있어서 파스카가 전례력의 중심이다.

베네딕도는 또 RM이나 다른 수도승 규칙들과는 달리 제3시, 제6시 제9시에 행해진 소시간경들로 이루어지는 엄격한 일과표를 따르고 있지 않다. '제4시' 라는 표현이 이를 잘 보여준다. 베네딕도는 상황에 따라 융통성을 부여한다. 여기서 베네딕도의 현실주의적 면모가 드러난다.

'필요한 노동' 이라는 표현은 노동을 한가함을 피하기 위한 금욕적 수단의 일환으로 언급하는 RM과의 차이점이다.[388] 베네딕도에게 있어 노동은 금욕적 차원을 뛰어 넘어 생계유지라는 현실적 차원으로 나아간다.

4절 : 오전 10시부터 육시경(12시) 전까지 대략 2시간 정도 성독을 위한 시간이 할애되고 있다. 베네딕도는 RM에서 성독에 할애된 오전 3시간을 2시간으로 줄였다. 사실상 하루 3시간을 연속해서 성독을 한다는 것은 쉬운 일이 아니다. 누구나 이런 능력을 가진 것은 아니다. 베네딕도는 경험을 통해 이런 구체적 현실을 감안하고 있는 듯하다.

이 절에서 렉시오 디비나(*Lectio divina*) 라는 표현 대신 그냥 렉시오(*lectio*)만 언급되고 있지만 이것은 성독을 뜻하는 것이 분명하다. 1절에서 이미 '렉시오 디비나' 가 언급되었기에 이를 위한 시간을 규정하고 있는 것이라 볼 수 있다.

성독은 베네딕도의 일과 안에서 보통 최상의 시간에 행해진 성경으로 하는 기도라 할 수 있다.[389] 반면 RM에서는 수도승들이 일을

---

388) 참조: RM 50,1-5.
389) 참조: 아달베르 드 보궤, "300-700년경 수도원들 안에서 매일의 독서", 허성석 옮김 「코이노니아」 30집(2005 여름), 22-39.

할 수 없을 때 성독이 행해졌다.390) 그러나 여름철 렉시오 디비나를 위한 시간은 최상의 시간이었던 것처럼 보이지는 않는다. 왜냐하면 노동을 한 후에다가 더 더울 때 성독을 하게 되기 때문에 제대로 집중이 되지 않을 수 있기 때문이다.

또 렉시오(lectio)와 관련하여 6번이나 사용되고 있는 '바카레'(vacare)란 동사391)는 무언가를 위해 '비워두다'는 뜻을 지니고 있다. 그레고리우스 1세 교황의 표현을 빌리면 성독은 다른 일과 같지 않고 '하느님 안에서의 쉼'(Quies in Deo)과 같다. 이 쉼을 위해 따로 시간을 비워두는 것이라 할 수 있다.

5절 : 육시경 후에는 식사와 오침이 이어진다. 그러나 베네딕도는 원하는 사람에 한해 오침 시간을 이용하여 남에게 방해를 주지 않고 독서를 할 수 있도록 허용하고 있다. 이 오침(siesta)은 아마도 그렇게 충분하지 않았던 밤잠을 보충하기 위한 것으로 보인다.

'다른 사람들을 방해하지 않도록'(un alium non inquietet): 이 표현은 독서를 소리 내서 했음을 암시해 준다. 고대에는 보통 큰 소리를 내어 독서했고 또 베네딕도 당시 공동침실을 사용했기 때문이다.

6절 : 구시경과 노동이 다시 언급되고 있다. 베네딕도는 구시경을

---

390) 참조: RM 50,9-10; "9월 24일에 해당되는 추분부터 부활절까지의 겨울철에는 추위서 형제들이 아침에 무슨 일을 할 수 없기 때문에 일시경부터 삼시경까지는 전 공동체가 한 곳에 모여 목소리로 서로 방해를 주지 않고 독서에 전념할 수 있도록 십인조 별로 따로 떨어져 있을 것이다."
391) 성규 48,4.10.13.14.17.22.

조금 앞당겨 제8시 반(*temperius mediante octava hora*), 곧 오후 2시 30분경에 바치라고 한다. 이것은 또 다른 일과시간의 조정으로[392] 베네딕도의 현실주의적 면모를 다시 보여준다. 그는 인간적 필요성에 따라 일과시간을 조정한다. 그리고 저녁기도 때까지 필요한 노동(*quod faciendum est*)을 하도록 규정된다. 베네딕도는 노동의 금욕적 차원을 뛰어 넘어 실제적 필요성에 따른 노동을 언급한다. 이는 당시의 어려웠던 상황을 반영한다.

7-9절: 일종의 삽입부와도 같은 이 부분에서는 예외적인 들노동이 언급되고 있다.

7절: 이 경우는 지역의 상황(*necessitas loci*)이나 가난(*paupertas*)이 요구할 때이다. '지역의 상황'이란 표현에서 베네딕도의 현실주의가 드러난다. 또 '가난'이란 말은 성규에서 유일하게 이 절에서 한 번 공동체의 가난을 위해 사용되고 있다. '직접 추수할 필요가 있더라도'라는 표현은 다음 두 가지 점을 드러내주고 있다. 첫째, 수도승들은 보통 들에서 일하지 않고 일꾼들을 고용하였다는 점이다. 실제 수도원의 경제적 생활수준은 그 지역의 생활수준보다 훨씬 높았다. 둘째, 상황에 따라 수도승들 역시 들에서 일을 하였다는 점이다.[393] 이런 경우가 있더라도 상심하지 말라(*non contristentur*)고

---

392) 참조: 성규 48,3-4에서 이미 일과시간이 조정된 바 있다.
393) RM은 들에서 하는 노동을 금지하는데 이는 힘든 노동이 묵상을 방해한다고 보았기 때문이다(참조: RM 86,8-13).

권고하고 있다. 형제들을 상심시키지 않으려는 베네딕도의 자상한 배려를 엿볼 수 있다.394)

8절 : 그 이유로 교부들의 모범이 제시되고 있다. "자기 손으로 일해서 살아갈 때 진정한 수도승이기 때문"이라는 것이다. 이것 역시 베네딕도가 제시하는 하나의 이상이다.395) 참된 수도승은 남의 도움에 기대지 않고 스스로 노동해서 생계를 유지하는 것이다. 사막교부들은 바로 이것을 실천했다. 수도원이 그렇게 가난하지 않았던 당시 수도승들은 보통 힘든 노동을 하지는 않았지만 베네딕도는 초기 교부들의 이상을 제시하며 노동을 해야 할 경우 상심하지 말라고 용기를 북돋고 있다.

9절 : 그럼에도 불구하고 연약한 이들(*mensurate*)을 고려하라고 한다. 이 역시 약한 이들에 대한 베네딕도의 세심한 배려를 드러낸다.

10-13절 : 10월 1일부터 사순시기 시작까지의 겨울철 일과가 규정된다.

10절 : 겨울철에는 노동과 성독 시간의 순서가 바뀐다. 오전 8시까지 성독에 할애된다. 그러나 언제부터 시작되는지 그 시작 시간에 대한 언급은 없다. 아침기도 후부터인지 아니면 일시경 후부터인지

---

394) 참조: 성규 27,3; 31,6.7.9; 34,3; 35,3; 36,5; 54,5.
395) 참조: 성규 18,26; 40,6; 49,1.

정확히 알 수 없다. 아침기도 후부터라고 해도 중간에 일시경 때문에 중단되어야 하고 오전 7시에 바쳐지는 일시경 후라고 해도 성독을 위한 시간이 너무 짧다. 이 점은 여전히 모호하게 남아 있다. 어쨌든 이제 여름철 무더위가 지나갔기 때문에 무더위로 인해 앞서 배정했던 노동을 뒤로 미루고 더 좋은 시간을 성독에 배정하고 있는 것만은 확실한 듯하다.

11절 : '제2시에 삼시경을 바치고'(hora seconda agatur Tertia): 다시 일과시간이 조정된다. 제3시(오전 9시)에 바치는 삼시경을 한 시간 당겨서 바치라고 한다. 아마도 겨울철에는 해가 짧기 때문에 빛이 있는 동안에 모든 일을 마치기 위해[396] 일과를 앞으로 당기는 것으로 보인다. 오후 3시까지 노동을 하라고 한 것을 보면 대개 하루 6시간 정도 노동을 했던 것으로 추정된다. 이 절에서도 정오에 바쳤던 육시경에 대한 언급은 없다.

12절 : 구시경을 위해 두 번의 신호가 주어진다. 첫 번째 신호에 수도승들은 각자 하던 일을 제쳐두고 두 번째 신호가 울릴 때까지 기도에 준비되어 있도록 한다. 이는 아주 현실을 감안한 규정이 아닐 수 없다.

13절 : 구시경 후에 곧바로 하루 한번 있던 식사가 따른다. 겨울철

---

396) 참조: 성규 41,8-9.

에는 오침을 위한 별도의 시간이 규정되고 있지 않다. 이는 해가 짧고 밤이 길기 때문에 밤잠을 위한 시간이 여름철보다 더 길었기 때문으로 보인다. 식사 후에는 각자 독서나 시편공부(*lectionibus suis et psalmis*)를 위한 시간이 배려된다. '독서'가 복수(*lectionibus*)로 사용된 점으로 보아 독서 행위 자체라기보다는 독서의 내용을 언급하고 있는 것으로 보인다. 각자에게 분배된 성경의 각 권과 시편에 대한 공부인 듯하다. 이 문맥에서 '공부'는 성경이나 시편을 배워야 하는 사람들이 했던 암기였다. 등불이 흐리고 책이 부족했던 당시에 밤기도를 위해서는 성경이나 시편 암기가 필수적이었을 것이다.[397]

14-16절 : 사순시기를 위한 일과표가 언급된다. 앞에서 보았듯이 겨울철 일과표는 여름철 일과표에 비해 더 엄격하다. 이런 엄격성은 본격적 회개의 때인 사순시기에 더욱 강조된다.

14절 : '아침부터 오전 9시까지'(*a mane usque tertia*) 성독에 할애되고 있다. 이 시기에도 노동보다 성독이 앞 시간에 배정된다. 그러나 '아침부터'라는 것이 정확히 언제를 말하는 것인지 애매하다. 아침기도 후부터인지 일시경 후부터인지 분명한 언급이 없다. 그러나 겨울철 일과표에서보다는 성독을 위해 한 시간이 더 늘어났다. 그 후 오후 4시까지 노동을 하도록 규정하고 있다. 노동이 끝나면 아마도 저녁기도가 이어졌을 것이다. 삼시경, 육시경, 구시경에 대

---

[397] 참조: T. G. Kardon, *Benedict's Rule: A Translation and Commentary*, The Liturgical Press: Collegeville, Minnesota, 1996, 390-391.

한 언급은 없는데, 일터에서 바쳤을 수도 있다. 결과적으로 보면 사순시기 일과는 외견상 매우 단순하다. 성독과 노동 그리고 하루 한 번 저녁기도 후에 있었던 식사시간 때까지의 단식 등으로 비교적 단순히 이루어져 있다.

15절 : '성경 낱권들'(*singulos codices de bibliotheca*): 대부분의 번역가들은 이 문장을 '도서실에서 하나의 책'이란 의미로 번역하고 있다. 그러나 테렌스 카르동(*T. Kardong*)은 이 절에서 말하는 비블리오테카(*bibliotheca*)는 도서실이 아니라 '성경'을 의미한다고 주장한다. 따라서 그는 '성경의 떼어진 한 부분'으로 번역한다. 왜냐하면 만일 단순히 '도서실'로 번역한다면 많은 책을 소장하고 있는 오늘날의 도서관을 상상할 수 있기 때문이다. 이 주장이 더 일리가 있어 보인다. 사실 고대에는 오늘날과 같은 도서실이 없었다.

17-21절 : 형제들이 성독에 전념하도록 돌보는 문제를 언급하고 있다. 베네딕도는 한 두 명의 장로로 하여금 수도원을 돌아보게 하여 형제들이 이 시간을 헛되이 보내지 않도록 감독하게 한다(17-18). '돌다'(*circumeant*, 17절) 라는 이 표현은 수도승들이 성독을 한 장소에서 하지 않고 여러 곳에서 했음을 나타내고 있다. 당시에는 개인 독방이 없었기 때문에 보통 수도원 봉쇄구역 안이 성독을 위한 장소였다. 따라서 각자 여러 곳에 흩어져 성독을 했을 것으로 추정된다. 반면 RM에서는 성독을 공동으로 수행했기 때문에 이런 감독자들이 필요 없었다. 후에 베네딕도회 수도원들에 개인독방이 도입

되고서 이들의 역할이 더 이상 필요 없게 되었다. '치르쿠미레' (circumire) 라는 이 라틴어 동사는 중세기 수도원들 안에서 상당한 권한을 가졌던 '치르카토레스' (circatores)라고 불린 임원들의 공식 명칭에 영향을 주었다.

사실상 여러 시간 성독에 전념하는 것은 결코 쉽지 않은 하나의 노력을 요구하는 일이다. 모든 수도승이 이런 능력을 갖는 것은 아니다. 이 사실은 베네딕도의 이런 염려를 설명해 준다. 베네딕도는 성독에 전념하지 않고 한가함이나 잡담에 빠진 수도승을 '나태해진 자' (acediosus, 18절)[398]라고 말하고 있다. 만일 이런 자들이 있다면 한두 번 책망하고(19절) 고치지 않을 경우 규정된 벌에 처하라(20절)고 강하게 말하고 있다.

22-25절 : 몇몇 특별한 경우가 언급되고 있다.

22절 : 베네딕도는 주일을 위해서는 RM보다 더 많은 요구를 한다. 봉사에 위임된 사람들을 제외하고는 모두 성독에 전념하라고 말하고 있다. RM에서는 주일에 각자 원하는 모든 것을 할 수 있다. 이 점에서 **RM**은 성규보다 더 관대하다. 베네딕도는 주일은 주님의 날이기 때문에 하루를 온전히 주님과 함께 보내야 한다고 생각하고

---

398) 이것은 영적 태만 혹은 무기력을 뜻하는 그리스어 아케디아(akedia)의 희생자란 뜻이다. 고대 수도승전통 안에서 '아케디아'는 독수도승이 자주 빠질 수 있는 유혹이었다. 이것은 보통 하루의 중간 무렵, 즉 정오경에 다가오기 때문에 '정오의 악령'이라고 불리기도 했다. 에바그리우스와 카시아누스는 이것을 여덟 가지 주요 악습 중 하나로 언급하고 있다.

있음이 분명하다.

23절 : 베네딕도는 "묵상이나 독서하기를 원하지 않거나 할 수 없거든 일거리를 주어 빈들거리지 않게" 하라고 말한다. '묵상' (*meditari*)은 성경 본문에 대한 반추(되새김)를 의미한다. 그리스어 멜레탄(*meletan*)에서 유래한 이 라틴어 동사는 성경구절을 소리 내어 반복해서 읽는 것(*ruminatio:* 되새김, 반추)을 뜻한다.399) 이는 초기 사막 교부들의 묵상 수행법이었다. 특별히 4세기 이집트 남부의 파코미우스 공동체에서 실시되었다. 또 '빈들거리지 않게 하다.' (*ut non vacet*) 란 표현은 노동의 목적이 1절에서와 같이 금욕적인 것임을 드러내고 있다. 따라서 이 장에서 노동은 한가함을 피하기 위한 금욕적 목적과 동시에 가난이나 필요성에 의한 실제적 목적을 지니고 있다.

24절 : 베네딕도는 병자나 약한 이들을 고려하고 있다. 그러나 이들에게도 적당한 일거리를 주어 한가함에 빠지지 않도록 배려하고 있다. "아빠스는 그들의 연약함을 고려해야 한다."(25절)는 말로 장을 마치고 있다. 약한 이들에 대한 고려는 뒤의 장들에서도 계속 언급된다.

---

399) 여러 번역본에서는 '메디타리'(*meditari*)란 동사가 '공부하다' 란 의미로 번역되고 있다. 그러나 이 동사는 '공부하다', '연구하다' 란 의미를 지닌 '스투디레'(*studire*)란 동사와는 확연히 다른 의미를 지니고 있다. 이런 배경을 지니고 있기 때문에 '공부하다' 란 말 대신 '묵상하다' 란 동사로 번역하는 것이 바람직하다고 여겨진다.

결론

　이 장은 베네딕도회 수도승생활을 구성하는 세 가지 주요 구성요소, 즉 공동기도, 성독 그리고 노동이 동시에 언급되고 있는 유일한 장이라 할 수 있다. 베네딕도는 여름철과 겨울철 그리고 사순시기에 따라 이 세 요소를 중심으로 일과시간을 배정하고 있다. 이 장에서는 특별히 성독과 노동의 시간을 배정하고 있는데 이 둘 모두 고유의 시간과 고유의 위치를 지니고 있다. 베네딕도에게 있어 보다 중요한 것은 성독과 노동 사이의 균형과 조화이다. 베네딕도회 삶에서 특히 중요한 것은 중용이라 할 수 있다. 중용을 잃으면 조화가 깨지고 결국 방향을 잃게 된다. 공동기도와 주로 개인적 차원에서 이루어지는 성독 그리고 노동이 균형과 조화를 이루어 적절히 행해질 때 수도승생활은 건전한 방향으로 나아가게 될 것이다.

제 49 장
사순시기를 위한 규정

본 문

¹참으로 수도승의 생활은 언제나 사순시기를 사는 것과 같아야 할 것이다. ²하지만 이러한 능력은 소수에게만 있기 때문에 우리는 이 사순시기 동안 자기 생활을 최대한 청정하게 유지하고 ³동시에 다른 때에 소홀히 했던 모든 것을 이 거룩한 시기에 씻어내기를 권고하는 바이다. ⁴이것은 우리가 온갖 악습을 삼가고 눈물로써 기도하고 독서와 마음의 통회와 절제에 힘쓸 때 제대로 이루어질 것이다. ⁵그러므로 우리는 이 시기에 평소 우리 섬김의 분량에 어떤 것을 부가하고자 하는 바이니, 곧 특별한 기도, 음식과 음료의 절제이다. ⁶이렇게 해서 각자 "성령의 기쁨으로"⁴⁰⁰⁾ 자발적으로 자기에게 부과된 분량 이외에 어떤 것을 더 하느님에게 드리게 될 것이다. ⁷즉 음식과 음료, 잠, 불필요한 말과 한가한 농담을 줄이고 영적 갈망의 기쁨으로 거룩한 부활축일을 기다릴 것이다.

⁸그러나 각자 봉헌하고자 하는 바를 자기 아빠스에게 제시하여 그의 기도와 승인을 받고 행할 것이다. ⁹왜냐하면 영적 아버지의 허락 없이 행하는 것은 교만과 허영심으로 여겨지고 공로가 되지 못

---

400) 1테살 1,6.

하기 때문이다. ¹⁰그러므로 모든 것은 아빠스의 동의하에 행해져야 한다.

주 해

개관

　베네딕도에게 있어 사순시기는 수도승의 영적 진보를 위해 특별한 중요성을 지닌다. 이 시기는 그리스도인의 중심축제인 파스카를 위한 금욕적, 전례적 준비시기라 할 수 있다. 이 장에서 베네딕도는 사순시기를 어떻게 보내야 하는지 규정하고 있다. 사순시기에 대해 세 개의 장⁴⁰¹⁾으로 길게 언급하고 있는 RM과는 달리 베네딕도는 하나의 장으로 함축적으로 언급하고 있다. 하지만 핵심적 내용은 모두 담고 있다고 할 수 있다. 성규 49장에서 무엇보다도 레오 대교황의 사순절 강론에서 많은 영향을 받은 흔적이 보인다. RM의 흔적은 단지 8-9절에서만 나타나고⁴⁰²⁾ 나머지는 주로 레오 대교황에게서 영향을 받았다.

　이 장은 크게 1-3절, 4-7절, 8-10절 이 세 부분으로 구성되어 있다. 제1부에서는 사순시기 이상을 함축적으로 언급하고 있고, 제2부에서는 그 이상 실현을 위한 구체적 방법 등이 제시되고 있으며, 제3

---

401) 참조: RM 51-53장. RM은 이 세 개의 장을 사순시기 규정으로 따로 묶고 있다. RM은 51장을 시작하면서 "사순시기 규칙의 시작"(*Incipit regula quadragesimalis*), 53장을 끝내면서는 "사순시기 규칙의 끝"(*Explicit regula quadragesimae*)이라고 명기하고 있다.
402) 참조: RM 53,11-15.

부에서는 아빠스에 대한 종속을 강조하고 있다.

주석

1-3절 : 흔히 그렇듯이 베네딕도는 하나의 일반 원칙을 제시하며 장을 시작하고 있다. "참으로 수도승의 생활은 언제나 사순시기를 사는 것과 같아야 할 것이다."(1절) 이 구절을 보면 그가 생각하는 수도승생활 개념이 너무 엄격하지 않은가라는 질문을 제기할 수도 있을 것이다. 그러나 전혀 그렇지 않다. 그가 제시하는 것은 바로 수도승생활의 이상이다. 베네딕도에게 있어 사순시기는 무겁고 어두운 느낌을 주는 시기가 아니라 무엇보다 복음을 온전하게 사는, 적어도 그러려고 노력하는 시기를 의미한다. 하지만 그는 오랜 경험을 통해서 "그런 능력은 소수에게만 있다."(2절)는 것을 잘 알고 있다. 그래서 적어도 이 시기 동안에라도 그동안 소홀히 했던 것을 보충하자고 권고하고 있는 것이다(3절). 이런 면에서 베네딕도는 구체적이고 현실적인 사람이었음이 분명하다. 그럼에도 불구하고 그는 항상 수도승들로 하여금 이상을 향하여 나아가도록 이상을 제시하는 것을 잊지 않는다.

4-7절 : 베네딕도는 앞에서 사순시기의 이상과 규정의 취지를 언급한 다음 이제 이 시기를 위한 구체적 실천 방법을 규정하고 있다.

첫째, 온갖 악습을 삼가는 것이다. 이는 반대로 그리스도교 금욕적 수행의 목적인 덕을 닦는 것을 의미한다. 둘째, 속죄의 눈물을 동반한[403] 개인기도에 더욱 전념하는 것이다. 이는 성전에서 기도한 복음의 세리[404])처럼 자신의 비참함을 아는 자의 기도이다. 셋째, 성독, 즉 하느님 말씀 경청에 더욱 전념하는 것이다. 넷째, 마음의 통회에 힘쓰는 것이다. 이는 죄인의 후회와 고통을 말한다. 이런 의식을 더 섬세하게 할 필요가 있다. 다섯째, 어떤 것들에 대한 절제이다(4절). 절제의 구체적 내용은 음식과 음료, 잠, 불필요한 말과 한가한 농담을 줄이는 것이다(5.7절).

이 참회 행위는 주로 성령의 격려로 각자의 자발성에 맡겨진다(6절). 여기서 '기쁨'에 대한 이중적 언급이 나타난다. 이 모든 고행은 "성령의 기쁨"으로 자발적으로 주님에게 바쳐지게 된다(6절). 그런 다음 "영적 갈망의 기쁨"으로 부활축일을 기다린다(7절). 이 영적 갈망에 대해서 베네딕도는 4장 '선행의 도구'에서 이미 이야기한 바 있다.[405]) 거기서는 궁극 목적인 '영원한 생명'이 다루어졌다. 이제 이 장에서는 영원한 생명의 선포와 시작인 파스카에 대해서 다루어지고 있다.

'성령의 기쁨', '영적 갈망의 기쁨'으로 불리어지는 이 '기쁨'은 베네딕도에게 있어 사순절과 동일한 의미가 된다. 이는 머리말 49절의 "말할 수 없는 사랑의 감미"와 비슷하다. RM에서 사순시기의 이미지는 현세생활이다. 이 현세에서는 육체를 십자가에 못 박고(사순시기) 저 세상에서 비로소 기쁨이 주어진다(부활축일). 반면 베네딕도에게 있어서는 이미 현세에서 '기쁨'이 주어진다. 즉 사순시기에 이미 기쁨으로 충만하다.

---

403) 참조: 성규 20,3.   404) 참조: 루카 18,10-14.
405) 참조: 4,46: "온갖 영적 갈망으로 영원한 생명을 열망하라."

베네딕도에게 있어 사순시기는 이미 부활의 기쁨으로 가득 찬 갈망이며 이 갈망을 위한 수단은 바로 깨어 있는 것이다. 이 깨어 있는 마음은 모든 그리스도교 금욕주의의 목표이다. 갈망으로 충만하여 있는 것은 현재의 순간에 몰입해 있는 것이 아니라 도래할 또 다른 실재를 위해 주의 깊게 깨어 있는 것이다. 그래서 '갈망'은 '깨어 있음'이라 할 수 있다.

8-10절 : 베네딕도는 교만과 허영심을 경계하며 아빠스에 대한 종속을 강조하고 있다. 성령의 기쁨과 영적 갈망의 기쁨으로 행하려는 모든 고행과 절제는 장상의 기도와 승인 하에 행해져야 한다(8절). 왜냐하면 장상의 승인 없이 하는 것은 교만과 허영심이기 때문이라는 것이다(9절). 비록 그것이 좋은 것이라 하더라도 아빠스의 뜻에 종속되어야 한다는 점을 분명히 하고 있다. 이로써 베네딕도는 아빠스의 책임을 강조하고 있다. 그는 수도승들이 성령의 기쁨과 영적 갈망으로 하려는 모든 것을 기도로 지원하고 격려하며 올바른 열매를 맺을 수 있도록 노력해야 한다.

결론

 사순시기는 수도승의 전 실존을 위한 모델과도 같다. 베네딕도에게 있어 이 시기는 결코 무겁고 어두운 참회와 고행의 시기가 아니다. 그것은 장차 주어질 기쁨을 미리 맛보며 그것을 갈망하며 기쁨 중에 깨어 있는 시기인 것이다. 그 깨어 있음은 기도와 절제로 이루어진다. 이러한 삶의 자세는 그리스도인 실존 자체이며, 특별히 수도승의 일상 자체가 되어야 할 것이다. 사순시기 라는 특별한 시기는 수도승의 전 실존으로 확대되어나가야 할 것이다. 베네딕도는 이 장을 시작하면서 바로 우리를 이 이상을 향해 나아가도록 초대하고 있는 것이다. "참으로 수도승의 생활은 언제나 사순시기를 사는 것과 같아야 할 것이다."(1절)

제 50 장
먼 곳에서 일하거나 여행하는 형제

본 문

¹매우 먼 곳에서 일하여 제 때에 성당에 올 수 없고 ²또 아빠스가 그러한 사실을 인정하는 형제들은 ³일하는 바로 그곳에서 하느님에 대한 경외심으로 무릎을 꿇고 시간경을 바칠 것이다.

⁴여행하는 형제들도 마찬가지로 규정된 시간경들을 빠뜨리지 말고 할 수 있는 한 최선을 다해 바쳐 섬김의 의무를 완수하는데 소홀함이 없도록 할 것이다.

주 해

개관

베네딕도는 RM에서 두 개의 구분된 장으로 언급하고 있는 두 가지 주제를 이 하나의 짧은 장으로 합쳐놓았다.[406] 이 주제들은 앞 장에서 지시된 시간 활용에 다시 연결된다. 즉 일터에 있는 형제들을 위하여 노동과 공동기도 간의 충돌을 조정한(1-3절) 후, 노동이

---

[406] 참조: RM 55장(형제가 일을 남겨두고 성당으로 달려와야 하는 것은 몇 보(步)입니까?)과 RM 56장(여행 중에 있는 형제들은 하느님의 일을 어떻게 바쳐야 합니까?).

나 여행으로 인해 부재중인 형제들을 위하여도 그렇게 한다(4절).

주석

1-3절: 먼 곳에서 일하는 형제들의 경우

RM은 공동기도석에서 하느님의 일을 너무 쉽게 감면한다. 즉 성당에서 50보(75m) 이상 떨어진 곳에서 일하는 모든 형제는 거기에 머물러 자기 몫의 기도를 해야 했다.[407] 이렇듯 관대한 이 감면의 동기는 기도 소집이 순식간에 이루어졌고 조금이라도 늦을 경우 처벌을 받았기 때문이다. 그 결과 성당에서 조금이라도 떨어진 곳에 있는 사람이 만일 제 시간에 도착하기를 원한다면 급히 서두르지 않으면 안 되었다.

베네딕도는 늦음에 대한 처벌을 완화하고 소집의 신속함을 줄이면서[408] 공동기도 참석에 대한 요구는 훨씬 더 강하다. 오로지 성당에서 멀리 떨어진 곳에서 일하는 사람들만 감면된다(1절). 이는 들노동을 금지하였던 RM이 전혀 예견하지 못한 경우이다. 그러나 그러한 종류의 노동을 받아들인[409] 베네딕도에게는 이러한 경우가 있을 수 있었다. 감면에 동기를 부여하는 '거리'는 규칙으로 고정되지 않고 아빠스의 판단에 맡겨진다(2절). 아빠스가 그러한 불가피한 사

---

[407] 참조: RM 55,2-3: "수도원의 정문에서부터 엄격하게 오십 보 떨어져 있으면 성당으로 달려갈 것이다. 만일 이 숫자 이상 떨어진 곳이면 가지 않아도 되지만, 그 자리에서 손에 연장을 내려놓고, 성당에서 무릎을 꿇듯이 머리를 숙이고 하느님의 일을 작은 소리로 바칠 것이다."
[408] 때때로 한 시간경 이전에 두 번의 신호가 있었다(성규 48,12).
[409] 참조: 성규 48,7.

실을 인정하는 경우 일터에서 "하느님에 대한 경외심으로"(3절) 시간경을 바치라고 한다. 절대 시간경 자체를 감면하지 않는다. 공동으로 하는 행위 자체에 대한 감면일 뿐이다.

4절 : 여행하는 형제의 경우

여행하는 형제들에 대해 베네딕도는 상세히 묘사된 RM의 규정들을 하나의 단순한 원칙으로 줄인다. 즉 할 수 있는 대로 하라는 것이다. 본질적인 것은 시간경을 거행하는 것이다. 사실상 시간경은 오로지 공동체적 행위만이 아니다. 그것은 끊임없이 기도하라는 권고[410]에서 유래하는 각자를 위한 개인적 의무이기도 하다. 베네딕도는 사순시기에 바치는 "우리 섬김의 분량"[411]에 고행과 함께 기도를 두었다. 이 장에서 베네딕도는 오로지 시간경에만 적용된 '섬김의 분량'(*pensum servitutis*)이라는 표현을 다시 취하면서 매일 할당된 노동의 분량을 채워야만했던 고대의 노예를 기억하고 있는 듯하다. 이처럼 시간경은 하느님의 종인 모든 수도승의 개인적 의무와도 같다. 이 임무는 "하느님에 대한 경외심으로"(3절) 채워져야 한다. 베네딕도는 '경외심으로' 공동기도석에서 읽혀지고 노래되어지기를 원했음이 분명하다.[412]

결론

베네딕도는 머리말에서 수도원을 '주님을 섬기는 학교'(*Dininici*

---

410) 참조: 1테살 5,17; 마태 26,40-41.
411) 성규 49,5.   412) 참조: 성규 47,3.

scola servitii)[413]라고 정의한 바 있다. 수도원은 바로 주님을 섬기는 방법을 배우고 그것을 실천하는 장소이다. 이 섬김의 핵심에는 바로 하느님의 일, 즉 시간경이 자리 잡고 있다. 섬김의 행위는 보통 공동으로 이루어지지만 일이나 여행으로 인해 제때에 성당에 올 수 없는 불가피한 상황에서는 개인적으로 섬김의 분량을 완수하도록 규정하고 있다. 중요한 것은 장소나 방법이 아니라 각자 자신의 섬김의 분량을 빼먹지 않고 완수하는 것이다. 이것이 바로 성규 50장의 핵심이라 할 수 있다. 오늘날 너무도 자주 일이나 여러 가지 이유로 시간경에 빠지게 되는 현대의 수도승들이 되새겨볼만한 장이 아닐 수 없다.

---

413) 성규 머리말 45.

제 51 장
가까운 곳으로 여행하는 형제

본 문

¹무슨 볼일로 외출하게 되어 당일 수도원으로 돌아올 수 있는 형제는 비록 누가 자기를 간절히 초대했더라도 감히 밖에서 식사하지 말 것이다. ²혹시 자기 아빠스의 허락을 받았을 경우에는 예외이다. ³만일 다르게 행동한다면 파문에 처할 것이다.

주 해

이 장은 단지 3개의 절로 이루어진 성규에서 가장 짧은 장으로 수도원 밖에서의 식사문제가 언급되고 있다. RM 61장과 병행되는데 RM은 이 문제에 대해 23개의 절로 길게 언급하고 있다. 베네딕도는 여행하는 형제의 식사와 관련하여 RM이 다룬 여러 문제 중 단지 수도원 밖에서의 식사문제만을 고려하고 그것을 매우 단순화시켰다. RM에서는 수도원 밖에서 식사하는 허락은 주간의 어느 날인지, 초대한 사람은 어떠한 사람인지 등 여러 상황에 달려 있다.[414]

---

[414] RM은 주간 중 단식일인 수, 금, 토요일에 초대받았을 경우 가급적 초대에 응하지 말라고 권고하고 있다. 그러나 만일 그 청이 간절할 경우는 애덕상 응하도록 허락하고 있다. 이 경우에도 초대하는 사람의 자질(수도승인지 평신도인지 혹은 경건한 사람인지)에 따라 여러 경우를 이야기 하고 있다(참조: RM 61,5-17).

RM은 여행 기간을 고려함이 없이 식사시간 선택에 영향을 주는 다양한 상황을 고려하고 있다.

베네딕도는 이 모든 고려를 축약하면서 외출하였다가 당일에 돌아올 수 있는 경우에는 밖에서 식사하지 말라는 하나의 문장으로 언급하고 있다(1절). 이 일반원칙을 제시하고 곧바로 예외를 두고 있다. 즉 아빠스의 허락을 받았을 경우이다(2절). 이처럼 베네딕도는 그 문제를 아빠스의 분별에 맡긴다. 규칙에 미리 규정하는 대신 어떻게 할 것인지 그 순간에 장상에 의해 결정된다. 사실 기록된 규칙은 모든 것을 예견할 수 없다. 그래서 오히려 장상의 현명한 판단에 맡기는 것이 더 나을 것이다. 당일 외출하여 돌아올 수 있을 경우 밖에서 식사하지 않는 것을 원칙으로 제시한다. 예외적인 경우는 순종에 의해서 규정된다. 아우구스티누스 규칙은 이미 이런 단순한 해결책을 언급하였다.[415] 베네딕도는 단지 RM과 아우구스티누스 규칙에 없는 하나의 처벌만을 덧붙였다. 즉 "만일 다르게 행동한다면 처벌하라"(3절)는 것이다.

만일 수도승이 밖에서 식사해서는 안 된다면 그것은 에바그리우스가 말하는 바와 같이 수도승은 하느님을 위하여 사회와 분리되면서 모두에게 결합되기 때문이다.[416] 수도승에게 있어 이 분리는 역설적으로 일치의 조건이라 할 수 있다.

---

415) 참조: 『수도원 규정서』 8: "아무도 허락 없이 수도원 밖에서 식사하거나 마시지 말 것이다. 이는 수도원의 규율에 맞지 않기 때문이다."
416) 에바그리우스는 그의 『기도론』에서 이렇게 말하고 있다. "모든 사람에게서 분리되어 있으면서도 모두와 일치된 사람은 복되다."(『기도론』 124)

제 52 장
수도원 성당

본 문

¹성당은 그 이름이 뜻하는 바대로 되어야 하며, 거기서 다른 어떤 것도 행하거나 보관해서는 안 된다. ²공동기도가 끝나면 모두 하느님에 대한 공경심을 갖고 완전한 침묵 중에 나갈 것이다. ³이렇게 해서 혹시 홀로 기도하기를 원하는 형제가 다른 사람의 부주의로 방해받지 않게 될 것이다. ⁴그러나 다른 때에도 만일 누가 홀로 기도하기를 원하면 단순히 들어가서 기도할 것이되 큰 소리로 하지 말고 눈물과 열렬한 마음으로 할 것이다. ⁵그러므로 이렇게 하지 않는 사람에게는 공동기도가 끝난 후 성당에 머무르도록 허락하지 말 것이다. 이는 언급한 바와 같이 그가 다른 사람을 방해하지 않도록 하기 위함이다.

주 해

개관

이 짧은 장은 앞 뒤 장들과 어떤 연관성이 없는 것처럼 보인다. 이와 병행되는 RM 68장은 공동기도를 끝내고 나갈 때 준수해야 하는 침묵에 대해서 다루고 있다. 이는 여행에서 돌아오는 형제들을 위하여 공동기도 후에 행해진 기도에 관한 RM 67에 연결되어 있다. 따라서 성규 52장은 간접적으로 그리고 불분명하게 바로 앞에서 언급하였던 외출의 주제(성규 50-51)에 다시 연결된다고 볼 수 있을 것이다. 5개의 절로 이루어진 이 장은 1절을 제외하고는 제목과는 다소 동떨어진 내용이 언급되고 있다. 즉 1절에서만 수도원 성당에 대한 언급을 하고 나머지 4개의 절은 성당에서 나올 때의 침묵에 관해 이야기하고 있다.

주석

1절 : 베네딕도는 한 문장으로 성당의 기능에 대한 원칙을 제시하고 있다. "성당은 그 이름이 뜻하는 바대로 되어야 하며, 거기서 다른 어떤 것도 행하거나 보관해서는 안 된다." '성당'(*Oratorium*)이라는 말은 '기도하다'(*orare*) 라는 라틴어 동사에서 유래한 말이다. 따라서 그 명칭 자체는 '기도하는 장소' 혹은 '기도소'를 뜻한다. 성당은 바로 기도하는 일을 위해서만 사용되어져야 한다는 것이다. 따라서 거기서 다른 일을 하거나 다른 물건을 보관해서는 안 된다고 규정하고 있다.

고대 동방 수도승들은 보통 기도모임(*synaxsis*) 중에 독송자가 낭송하는 시편이나 성경독서를 들으면서 손노동을 했다. 파코미우스 공동체에서 이런 관습이 지켜졌다.[417] 카시아누스도 『제도서』에서 이 관습에 대해 묘사하고 있다.[418] 서방에서 역시 비슷한 관습이 나

---

417) 파코미우스 『계명집』 5: "모임에서는 한가로이 앉아 있지 말고, 몸이 허약하기 때문에 일하지 않아도 된다는 허락을 받지 않은 이상 돗자리를 짤 줄들을 손으로 재빨리 준비할 것이다."(『교부』: 코이노니아 선집 6, 왜관 수도원 2004, 391)

타난다. 아를의 체사리우스는 밤기도의 긴 독서 중 어떤 노동을 하여 잠을 쫓도록 권고하고 있다.⁴¹⁹⁾

이런 역사적 문맥 안에서 베네딕도는 위와 같은 원칙을 선언하며 장을 시작하고 있는 것이다. 그에게 있어서 성당은 전적으로 기도를 위해 유보된 장소이므로 거기서 다른 것을 행해서는 안 되었던 것이다. 이런 생각은 아우구스티누스에게서 영향을 받은 것이다. 아우구스티누스는 이렇게 말한다. "기도소에서는 그 말이 뜻하는 바대로 세워진 목적 이외의 다른 것을 아무도 해서는 안 된다. 이는 혹시 어떤 이가 여가가 있어 정해진 시간 이외에(기도소에서) 기도하기를 원할 때 그곳에서 다른 일을 하고 있는 사람으로 인해 방해받지 않기 위해서이다."⁴²⁰⁾ 온갖 세속적인 일에 대한 이러한 배제는 공동기도 시간들 사이에 성당에서 행해진 개인기도를 보호할 목적을 가지고 있었다. 베네딕도는 아우구스티누스의 이 원칙을 받아들였다.

2-5절: 성당에서 나올 때의 침묵에 대해서 이야기하고 있다. 언뜻 보면 이 주제는 앞의 주제와 동떨어진 것처럼 보이지만 결국 연결되어 있다. 성당은 오로지 기도하는 목적으로만 사용되어야 한다는 것이 베네딕도의 생각이었다. 이를 위해 자연히 침묵과 같은 어떤 구체적 내용을 규정할 필요가 있는 것이다. RM의 경우 침묵에 대

---

418) 참조: 『제도서』 2,1-4(John Cassian, *The Institutes,* op.cit., 37-39).
419) 참조: 『동정녀를 위한 규칙』 15,1: "밤기도 때 정신을 흐트러뜨리지 않고 독서를 경청할 수 있을 정도의 일을 하여 아무도 한가함 때문에 졸지 않도록 할 것이다."
420) 『계명집』 II,2.

한 명령은 공동기도를 마치고 나오면서 시편을 노래하는 것을 금지하려는 의도가 있었다. 그러한 시편 낭송은 하느님에 대한 공경심의 부족이 될 수 있었기 때문이었다.421)

베네딕도 역시 공동기도가 끝나면 하느님에 대한 공경심을 가지고 침묵 중에 나가도록 말하고 있다(2절). 그러면서 RM에서는 나타나지 않는 또 다른 동기를 언급하고 있다. 즉 성당에 남아 기도하는 사람에게 방해를 주지 않기 위해서라는 것이다(3.5절). 또 공동기도 끝이 아닌 다른 시간에도 성당에서 개인적으로 기도할 때 "큰 소리로 하지 말고 눈물과 열렬한 마음으로"(4절) 하라고 권고하고 있다. 개인기도에 방해가 되는 것은 무엇보다도 큰 소리로 하는 시끄러운 기도라는 점이 흥미롭다. 이에 대해서는 RM도 아우구스티누스도 이야기하고 있지 않다.

'큰 소리로 하지 말라' 는 말은 이미 성규 7,60에서 언급한 한 바 있다. 거기서는 물론 말을 할 때 그렇게 하지 말라는 것이었지만 이는 하느님과의 대화인 기도의 경우에도 마찬가지이다. 베네딕도는 통성기도보다는 눈물과 열렬한 마음으로 하는 기도를 더 강조하고 있다. 성규 20장과 49장에서 부각되었던 개인기도에 대한 베네딕도의 관심이 다시 드러난다. 베네딕도는 앞 장들에서 역시 마음과 눈물에 관해서 이야기하였다.422) 참된 기도는 마음에서 솟아오르며 울게 하는 기도이다. 고대에는 문을 닫아걸고 독방에서 은밀히 기도하라는 초대423)를 보통 이런 의미로 이해하였다. 방은 마음이고, 문

---

421) 참조: RM 68,1-3.
422) 참조: 성규 20,2; 49,4. 423)참조: 마태 6,5-6.

은 입이다. 은밀히 보시는 하느님께서는 역시 은밀히 들으신다는 것이었다. 베네딕도 시대에 회수도승들은 은밀히 기도할 독방을 가지고 있지 않았다. 그 당시 성당은 개인기도와 동시에 공동기도를 위해 필요한 장소가 되었다.

결론

'하느님의 집'[424]을 구성하는 모든 장소 중 성당은 가장 중요하고 특별한 장소가 아닐 수 없다. 그곳에서 수도승은 무엇보다도 특별한 방식으로 하느님의 현존을 느끼게 된다. 따라서 성당에서는 다른 세속적인 일을 하거나 물건을 보관해서도 안 되는 것은 당연하다. 또 공동기도 외에 개인기도를 위해서도 성당은 항상 침묵이 유지되어야 한다. 베네딕도는 이 장에서 성당의 참된 기능을 상기시키고 또 개인기도에 대한 그의 관심과 배려를 드러내고 있다.

---

424) 성규 31,19.

세상을 향한 개방 (성규 53-57절)

베네딕도는 성규 21장부터 52장까지 수도원 내부 조직을 위한 규정들을 마치고 이제는 세상을 향해 문을 열고 있다. 성규 53장부터 66장까지는 대개 수도원과 세상의 관계에 대해 언급하고 있다. 특히 손님환대에 대한 성규 53장부터 57장까지는 세상을 향한 개방이라는 큰 주제에 관한 것이다.

제 53 장
손님환대

본 문

¹방문하는 모든 손님을 그리스도처럼 맞이할 것이다. 그리스도 친히 "너희는 내가 나그네였을 때에 따뜻이 맞아주었다."[425]라고 말씀하실 것이기 때문이다. ²그리고 "모든 이에게 합당한 공경을 드러낼 것이며, 특히 같은 신앙을 고백하는 사람들"[426]과 순례자들에게 그러할 것이다.

³그러므로 손님이 왔다는 통보가 있으면 즉시 장상과 형제들은

---

425) 마태 25,35.   426) 갈라 6,10.

달려 나가 애덕의 지극한 호의로 그를 맞이할 것이다. ⁴그리고 먼저 함께 기도를 드린 다음 평화의 인사를 나눌 것이다. ⁵악마의 속임수를 피하기 위하여 기도를 바치기 전에는 이 평화의 인사를 나누지 말 것이다.

⁶인사 자체에서도 오고 가는 모든 손님에게 온갖 겸손을 드러내야 한다. ⁷즉 머리를 숙이거나 온몸을 땅에 부복함으로써 그들 안에서 맞아들여지는 그리스도를 경배해야 한다. ⁸손님을 맞이한 후 그를 기도에 초대할 것이다. 그런 다음 장상이나 그에게 명령받은 다른 이가 그와 함께 앉을 것이다. ⁹손님에게 감화를 주기 위해 그 앞에서 하느님의 법을 읽어 준 다음 그에게 온갖 친절을 드러낼 것이다. ¹⁰만일 깨뜨릴 수 없는 특별한 단식일이 아니라면 장상은 손님을 위하여 단식을 해제할 수 있다. ¹¹하지만 형제들은 단식의 관례를 계속 지킬 것이다. ¹²아빠스는 손님에게 손 씻을 물을 부어줄 것이며, ¹³아빠스와 전 공동체는 모든 손님의 발을 씻어줄 것이다. ¹⁴세족례가 끝나면 다음 구절을 낭송할 것이다. "오 하느님, 저희는 당신 성전 한 가운데서 당신 자비를 받았나이다."⁴²⁷⁾

¹⁵가난한 이와 순례자들을 맞아들이는데 있어 각별한 관심과 배려를 기울일 것이다. 왜냐하면 그들 안에서 그리스도께서 더욱 특별하게 맞아들여지기 때문이다. 사실 부자들에 대한 우리의 경외 자체

---

427) 시편 48,10.

는 그들에게 특별한 공경을 보증해준다.

16아빠스와 손님을 위한 주방은 별도로 두어 수도원에 늘 있게 마련인 불시에 찾아오는 손님들이 형제들을 방해하지 않게 할 것이다. 17이 주방에는 일 년 임기로 이 일을 잘 수행할 수 있는 두 명의 형제를 배당할 것이다. 18필요할 때 그들에게 보조자를 주어 그들이 불평 없이 봉사하게 할 것이다. 그러나 일이 많지 않을 때는 각자 자기에게 부여된 일을 하러 갈 것이다. 19이 규정은 단지 그들에게뿐 아니라 수도원의 모든 임무에도 적용된다. 20즉 필요할 때에는 보조자를 주었다가 다시 한가할 때는 각자 부여받은 일을 하게 할 것이다.

21손님집은 하느님을 두려워하는 형제에게 맡겨져야 한다. 22거기에는 충분한 침대가 마련되어 있어야 한다. 하느님의 집은 지혜로운 사람들에 의해 현명하게 관리되어야 한다.

23명령받지 않은 사람은 손님과 교제하거나 대화하지 말 것이다. 24그러나 만일 손님을 마주치거나 보게 되면 우리가 위에서 언급한 대로 그에게 겸손하게 인사한 후 강복을 청하고 자기가 손님과 함께 대화할 수 없음을 말하고 지나갈 것이다.

주 해

개관

1. 다른 장들과의 관계

1) 성규 전체의 거울

성규 53장[428]은 성규의 다른 장들을 반영하고 있다. 이 장 안에서 다음 주제들이 다루어지고 있다. 들음(머리말 1.9-12.16), 선행의 도구(4장), 순종(5장), 침묵(6장), 겸손(7장), 기도(19-20), 아빠스와 당가(2장, 27장, 31장, 64장), 주간 주방봉사자(35장), 약한 형제들에 대한 특별한 관심과 배려(36장), 아빠스의 식탁(56장), 서원(58장), 문지기(66장), 좋은 열정(72장). 이 모든 주제가 직접 혹은 간접적으로 나타난다. 특별히 72장의 정신을 잘 반영하고 있다. 예컨대, 공경(72,4), 상호 순종(72,6), 순수한 형제적 사랑(72,8), 하느님에 대한 두려움(72,9), 진실하고 겸손한 사랑(72,10), 그리스도 중심성(72,11) 등이다. 또한 4장 선행의 도구들이 이 장에서 구체적으로 실천된다. 이처럼 이 장은 성규의 다른 장들과 밀접히 연결되어 있고 그것들로부터 점차 발전된다.

2) 성규의 전환점

이 장과 더불어 하나의 새로운 부분이 시작된다. 52장까지 베네딕도는 공동체 자체를 위해서 필요한 것을 규정하고 있지만, 53장

---

[428] 참조: 허성석, "RB 53장 안에 나타난 그리스도의 역할"「코이노니아」제27집 (2002년 여름), 146-180.

부터는 수도원 밖의 세상과 공동체의 관계를 고려하고 있다. 예를 들어 환대(53장), 아빠스의 식탁(56장), 수도원의 장인(57장) 등등. 이 점에서 52장까지 성규 전반부는 마치 건실한 공동체 형성을 통하여 세상을 향한 개방을 위한 오랜 준비처럼 보인다.

3) 강한 그리스도 중심성

베네딕도에게 있어 세상을 향한 개방의 동기는 그리스도 위에 기초를 두고 있다. 베네딕도는 형제들과 공동체, 그리고 손님들과의 관계 안에서 언제나 그리스도를 언급한다. 성규 52장까지 그리스도의 현존은 아빠스(2,2; 63,13), 약한 형제들(36,1-3), 젊은이(3,3), 공동체(2,20), 전례(8-20장) 안에서 강조된다. 반면 53장에서 처음으로 밖에서 오시는 그리스도가 세 번 언급된다. 따라서 53장은 '아무 것도 그리스도보다 선호하지 말라'(72,11. 참조: 4,21)는 72장과 같이 상당히 그리스도 중심적이다.

2. 원천

1) **성경 전통:** 마태 25,35(성규 53,2); 갈라 6,10(성규 53,2); 시편 47,10(성규 53,14); 창세 18,1-15(성규 53,3-13: 환대예식)

2) **은수생활 전통:** 주로 『이집트 수도승들의 역사』(*Historia Monachorum*) 7장. 53장의 첫 번째 부분(1-15절)은 이 사막 전통에서 영향을 받았다. 특별히 환대의 그리스도론적 동기, 손님을 향한 호의적이고 긍정적 자세, 환대예식 등.

3) **회수도승생활 전통:** RM 65; 71-72; 78-79; 프랑스 남부의 레

랭의 규칙들. 특별히 『네 교부의 규칙』 I I, 36-42(성규 53,23-24)

3. 구조

이 장의 구조는 크게 두 부분, 제1부(1-15절)와 제2부(16-24절)로 되어 있다.

제1부(1-15절)
  1-2절 : 환대의 원칙과 동기, 선호되는 사람
  3-14절 : 환대의 절차(환대예식)
  15절 : 선호되는 사람
제2부(16-24절)
  16-22절 : 실제적 배려
  23-24절 : 손님과의 관계

성규 53장 제1부와 제2부의 분위기는 사뭇 다르다. 제1부에서는 그리스도를 세 번 반복하면서[429] 환대에 대해 매우 개방적이고 호의적으로 이야기하고 있다. 베네딕도는 환대를 그리스도론에 기초를 두면서 그 영적 가르침과 토대를 언급한다. 반대로 제2부에서는 어조가 바뀌어 환대를 위한 실제적 내용과 공동체를 보호하기 위한 분별이 언급된다. 여기서는 분위기가 약간 폐쇄적이고 엄격하다. 아달베르 드 보궤와 앙드레 보리아스는 이 부분을 오랜 체험 이후에

---

429) 참조: 성규 53,1.7.15.

첨가된 부분으로 간주하고 있다.[430]

주석

1-2절 : 환대의 원칙과 동기, 선호되는 사람

1절 : 베네딕도는 "모든 손님을 그리스도처럼 맞이하라"고 선언한다. 그러면서 즉시 마태 25,35을 인용하며 그 동기를 제시한다. 이 절은 환대를 위한 기본 지침처럼 보인다. 손님들 안에 그리스도께서 현존하신다는 생각은 복음에 토대를 두고 있으며, 이는 베네딕도에게 있어 매우 중요한 개념이다. 베네딕도는 다른 본문들에서와 같이 성경의 가르침 위에 굳게 기초를 두고 있다.

2절 : '모든 이에게 합당한 공경'(*omnibus congruus honor*): 1절에 이어 다시 '모든 이'(*omnes*) 란 단어가 사용되고 있다. 모든 이에 대한 강조는 사회적 계층에 따라서가 아니라 그리스도와의 관계 안에서 '합당한 공경'이 드려져야 한다는 그의 심려를 반영한다고 볼 수 있다. 베네딕도는 이 단어로써 그리스도론적 토대 위에 모든 사회 계층의 차별을 없애고자 의도한 것처럼 보인다.

'신앙의 가족'(*domestici fidei*): 이들은 누구를 뜻하는가? 갈라 6,10에서 유래하는 이 용어는 다양한 해석의 가능성을 지니고 있다.

---

430) 참조: A. de Vogüé, *La Règle de Saint Benoît VI*, SC 186, Cerf: Paris 1972, 1265; A. Borias, "Couches redactionelles dans la Règle Bénédictine", *RBén* 85 (1975), 38-55.

대부분의 규칙서 주석가들은 이단자들, 특별히 아리우스이단자들에 반대하였던 가톨릭교도로 혹은 보다 엄격한 의미로 하느님에 대한 봉사에 헌신한 성직자와 수도승들로 간주하였다. 파코미우스 규칙과 이시도루스 규칙은 성직자와 수도승들에 대한 특별한 공경을 이야기한다.[431] 히에로니무스와 카시아누스는 이 말을 수도승들에게 적용한다.[432] RM 역시 수도승들을 위해 이 단어를 사용하는데, 무엇보다도 그의 공동체 형제들을 염두에 두고 있다.[433] 그러나 드 보궤 신부는 경건한 평신도들 역시 포함한다고 주장하고 있다. 따라서 그에 따르면 '신앙의 가족'이란 수도적 이상과 그 삶의 형태로 수도원에 연결된 모든 사람을 의미한다.[434] 결국 '신앙의 가족'이란 넓은 의미로는 그리스도교 신앙을 가진, 그리고 교회와 그리스도께 속해 있는 모든 신자를 뜻한다고 볼 수 있다. 그러나 좁은 의미로는 성직자와 수도승들을 의미한다고 하겠다.

'순례자들'(peregrini): 베네딕도는 2절과 15절에서 두 번 '순례자들'을 언급하고 있지만, 약간 다른 맥락에서이다. 2절에서는 '신앙의 가족'과 함께, 15절에서는 '가난한 이들'과 함께 언급된다. 첫 번째 경우에는 종교적 목적으로 인해 여행에 착수하는 '순례자들'을 의미할 수 있다. 한편 두 번째 경우에는 먼 지역으로부터 오는 '이방인들'을 뜻한다고 말할 수 있을 것이다. 베네딕도는 이들에 대

---

431) 참조:『파코미우스 규칙』51;『이시도루스 규칙』21.
432) 히에로니무스『서간』130,14(CSEL 56/1, 195); 카시아누스『제도서』4,5.
433) RM 91,53.
434) 참조: A. de Vogûé, "The Meaning of Benedictine Hospitality", CS 21(1986), 191-192.

한 특별한 관심과 주의를 기울일 것을 권고한다. 결국 순례자의 의미는 고유한 의미의 '순례자'(2절)와 '이방인'(15절) 또한 포함한다. 어떤 경우든지 환대의 동기는 종교적이다. 즉 고유한 의미의 순례자들의 경우 그들 여행의 거룩한 성격으로 인해, 그리고 이방인들의 경우는 그들의 필요와 약함이 그리스도를 드러내기 때문에 공경 받아야 한다.

3-14절 : 환대의 절차(환대예식)

베네딕도는 1-2절에서 모든 사람을 공경하고 그리스도처럼 맞아들이라는 기본 원칙을 제시한 후, 3-14절에서 거의 전례적, 종교적 용어들로 보다 구체적인 환대의 방법을 묘사하고 있다.[435] 그러나 이 부분에서 언급된 모든 종교적 행위는 초기 교회와 성 베네딕도 이전 수도승 전통 안에서의 전통적 유산이라 할 수 있다.[436] 이 예식은 다음과 같은 절차로 진행된다.

기도와 평화의 인사(4-5절)
↓
인사(6-7절)
↓
기도와 성경독서(8-9절)
↓
손과 발을 씻어줌(12-13절)
↓
시편낭송(14절)

---

435) 이 부분은 창세 18,1-15의 아브라함의 이야기에 토대를 두고 있는 것처럼 보인다. 아마도 베네딕도는 루피누스가 라틴어로 편역한 『이집트 수도승들의 역사』에서 언급되고 있는 이 아브라함의 이야기를 사용하였을 것으로 추정된다. 『이집트 수도승들의 역사』 VII 15,2에 따르면 스케티스(Scetis)의 은수자들은 방문객을 아브라함처럼 환대하였다고 한다.
436) 참조: *La Regola*, ed. A. Lentini, Montecassino 1994, 461.

우리는 위의 구조에서 몇 가지 주목할만한 점을 볼 수 있다. 즉 인사하는 부분과 손과 발을 씻어주는 부분은 모두 그리스도께 연결된다는 점이다. 손님에게 하는 인사는 그리스도께로 향하고,[437] 발을 씻어주는 행위 역시 방문하신 그리스도께 봉사하는 것이며 동시에 종이신 그리스도를 증거하는 것이다. 기도의 행위가 처음, 중간, 끝에 배치되고, 그 중간에 사랑의 구체적 행위가 배치된다. 이 구조는 베네딕도의 의도를 잘 반영한다. 그는 기도의 중요성과 그 우선권을 강조하고자 하였다.[438] 특히 이 예식의 순서는 영적인 것에 우선권을 부여하는 교부전통과 수도승전통을 반영한다.[439]

제4절에서 베네딕도는 손님이 오면 그와 함께 먼저 기도를 하라고 말한다.[440] 그리고 다음 절에서 그 이유를 "악마의 속임수를 피하기 위함"(5절)이라고 설명하고 있다. 환대는 무엇보다도 먼저 손님 안에 오시는 그리스도를 받아들이는 것이다. 그러나 손님을 통하여 악마가 올 수도 있다. 이를 분별하기 위하여 기도를 통한 성령의 도움이 필요하다. '악마의 속임수'는 아마도 이단자들, 특히 아리우스 이단자들과 일하기 싫어하고 떠돌아다니는 게으른 자들 그리고 때때로 여성들이었을 것이다.[441] 따라서 '악마의 속임수'에 그릇된

---

[437] 참조: 성규 53,6-7: "인사 자체로서도…, 그들 안에서 맞아들여지는 그리스도를 경배해야 한다."
[438] 참조: 성규 머리말 4.
[439] 참조: 『이집트 수도승들의 역사』 II 9; VII 13,4; XXI 1,4; 보헤릭 판 『빠코미우스의 생애』 87; 『교부들의 생애』 III, 5(PL 73: 741b-742a).
[440] 참조: 성규 53,4. RM 71,2에서 역시 기도가 평화의 입맞춤에 선행되는데, 이는 기도의 중요성에 대한 성규와 RM의 강조를 반영한다.
[441] 고대 수도승 전통 안에는 자주 악마가 한 여성으로 가장하여 다가온다는 생

동기와 불순한 목적으로 수도원을 방문하는 모든 손님이 포함될 수 있을 것이다. 손님을 통한 악마의 방문이 가능할 수 있다. 공동체는 단지 그리스도만을 받아들이고 악마와 세상[442]을 거부한다. 따라서 기도를 통하여 악마가 분별된다.

기도를 통한 이러한 분별 이후 사랑과 환대의 상징적 행위들이 이어진다.[443] 그리고 즉시 그 동기가 설명된다. 곧 "그들 안에서 맞아들여지는 그리스도를 경배"(7절) 하기 위함이라는 것이다. 이 행위들 안에서 역시 그리스도론적 동기가 보인다. 왜냐하면 이 모든 것은 그리스도를 맞아들이고 경배하기 위한 것이기 때문이다. 베네딕도는 다시 기도와 성경독서에 대해서 말한다(8-9절). 그러나 이번에는 그 동기가 바뀌는데, 곧 '감화를 주기 위해서' (*ut aedificetur*, 9절)이다. 여기서 환대의 목표가 잘 나타나고 있다. 그것은 손님을 신앙과 그리스도께로 그리고 하느님과의 관계에로 인도하는 것이다. 베네딕도에게 있어 이 점이 중요하였다.

제12-13절에서 베네딕도는 봉사의 상징적 행위로서 손과 발을 씻는 것에 대해 이야기한다. 이것은 기도의 한 결과처럼 보인다. 특별히 세족례[444]는 최후의 만찬 때 제자들의 발을 닦아주신 그리스도

각이 있었다. 따라서 여성들은 때때로 수도승들로부터 거부되기도 하였다.
442) 부정적 의미에서의 세상, 즉 세속적 정신이나 가치들을 말함.
443) 참조: 성규 53,4.5.7.
444) 이 행위는 고대에 매우 흔한 것이었고(참조: 루카 7,44), 여행으로 인해서 위생상 필요한 것이었다. 그리고 손님을 향한 애정과 호의의 표시이기도 하였다. 특히 이 행위가 최후의 만찬 때 예수께서 보여주신 사랑과 겸손의 모범을 상기시켜 주기 때문에 그리스도인들이 이것을 매우 좋아하였다. 베네딕도에 의해서 이 행위는 전 공동체가 참여하는 하나의 장엄한 예식이 된다.

의 행위를 연상케 한다.[445] 이러한 행위를 통해서 수도승들은 그리스도를 모방하며 동시에 봉사자로서의 그리스도를 증거한다. 손님들에게 하는 이 봉사는 그리스도 자신께 하는 봉사가 된다. 이 점은 다음 14절에서 잘 증명된다.

세족례가 끝난 다음 "오 하느님, 저희는 당신 성전 한 가운데서 당신 자비를 받았나이다."라는 시편 48,10에 대한 낭송이 이어진다. 여기서 한 가지 주목할만한 점이 있다. 즉 손님을 받아들인 공동체 쪽에서 하느님께 감사를 드리고, 동시에 공동체 자신이 하느님께 받아들여졌음에 감사하고 있다는 것이다. 이것은 손님을 통해 수도원을 방문하신 그리스도를 받아들인 것에 대해 하느님께 드리는 하나의 감사이다. 환대의 목표는 손님을 감화시켜 그를 신앙과 그리스도께로 인도하는 것이다. 이러한 측면은 환대의 이중 구조를 잘 보여주고 있다. 즉 공동체는 손님을 통하여 하느님의 자비이신 그리스도를 받고 그분께 강복을 청한다.[446] 그리고 동시에 그리스도를 증거한다.

결국 환대예식을 통하여 우리는 다음과 같은 점을 도출해 낼 수 있다. 첫째, 무엇보다도 예식의 중심에는 언제나 그리스도가 있다는 점이다. 베네딕도의 전 관심사는 그리스도를 위해 존재한다. 그는 그리스도를 위해 행해진 환대가 참된 환대라는 사실을 강조하고 있다. 베네딕도는 기도와 성경독서를 통하여 손님을 신앙과 그리스도께로 인도하고자 한다. 왜냐하면 그리스도 없이 이 모두는 헛되며,

---

445) 참조: 요한 13.   446) 참조: 성규 53,24.

어떤 결실도 맺지 못할 것이기 때문이다. 따라서 참된 환대를 위해서는 수도승들 쪽에서 그리스도께 대한 사랑과 손님 안에 그리스도께서 오신다는 굳은 믿음이 필요하다.

둘째, 환대예식은 영적 측면의 우선권을 드러낸다는 점이다. 영적 영역에서 행해진 환대만이 그 참된 의미와 가치를 갖게 된다. 베네딕도는 영적 측면에 우선권을 부여하고 있다. 그는 이웃사랑과 그 실천은 하느님께 대한 사랑과 그리스도와의 관계 안에서 이루어진다는 점을 강조하고 있는 것처럼 보인다. 우리는 여기서 베네딕도의 목표와 그가 영적 가치들에 부여한 강조를 볼 수 있다. 그에게 있어 환대의 목표는 무엇보다도 영적인 것이다. 즉 손님들을 그리스도교 신앙과 그리스도께로 인도하는 것이다.

15절 : 선호되는 사람

베네딕도는 다시 각별한 관심과 배려(*maxime cura sollicite*)를 기울여야 할 손님을 언급하고 있다.

'가난한 이와 순례자들'(*pauperes et peregrini*): 베네딕도는 가난한 이들에게 특별한 관심을 가졌던 것처럼 보인다. 성규 안에 '가난한 이'(*pauper*) 란 단어가 모두 8번 나타나는데, 환대의 문맥 안에서 이들을 향한 베네딕도의 관심과 배려가 잘 드러난다. 가난한 이들에 대한 우선적 선택은 사회 계급에 따른 세속적 가치질서를 뒤집는다. 베네딕도는 그리스도께서 가난한 이들을 통해서 역시 다가오신다고 믿었음이 분명하다. 성규 66장에서는 가난한 이들에 대한 특별한 환대의 동기가 '하느님에 대한 두려움' 과 연결된다.[447] 수도원에 오는 가난한 사람은 하느님의 선물처럼 나타나고 있다.[448] 앞에서 이미 살펴본 바와 같이 가난한 이와 함께 언급되는 순례자는 종교적 의미의 순례자라기보다는 먼 지역에서 온 이방인을 뜻한다고 봐야 할 것이다. 특히 그는 자신의 고국에서 멀리 떠나왔기 때문에 경제적으로 궁핍하고 사회적으로 어려운 자이다.[449]

'부자들'(*divites*): 베네딕도는 가난한 이와 순례자들을 특별한 관심과 주의를 기울여 받아들여야 한다고 하면서 그리스도론적 동기로써 그 이유를 설명한다. 그런 다음 곧바로 부자들에 대해서도 말하고 있다. "사실 부자들에 대한 우리의 경외 자체는 그들에게 특별한 공경을 보증해준다." 베네딕도는 이 언급을 통해 가난한 이와 순례자들에게 돌려지는 특별한 관심과 배려의 이유를 간접적으로 정당화하고 있는 것처럼 보인다. '부자들'(*divites*) 이란 단어는 성규 전체를 통틀어 이 절에서 유일하게 한 번 약간 부정적 의미로 언급된다. 베네딕도는 이들을 배제하지는 않았지만 환대의 주된 대상은 아니었던 것처럼 보인다.

16-22절 : 실제적 배려

베네딕도는 영적 차원에서의 환대를 언급한 후 16-22절[450]에서

---

447) 참조: 성규 66,4. 448) 참조: 성규 66,3.
449) 참조: A. de Vogûé, "The Meaning...", op.cit., 192.
450) 대부분의 성규 주석가들은 베네딕도가 이 부분을 후에 덧붙인 것으로 간주하고 있다.

는 손님을 위한 보다 실제적 배려, 즉 환대의 물질적 측면을 언급하고 있다. 먼저 손님을 위한 별도의 주방이 언급되는데, 그 동기는 불시에 찾아오는 손님으로 인해 형제들을 방해하지 않기 위함이다(16절). 그러나 이러한 고려 이면에는 동시에 손님을 더 잘 환대하기 위한 베네딕도의 의도가 깔려있다. 베네딕도는 불시에 찾아오는 손님까지 고려하고 있다. 즉 여기에는 형제들을 위한, 그리고 손님을 위한 베네딕도의 이중적 배려가 담겨있다.

그 다음 이 일을 위해서 봉사하는 형제들에 대해서 이야기하고 있다. 베네딕도는 이 직무에 적합한 두 명의 형제와 또 그들이 불평없이 봉사하도록 보조자들을 배정한다(17-18절). 이러한 고려가 형제들을 위한 것이라 하더라도 이 모든 것은 또한 손님을 보다 잘 섬기기 위한 것이다. 이 절들에서 사용된 '잘 수행할'(bene impleant), '봉사하다'(serviant)와 같은 말들이 이 점을 잘 드러내고 있다. 따라서 여기서 역시 손님과 형제들 모두를 위한 베네딕도의 세심한 배려가 엿보인다. 게다가 실제 베네딕도 성인이 살았던 몬테카시노 공동체가 그렇게 크지 않았을 것이라는 점을 고려할 때[451], 두 명의 형제와 그 보조자는 손님을 위한 큰 배려임이 분명하다.[452]

제21-22절에서 손님을 위한 방에 대해서 이야기하면서 베네딕도

---

451) 지금까지 일반적으로 베네딕도 성인이 생활했던 몬테카시노 공동체가 컸을 것으로 추측되어왔지만, 아퀴나따 뵈크만은 성규를 통해 볼 때 실제로는 약 25-30명의 수도승으로 구성된 공동체였을 것으로 보고 있다.
452) RM 79,5-22에서는 두 명의 형제가 손님들을 감시하는 일에 전념하는 반면, 성규 53,17에서는 손님의 식탁 봉사를 위해 책임을 맡고 있는 점이 흥미롭다. 이 점에서 베네딕도 성인은 RM보다 훨씬 더 개방적이고 인간적이며 합리적인 분처럼 보인다.

는 객실에 충분한 수의 침대를 비치해야 한다고 규정하고 있다. '충분한 침대가 마련되어야'(lecti strati sufficienter) 란 문장 역시 손님을 위한 베네딕도의 세심한 보살핌을 반영한다고 볼 수 있다.

결론적으로 이 부분에서 손님을 위한 '세심한 보살핌'에 대한 베네딕도의 강조가 보다 잘 드러난다. 이 모든 배려를 통하여 "방문하는 모든 손님을 그리스도처럼 맞이할 것이다."(1절) 라는 환대의 원칙이 실현된다는 것과 또한 공동체는 손님에게 그리스도를 중개하고 그를 그리스도께 인도하고자 한다는 것을 알 수 있다.

23-24절 : 손님과의 관계

수도승과 손님과의 관계에 대해서 말하고 있는 이 부분은 성규 53장 제1부의 호의적인 정신에 반대되는 것처럼 보인다. 그러나 이 가르침은 수도승전통과 베네딕도의 오랜 개인적 체험에서 유래한다.[453] 베네딕도의 의도는 무엇보다도 수도승과 손님 모두의 선을 위한 것이다. 다시 말해 환대가 인간적 차원으로 나아가게 하지 않고 그리스도를 항상 그 중심에 두는 신앙의 차원에로 나아가게 하기 위한 것이다. 이러한 측면은 16-22절에서 잘 드러난다. 이 점에 있어서 베네딕도는 늘 의심과 불신으로 손님들을 바라보는 스승과는 다르다.[454] 환대는 어떤 수도승 개인의 일이 아니라 공동체의 공적인 일이다. 환대가 이러한 공동체적 차원을 상실할 때 어떤 위험

---

453) 여기서 베네딕도는 『네 교부의 규칙』 II,37.38.40; 『동방규칙』 26; 『파코미우스 규칙』 50; 『제도서』 4,16을 따르고 있다.
454) 참조: RM 78-79장.

이 따를 수 있다. 손님과의 분별없는 개인적 접촉과 관계는 수도승에게 늘 어떤 어려움과 위험을 초래한다. 베네딕도는 이와 관련하여 오랜 체험을 가지고 있는 것처럼 보인다. 따라서 그는 23-24절에서 손님과의 개인적 접촉을 엄격하게 금지하고 있다. 이에 대한 베네딕도의 동기는 무엇보다 공동체의 규율과 형제들의 평화를 유지하기 위한 것이라 할 수 있다.[455]

결론

환대는 그리스도 안에서 공동체와 손님 간에 이루어지는 하나의 상호운동이다. 공동체 쪽에서 환대는 수도승생활의 이상이요 목적인 그리스도와의 만남을 위한 주된 수단이다. 동시에 공동체가 보여주는 환대를 통하여 다시 손님에게 그리스도를 증거하는 하나의 선교 자체이다. 그리고 손님 쪽에서 볼 때 그는 그리스도를 공동체에 가져오고 다시 그리스도를 만난다. 따라서 그리스도를 교환하는 하나의 상호운동이 형성된다. 공동체와 손님 모두에게 있어 그리스도는 하느님의 선물이다. 수도승과 공동체 쪽에서의 미성숙한 환대로 인해 자주 이 상호운동은 제대로 작용하지 못하게 된다.

앞에서 본 바와 같이 그리스도는 하나의 중심 역할을 지니고 있다. 중심에는 언제나 그리스도가 있다. 그리스도 없이 행해진 환대는 인간적 차원으로 머물고 언제나 위험에 빠지게 된다. 그리스도 없이는 수도승과 손님과의 관계 역시 위험스럽다. 따라서 베네딕도

---

455) 참조: 성규 53,11.16.18.

회적 환대의 중심에는 언제나 그리스도가 있어야 한다. 환대 안에서 그리스도 자신을 드러내야 한다. 단지 인간적 호의와 친절만을 보여주어서는 안 될 것이다. 매 순간 그리스도를 드러내고 우리 자신은 숨어야 한다.

베네딕도는 환대에 그리스도론적 동기를 부여하고 환대를 그리스도와의 만남을 위한 주된 수단으로 제시한다. 그러나 손님 안에서 그리스도를 알아보기 위해서는 무엇보다도 먼저 신앙과 그리스도께 대한 사랑 그리고 그리스도와의 만남에 대한 갈망이 전제된다. 베네딕도의 그리스도론은 결코 추상적이 아니다. 그것은 상당히 실제적이고 실천적이다. 즉 삶 안에 육화된 그리스도론이다. 그는 그리스도께서 단지 공동체와 전례 안에만 현존하시지 않고 우리의 구체적 삶 안에 현존하시며, 다양한 방법으로, 특별히 손님들, 가난하고 약한 이들 안에서 우리에게 다가오신 다는 점을 간파하였다.

제 54 장
수도승을 위한 서신이나 선물

본 문

¹수도승은 아빠스의 허락 없이 자기 부모에게서건 어떤 다른 사람에게서건 혹은 수도승들끼리라도 서신이나 성물(聖物) 혹은 어떤 종류의 작은 선물을 절대로 주고받을 수 없다. ²비록 자기 부모가 어떤 것을 보내왔더라도 먼저 아빠스에게 알리지 않고서는 감히 그것을 받아서는 안 된다. ³만일 아빠스가 그것을 받도록 허락한다면, 아빠스는 자기가 원하는 사람에게 그것을 줄 권한도 가지고 있다. ⁴그러면 그 물건의 원래 수취인이었던 형제는 상심하지 말 것이니, 이는 "악마에게 기회를 주지 않기 위해서"456)이다. ⁵누가 감히 이와 다르게 행하거든 규정된 벌에 처할 것이다.

주 해

개론

앞 장 성규 53장은 허락 없이 손님과 대화하는 것에 대한 금지로 끝을 맺었다. 그리고 이 장 다음에 오는 성규 55장은 의복의 반납 규정을 상기시킨다. 이 장은 성규 53장과 성규 55장에 다시 연결된

---

456) 에페 4,27; 1티모 5,14.

다. 대화와 마찬가지로 서신이나 선물은 외부인과의 통교를 위한 수단이다. 제공된 물건을 받는 것은 그것을 자기 것으로 취하는 한 방법이다. 따라서 이 장은 성규 33장을 반영하고 있고 다음 장(성규 55장)은 성규 34장을 반영하고 있다.

베네딕도는 아우구스티누스 규칙에서 이를 위한 핵심 내용을 취하고 있음이 분명하다. 아우구스티누스는 두 개의 장으로 나누어 '몰래 받아들임'이란 공통 어휘 하에 '어떤 여성에게서 은밀하게 편지나 작은 선물을 받는 행위'[457]와 '가족이 보낸 유용한 물건들을 받는 행위'[458]를 단죄하였다. 첫 번째 경우에는 세상에서의 이탈과 정결에 위반되며, 두 번째 경우는 공동생활과 가난에 위반된다고 보았다. 베네딕도는 아우구스티누스의 이 두 가지를 함께 묶어 그것들을 하나의 규정으로 혼합했다.

주석

1-2절 : '수도승은 허락 없이 아무것도 주고받아서는 안 된다.'는 일반 원칙이 다시 제시되고 있다. 그 동기는 이미 성규 33장에서 언급된 바와 같이 수도승은 아무 것도 소유하거나 얻을 수 없기 때문이다.

1절 : '에울로기아' (*eulogia*): 어떤 교부들은 이것을 축성된 성체나 신자들이 봉헌한 축성되지 않은 빵의 일부로 보고 있다. 이 빵은 미

---

457) 참조: 『아우구스티누스 규칙』 IV,11.
458) 참조: 『아우구스티누스 규칙』 V,3.

사 끝에 신자들이 함께 나누었다. 마찬가지로 이것은 종종 주교들이 같은 신앙과 친교 안에서의 일치의 표지로 보냈던 축복된 빵을 가리키곤 하였다. 베네딕도는 독이 든 빵을 '에울로기아' 로서 선물 받았다.[459] 넓은 의미로 이 용어는 종교인들 간에 주고받은 온갖 종류의 작은 선물을 가리키게 되었다. 아마도 베네딕도는 이 용어를 이런 의미로 사용한 것처럼 보인다.

2절 : '부모에게서' (a parentibus): 부모가 보내온 것이라도 허락 없이 받을 수 없다. 베네딕도는 친지관계로 인해 공동체 구성원들 사이에 차별이나 특권적 상황이 조성되지 않기를 바란다. 친척, 특히 부모는 수도승에게 선물을 보낼 수 있지만 장상의 허락 없이 그것을 받을 수는 없다. 수도승에게는 아무 권한도 없기 때문이다.

3-4절 : 아빠스의 권한이 강조되고 있다. 오직 아빠스만이 주거나 받는 것을 허락할 수 있고 받은 물건을 적절히 배당할 권한을 갖는다(3절). 이 장은 성규 33-34장을 다시 상기시키고 있다. 성규 34장에서와 같이 베네딕도는 자기에게 보내 온 물건이 다른 사람에게 주어진 것에 대한 슬픔을 거슬러 주의를 기울이고 있다. 그 이유는 바로 "악마에게 기회를 주지 않기 위해서"라고 한다(4절). 서원을 통해 모든 것을 포기한 수도승에게 스스로 포기한 것을 다시 취하려고 하는 유혹, 즉 개인소유의 유혹은 끊임없이 다가온다. 이것은

---

[459] 참조: 그레고리우스 1세 『대화집』 II,8.

그의 의지와 관계없이 다가오는 악마의 유혹이라는 것이다.

5절 : 베네딕도는 누가 이와 다르게 행할 경우 규정된 벌에 처하라고 강경한 자세를 취하고 있다. 사소한 듯이 보일 수 있는 이 문제는 수도승의 정신과 마음을 병들게 할 수 있는 원인이 될 수 있다고 보았기 때문이다.

결론

  이 규정은 수도원과 외부와의 사이에서건 공동체 안에서이건 간에 모든 물건의 유통을 오로지 아빠스의 통제 하에 두려는 의도를 가지고 있다. 세상에서 전적으로 분리된 수도승은 자기 수도 형제들에게 결합된다. 이렇게 모든 것을 모두가 공동으로 소유하였고, 필요에 따라 각자에게 분배되었던[460] 초기 예루살렘 공동체의 모습이 수도원 안에서 재현된다. 베네딕도는 물론 수도승들의 인간적 감수성과 부모나 친지들에게 받은 선물의 애정 어린 가치를 이해하고 있음이 분명하다. 그러나 복음적 가난이 이 보다 훨씬 더 큰 가치를 지니고 있다고 확신하고 있다. 비록 이 장에서는 분명하게 표현되고 있지는 않지만 그것이 전제되고 있다. 즉 수도승은 자기가 받은 선물을 통해 마음의 자유를 잃게 되고 사소한 물건의 노예가 될 위험이 있다. 또 '한 마음과 한 뜻'으로서의 수도승 공동체는 모든 재물을 공유함으로써 효과적으로 건설된다. 공동체 안에 어떤 특권들은

---

460) 참조: 사도 4,32.35.

분열을 초래하고 부자와 가난한 이라는 계층을 낳게 될 수 있다. 이것은 공동체를 붕괴시키게 된다. 이는 우리가 역사 안에서 수없이 체험하게 되는 바이다. 따라서 이 장에서 드러나는 베네딕도의 엄격함은 바로 수도승적 가난에 부여된 중요성이라는 빛 안에서만 이해될 수 있을 것이다.

제 55 장
의류와 신발

본 문

¹형제들이 거주하는 지역의 상황과 기후에 따라 그들에게 의복을 줄 것이다. ²왜냐하면 추운 지방에서는 그것이 더 필요하고 더운 지방에서는 덜 필요하기 때문이다. ³이 판단은 아빠스에게 달려 있다. ⁴그렇다 하더라도 우리는 온화한 지방에서는 각 수도승에게 다음의 것이면 충분한 줄 믿는다. 즉 투니카와 쿠쿨라 - ⁵겨울철엔 모직으로 된, 여름철엔 얇거나 낡은 천으로 된 - ⁶그리고 노동을 위한 스카풀라와 발을 위한 양말과 신발이다.

⁷수도승들은 이 모든 의류의 색상이나 재질에 대해 따지지 말고 거주하는 지역에서 구할 수 있거나 싼 값에 구입할 수 있는 것을 착용할 것이다. ⁸그러나 아빠스는 치수를 배려하여 의류를 착용하는 사람에게 짧지 않고 잘 맞게 할 것이다.

⁹새 옷을 받으면 항상 입던 옷은 즉시 반납하여 가난한 이들을 위하여 옷방에 보관하게 할 것이다. ¹⁰사실 수도승에게 잠잘 때와 세탁할 때를 위해서 두 벌의 투니카와 두 벌의 쿠쿨라면 충분하다. ¹¹그 이상의 것이 있다면 여분의 것이니 처분해버려야 한다. ¹²그리고 새 것을 받으면 양말과 모든 낡은 것은 반납되어야 한다.

13 여행하게 되는 형제들은 옷방에서 속바지를 한 벌 받고 돌아와서는 그것을 세탁하여 반납할 것이다. 14 쿠쿨라와 투니카 역시 평상시에 입는 것보다 더 나은 것이어야 한다. 그들이 여행을 떠날 때 그것들을 받았다가 되돌아와서는 반납할 것이다.

15 침구는 요와 얇은 이불과 두꺼운 이불과 베개면 충분하다.

16 아빠스는 자주 침구들을 검사하여 거기에 사사로운 물건이 없게 할 것이다. 17 만일 누구에게서 아빠스가 주지 않은 어떤 것이 발견되면 매우 엄한 벌에 처할 것이다. 18 이 개인소유의 악습을 근절하기 위하여 아빠스는 필요한 모든 것을 제공해야 한다. 19 즉 쿠쿨라, 투니카, 양말, 신발, 띠, 칼, 펜, 바늘, 손수건, 서판 등이다. 이렇게 하여 온갖 궁색한 변명이 없게 될 것이다.

20 그러나 아빠스는 사도행전의 다음 구절을 항상 생각할 것이다. "저마다 필요한 만큼 나누어 받곤 하였다."[461] 21 이렇게 하여 아빠스는 악한 자들의 악의가 아니라 필요한 이들의 연약함을 고려하게 될 것이다. 22 그러나 그는 자신의 모든 판단에 있어 하느님의 응보를 명심해야 한다.

---

461) 사도 4,35.

주해

개관

RM은 81장과 82장에서 연속적으로 수도승의 의복과 개인소유 포기 문제에 대해서 다루고 있다.[462] 이 두 문제의 관계는 명백하다. 즉 수도복은 각 수도승이 소유하고 또 자기 것으로 취하려 하는 주요 물건이다. 베네딕도는 RM의 이 두 장을 한 장으로 요약하고 있다. 즉 성규 55장의 제1부라 할 수 있는 1-15절에서는 RM 81장에 언급된 의복과 신발과 침구 문제를 다루고 있고, 제2부인 16-24절에서는 RM 82장에서 다룬 개인소유의 포기 문제를 다루고 있다. 이처럼 베네딕도는 침구 규정을 통해 한 문제에서 다른 문제로 건너간다. 왜냐하면 침구는 그 부속물과 함께 의복과 연결되며 소유에 집착한 수도승에게 있어 감추어진 부분이기 때문이다. 이 장의 처음과 끝은 성규 34장과 매우 비슷하다. 장의 구조를 보면 다음과 같다.

제1부(1-15절): 의류와 신발
  1-3절: 기본원칙
  4-6절: 온대지방을 위한 표준
  7-8절: 색상과 재질과 치수
  9-12절: 새 옷을 받을 경우
  13-14절: 여행할 경우

---

462) 참조: RM 81장(형제들의 의복과 신발에 대하여); RM 82장(수도원 안에서 형제들은 어떤 것도 개인 소유로 가져서는 안 된다).

15절: 침구
제2부(16-24절): 개인소유 포기
　16-17절: 침구검사: 개인소유 금지
　18-22절: 필요성에 따른 분배

주석

1-3절: 먼저 베네딕도는 '지역의 상황과 기후에 따라 의복을 분배하라'는 일반원칙을 제시한다(1절). 그리고 곧바로 그 이유를 지역의 상황이나 기후에 따라 필요성이 다르기 때문이라고 제시한다(2절). 이는 음식과 음료에 대해서 이미 언급한 내용을 상기시키고 있다. 즉 음식과 음료의 양이 반드시 개인에 따라 다르듯이 그렇게 의복도 지역의 상황과 기후에 따라 다양해야 한다는 것이다. 그는 이 필요성에 대한 판단을 아빠스에게 맡긴다(3절). RM에는 이에 대한 언급이 없다. 이 점에서 성규는 상당한 융통성과 개방성을 드러내고 있다.

4-6절: 그럼에도 불구하고 베네딕도는 온화한 지방을 위한 표준을 제시하고 있다. 그 품목을 보면, 투니카, 쿠쿨라, 스카풀라, 양말, 신발 등이다. 베네딕도는 계절 역시 고려하고 있다. 투니카와 쿠쿨라의 경우 여름철과 겨울철에는 다른 재질을 사용하도록 허용하고 있다(5절).

　바실리우스의 경우 전혀 이러한 고려를 하지 않고 있다. 즉 밤낮, 수도원 안팎에서 한 벌의 수도복으로 충분해야 한다는 것이다.[463]

이러한 근본주의는 지나친 듯이 보이지만 다음의 사실을 생각하게 해준다. 즉 '수도승은 언제 어디서나 동일하게 있도록 노력해야 한다.' '수도승은 여러 벌의 옷을 가지고 있지 않다.' 이런 단순성의 이상을 표현하고 있다고 볼 수 있다.

7-8절 : 베네딕도는 의류의 색상과 재질 그리고 치수 등에 대해서 언급하고 있다. 옷의 색상과 재질에 대해서는 따지지 말고 지역에서 저렴하게 구입할 수 있는 것으로 하라고 말한다(7절). 이런 것에 신경 쓰는 것은 수도승에게 전혀 어울리지 않다는 것이 베네딕도의 생각인 듯하다. 세상을 포기한 수도승은 세상의 가치와는 다른 가치로 살아간다. 따라서 이런 자잘한 것에 마음을 두고 시간을 소비하는 것은 바로 세상적인 것에서 자유롭지 못하다는 하나의 증거가 될 수 있다. 더욱이 수도승이 세상 사람이 추구하는 유행이나 멋을 추구하는 것은 명백히 수도정신과 반대된다. 베네딕도에게 있어 그 기준은 '그 지역에서 구할 수 있고' 또 '싼 값에 구할 수 있는 것' 이다.

오늘날 베네딕도회원이 검은색 수도복을 입고 현재의 모양을 갖춘 것은 베네딕도의 의도와는 전혀 관계없는 후대에 생겨난 전통이다. 색상이나 모양은 다 부차적인 것이다. 수도복의 기능은 일차적

---

463) 참조:『소(小)수덕집』11장. 이 장은 바실리우스가 수도복에 대해서 말하고 있다. 그가 수도복에 대해 말하고 있는 내용은 상당히 깊은 신학적, 영성적 의미를 담고 있다. 이 문제와 관련하여 그는 이렇게 말하고 있다. "어떤 일이 있어도 의식적인 가난의 법칙을 어겨서는 안 될 것이니, 즉 어떤 것은 외출용으로 또 어떤 것은 집안에서 입는 것으로 마련하면 안 된다. 또한 계절에 따라 그리고 밤과 낮에 다른 옷을 장만하면 안 될 것이니, 다만 낮에는 단정한 차림으로 보이고 밤에도 요긴한 오직 한 벌의 옷으로 충분하다고 믿는다."

으로 실용적인 것이다. 검소함과 가난을 드러내주고 실용적이면 되는 것이다. 그러나 베네딕도는 옷의 치수에 대해서는 고려를 하고 있다. 옷의 치수를 고려하여 잘 맞게 해주라고 배려하고 있다(8절). 이 배려 역시 실용적인 동기에서 기인한다고 볼 수 있다.

옷의 재질에 관한 베네딕도의 이 원칙은 바실리우스 규칙에서 유래한다. 이 영역에서 성규는 바실리우스 규칙[464]을 이용하기 때문에 수도복의 본질적 특성에 관해 바실리우스의 가르침을 살펴보는 것은 흥미 있는 일이다. 사실 바실리우스는 성경 위에 그리고 초세기 금욕주의 노선에 토대를 두면서 그의 '그리스도인들'의 복장을 위한 총체적 규범을 제시한 처음이자 마지막 교부이다. 그 이후에는 단지 수도복의 구성요소들을 하나하나 고려하는 것 외에 거의 다른 어떤 것도 하지 않았다. 즉 때때로 하나의 상징적이고 아름다운 의미를 수도복에 부여하고 있지만 모두 외형적으로 부가된 의미에 불과하다.[465]

한 마디로 바실리우스는 수도복이 검소하고 보잘 것 없기를 원한다. 왜냐하면 그리스도인은 모든 이 가운데 마지막으로 간주되어야 하며, 축성된 사람은 가시적으로 구분되고 알아볼 수 있어야 하기 때문이다. 또 그들 가운데 어떤 세속적 차이도 없기 때문이다. 옷을 입는 방식은 이렇듯 하느님 사랑을 위한 세상에서 분리된 삶과 동시에 이웃 사랑을 위한 형제 공동체적 삶의 두 가지 근본특성을 반

---

[464] 베네딕도 당시 루피누스에 의해 라틴어로 번역된 『소(小)수덕집』을 뜻한다. 이 작품 11장에서 바실리우스는 "질문 11. 그리스도인들에게 어울리는 적합한 복장은 어떤 것입니까?"라는 질문에 대해 답을 주고 있다.
[465] 참조: 카시아누스 『제도서』 1권.

영한다. 검소한 수도복은 손노동과 다른 일들에 맞게 실용적이어야 한다. 바실리우스에게 있어 수도복의 주된 용도는 무엇보다도 '몸의 수치스런 곳을 가리기 위한 것'임과 동시에 '몸을 따뜻하게 하기 위한 것'이다. 수도복의 다른 측면과 관련하여 바실리우스는 하나의 중요한 교육적 기능을 알고 있다. 즉 그것을 보는 사람에게 뿐 아니라 그것을 걸치는 사람에게 계속해서 수도복이 의미하는 거룩한 삶을 상기시켜주는 것이다. 이러한 수도복은 공동체 구성원의 표지이기도 하다. RM과 성규는 수도복을 전혀 고행복으로 생각하지는 않았다.

9-12절 : 새 옷을 받을 경우에 대해서 말하고 있다. 이 경우 헌 것은 반납하여 옷 방에 보관하라고 한다(9.12절). 그 이유는 두 가지이다. 첫째는 수도승에게는 두 벌 이상의 옷이 필요 없기 때문이다. 오로지 잠 잘 때와 세탁할 때를 위해서 두 벌이면 충분하다고 보았다(10절). 그 이상의 것은 여분의 것이라고 말한다(11절). 둘째는 가난한 이들에게 주기 위해서이다(9절).

베네딕도의 이 권고들 중 한 가지 점이 주의를 끈다. 곧 새 것을 받으면 사용했던 것은 가난한 이들을 위해 옷 방에 보관된다는 점이다. 이는 우리에게 수도승이 세속 사람과 다른 방식으로 옷을 입지 않았다는 인상을 준다. 문헌들은 수도승의 복식(複式)이 언제나 평신도의 그것과는 확연하게 달랐음을 증언하고 있다. 그러나 고대의 수도복은 오늘날의 것처럼 옷 방에 보관해 둔 의류를 가난한 사람에게 줄 수 없을 정도로 평상복과 크게 다르지는 않았던 것으로 추정된다.

13-14절 : 베네딕도는 여행할 경우에는 평상시 보다 더 나은 옷을 입으라고 권고하고 있다(14절). 여행을 떠날 때 쿠쿨라와 투니카와 속바지를 옷 방에서 받았다가 여행에서 돌아오면 그것들을 세탁해서 다시 반납하라고 한다.

제1부의 후반부에서 베네딕도는 더 이상 필요 없는 모든 것을 옷 방에 반납하도록 여러 번 강조하고 있다. 즉 새 것을 받으면 헌 것을, 여행에서 돌아오면 여행용 옷들을 다시 반납하라고 한다. 음식에 관한 경우에서와 같이 그는 수도승이 필요성에 따라 꼭 필요한 것만을 소유하기를 바란다. 사실 음식과 의복 이 두 영역에서 베네딕도는 RM보다 더 엄격하게 비쳐지고 있다.

15절 : 베네딕도는 침구의 품목에 대해서 아주 간단히 언급하고 있다. 그가 수도승의 침구로 요, 얇은 이불, 두꺼운 이불, 베개면 충분하다고 말하고 있다. 사실 이 정도면 충분할 뿐 아니라 당시 로마의 환경에서 농부와 가난한 이들이 사용했던 것보다는 훨씬 더 나은 것이었다. 이를 통해 우리는 당시 수도원의 경제적 상황과 생활수준은 일반 민중보다는 많이 나았다는 것을 추정할 수 있다.

16-24절 : RM 82장에 부응하는 이 2부에서는 개인소유 포기의 문제가 언급되고 있다. 베네딕도는 RM 82장으로 건너가면서 개인소유에서의 이탈에 관해 길게 묘사하고 있는 영적 포기에 관한 부분

을 건너뛰고 단지 마지막 부분의 실천적 태도에 가서 멈추고 있다.[466] RM은 십인조의 장들에게 자기에게 속한 형제들을 감시하도록 말하고 있다.[467] 그러나 베네딕도는 아빠스에게 개인소유를 못하도록 형제들의 침구를 검사하도록 하고 있다(16절). 만일 허락받지 않은 사사로운 물건이 발견되면 엄한 벌에 처하라고 강하게 말하고 있다(17절). 개인 독방의 금지 이후 개인의 침구는 사실상 소유욕의 마지막 피난처라고도 할 수 있다. 그러면서 개인소유의 악습을 근절하기 위한 한 방법으로 사전에 형제들에게 필요한 것을 나누어주어(18절) 핑계를 대지 못하도록 하라고 하는 점이 흥미롭다(19절).

우리는 성규 33-34장의 대상이었던 개인소유의 악습에 대한 단죄와 필요성에 따른 분배를 위한 규정들을 다시 보게 된다. 하지만 이번에는 새로운 방법으로 형제들이 필요한 모든 것을 주도록 강조하면서 그 초점을 아빠스에게 맞추고 있다. 성규 34장에서 베네딕도는 서로 다른 필요성으로 인해 야기 될 수 있는 불만을 거슬러 공동체 형제들에게 주의를 주었다. 이 장에서는 아빠스가 악한 자들의 불만에 굴복하지 않도록 권고하고 있다(21절).

베네딕도는 뒤에 지원자를 공동체에 받아들이는 절차에 관한 성규 58장에서 의복에 관한 이 규정에 더욱 중요한 부분을 부가하게 될 것이다. 즉 서원예식 끝에 받은 수도복은 새로운 형제가 하느님

---

466) 참조: RM 82,26-28.
467) 참조: RM 82,28: "아무에게도 이런 일이 없도록 하기 위해 조장들은 모든 이를 자주 조사할 것이다."

의 집과 하느님 자신에 속함을 가리키는 '수도원의 것'(*res monasterii*)이라는 것이다.[468]

결론

이 장을 마치면서 우리는 '수도복은 거주하는 그 지역의 상황과 기후에 따르라.' 또 '그 지역에서 구할 수 있는 값싼 것으로 하라.'는 베네딕도의 권고를 되새겨 볼 필요가 있다. 그의 이 권고들은 하나의 기본원칙과도 같다. 그는 더 이상 세세한 규정을 하고 있지 않다. 또 수도복의 상징적 의미에 대해서도 전혀 언급이 없다. 그에게는 이 모든 것은 다 부차적인 것이었다. 수도복에 대한 그의 가르침은 상당히 실용적이고 현실적이며 융통성이 엿보인다. 사실 오늘날 베네딕도회원들의 수도복은 그 재질이나 색상, 모양 등이 너무 패션화되어 있는 감이 없지 않다. 그러다보니 과연 얼마나 베네딕도의 원칙이 반영되어 있는지 모르겠다. 어쨌든 이 장과 관련하여 참조로 수도복에 대해 더 알아보는 것도 좋은 듯하다.

1. 역사

수도복의 역사는 초기 수도승전통으로 거슬러 올라간다. 초기부터 모든 수도승이 하나로 통일된 의복을 입었던 것은 아니다. 초기 수도승들이 정확히 어떤 종류의 의복을 입었었는지, 그 구체적 형태는 어떠했는지 자세히 알 수 없다. 우리는 단지 고대문헌들에 단편

---

468) 참조: 성규 58,26-28.

적으로 언급된 내용에 의존할 뿐이다.

파코미우스계 문헌에 따르면 파코미우스 수도승은 세속인과 구분되는 그들 고유의 특별한 의복을 입었음을 알 수 있다. 바실리우스는 『대(大)수덕집』(Asceticon Magnum)의 '긴 규칙'(Regula diffusa)에서 의복을 걸치는 두 가지 동기에 대해서 언급하고 있는데, 곧 '몸을 가리기 위한 것'과 악천후로부터 '몸을 보호하는 것'469)이라고 한다. 바실리우스가 얘기한 이 두 가지 동기에 또 다른 동기 즉 '정결'이 덧붙는데, 수도승전통 안에서는 이 세 가지는 늘 유지되어 온 항구한 동기들이었다. 바실리우스는 또 수도복은 '세상의 헛된 것들에 대한 포기'를 공동체적 형태로 표현해야 하며, 또한 하느님의 뜻에 따른 서원생활을 증거해야 한다고 가르치고 있다. 에바그리우스는 『프락티코스』에서 수도승이 걸치는 다양한 의복의 상징을 자세히 열거하고 있다.470) 이는 요한 카시아누스에게 영향을 주었다.

451년 칼체돈 공의회에서도 수도복에 대한 언급들이 있다(can.4). 이 공의회와 더불어 수도복은 이제 비로소 하나의 제도로 정착된다. 이처럼 수도복은 초기 3세기의 '단순성'에서 점차 제도화되어 나아갔다. 회수도승생활의 확산과 더불어 위에서 언급한 착복의 세 가지 고전적 동기는 하나의 일정한 균형을 이루게 된다. 그리고 '장식'도

---

469) 수도복의 일차적 기능 중 하나는 추위와 다른 불편한 외적 조건에서 몸을 보호하는 것이다. 수도복의 이 보호 기능은 수도승문헌들로부터 보편적으로 알려졌고 또 받아들여졌다. 그러나 수도복은 윤리적 위험에서 보호하는 수단으로서의 기능도 지니고 있다. 수도복은 수도자를 이 세상의 유혹에서 보호할 수 있다. 일반적으로 수도복은 올바른 덕행의 길에서 멀어지게 할 수 있는 유혹을 피하도록 도와주는 상징적 수단으로 간주될 수 있다.

470) 참조: 『프락티코스』 머리말 2-7.

수도적 상징을 표현하는 수단으로서 연결된다. 예를 들면, 파코미우스 수도승들은 쿠쿨라 위에 십자가를 달아 장식하였다.

베네딕도는 수도복에 관한 가르침을 주고 있는 바실리우스와 요한 카시아누스를 알고 있었다. 그는 모두에게 획일적으로 정형화된 복장을 요구하지 않고 그 지역의 특성과 필요성에 따르라고 함으로써 융통성을 부여하고 있다. 결론적으로 우리는 전통에 따른 수도복의 특성을 다음과 같이 요약할 수 있겠다. 즉 고대의 수도복은 단순 소박하고 검소했으며, 또 참회적 성격을 띠었었다는 것이다.

통일화와 중앙집권화를 위해 노력했던 아니앤의 베네딕도는 장차 베네딕도회 수도복의 발전에 있어 그 시발점을 제공했다. 베네딕도회 안에서 역시 점차 수도복의 통합[471]이 이루어졌다. 고대 수도승전통 안에서 수도승의 주된 의류는 투니카(*tunica*)[472]였지만, 이제는 수도승의 고유 의복이 쿠쿨라[473]로 바뀐다. 후에 여기에 상징적 의미가 부여된다. 클뤼니 수도승들에게 있어 가장 중요한 의복은 쿠쿨라였다. 클뤼니의 관습들(*consuetudines*)에서 열거되고 있는

---

471) 10세기부터 '흑의의 수도승'과 '백의의 수도승'간의 논쟁과 더불어 수도복이 하나의 형태로 바뀌는 경향이 나타나기 시작한다. 그러나 이러한 경향은 무엇보다도 수도복을 자기 수도회의 특별한 복장으로 특징짓게 되는 탁발수도회들과 더불어 나타난다.
472) 투니카(*Tunica*)의 역사는 그리스도교 훨씬 이전 시대로 거슬러 올라간다. 이는 고대 지중해 지역의 평상복이었는데, 로마인의 투니카(*Tunica*), 그리스인의 키토네(*Chitone*), 히브리인의 쿠토넷(*Kutonet*), 그리고 이와 유사한 여러 의복들이 있었다. 수도자와 성직자들의 투니카(수단)는 여기에 기원을 두고 있다.
473) 오늘날 쿠쿨라는 일반적으로 수도승회들(*Ordines monastici*)에서 기도 때 걸치는 기도복으로 사용되고 있다.

의복은 두 벌의 투니카, 두 벌의 쿠쿨라, 두 벌의 상의 혹은 한 벌의 작은 가죽 투니카, 두 벌의 바지, 세 벌의 외투이다.

11, 12세기에는 베네딕도 규칙에서 일복이었던 스카풀라레(scapulare)[474]에 대해서 더 이상 이야기하지 않는다. 이는 상당한 변화임이 틀림없다. 손노동은 무엇보다도 평수사들(fratres conversi)에게 맡겨졌고, 이들은 다양한 일복을 걸쳤다. 쿠쿨라가 소매가 없거나 짧은 투니카 위에 걸치는 것이라 할지라도 이제부터는 쿠쿨라가 중요한 위치를 차지하게 된다. 그것은 이 의복이 드러내는 매우 풍부한 상징성 때문이다.

2. 재질

재질, 거칠음, 검소함은 수도복과 관계된 묘사에서 첫 자리를 차지한다. 그 원료는 추위나 다른 위험에서 몸을 덮어 보호하는 것으로 충분해야 했다. 그 외에 관리하기 쉽고 단순한 것이어야 했다. 성 바실리우스와 요한 카시아누스가 이렇게 생각했다. 즉 수도복은 기능적이고 검소해야 하며 그것을 걸치는 모든 사람을 통해 서원 공동체와 하느님에 대한 축성의 외적, 가시적 표징을 드러내야 한다. 성 베네딕도 역시 규칙에서 재료와 색깔에 대해 신경 쓰지 말라고 하고 있다.[475] 실제로 옷감은 참회복으로 사용된 거친 모직, 양이나

---

474) 성규 안에서 스카풀라레는 일할 때 투니카 위에 걸치는 일복이었다. 하지만 오늘날 이것은 베네딕도회 계통의 수도자들이 평상시 걸치는 수도복의 한 부분으로 정착되었다.
475) 참조: 성규 55,7.

염소 가죽, 아마포와 특히 모직이었다.

3. 색상

바실리우스와 카시아누스는 수도복의 색상에 대해 전혀 언급하고 있지 않다. 성 베네딕도는 옷의 색상에 대해 걱정하지 말라고 한다. 확실히 그는 옷 색상이 수도적 신분에 어떤 역할을 한다고 생각하지 않았다. 어느 날 그에게서 유래한 주요 두 분파가 '흑의의 수도승'과 '백의의 수도승'으로 구분되었다고 말하는 것으로 충분하다. 클뤼니 수도승들은 검은 수도복을 걸쳤던 반면, 10-11세기에 생겨난 새로운 개혁 수도회들(시토회, 카르투시오회, 까말돌리회, 올리베따노회, 실베스틴회, 발롬브로사회 등)은 흰색 수도복을 사용함으로써 자신들을 기존(전통적) 베네딕도회원과 구별하였다. 그러나 수도복의 색상이 매혹적 요소와 상징성을 지녔음 또한 사실이다. 흰색은 영혼의 순수함, 품행의 무구함을 나타냈으며, 수도서원을 세례의 모방으로 여기면서 세례복과의 유사성을 지녔다. 검은색은 애도(그리스도의 죽음으로 인한), 고행 그리고 겸손을 가리켰다. 중세기 말경 검은색은 시민생활 안에서 역시 유행이었다. 그러한 유행은 수도자들의 복장에도 영향을 끼쳤다.

4. 상징

적어도 5세기부터 동방과 서방에서 수도복에 대한 어떤 신비주의가 존재했다. 일반적으로 수도복은 세례복, 수도서원인 제2의 세례, 그리스도와 함께 십자가에 못 박힘을 상징하였다. 그리고 다 떨어진

옷감은 가난, 포기, 금욕주의를, 검은색은 겸손을, 그 모양은 순종을 상징했다. 제일 안쪽에 아마포로 된 투니카(tunica)를 걸쳤지만 모직으로 된 경우도 있었다.

투니카는 소매가 없거나 짧았고 어떤 이들은 거기에 두건을 달았다. 소매가 없었던 이유를 가자의 도로테우스는 다음과 같이 설명한다. 즉 소매는 손의 표지이고 손은 실제적 용도를 위한 것이다. 어떤 나쁜 짓을 하려는 유혹이 들 때 수도승으로 하여금 그가 옛 인간이었을 때 하던 일들을 위해서 손을 가진 것이 아니라는 점을 상기시키기 위함이라는 것이다. 에바그리우스에게 있어 소매 없는 옷으로 인한 손의 노출은 가장과 위선 없는 삶을 의미한다.

멜로테스(melotes) 혹은 멜로타(melota)는 양이나 염소 가죽으로 되어 있었다. 이것은 목부터 몸통 중간 부분까지 내려 온 것으로 이미 엘리야와 세례자 요한이 사용하였는데, 이는 수도승생활의 예언적 성격과 교회의 교계제도가 아닌 카리스마적인 회에 소속되었음을 상징한다. 또한 인간의 죄스런 상태, 원조의 죄, 참회의 필요성을 상기시킨다.

부활과 영원한 생명에 대한 상징인 쿠쿨라(cuculla) 혹은 두건은 머리와 어깨를 덮었고, 밤낮 걸치고 다녔다. 에바그리우스에게 있어 이것은 구세주 하느님의 은총과 또한 어린이들이 걸쳤던 옷의 일부분을 이루었기 때문에 작은이들의 무구함과 단순성을 의미하였다. 팔라디우스는 파코미우스 수도승들이 이 위에 자주색 십자가를 달았다고 말한다.

스카풀라레(scapulare)는 어깨에 보다 넓게 앞뒤로 달려 있던 것으로 십자가의 모습을 취하게 되었다. 이것은 수고스러운 금욕생활을 뜻한다. 에바그리우스에게 있어 스카풀라레는 그리스도께 대한 신앙의 상징이었다. 가자의 도로테우스에게 있어서는 어깨에 자기 십자가를 지고 그리스도를 따르는 것을 의미하였다.

마포르테스(*mafortes*: 목과 어깨를 가리는 옷)는 아마도 목과 어깨를 덮은 꼭 죄는 천 혹은 짧은 망토였던 것처럼 보인다. 이것은 겸손과 가난을 나타냈다.

허리에 맨 가죽 띠(*cintura*)는 순결에 대한 상징이며 또한 그리스도를 섬길 준비가 되어 있음을 상징한다. 수도승의 복장을 완성하는 지팡이(*baculus*)는 '생명의 나무'를 상기시켰다. 에바그리우스에 따르면 여기에 기대는 사람은 그리스도께 기댄 것으로 간주하였다. 카시아누스에 따르면 이는 또한 주님의 수난에 대한 기억과 그분의 고행에 대한 모방을 통하여 악습과 악한 생각들에 대한 방어를 나타냈다.[476]

---

[476] 참조: Matias Auge, L'Abito Religioso, Roma 1977; G.M.Colombás, "L'abito monastico", in *DIP* 1, 50-56.

제 56 장
아빠스의 식탁

본 문

¹아빠스의 식탁은 항상 손님들과 순례자들과 함께 있어야 한다. ²그러나 손님이 적을 경우 그는 자기가 원하는 형제들을 초대할 수 있다. ³하지만 규율을 유지하기 위하여 한두 명의 장로는 항상 형제들과 함께 남아 있어야 한다.

주 해

개관

성규 56장은 단지 3개의 절로 구성된 성규에서 가장 짧은 장이라 할 수 있다. 이와 병행되는 RM 84장 역시 4개의 절로 되어 있다. 이 장을 처음 읽는 사람은 의아해 할 수도 있다. 여기서 규정되고 있는 내용이 아빠스에게 부여된 어떤 특권처럼 보이기 때문이다. 어떻게 아빠스를 공동체 생활과 분리하는 이런 규정이 가능한가? 그러나 자세히 들여다보면 그것은 '손님 안에서 그리스도가 공경 받으신다.'는 성규 53장의 강조 외에 다른 무엇이 아님을 이해하게 된다. 그리스도를 나타내는 손님에게 영예의 자리가 따로 마련되어야 한다는 것이다.

주석

1-2절 : 아빠스 식탁을 위한 규정

베네딕도는 "아빠스의 식탁은 항상 손님들과 순례자들과 함께 있어야 한다."(1절)고 원칙을 제시하고 있다. 함께 식사하는 관습은 베네딕도의 시대에는 매우 중요했다. 다른 문화권에서도 함께 식사하는 것이 매우 중요한 의미를 지니는 것처럼 베네딕도 시대에 역시 그러했다. 그렇다면 늘 있기 마련인 손님들과 함께 어떻게 매번 식사를 하였겠는가? 이는 공동체 규율을 유지하는데 있어서 쉽지 않은 일이었음이 분명하다. 우리는 성규 53장에서 아빠스와 손님을 위한 별도의 주방이 있음을 보았다. "불시에 찾아오는 손님들이 형제들을 방해하지 않게"[477] 하려는 의도였다. 그러나 동시에 손님에 대한 고려이기도 했다. 이 장에서는 이제 아빠스의 식탁에 대해서 말하고 있다. 베네딕도의 이 규정 역시 공동체와 손님 모두에 대한 배려임은 의심의 여지가 없다. 이렇게 함으로써 손님에게는 최선의 환대를 할 수 있고 손님은 공동체 규율을 방해하지 않게 된다.

베네딕도는 이어서 손님이 적을 때 원하는 형제를 초대할 수 있다고 말한다(2절). 이로써 이 규정을 남용하지 않도록 아빠스 자신에게 현명할 것을 간접적으로 요구하고 있다. RM에서는 아빠스 식탁에 초대받는 형제는 원로들과 시편을 낭송하는 형제들, 또한 시편에 관해서 이야기 할 수 있는 형제들이다.[478] 우리는 RM 안에서 식사 동안 손님들에게 감화를 주기 위해 어떤 형제들이 시편을 설명

---

477) 성규 53,16.   478) 참조: RM 84,1-2.

했다는 것을 볼 수 있다.

3절 : 공동체 규율 유지

　베네딕도는 먼저 53장에서 형제들은 단식을 준수해야 한다고 말하였다. 왜냐하면 모두가 단식을 깰 수 없기 때문이다. 대신 장상은 손님과 함께 식사한다. 그러면 장상은 결코 단식을 하지 않았는가 하는 질문이 제기될 수 있다. 우리는 이에 대해 정확히 알 수 없다. 베네딕도는 아무 언급이 없다. 그는 규율 유지를 위해 한두 명의 장로는 항상 형제들과 함께 있도록 규정하고 있다. 반면 RM에서는 십인장들(prepositi)이 언제나 자기 십인조와 함께 머물러야 한다. 이는 하느님에 대한 관심, 곧 침묵과 엄격함(신중)을 유지하기 위함이며 동시에 형제들을 온갖 악습에서 보호하기 위함이다.[479]

결론

　아빠스의 식탁을 손님과 함께 있도록 한 베네딕도의 이 규정은 매우 중요한 결정이 아닐 수 없다. 여기서부터 아빠스가 공동체에서 분리되기 시작하기 때문이다. 우리는 아빠스의 식탁이 어디에 있었는지 정확히 알 수 없다. 하지만 그것이 별도의 공간에 있었던 것이 아니라 공동체 식당 안에 있었던 것으로 보인다. 성규에는 손님을 위한 침대를 비치한 특별한 객실은 있었지만 식당에 대한 언급은 전혀 나타나지 않는다. 문간에는 수련자를 위한 식당이 있었던 것

---

479) 참조: RM 84,3-4.

같이 보이지만, 손님을 위한 식당에 대해서는 언급이 없다. 따라서 당시 단지 두 개의 식당 즉 공동체 식당과 수련자 식당이 있었다고 추정된다. 이와 관련하여 드 보퀘 신부는 아마도 한 장소에서 서로 다른 시간에 식사했을 것으로 생각한다. 예를 들어 만일 공동체가 오후 3시에 식사했다면, 손님은 아빠스와 함께 정오에 식사를 했다는 것이다. 어느 정도 신빙성이 있는 가설인 듯하다. 어쨌든 이 규정의 목적은 공동체의 규율유지와 손님에 대한 보다 효과적 환대에 있다고 할 수 있겠다.

제 57 장
수도원의 장인

본 문

¹만일 수도원에 장인(匠人)들이 있다면, 그들은 지극히 겸손하게 자신의 기능을 활용해야 한다. ²그러나 만일 그들 중 누가 자신의 숙련된 기능으로 인해 오만해져 자기가 수도원에 어떤 공헌을 하고 있다고 여긴다면 ³그 일을 그만두게 할 것이다. 만일 후에 그가 겸손해져서 아빠스가 다시 그에게 그 일을 하도록 명령하기 전에는 그 일을 하지 못하게 할 것이다.

⁴만일 장인들의 공예품 가운데 어떤 것을 팔아야 한다면, 판매책임을 맡은 사람들은 감히 어떤 부정을 범하지 않도록 주의해야 한다. ⁵그들은 육체의 죽음을 당한 아나니아와 사피라를 항상 기억하여 ⁶자신들과 수도원 일에서 어떤 부정을 범한 모든 이가 영혼의 죽음을 당하지 않도록 할 것이다.

⁷가격을 정함에 있어 탐욕의 악에 빠져서는 안 된다. ⁸오히려 수도원 밖의 사람들이 제시할 수 있는 가격보다 언제나 약간 싼 가격으로 하여 "모든 일에 있어 하느님이 영광 받으시게"⁴⁸⁰⁾ 할 것이다.

---

480) 1베드 4,11.

주 해

개관

성규 57장은 성규 53장부터 시작된 '세상을 향한 개방'에 대해서 다루고 있는 마지막 장으로 매우 논리적 구조를 띠고 있다. 여기서는 수도원의 장인(1-3절)과 생산품 판매(4-9절) 라는 두 주제가 다루어지고 있다. 이 장은 RM 85장과 병행되지만 동시에 다양한 수도승 전통에 바탕을 두고 있다.

주석

1절 : '만일 수도원에 장인(匠人)들이 있다면' : 이 표현을 보면 수도원에 항상 장인이 있었던 것은 아니었던 것처럼 보인다. 아마도 다른 계층의 사람, 즉 부유한 가문 출신의 사람들이 있었을 가능성이 있다. 베네딕도는 인간의 자연적 재능에 대해 RM에 비해 훨씬 더 긍정적이다. 만일 아빠스가 원하면 온갖 겸손으로 그 기능을 사용할 수 있다.

성규의 다른 장들과 비교할 때 한 가지 차이점이 발견된다. 당가에 대한 성규 31장, 주간 주방봉사자에 관한 성규 35장, 매일의 노동에 관한 성규 48장 등에서는 한결같이 봉사하는 형제들이 '근심하지 않도록' 배려하고 있다. 그러나 이 장에서는 근심해서는 안 된다는 것을 언급하지 않고 있다. 대신 '겸손'이 강조되고 있다. 집안일과 주방일 그리고 들노동은 회피되었던 일들이었기 때문에 근심하지 말라고 강조하는 것이다. 하지만 이 경우에는 다르다. 왜냐하면 누구나 자기 기능을 사용하기를 원하기 때문이다. 기능은 의무적인 것이 아니다. 이 때문에 교만을 경계하고 겸손을 강조하고 있는 것이다.

이 절에서 이미 마지막 절에 인용된 베드로 전서의 구절, 즉 '모든 일에 있어 하느님이 영광 받으시게'를 느낄 수 있다. 반면 RM에서는 수공예가 통상적인 일이었다.[481] 장인들은 들이나 농장에서 일하지 않았을 것으로 추정된다. RM은 힘든 들노동은 영혼과 영적 생활에 방해되기 때문에 수도승들에게 맞지 않는 일이라고 보았다.[482]

2-3절 : 어떤 이는 교만해 질 수 있다. 이것은 공동체에 해롭다. 베네딕도는 단지 훌륭한 생산품만이 아니라 어떻게 해야 하는가를 역시 강조한다. 그에게 있어 우선적인 것은 영혼의 구원이었다. 베네딕도의 수도원 상황은 가난했고 따라서 일손이 필요했음이 분명하다. 하지만 베네딕도는 만일 누가 교만해진다면(2절) 그의 영혼을 위해 그로 하여금 그 일을 못하게 한다(3절). 여기에 영혼 구원의 우선권이 드러난다.[483] 베네딕도는 '교만하지 말라', '수도원에 공헌하다' 와

---

[481] 참조: RM 85,27: "수도원의 일로서는 한 가지 기술직종과 정원 일로 충분하다."
[482] 참조: RM 85,24-25: "재산은 소유하되 이런 불편을 다른 이에게 맡기고 매년 임대료를 안전하게 받아 우리는 오로지 영혼 외에 다른 어떤 것도 생각하지 않는 것이 더 좋을 것이다. 사실 우리가 영적 형제들에게 그것들을 경작하기를 원하면 그들에게 과중한 노고를 지우게 되고 단식의 관습을 잃게 될 것이다."
[483] 참조: 성규 2,33.

같은 표현들을 아우구스티누스에게서 빌려왔다.484) 바실리우스는 장인들은 순종으로 일해야 하며 그들이 생산하는 것은 그들 자신에게 속하지 않는다는 점을 강조한다.

4-6절 : 베네딕도는 공예품 판매책임을 맡은 사람에게 있을 수 있는 부정을 경고하고 있다(4절). 더 나아가 수도원의 모든 사람에게 부정을 행하지 않도록 주의를 기울인다(6절). 그러면서 중간에 돈을 감추었다가 육체의 죽음을 당했던 아나니아와 사피라의 예를 상기시키며(5절) 부정을 하여 영혼의 죽음을 당하지 않도록 주의를 주고 있다(6절). 아마도 수도원은 그렇게 부유하지 않았고 따라서 약간의 돈을 소유하기 위해 판매과정에서 속이는 일이 가능하다는 것을 염두에 두고 있다. '어떤 부정을 범한 모든 이'라는 표현 역시 아우구스티누스에게서 빌려온 것이다.

7-8절 : 베네딕도는 가격을 정하는데 있어 개인적으로나 집단적으로 빠질 수 있는 탐욕의 악(*avaritiae malum*)485)을 경계하고 있다(7절). 그래서 밖의 사람보다 '약간 싼 가격'(*aliquantulum vilius*)으로 하라고 권고한다(8절). 반면 RM은 세속사람이 파는 가격보다 '훨씬 낮은 가격으로'(*tanto infra et minori praetio*)486) 팔라고 말한다.

---

484) 아우구스티누스 『계명집』 V,7: "세속에 남아 재산을 향유하며 살았을 경우보다 그 재산을 수도원에 기부했기 때문에 더 교만해지는 일이 없어야 한다."
485) 참조: 탐욕(*avaritia*)에 관한 카시아누스 『제도서』 7권에 바탕을 두고 있는 성규 33장. 거기서 베네딕도는 수도승의 개인소유를 악습(*vitium*)이라 부르고 있다.

그러면서 "영적인 사람은 이점에 있어 세속사람이 하는 행동방식과는 차이가 드러나게 할 것이다."[487]라며 그 목적을 설명한다. 그리고 가격 인하와 관련해서 아빠스가 그것을 판단하여 장인에게 정해준다. 물건 값으로 받은 돈은 장인에게서 아빠스에게 전달된다.[488] 그러나 베네딕도는 '약간 싸게' 하라고 함으로써 관대함을 제한한다. 그 목적은 다음 절에 제시된다.

9절 : "모든 일에 있어 하느님이 영광 받으시게"(*Ut in omnibus glorificetur Deus*) 하기 위함이다. 이것이 베네딕도가 제시하는 목적이다. 이 구절은 매우 흥미롭다. 왜냐하면 공동전례나 성독(*lectio*)에 관한 장에서가 아니라 물건판매라는 점 때문에 세속적이라고 여겨질 수도 있는 이 장에서 나타나기 때문이다. 따라서 이러한 일들 안에서 역시 하느님의 영광을 위하여 모든 것을 행한다.[489] 이것은 바로 성규 53장부터 시작하여 이 장에서 끝나는 '세상을 향한 개방' 부분의 전체 결론과도 같다. 이 마지막 문장은 베네딕도회원의 모토(U.I.O.G.D)와도 같이 되었다.

하지만 가격 책정과 관련하여서는 오늘날 베네딕도의 이 권고를 따르는 것은 결코 쉬운 일이 아니다. 더 많은 시간과 노력과 자본을

---

486) RM 85,2.   487) RM 85,3.
488) 참조: RM 85,8-9.
489) 참조: 1베드 4,11: "봉사하는 이는 하느님께서 주신 힘으로 봉사해야 합니다." 물질적인 것에 있어서도 마찬가지이다. 이는 "수도원의 모든 기구와 전 재산을 제단의 축성된 그릇처럼 여길 것이다."라고 말하는 성규 31,10과 유사점을 지니고 있다. 생산품을 포함한 모든 것에 있어 하느님의 영광이 드러날 수 있다. 따라서 모든 것이 하느님의 일이 될 수 있다.

투자하고서 다른 사람들 보다 더 저렴한 가격을 유지하기는 거의 불가능한 일일 것이다. 우리는 분명 과거와는 다른 정치, 사회적 상황에 놓여 있다. 경쟁사회 속에서 단순히 낮은 가격을 받을 수만은 없다. 오늘날의 상황에서 너무 비싸지도 그렇다고 너무 싸지도 않은 정당한 노동의 대가를 받는 것은 베네딕도의 가르침을 거스르는 것이라고 말할 수 없을 것이다.

결론

베네딕도는 이 장에서 세 가지 악습, 즉 교만, 부정, 탐욕을 거슬러 겸손할 것과 어떠한 부정을 행하거나 탐욕도 품지 말 것을 강조하고 있다. 수도승이 자기 기능을 사용하는데 있어 취해야 할 가장 기본자세는 겸손이다. 그는 자신의 영광이 아니라 오직 하느님의 영광만을 드러내야 한다. 그런데 교만은 하느님의 영광을 가리고 허영과 자만에 빠뜨려 자신의 헛된 영광을 찾게 한다. 따라서 겸손 없이 행하는 모든 일은 하느님의 영광을 가릴 뿐 아니라 우리 자신을 그분으로부터 멀어지게 한다. 이 겸손의 자세는 오늘날 우리에게 있어 얼마나 절실한 문제인가! 우리는 쉽게 주와 객을 혼동하고, 수단과 목적을 착각하는 오류에 빠져든다. 참으로 중요한 것은 나를 통하여 하느님의 영광이 드러나는 것이다.

또 수도원에서 하는 일들이 만일 최대의 이윤추구만을 목표로 한다면 일반 기업이나 공장과 하등 다를 바 없을 것이다. 수도원의 공방들과 사업체들은 그들이 하는 일들을 통해 하느님의 영광, 하느님 나라 건설, 복음적 가치의 증거라는 선교적, 영적 목표를 지니고 있어야 한다. 수도승들이 일을 하는 것은 일차적으로 그들의 하느님 찾는 삶에 도움을 주기 위한 것이다. 따라서 어떤 일이 그들의 이 소명에 반대되거나, 하느님 찾는 일을 어렵게 한다면 신중히 재고할 필요가 있다. 노동의 근본 목표에 따른 원칙과 기준이 있어 거기에 입각해 분별하고 판단할 필요가 있다. 비록 이윤이 더 남는다고 하더라도 그것이 과연 수도승으로서 맞는 것인지, 그 개인이나 공동체의 수도승생활에 미치는 부정적 영향은 없는지 참으로 신중한 분별이 요청된다. 우리는 자칫 쉽게 기능만능주의나 경제논리로 모든 것을 재단하고 판단하려는 유혹에 빠질 수 있다.

공동체에 받아들임 (성규 58-62장)

    수도승 공동체는 살아 있는 다른 조직체와 마찬가지로 생명력을 유지하기 위해서는 계속 쇄신될 필요가 있다. 공동체 구성원의 수는 항상 동일할 수 없다. 구성원들은 점차 늙고 병들고 죽게 되고 동시에 새로운 구성원으로 채워지게 된다. 공동체는 언제나 동일한 상태를 유지하지 않는 변화하는 유기체이다. 베네딕도는 성규 58장부터 62장까지 새로운 구성원을 공동체에 받아들이는 문제를 규정하고 있다. 이 부분에서 다루어지고 있는 주제는 공동체에 받아들이는 절차(58장), 귀족이나 가난한 이의 자녀봉헌(59장), 사제를 받아들임(60장), 외래 수도승을 받아들임(61장) 그리고 수도원의 사제(62)이다.

제 58 장
공동체에 받아들이는 절차

본 문

    ¹수도승생활을 하러 처음 찾아오는 사람을 쉽게 받아들이지 말고 ²사도께서 말씀하시는 바처럼 "그 원의가 하느님에게서 비롯되었는지 시험해 볼 것이다."[490] ³그러므로 만일 누가 찾아와 꾸준히 문을

---

490) 1요한 4,1.

두드리고 또 4-5일 후에도 그가 당하는 푸대접과 입회의 어려움을 인내롭게 참아 견디는 것이 보이고 여전히 집요하게 청을 한다면, ⁴그를 맞아들여 며칠 동안 손님집에 머물게 할 것이다.

⁵그 후 수련자들이 묵상하고 숙식하는 수련소에 맞아들일 것이다. ⁶그리고 영혼들을 돌보기에 합당한 장로 한 사람을 임명하여 그들을 주의 깊게 돌보게 할 것이다.

⁷그는 수련자가 참으로 하느님을 찾는지, 공동기도와 순종과 겸손에 있어 열성을 보이는지 잘 살필 것이다. ⁸하느님에게 나아가는 데 있어 거치게 될 어렵고 힘든 모든 것이 그에게 미리 제시되어야 한다. ⁹만일 그가 항구히 머무를 것을 약속한다면 두 달 후에 그에게 이 규칙을 순서대로 다 읽어주고 ¹⁰이렇게 말할 것이다. '자, 이것이 당신이 그 인도 하에 분투하기를 원하는 법이요. 만일 이것을 지킬 수 있다면 들어오시오. 만일 그럴 수 없다면 자유로이 떠나시오.' ¹¹만일 그가 여전히 확고하다면 위에서 말한 수련소로 데리고 와서 다시 철저하게 그의 인내심을 시험할 것이다.

¹²그리고 여섯 달이 지난 후 그에게 규칙을 읽어주어 그가 무엇을 위해 들어오게 되는지를 알게 할 것이다. ¹³그래도 만일 그가 여전히 확고하다면 네 달 후에 그에게 같은 규칙을 다시 읽어줄 것이다. ¹⁴만일 그가 심사숙고한 후에 모든 것을 준수하고 자기에게 주어지는 모든 명령에 순종할 것을 약속하면 그때 공동체에 받아들일 것

이다. ¹⁵그러나 그는 다음 사실을 알아야 한다. 즉 규칙의 법규상 그 날부터는 더 이상 수도원을 떠날 자유도 없고 ¹⁶또 그가 그렇듯 오랜 기간 동안 숙고하면서 거절하거나 받아들일 수 있었던 규칙의 멍에를 벗어날 자유도 없다는 것이다.

¹⁷(공동체에) 받아들여진 사람은 성당에서 모든 이 앞에 나와 정주와 수도승생활에 정진과 순종을 서약할 것이다. ¹⁸이것은 하느님과 그분 성인들 앞에서 행해져 만일 어느 날 그가 다르게 행동하거든 그가 조롱한 분에 의해서 단죄 받을 것임을 알게 할 것이다. ¹⁹그의 이 서약에 대해 수도원에 유해가 모셔져 있는 성인들과 임석한 아빠스의 이름으로 증서를 작성하게 할 것이다. ²⁰이 증서는 본인이 직접 작성하거나 혹시 그가 문맹이면 다른 사람에게 써 달라고 부탁하여 본인이 서명해서 제대 위에 직접 갖다 놓을 것이다.

²¹그것을 놓고 나서 수련자는 즉시 다음 구절을 선창할 것이다. "주님, 당신 말씀대로 저를 받아주소서. 그러면 저는 살겠나이다. 저의 희망을 어긋나게 하지 마소서."⁴⁹¹⁾ ²²전 공동체는 이 구절을 세 번 반복하고 영광송을 덧붙일 것이다. ²³그 다음 그 수련자 형제는 자기를 위해 기도해 주도록 각 사람의 발아래 엎드릴 것이다. 그리고 바로 그 날부터 비로소 공동체의 일원으로 간주된다.

²⁴만일 그가 어떤 재산을 소유하고 있다면, 그것을 사전에 가난한

---

491) 시편 119,116.

사람들에게 나누어주거나 아니면 법적 기부행위로 그것을 수도원에 양도하게 하여 아무것도 자신을 위해 남겨두지 않게 할 것이다. [25]그 날부터 그는 자기 몸에 대해서조차도 더 이상 아무 재량권이 없음을 알기 때문이다.

[26]그러므로 즉시 성당에서 그가 입고 입던 옷을 벗기고 수도복으로 갈아입힐 것이다. [27]그러나 그에게서 벗긴 옷은 거두어 옷방에 보관해 둘 것이다. [28]이런 일은 없어야 하겠지만 만일 어느 날 그가 악마의 유혹에 빠져 수도원을 떠나게 될 경우 그때 그에게서 수도복을 벗기고 내보내기 위해서이다. [29]그러나 아빠스가 제대에서 거두어간 그의 증서는 그에게 되돌려주지 말고 수도원에 보관할 것이다.

주 해

개관

성규 58장은 수도승생활 청원자를 공동체에 받아들이는 절차에 대해서 언급하고 있다. RM은 이에 대해 제87장부터 제90장까지 4개의 장으로 길게 이야기하고 있지만 베네딕도는 그것을 한 장으로 요약하고 있다. 새 청원자는 수도승생활과 전혀 다른 환경인 외부세계에서 온다. 따라서 그와 더불어 수도원 안에 세속적 생각과 행동방식이 스며들 위험이 있다. 이 때문에 베네딕도는 수련기를 통해 그의 참된 동기와 의지를 엄격하게 시험하도록 요구한다. 그런 다음 그것이 올바른 것으로 인정되면 서원을 통해 공동체의 새 구성원으로 가입된다.

   이 장은 크게 양성(1-16절)과 서원(17-29절) 두 부분으로 나누어져 있다. 제1부에서는 입회와 수련을 통한 검증, 즉 양성과정에 대해서 이야기하고 있고, 제2부에서는 서원과 착복에 대해 언급하고 있다. RM에는 서원과 착복은 서로 분리되어 있다.[492] 그러나 베네딕도는 일 년간의 양성 후 한 예식 안에 서원과 착복을 연결했다. 이 점은 베네딕도의 새로움이다. 그 구조를 보면 다음과 같다.

제1부(1-16절) : 양성과정
  1-4절 : 수도원 입회
  5-16절 : 수련기
제2부(17-29절) : 수도서원
  17절 : 서원내용
  18-29절 : 서원예식

주석
제1부(1-16절) : 양성과정
1-4절 : 수도원 입회
   베네딕도는 고대 수도승전통과 마찬가지로 수도원 입회를 원하는 사람에게 입회를 쉽게 허락하지 말라고 한다(1절). 그의 이 규정은 다음 성경말씀에 그 토대를 두고 있다(2절). "그 원의가 하느님

---

492) 참조: RM 89장(서원); 90장(착복).

에게서 비롯되었는지 시험해 볼 것이다."493) 베네딕도는 경험을 통해 입회를 원하는 사람이 세속적 목적과 통속적 관심을 가지고 있을 수 있음을 알고 있다. 하지만 고대 관례와는 달리 베네딕도는 청원자의 원의를 확인하는데 단지 4-5일이면 충분하다고 여긴다(3절). 그런 다음 일단 문을 열어주고 다시 '며칠 동안'(paucis diebus) 손님집에 묵게 한다(4절). 이 기간이 정확히 얼마인지는 언급이 없다. 아마도 상황에 따라 달랐을 것이다. 이 기간은 소위 오늘날 우리가 말하는 청원기라 할 수 있을 것이다.

5-16절 : 수련기

5절: '수련자들의 방'(cella noviciorum): 이것은 공동체와는 분리된 별도의 장소로 오늘날의 수련소라 할 수 있다. 이곳은 수련자가 묵상하고 숙식하는 장소이다. 손님집에서 청원기를 마친 형제는 이제 수련소로 받아들여져 본격적으로 시험을 받게 된다.

'묵상하다'(meditent): 이 동사의 뿌리는 고대 이집트 수도승들이 행했던 멜레테(melete) 수행이다. 그리스어 '멜레테'란 명사는 멜레탄(meletan)이란 동사에서 유래했고 이것이 서방으로 건너와 라틴어 명사 메디타씨오(meditatio)와 동사 메디타리(meditari)로 번역되었다. 멜레테 수행이란 성경독서 중 암기해 두었던 성경의 어떤 구절이나 말마디를 소리를 내거나 마음속으로 계속 반복해서 되뇌는 수행이다. 그럼으로써 늘 하느님 말씀 안에, 그분 현존 안에 머물

---

493) 1요한 4,1.

며 끊임없는 기도를 하게 해주는 묵상수행법이었다. 따라서 이것은 상상과 추리를 동원하며 이성의 활동에 치우쳐 있는 현대의 묵상과도 확연히 다르다.[494])

6절 : '합당한 장로'(*senior qui aptus sit*): 수련자는 이제 합당한 장로에게 맡겨진다. 후대에 오며 이 장로는 '수련장'으로 불리게 되었다. RM에서는 수련자 양성은 아빠스가 직접 담당한다.[495]) 반면 베네딕도는 카시아누스의 규정을 따라 다른 장로에게 위임하고 있다. 그러면 이 장로는 누구인가? 수도원에서 장로가 되게 하는 것은 세속의 나이가 아니라 신앙의 경험이다. 따라서 그는 다음과 같은 두 가지 근본자질을 갖추어야 한다.

첫째, '영혼들을 돌볼'(*lucrandas animas*) 능력이다. 그는 수련자가 수도승생활을 통하여 신앙생활의 선(善)을 발견하고 그리스도를 만나고 어려움 앞에서 실망하지 않도록 도와준다.

둘째, 수련자가 참으로 하느님을 찾는지(7절) '주의 깊게 돌볼'(*omnino curiose intendat*) 능력이다. 그는 수련자가 수도승생활의 의미를 찾았는지, '어렵고 힘든'(*dura et aspera*) 모든 일에도 불구하고 하느님을 찾는지(8절) 정확히 살펴 확인하게 된다.

7절 : 베네딕도는 수련자가 '하느님 찾는지'(*Deum quaerit*)의 여부를 수도성소 식별기준으로 제시한다. 그러면 어떻게 하느님을 찾는

---

494) 참조: 성규 48,23 주석.   495) 참조: RM 87-88장.

지 알 수 있는가? 이를 알기 위한 세 가지 기준, 즉 하느님의 일(Opus Dei), 순종(Oboedientia), 겸손(Obprobria)[496]이 제시된다.[497]

9-16절: 우리는 수련기가 어떻게 구성되었는지를 보게 된다. 수련기는 만 일 년 동안인데, 각각 분리된 세 기간, 즉 두 달, 여섯 달, 네 달로 나누어져 있다. 먼저 두 달이 지나면 규칙을 처음부터 끝까지 다 읽어 주고(9절) 그의 수용 여부를 묻고 확인한다(10절). 그러기로 약속하면 다시 수련소로 데리고 가서 계속 그의 인내심을 시험한다(11절). 여섯 달이 지나면 다시 규칙을 읽어주고 그의 뜻을 확인한다(12절). 그래도 뜻이 확고하면 네 달 후에 다시 규칙을 읽어주고 그의 뜻을 최종 확인한다(13절). 만일 그에게 제시되는 모든 것에 순종하겠다고 약속하면 이제 비로소 공동체에 받아들여진다(14절). 동시에 그 날부터는 수도원을 떠날 수도 없고(15절) 규칙의 멍에를 벗어날 수도 없다는 것을 알아야 한다. 왜냐하면 오랜 기간 충분한 숙고를 통해 선택을 할 수 있었기 때문이다(16절).

여기서 우리는 몇 가지 특기사항을 볼 수 있다. 먼저 수련기 중에 규칙을 세 번씩이나 읽어준다(2달 후, 6달 후, 4달 후)는 점이다. 반

---

[496] 라틴어 옵프로브리아(obprobria)를 여기서는 '겸손'으로 번역하였다. 이 용어를 다른 번역본들에서는 '모욕', '시련' 등으로 번역했고 또 바실리우스 규칙에서는 '수도원에서 부여되는 온갖 힘들고 하찮은 일들'을 표현하고 있다. 따라서 그런 일들을 잘 받아들여 열심히 수행하는지의 여부를 가리는 것으로 볼 수 있기 때문에 결국 자기를 낮추는 겸손을 닦는 것이라 할 수 있다. 그래서 그 의미를 살려 의역을 해보았다.
[497] 이것을 라틴어 첫 자를 따서 소위 3O라고도 한다.

면 RM에서는 단지 한 번으로 그친다.[498] 이것은 수련자가 최종 선택 전에 충분히 고려하게 하려는 배려이다. 그리고 서약 횟수도 세 번으로 늘어난다. RM에서는 수련기 끝 서원 때 단지 한 번 서약하는데[499] 반해 성규에서는 수련기 중에 두 번 그리고 서원 때 한 번 해서 새 구성원이 공동체에 완전히 편입되기 전 모두 세 번을 약속한다. 여기에 역시 심사숙고를 통해 수도승생활을 받아들일 것인지 결정해야 한다는 베네딕도의 의도가 담겨있다.

제2부(17-29절) : 수도서원

17절 : 서원내용

공동체에 받아들여진 수련자는 이제 '정주'(stabilitas)와 '수도승생활에 정진'(conversatio morum)과 '순종'(oboedientia)을 서약한다. 전통은 베네딕도의 이 언급에서 수도승생활의 세 가지 특징적 서약을 보아왔다.

'정주'(stabilitas): 이것은 전형적인 베네딕도회적 개념으로 특정한 공동체에 소속되어 그곳에서 죽을 때까지 머물며 항구히 수도승생활에 전념하겠다는 약속이다. 베네딕도는 이미 머리말 끝에서 이에 대해 그리스도론적 문맥에서 다음과 같이 언급한 바 있다. "주님의 가르침에서 절대 벗어나지 않고 죽을 때까지 수도원에서 그분 가르침을 충실히 지키면서 인내로이 그리스도의 수난에 동참하여

---

498) 참조: RM에서는 아빠스가 수련기 시작 전에 규칙을 한 번 읽어준다(RM 87,3).
499) 참조: RM 89장.

그분 나라의 동거인이 되도록 하자."500) 수도승은 그리스도께 항구하기 위하여 수도원 안에서 항구하는 것이다.501)

'수도승생활에 정진'(conversatio morum): 세기를 통해 '콘베르씨오'(convertio)의 의미에 대해서는 어떤 의심이나 모호함이 없었다. 모두가 '콘베르씨오 모나스티카'(convertio monastica: 수도승생활로의 전향), 즉 수련자가 세속의 행동양식에서 수도승적 행동양식으로 삶을 전향하고자 약속하는 것으로 이해해왔기 때문이다. 하지만 성규 본문비평을 통해 '콘베르씨오'가 아니라 '콘베르사씨오'(conversatio) 라는 사실이 발견되었을 때 어려움이 초래되었다. 그러자 다양한 해석이 생겨났다. 오늘날 슈타이들이 제시한 해석이 점점 더 널리 받아들여지고 있다. 그는 '콘베르사씨오'를 수도승생활 자체로 보고 있다. 이는 많은 고대 문헌에서 나타나고 있는 바이다.502)

드 보궤 신부 역시 '콘베르사씨오 모룸'(conversatio morum)에서 '콘베르사씨오'를 '수도승생활'로 보고 있다. 그리고 '모레스'(mores)는 '관습들'(양식들)로 해석하며, 이 두 가지가 규칙준수의

---

500) 성규 머리말 50.
501) 참조: Von Balthasar, H.U, "Les thèmes johanniques dans la Règle de St. Benoît et leur actualité", in CC 37(1975), 17.
502) 오늘날 일반적으로 '콘베르시오'(conversio) 보다 '콘베르사씨오'(conversatio)가 보다 더 받아들여진다. 쇠퇴의 시기였던 베네딕도 시대에 이 두 용어의 차이점은 별로 알려지지 않았다. '콘베르시오'가 수도승생활로의 전향, 즉 수도원 입회를 뜻한다면 '콘베르사씨오'는 수도승생활 그 자체를 뜻한다고 볼 수 있다. 전자가 일회적 전향이라면 후자는 지속적 전향의 성격을 지니고 있다.

목적으로 정의되고 있다고 보고 있다. 따라서 '콘베르사씨오 모룸'은 '수도승생활 양식'으로 해석될 수 있다.503) 이 서약은 한 마디로 수도승생활을 받아들여 이 삶에 충실하겠다는 약속이라 할 수 있다. 이 서약이 단순히 규칙을 준수하는 약속과 동일하지 않음에도 불구하고 규칙준수는 이 약속의 핵심을 이룬다. 그러나 이 서약은 단지 규칙을 보다 잘 준수하기 위하여 지속적으로 노력하는 것만이 아니라 규칙의 정신 안으로 들어가는 것이다.

'순종'(*oboedientia*): 베네딕도는 정주와 '콘베르사씨오' 다음에 마지막으로 순종을 언급하고 있다. 한 마디로 보다 중요한 것을 향한 점진적 나아감이라 하겠다. 베네딕도회 수도승생활과 관련하여 처음과 마지막 말은 '순종'이다.504) 순종은 특히 규칙과 아빠스에 대한 순종 안에서 표현되어야 하는 '하느님 말씀 경청'이라는 탁월한 신학적 성격을 지닌다. 그것은 일차적으로 규칙의 가르침과 아빠스의 명령에 완전히 복종하는 것이다. 하지만 베네딕도가 말하는 순종은 보다 복합적 차원을 띠고 있다. 그것은 크게 수직적 차원과 수평적 차원을 지닌다. 전자는 장상에 대한 순종505)이고 후자는 형제 상호간 순종506)이다. 순종의 동기는 그리스도이다. 순종은 '그리스도께' 하는 것이며 동시에 성부께 순종하신 '그리스도처럼' 하는 것이다. 이것이 바로 베네딕도가 가르치는 순종의 토대이다. 장상에

---

503) 참조: 성규 머리말 45-50; 성규 1,3; 21,1.4; 58,1.7.8; 63,1; 73,1.2.
504) 참조: 성규 머리말2(*per oboedientiae laborem*); 73,6(*oboedientium monachorum*).
505) 참조: 성규 5장.   506) 참조: 성규 71장.

대한 순종과 마찬가지로 형제상호간의 순종 없이 공동생활은 불가능하다. 순종의 한 복판에 공동체가 있다. 이처럼 순종은 공동체 생활과 밀접히 연결된다. 오로지 순종하는 사람만이 공동체에서 생활할 수 있다. 이 수평적 차원은 성규의 특징적 면모 중 하나라 할 수 있다. 더 나아가 불가능한 일을 명령받았을 때 하는 순종은 보다 완전하고 차원 높은 순종이다.[507]

이 세 가지 개념은 결코 각각 독립된 세 가지 것을 말하는 것이 아니다. 세 가지 구분된 서약(*voti*)이 아니라 수도원 안에서 그리스도께 봉사하겠다는 '한 약속'(*una promissio*)의 세 측면을 뜻한다. 다시 말해 수련자가 규칙을 듣고 준비하는 과정을 통해서 잘 알게 된 수도승생활의 세 가지 중요한 측면인 것이다. 따라서 수련자는 전(全) 수도승생활 양식을 약속하는 것이다. 그리고 이 약속은 공동체와 하느님과 성인들 앞에서 공적으로 행해진다(18절).

'성당에서'(*in oratorio*): 이 서약은 성당에서 이루어진다. 규칙은 명시적으로 말하고 있지는 않지만 아마도 서원예식은 미사 중 봉헌 때 이루어졌을 것으로 보인다. 이 점에 관해서 베네딕도회 전통은 모두 일치하고 있다. 특히 다음 오는 성규 59장에서 언급되는 어린 자녀의 봉헌이 미사봉헌 중에 이루어졌다[508]는 사실이 이 추정을 더욱 뒷받침 해준다. 앙드레 보리아스(*André Borias*)는 이렇게 말하고 있다. "이 성체성사의 문맥 안에서 수도승서원은 그 충만한 신학적 차원을 얻게 된다. 그것은 수도승이 자기 자신을 그리스도께 봉

---

507) 참조: 성규 68장.   508) 참조: 성규 59,2.

헌하는 것을 상징적으로 표현한다."509)

18-29절 : 서원예식

베네딕도는 서원예식을 네 단계로 구분하여 언급하고 있다.510) 각 단계와 거기서 표현되는 요소들은 각각 나름대로 깊은 의미를 지니고 있다.

1. **서약**(*promissio*, 18절): 서약은 하느님과 그분의 성인들 앞에서 행해진다. 하느님과 성인들이 바로 수련자의 증인들인 셈이다. 따라서 후에 서약한 것과 다르게 행동할 경우 처벌을 받게 되리라는 것을 상기시킨다.

2. **증서**(*petitio*, 19-20절): 증서(petitio)란 말511)은 매우 중요하고 인격적이다. RM에서는 '페티씨오'(*petitio*) 대신 '기부'를 뜻하는 '도나씨오'(*donatio*)가 언급된다. '청원증서' 대신 '재산목록'을 제단 위에 갖다 놓는다.512) 이처럼 베네딕도에게 있어서 사람이 재물보다 더 중요하다는 점을 단적으로 드러내 준다.

---

509) André Borias, "Le Christ dans la R?gle de S. Benoît", *RBén* 82(1972), 133.
510) RM에는 이러한 단계가 없다.
511) *petitio*를 '청원서'로 번역할 수 있지만 오늘날 서원전에 '서원증서'(서원장) 와는 별도로 제출하는 '서원청원서'와의 혼동을 피하기 위하여 그냥 '증서' 로 번역했다. 이것은 오늘날의 '서원증서'가 되었다.
512) 참조: RM 87,35: "먼저 자신의 정주에 대한 각서를 자기 손으로 작성하고 거기에 자기 재산목록을 첨부하여 자기 영혼과 함께 하느님께 그리고 수도원의 제단에 기증의 형식으로 모두 바칠 것이다."

'제대 위에 놓음'(*super altare ponat*, 20절): 증서를 작성해서 그것을 본인이 직접 제대 위에 갖다 놓는다. 증서작성은 본인이 할 수도 있고 다른 사람이 대신 해줄 수도 있다. 그러나 서명과 제대 위에 놓는 것은 자신이 직접 한다. 이 행위는 매우 의미심장하다. 제대는 그리스도를 상징한다. 따라서 이것은 그리스도께 자기 자신을 봉헌하는 것을 의미한다. 이 부분이 바로 서원의 절정이라 할 수 있다. 아마도 이것이 유일한 서원일 것이다. 오늘날의 의미로 서원은 제대 위에서 하는 맹세와 법적으로 비슷할 것이다. 그 중심에는 제대가 있다. 이는 바로 그리스도 중심성을 드러내준다. 제대는 새로운 구성원에게 있어 세례의 원천과도 같다.

3. **기도**(*oratio*, 21-23절): 증서를 제대에 놓은 후 즉시 시편 118편의 구절(*Suscipe me, Domine, secundum eloquium tuum...*)[513]을 선창하고(21절) 공동체는 이 구절을 세 번 반복하고 영광송을 한다(22절). '수쉬페'는 RM에게서 유래하지만[514] 베네딕도는 이것을 세 번으로 늘이고 여기에 또 영광송을 덧붙인다. 이는 아마도 삼위일체를 강조하기 위한 것으로 보인다. 이 행위는 매우 중요한 의미를 갖는다. 새로 나게 될 형제는 이런 식으로 자신의 개인적 봉헌을 성부께 대한 그리스도의 성체성사 봉헌에 결합하게 되는 것이다. 동시에 그의 봉헌이 성부께 드려지는 순간에 그의 온 존재와 생명으로 그리스도께 친밀히 결합되는 것이다. 그리스도께서 당신 희생과

---

513) 시편 118,116.
514) 참조: RM에서는 '수쉬페'를 한 번만 한다(RM 89,24).

함께 수도승의 봉헌을 성부께 드리는 것이다. 공동체 역시 서원자와 함께 봉헌되면서 결합된다.

수쉬페가 끝나면 '그 수련자 형제'는 각 사람의 발아래 부복(*prostratio*)하여 기도를 청한다(23절). 그가 걷게 될 여정은 결코 쉽고 순탄하지 않다. 따라서 하느님의 도우심과 형제들의 도움을 청하는 것이다. 그가 청하는 기도는 그가 공동체로부터 받게 되는 최초의 도움이 된다. 특이한 점은 '수련자 형제'(*frater novitius*) 라는 표현이다. 이때 '형제'(*frater*) 라는 칭호가 처음 언급되고 있다. 이는 '수련자'(*novitius*)가 이제 공동체에 결합된 형제가 되었음을 나타낸다. 그는 "그 날부터 비로소 공동체의 일원으로 간주된다."(23절) 이처럼 새로운 형제는 제대에서 나고 공동체는 그를 제대에서 받아들인다. 이 점은 베네딕도에게 있어 매우 중요하다.

4. **착복**(*vestitio*, 26절): 기도가 끝나면 마지막으로 세속의 옷을 벗고 '수도원의 옷'(*vestitus monasterii*)으로 갈아입는 착복예식이 따른다. 베네딕도는 카시아누스를 따르고 있다. 착복은 자기 자신에 대한 전적인 포기의 한 상징이자 결과이다. 새 형제는 자기 몸뿐 아니라 의복조차도 더 이상 자기 재량권에 남아 있지 않게 된다.[515] 이제부터는 자신에 대한 권리를 갖는 분은 주님이시고 그분이 아빠

---

515) 참조: 카시아누스 『제도서』 4,5: "형제들의 모임 가운데서 자기 옷을 벗은 다음 아빠스가 그에게 수도원의 옷을 입혀준다. 이러한 예식을 통하여 지원자는 옛날에 가졌던 자기의 모든 것을 벗어 버렸을 뿐 아니라 세속 영화를 포기하고 그리스도의 가난을 택했음을 깨닫게 된다."(John Cassian, *The Institutes*, op.cit., 80).

스와 공동체를 통해서 역사하신다(24-25절).

베네딕도는 만일 새 형제가 법적 기부행위로 자기 재산을 기부하고자 한다면 그것을 받아들인다(24절)는 점이 카시아누스와 다르다. 카시아누스는 새로운 형제 쪽에서의 기부를 전적으로 금지한다. 이는 교만과 후에 있을 수 있는 불미스러운 일에 대한 염려 때문이다.[516] 하지만 베네딕도에게 있어서는 당시 어려웠던 공동체를 위해 재산이 필요했을 것이다. 이런 면에서 볼 때도 베네딕도는 상당히 현실주의자였음이 드러난다.

'벗긴 옷은 옷방에 보관'(27절): 베네딕도는 새 형제가 입고 있던 옷을 없애지 말고 옷방에 보관해두라고 한다. 그 이유는 다음 절에서 설명되고 있다. 즉 수도원을 나가게 될 경우 다시 수도복을 벗기고 세속의 옷으로 갈아입게 하기 위한 것이다(28절).[517] 수도복은 베네딕도의 표현대로 '수도원의 옷', 곧 수도원에 속한 옷이기 때문이다.

---

[516] 참조: 카시아누스 『제도서』 4,4: "그들은 수도원의 이익을 위하여 바치려고 하는 돈도 받아주지 않는다. 그것은 무엇보다 지원자가 이런 헌금을 생각해서 교만해진 나머지 더 가난한 형제들과 동등한 위치에 살지 못할까 염려하는 까닭이다. 그리고 이런 오만 때문에 그리스도의 겸손까지 내려오지 못하여 수도원의 수련을 참아내지 못하고 다시 퇴원하게 될 경우에 그가 세속을 포기했을 때 영적 열성으로 바친 재산을 나중에 열성이 식은 다음에 신성모독의 정신으로 다시 빼앗아 가려고 애를 써서 수도원에 손해를 끼칠까 염려해서이다."(John Cassian, op.cit., 80).

[517] 참조: 카시아누스 『제도서』 4,6: "지원자가 벗은 옷을 수도원에서 당가 수사에게 맡기면 당가 수사는…그 옷을 보관한다…지원자가 불평하거나 사소한 불순종의 잘못이라도 범했음이 드러난다면 수도원에서는 그가 입고 있는 수도원 옷을 벗기고 따로 보관했던 세속 옷을 다시 입힌 뒤 그를 내 보낸다. 아무도 수도원에서 준 옷을 입고 떠나갈 수는 없다."(John Cassian, op.cit., 81).

'증서는 수도원에 보관'(29절): 옷은 돌려주되 그가 서원 날 제대에 놓았고 아빠스가 거두어간 증서는 되돌려주지 않고 수도원에 그대로 보관된다. 하느님과 성인들 앞에서 서약했던 그 사건 자체는 결코 취소될 수 없는 것이기 때문이다.

결국 베네딕도가 말하는 서원은 한마디로 하느님만을 찾는 수도승생활을 받아들이겠다는 의지를 공적으로 약속하는 것이라 할 수 있겠다. 그것은 구두약속(*promissio*), 청원증서(*petitio*) 제출, 기도(*oratio*) 그리고 착복(*vestitio*)으로 구성된 서원예식을 통해 이루어지며, 그 내용은 정주와 수도승생활에 정진 그리고 순종이라 할 수 있다.

우리는 서원예식에서 몇 가지 특기사항을 볼 수 있다. 첫째, 모든 것이 그리스도를 중심으로 하고 있다는 점이다. 그리스도가 그 중심에 자리 잡고 있다. 그래서 그 중심인 그리스도를 향해 점차 나아간다. 둘째, 수도승생활의 본질적 요소라 할 수 있는 전례, 공동체, 그리스도가 모두 나타난다는 점이다. 셋째, 서원 전 일 년간의 준비기간을 두고 있다는 점이다. 넷째, 분리되었던 서원과 착복을 하나로 연결했다는 점이다. 끝으로 제단의 중요성이 강조되고 있다는 점이다.

결론

성규 58장에서 언급되고 규정된 내용들은 이후 전 서방 수도승생활에 영향을 미치게 되었다. 특히 일 년간의 양성 기간은 오늘날 법정 수련기로 규정되었고, 수련자를 위한 별도의 장소는 수련소로 정착되었다. 그리고 수련자를 돌보는 장로는 이후 수련장이 되었다.

더 나아가 서원예식 역시 후대 수도승서원 예식 뿐 아니라 수도서원 예식에도 많은 영향을 미쳤고 아직도 그 흔적이 많이 남아 있다.

하지만 이 장에서 언급하고 있는 정신이나 내용은 실제 오늘날 우리에게 있어 거의 지켜지지 않고 있어 한편 비현실적인 것처럼 보이기도 한다. 그러나 지원자를 받아들임에 있어 이러한 신중함의 결여는 개인에게나 공동체에게나 많은 문제점을 야기한다. 베네딕도에게 있어 지원자를 받아들이는 가장 중요한 기준은 그가 '참으로 하느님을 찾는가.' 하는 것이다. 그리고 그러한 열망이 항구한가 하는 것이다. 애당초 하느님을 찾고자 하는 열정이 없는 사람을 수도원에 받아들여서는 안 된다는 점을 베네딕도는 강조하고 있다. 비록 그러한 사람이 입회하였다 하더라도 그것은 근본방향부터 어긋나 있기 때문에 오래 갈 수 없다. 따라서 그 세세한 규정이나 절차는 차치하고라도 이러한 입회 절차의 내용과 정신은 살려야 할 것이다. 성소는 구걸해서 될 일이 아니다. 그것은 하느님께서 하시는 일임을 잊어서는 안 될 것이다. 이런 면에서 오늘날 성소계발이다 성소자발굴이다 하는 것은 수도승생활의 근본정신과는 거리가 멀다고 할 수 있다. 성소자는 하느님이 보내주시는 것이기 때문이다.

제 59 장
귀족이나 가난한 이의 자녀봉헌

본 문

¹만일 어떤 귀족이 아직 연소한 자기 자녀를 하느님께 봉헌하기를 원한다면 그 부모가 위에서 말한 증서를 작성하여 ²이 증서와 아이의 손을 예물과 함께 제대보로 싸서 그를 봉헌하게 할 것이다.

³그들의 재산에 대해서는 이 증서에서 맹세코 직접적으로나 혹은 다른 사람을 통해서나 그 어떤 방법으로라도 절대로 그에게 무엇을 주거나 소유할 기회를 제공하지 않겠다는 서약을 하게 할 것이다. ⁴그러나 만일 그들이 그렇게 하기를 원하지 않고 보답의 명목으로 수도원에 어떤 것을 희사하기를 바란다면 ⁵그들이 수도원에 주고자 하는 재산을 기증하게 할 것이다. 만일 그들이 고정수입금은 자신들을 위해 남겨두기를 원한다면 그렇게 할 것이다.
⁶이렇게 해서 모든 가능성이 막혀 그를 속여 파멸시킬 수 있는 어떤 환상도 그에게 남아 있지 않게 될 것이다. 이런 일은 결코 없어야 하겠지만 우리는 경험으로 이런 일이 일어날 수 있다는 것을 배워 알고 있다.

⁷가난한 사람들도 같은 방법으로 하게 할 것이다. 전혀 가진 것이 없는 사람들은 단지 증서만 작성하게 하고 증인들 앞에서 예물과

함께 자기 아이를 봉헌하게 할 것이다.

주 해

개관

마치 성규 58장의 연속과도 같은 성규 59장에서는 어린아이를 받아들이는 문제를 언급하고 있다. 이 장은 RM 91장과 병행되지만 RM에서는 귀족의 자녀봉헌에 대해서만 다루고 있다. 어린자녀를 수도원에 봉헌하는 관습은 베네딕도 훨씬 이전부터 있어왔다. 이를 증언하는 여러 문헌이 있다. 특히 그레고리우스 1세 교황이 『대화집』 제2권에서 베네딕도의 두 애제자였던 어린 마우루스(*Maurus*)와 플라치두스(*Placidus*)의 봉헌에 대해서 말하는 방식은 이 관습이 당시 이탈리아에서 잘 알려진 관습이었음을 생각하게 한다. 오늘날의 비평가들이 볼 때 이 장은 비인간적인 듯 보일 수 있다. 하지만 당시의 상황에서 이해하고 받아들일 필요가 있다.

이 장에서 어린아이 봉헌예식은 성인 서원예식에 바탕을 두고 있다. 성인의 경우를 다루고 있는 성규 58장에서 선택의 자유가 강조되는 것과는 정 반대되는 것처럼 보인다. 그러나 실제 어린아이의 봉헌을 확고하고 결정적 상태가 되게 하려는 세심한 배려들을 볼 수 있다. 부모 쪽에서 어린 자녀의 청원에 있어 본질적 요소나 자세를 견지하면서 봉헌된 어린이에 대한 결정적 책임과 관련된 모든 문제에 대한 고려가 나타난다. 베네딕도에게 있어 어린아이 봉헌은 오로지 부모의 뜻에서 비롯된 절대적으로 구속적 성격을 지닌다. 당시 '독신으로 하느님께 축성' 되는 것은 어린아이 쪽에서의 자유로운 선택권에 대한 고려를 무시하게 할 만큼 더 높게 평가 되었다. 부모는 하느님께 아들을 봉헌하는 것을 가장 훌륭한 것으로 생각하였다. 그들은 가장 귀한 것을 하느님께 드리는 것은 결국 아들을 위해서도 가장 좋으리라는 것을 알았을 것이다. 이 장에서는 세 부류의 경우가 언급되고 있다. 즉 귀족의 경우(1-6절), 가난한 사람의 경우(7절) 그리고 아무것도 가진 것 없는 사람의 경우(8절)이다.

주석

1-6절 : 귀족의 자녀봉헌

이 첫 부분에서는 귀족이 자기 어린자녀를 봉헌하기를 원할 경우 그 절차가 언급되고 있다. 우선 이 봉헌은 수도원에 하는 것이 아니라 '하느님께 봉헌' (*offerit Deo*) 하는 것이라는 점이 명시되고 있다 (1절). 봉헌예식은 성규 58장에서 묘사된 것과 매우 비슷하다. 이 봉헌은 미사 봉헌 때 이루어진다. 부모는 증서(*petitio*)를 작성해서(1절) 그것과 아이의 손을 예물과 함께 제대보로 싸서 봉헌한다(2절). 고귀한 가치를 지닌 이 봉헌은 부모에 의해서 행해지지만 봉헌되는 어린아이에게 있어서 취소될 수 없는 유효성을 갖는다. 이렇게 해서 아이의 삶은 처음부터 제대봉헌과 연결되고 거기서 그의 미래를 위해 필요한 새로운 은총을 받게 된다.

상속재산 문제 역시 규정되고 있다(3-6절). 이 규정을 성규 58장의 규정과 비교할 때 그 법적 형식과 관련해서든 전례예식에 있어서든 어떤 대조가 엿보인다. 앞에서는 서원자의 미래에 관련된 염려가 나타나지만 여기서는 반대로 어린이의 앞으로의 행위보다는 부모의 미래 태도와 관련된 염려가 드러나고 있다. 그래서 베네딕도는 경험으로 알고 있는 일, 즉 혹시라도 유혹의 씨가 되어 세상으로 되돌아가게 될 수 있는 모든 가능성을 차단한다(6절). 그것은 바로 봉헌된 자녀에게 "무엇을 주거나 소유할 기회를 제공하지 않겠다는 서약을 하게"(3절) 한다. 개인소유 포기에 대한 요구는 성인의 경우에서처럼 절대적이다. 이처럼 성규 안에서 어린이는 베네딕도에 의해 참된 수도승처럼 다루어지고 있다. 하지만 부모 쪽에서 감사의 표시로 수도원에 희사하고자 한다면(4절) 그것을 기증하도록 허용하고 있다(5절). 이것은 앞 장에서와 마찬가지 이유였을 것이다. 즉 당시 경제적으로 어려웠던 공동체의 현실을 고려한 것이다.[518]

7-8절 : 가난한 이와 아무 것도 가진 것이 없는 이의 경우가 간단하게 언급되고 있다. 가난한 이의 자녀봉헌 절차 역시 귀족의 경우와 별 차이가 없다(7절). 그러나 후자의 경우 가진 것이 없기 때문에 당연히 부모가 자녀에게 무엇을 줄 염려가 없다. 따라서 부모 쪽에서의 서약[519]은 필요 없고 나머지는 위와 동일한 절차로 진행된다(8절). 베네딕도는 재산보다는 사람을 더 중요하게 여겼다.

이렇게 동일한 봉헌절차를 통해서 귀족의 자녀와 가난한 이의 자녀는 전적으로 하느님에게 속하게 된다. 그들은 출생신분이나 부유함에서 유래한 특권이나 차별 없이 모두 동일한 수준에서 수도승생

---

518) 참조: 성규 58,24.   519) 참조: 성규 59,3.

활을 시작하게 되는 것이다. 이처럼 수도원에는 가난한 이를 포함한 온갖 사회계층 사람들이 받아들여진다.

결론

어린자녀를 수도원에 봉헌하는 것은 제2의 세례로서 수도서원 개념에 다시 연결되었다. 즉 부모가 어린 자기 자녀에게 세례를 받도록 결정할 수 있었던 것처럼 수도승 신분으로 하느님께 자녀를 축성하도록 결정할 수 있었다. 동방 그리스도교에서도 역시 이러한 관습이 나타난다. 692년 트룰라노(*Trullano*) 공의회에서 이런 관습을 승인하게 되는데, 거기서 어린이는 10살부터 서원을 발할 수 있다고 규정하고 있다. 따라서 동방에서건 서방에서건 어린아이 봉헌에 호의적이었다는 것을 알 수 있다. 하지만 이 관습은 결국 12세기 시토회원들에 의해서 폐지되었다. 그들은 성인만을 수도원에 받아들이기로 결정했다.

오늘날 이 관습은 더 이상 존재하지 않는다. 그럼에도 불구하고 이 장에서 언급되고 있는 핵심내용은 우리에게 시사해주는 바가 적지 않다. 즉 봉헌은 수도원에 하는 것이 아니라 바로 하느님에게 한다는 개념이다. 그리고 어린 자녀의 봉헌은 부모가 자기에게 가장 값진 것을 하느님에게 기꺼이 봉헌하는 자세와 그 봉헌은 결국 자녀를 위해서도 최선의 것이라는 이런 생각은 오늘날 우리에게 시사해주는 바가 크다고 보겠다. 그리고 수도원 안에서 모든 사회적 차별이 없어진다는 점도 중요한 교훈이라 할 수 있다.

제 60 장
사제를 받아들임

본 문

¹만일 어떤 사제가 수도원에 받아들여주기를 청하면 그에게 너무 빨리 허락하지 말 것이다. ²그러나 만일 그가 매우 집요하게 간청한다면, 그에게 규칙의 모든 규율을 준수해야 함을 알게 할 것이다. ³그는 "친구, 무엇을 위해서 왔소?"[520]라고 기록된 바에 따라 자기에게 어떤 것도 완화되지 않는다는 것을 알아야 한다. ⁴그러나 만일 아빠스가 그에게 명령할 경우 그를 아빠스 다음에 서게 하여 강복을 주고 미사를 거행하게 할 것이다. ⁵그렇지 않을 경우 그는 규칙의 규율에 종속되어야 함을 알고 절대로 아무것도 요구해서는 안 된다. 오히려 모두에게 더욱 겸손의 모범을 보여주어야 한다. ⁶만일 수도원에서 어떤 임명이나 다른 어떤 일이 있을 경우 ⁷그는 사제직에 대한 존경심 때문에 그에게 허락된 자리가 아니라 수도원 입회에 따른 자리를 유지할 것이다.

⁸만일 성직자들 중 누가 같은 갈망으로 수도원에 가입하기를 원한다면, 그를 중간 자리에 배정할 것이다. ⁹그러나 그 역시 규칙의 준수와 정주를 서약하는 조건으로 그렇게 할 것이다.

---

520) 마태 26,50.

주 해

개관

성규 60장은 사제를 수도승 공동체에 받아들이는 문제를 다루고 있다. 이 장과 병행되는 RM 83장에서는 사제는 단지 순례자의 자격으로만 맞아들여진다.[521] RM을 비롯한 다른 수도승 규칙들 안에서 사제들은 고해성사를 위해 수도원에 귀속되거나 단순히 손님으로만 받아들여진다.[522] 반면 베네딕도는 사제들을 공동체의 일원으로 받아들이고 있다. 그는 RM으로부터 멀어지면서 사제들을 수도원에 받아들인다. 따라서 이 주제는 입회에 관한 규정 안에서 중요한 위치를 차지한다. 사제들을 수도승 공동체에 받아들임은 RM과 비교할 때 베네딕도의 새로움이다. 이로 인해 이제 공동체는 단지 평신도뿐 아니라 성직자로도 구성되게 된다. 그러나 베네딕도는 이 장에서 받아들이는 절차라든지 그들이 소속된 교구 주교들 쪽에서의 필요한 허락에 대해서는 전혀 언급하지 않고 있다. 절차는 성규 58장에 묘사된 것과 같았을 것임이 분명하다. 이 장에서는 단지 그들에게 고유한 내용만 다루어지고 있다. 사제직에 관한 언급은 62장에서 다시 나타난다.

주석

1절 : '어떤 사제' : 교구에 소속된 교구사제를 말한다. 타 수도회나

---

521) 참조: RM 83,1.   522) 참조: RM 76-77.

수도원에 소속된 수도사제의 경우는 당시로서는 예견되지 않았다. 수도회라는 개념도 없었을 뿐더러 수도공동체 안에 사제가 받아들여지지 않았던 시대였기 때문이다.

'너무 빨리 허락하지 말라': 성규 58장 1절을 연상시킨다. 베네딕도에게 있어서는 원의의 순수성과 진정성이 무엇보다 중요하다. 그래서 받아들이기 전에 그것을 엄격히 시험할 것을 요구하고 있는 것이다.

2-3절: '매우 집요하게 간청하다'(2절): 만일 그의 의지가 굳을 경우 받아들이되 미리 알아야 할 전제조건을 제시하고 있다. 그것은 바로 어떤 예외 없는(3절) 동일한 규칙준수(2절)를 약속해야 한다는 것이다. 베네딕도는 이 점을 매우 강조하고 있다. 이 장에서 '규칙'(Regula) 이란 말이 세 번이나 언급되고 있다(2.5.9절). 사제는 수도원 안에서는 단지 형제들 가운데 하나일 뿐이다. 하지만 사제는 어떤 존경을 받기를 원할 수 있다. 따라서 베네딕도는 '규칙'이란 말을 세 번이나 반복해서 언급하고 있는 것이다. 그럼으로써 베네딕도는 다른 형제들과의 동등성을 강조한다.

4-7절: 공동체 안에서 그의 위치와 역할 그리고 처신 등 받아들여진 이후의 문제들이 언급된다. 그의 자리는 다른 형제의 경우와 같이 입회순에 따른다(7절). 그러나 아빠스의 명령이 있을 때는 예외이다. 이 경우 아빠스 다음에 서서 강복을 주고 미사를 거행한다(4절). '미싸스'(*missas*)의 원래 의미는 전례를 마치는 것을 뜻한다.

즉 강복을 주고 마침기도를 하는 것이다. 그러나 미사를 거행하는 것 역시 가능하다. 이처럼 수도원 안에서 사제는 단지 전례 안에서만 그 역할을 지닌다. 나머지는 다른 형제들과 똑같다. 그는 어떤 특권이나 특혜를 요구해서도 안 될 뿐 아니라 "오히려 모두에게 더욱 겸손의 모범을 보여주어야 한다."(5절) 베네딕도는 '더욱' (magis)이란 부사를 사용하며 겸손을 강조하고 있다. 그는 사제가 쉽게 빠질 수 있는 교만을 경험으로 알고 있기 때문이다.

8-9절 : 다른 계층의 성직자들의 경우를 이야기하고 있다.

8절 : '성직자들 중 누가'(clericorum quis): 사제들을 제외한 성직자인데 아마도 부제나 차부제(次副祭)를 뜻하는 것으로 보인다. 그러나 이들의 경우 '중간 자리'(loco mediocri)에 배정하라고 하는 점이 의아스럽다. 사제의 경우 다른 형제들과 같이 보통 때의 자리는 입회순에 따르라고 하는데 반해 사제보다 낮은 계층인 이들에게는 중간자리가 배정되기 때문이다. 아마도 이 자리는 아빠스의 명령 하에 성직자로서 어떤 역할을 수행할 때의 자리를 말하는 것으로 보인다. 사제의 경우는 아빠스 다음에 서는 것을 볼 때 그러하다(4절).

9절 : '규칙의 준수와 정주를 서약' : 이들의 경우도 사제의 경우와 같은 조건이 제시된다. 즉 규칙준수와 정주를 서약해야 한다는 것이다. 그러나 성규 58장 17절에서 언급된 수련자가 서약하는 세 가지 요소 중 하나인 '순종'에 대한 언급은 없다. 성직자는 서품 때 자기 장상(주교)에게 이미 순종서약을 했다. 따라서 수도공동체에 들어오면서 자연히 새로운 장상(아빠스)에게도 그 서약이 유효하다고 생각했을 것이다. 이런 이유 때문에 구태여 다시 언급할 필요를 느끼지 못했을 것으로 보인다.

결론

베네딕도가 이 장에서 수도원에 입회하기를 원하는 사제들에게 요구하는 것은 다음 세 가지로 요약될 수 있다. 즉 규칙준수와 정주 그리고 무엇보다도 남들 보다 더욱 겸손의 모범을 보여주는 것이다. 그는 사제들에게 더 많은 것을 요구하고 있다. 그만큼 사제들을 받아들이는데 있어 신중함과 조심스러움을 드러내고 있다. 수도승 사제직이 사도적, 직무적 특성이 아니라 오히려 신비적, 영적 특성을 취하게 되었다는 점이 주목할만하다. 다시 말해 그 사제직은 무엇보다도 수도승의 거룩한 삶을 통해 수행되는 증거적 역할을 지닌다고 할 수 있다.

사실 수도승 사제직의 구체적 목적은 공동체에 정규적 성사생활을 보증하기 위한 것이었다. 그렇게 함으로써 점차 수도원의 자율이 보장되었다. 게다가 수도원 안에 사제들의 현존은 교회로서의 수도원 개념의 발전에 기여하였다. 따라서 수도원 개념은 이제 단지 학교로서만이 아니라 교회로서 간주되게 되었다.

오늘날은 오히려 수도승생활의 기원 당시의 상태로 되돌아가고자 비성직자적 평신도 수도승생활의 경향으로 나아가고 있다. 그러나 여기에는 사제가 아닌 평신도 아빠스의 문제가 남는다. 현행 교회법으로는 수도회를 성직수도회와 평수도회로 구분하여 성직수도회의 장상과 거기에 속한 자치수도원들의 장상은 성직수도자만이 할 수 있도록 그 자격을 제한하고 있기 때문이다.

제 61 장
외래 수도승을 받아들임

본 문

¹만일 먼 지방에서 온 어떤 외래(外來) 수도승이 손님으로 수도원에 머무르기를 원하며, ²그 지역의 관습에 만족하고 또 지나친 요구로 수도원을 어지럽히지 않고 ³단순히 자기에게 주어지는 것에 만족한다면 그가 원하는 기간 동안 받아줄 것이다. ⁴만일 그가 이치에 맞게 겸손한 애덕으로 어떤 것을 비판하거나 제안한다면 아빠스는 주님이 바로 이것을 위해 그를 보내신 것은 아닌지 현명하게 숙고해볼 것이다.

⁵만일 후에 그가 자신의 정주를 확정하기를 원하면 이러한 소망을 거절하지 말 것이다. 손님으로 있는 동안 그의 생활을 충분히 알 수 있었기 때문이다. ⁶그러나 만일 그가 손님으로 있는 동안 지나치게 요구했거나 악습이 있는 자로 드러났거든 공동체의 일원으로 받아들여서는 안 될 뿐 아니라 ⁷오히려 그에게 떠나도록 정중히 말하여 그의 악한 표양이 다른 사람들을 오염시키지 않도록 할 것이다. ⁸그러나 만일 떠나보낼 정도의 그런 사람이 아니라면, 그가 요청할 경우 공동체의 일원으로 받아들일 뿐 아니라 ⁹머무르도록 설득하여 그의 모범으로 다른 사람들이 감화되게 할 것이다. ¹⁰왜냐하면 우리가 어느 곳에 있든 우리는 한 분의 주님을 섬기고 한 분의 왕을 위

해 싸우기 때문이다. ¹¹더 나아가 만일 아빠스가 그를 그럴만한 사람으로 생각한다면 다소 더 높은 자리에 있게 할 수 있다. ¹²단지 어떤 수도승에게 뿐 아니라 위에 언급된 사제나 성직자 계층의 사람들에게도 아빠스는 만일 그들의 생활이 그럴만한 가치가 있다고 인정하면 입회순으로 정해진 자리보다 더 높은 자리를 배정할 수 있다.

¹³그러나 아빠스는 이미 알고 있는 다른 수도원에서 오는 수도승을 그의 아빠스의 동의나 추천서 없이는 받아들이지 않도록 주의할 것이다. ¹⁴왜냐하면 "네가 싫어하는 일은 아무에게도 하지 마라."⁵²³⁾고 기록되어 있기 때문이다.

주 해

개관

성규 61장에서는 또 다른 경우가 언급되고 있다. 즉 이미 수도승으로 서원한 다른 수도원 소속 수도자를 받아들이는 문제이다. 오늘날의 표현으로 하자면 수도회 안에서의 전속이라 할 수 있다. 수도원 입회를 원하는 성직자의 경우 유효한 수도원 입회 가능성에 대해 다루고 있는 반면, 외래 수도승의 경우 객실에서의 환대에 대해서 다루어지고 있다. 베네딕도는 이 장을 입회와 관련된 장들 안에

---

523) 토비 4,15.

배치한다. 이 장은 거의 전부 가정법(Si)으로 되어 있는 것이 특징이다. 이 장의 구조는 크게 다음 세 부분으로 되어 있다.

    1-4절 : 외래 수도승이 손님으로 머무는 경우
    5-12절 : 외래 수도승의 수도원 편입 경우
    13-14절: 외래 수도승을 받아들이는 조건

주석

1-4절 : 손님으로 머무는 경우

만약 '외래 수도승'(*monachus peregrinus*)[524)]이 손님으로 머물기를 원할 경우(1절) 다음 두 가지 조건 하에 받아들여진다. 즉 '그 지역의 관습'(*consuetudinem loci*)[525)]에 만족하고 지나친 요구로 수도원을 어지럽히지 않아야 한다(2절). 다시 말해 비판적인 자세 없이 겸손하게 그 공동체의 관습에 따르는 것이다. 이 조건을 갖추면 '그가 원하는 기간 동안'(*quanto tempore cupit*) 머물 수 있다(3절). 그러나 베네딕도는 그가 만일 이치에 맞고 겸손한 애덕으로 어떤 비판이나 제안을 할 경우 아빠스에게 숙고하라고 권고한다. 바로 이것을 위해 주님이 그를 보냈을 수도 있다는 것이다(4절). 베네딕도

---

524) 이들은 누구를 말하는가? 베네딕도는 그의 여행 목적이나 어떤 부류의 수도승인지 전혀 언급하고 있지 않다. 아마도 떠돌이 수도승(*girovagum*)이나 신심상의 동기로 순례 중인 순례수도승(*peregrinus*)을 가리키는 것은 아닐 것이다. 그보다는 오히려 다른 수도원에서 온 수도승을 뜻한다고 보아야 할 것이다.
525) 이것은 그 수도원의 전통이나 관례를 뜻한다. 각 수도원마다 고유의 관습을 가지고 있었다. 손님 수도승이 어떤 수도원에 머물기 위해서는 당연히 그 공동체의 관습을 준수하는 것은 너무나 당연하다.

는 하느님 섭리에 대한 의식을 가지고 있음이 분명하다. 하느님의 뜻은 실제 손님의 비판을 통해서도 드러날 수 있기 때문이다.

5-12절 : 수도원 편입의 경우

 만일 손님 수도승이 수도원에 정식 일원으로 받아들여주기를 청할 수 있다. 그가 손님으로 머무는 동안 공동체는 그를 충분히 관찰할 수 있었고 그 역시 공동체를 관찰할 수 있었을 것이다. 따라서 만일 그가 원할 경우 베네딕도는 그의 청을 거절하지 말라고 한다(5절). 그러나 다음과 같은 두 경우가 가정되고 있다. 만일 손님으로 있는 동안 그가 지나친 요구나 어떤 악습을 드러냈을 경우는 거절된다(6절). 그 이유는 공동체의 오염을 막기 위해서이다(7절). 그러나 만일 내보낼 정도가 아닐 경우면 받아들여진다(8절). 더 나아가 오히려 머무르도록 설득하라고 한다. 이는 공동체의 감화를 위해서이다(9절). 그리고 만일 생활의 공로가 인정되면 더 높은 자리를 배려하라고까지 말한다(11절). 베네딕도는 서열을 바꾸는 이 원칙을 앞장에서 다룬 성직자들의 경우에도 동일하게 적용하라고 권고하고 있다(12절).

13-14절 : 받아들이는 조건

 아빠스는 이미 알고 있는 다른 수도원 소속 수도승을 받아들이는 데 있어 그의 장상의 동의나 추천서 없이는 받아들이지 않도록 주의하라고 한다(13절). 그러면서 "네가 싫어하는 일은 아무에게도 하지 마라."(토비 4,15)는 성경의 가르침을 근거로 그 이유를 설명하고 있다(14절). 이 규정은 오늘날 교회법전 안의 수도회 관련법에서 그 영향의 흔적을 볼 수 있다.

결론

외래 수도승은 수도원 객실에 머물면서 겸손과 온순함으로 자기가 손님으로 묵고 있는 그 공동체를 관찰 할 수 있다. 또한 공동체 측에서도 역시 그를 관찰할 기회를 갖는다. 이 장에서 베네딕도는 있을 수 있는 모든 악에서 공동체가 오염되는 것을 피하기 위한 영적 측면에 대해 세심한 주의를 드러내고 있다. 따라서 그 대상의 인간적 재능이나 자질이 아닌 윤리적 자질을 중요시하는 것이 흥미롭다. 그 어조부터 시작하여 이 장 전체를 지배하는 것은 사실 영적인 염려와 배려이다. 감화, 윤리적 오염을 막음, 한 장소에서 유일하신 주님을 섬기는 것, 생활의 공로에 따라 보다 높은 자리에 올리는 것 등은 이 점을 잘 드러내 주고 있다.

제 62 장
수도원의 사제

본 문

¹만일 어떤 아빠스가 사제나 부제를 두기를 원하거든 형제들 가운데 사제직을 수행하기에 합당한 사람을 선택해야 한다. ²그러나 수품된 사람은 자만이나 교만에 빠지지 않도록 주의해야 하며 ³아빠스가 자기에게 명령한 것이 아니라면 감히 그 어떤 것도 해서는 안 된다. 그는 자신이 규칙의 규율에 더욱더 복종해야 한다는 것을 알아야 한다. ⁴사제직을 핑계로 순종과 규칙의 규율을 망각해서는 안 되고 오히려 하느님에게 더욱더 나아가야 한다. ⁵그는 항상 수도원에 입회했을 때의 그 자리를 유지할 것이다. ⁶제대 직무를 수행할 때와 또 그의 생활의 공로로 인해 공동체가 추천하고 아빠스가 그를 승격시키기를 원할 경우에는 예외이다. ⁷그러나 그는 십인장과 원장을 위해 제정된 규정을 준수해야 한다는 것을 알아야 한다.

⁸만일 감히 이와 다르게 행동한다면 그를 사제가 아닌 반역자로 간주할 것이다. 만일 여러 번 경고한 후에도 개선하지 않거든 주교를 증인으로 세울 것이다. ⁹만일 그래도 고치지 않고 그의 잘못이 두드러지거든 그를 수도원에서 내보낼 것이다. ¹⁰그러나 그가 규칙에 종속되거나 순종하기를 원하지 않을 정도로 완고할 때에만 그렇게 할 것이다.

주 해

개관

성규 62장은 언뜻 보면 성규 58장부터 시작하는 '공동체에 받아들임' 이라는 주제와는 다소 동떨어진 것처럼 보일 수 있다. 왜냐하면 외부에서 편입되는 성직자나 수도승의 경우가 아니라 수도원 내부에서 어떤 형제를 사제직에 올리는 경우에 대한 것이기 때문이다. 하지만 이제까지 수도승 공동체 안에 없던 사제직이 받아들여진다는 점에서 이 부분에서 다루어 질 수 있을 것이다. 따라서 이 장에서는 기존 공동체에 이미 수도서원을 발한 수도승이 그 대상으로 다루어지고 있다. RM에는 이에 대한 언급이 전혀 없다. 사실 이 장은 새 형제를 받아들이는 절차에 관해 언급하는 성규 58장을 논리적으로 따르고 수도원 안에 거주하기를 원하는 사제에 관한 성규 60장에 언급된 바를 완결하고 있다. 이 장의 핵심 단어는 규칙, 순종, 겸손이다.[526] 그러나 정주에 대한 언급은 없다. 이는 아마도 성규 60장의 경우와는 달리 이미 정주 서원을 한 수도형제 가운데 누구에게 서품을 주는 경우이기 때문일 것이다. 장의 구조는 다음과 같다.

1절 : 아빠스의 행위
2-4절 : 사제의 자질
5-7절 : 공동체 서열

---

[526] 규칙(4.7.11절)과 순종(3.4.11절)은 각각 세 번씩이나 언급되고 있다.

8-11절: 교정규정

주석

1절 : 이 절에서는 아빠스의 주도권이 강조되고 있다. 베네딕도는 '아빠스가 원할 경우'(*si abbas petierit*) 형제들 가운데 누구를 뽑아 사제나 부제로 품을 받게 할 수 있다고 말한다. 형제들 쪽에서의 선택이 아니라 아빠스의 선택에 놓여있다. 베네딕도 시대의 관습에 따르면 어떤 수도승도 사제직을 받게 해달라고 요구할 수 없었다. 이 규정은 오늘날 수비아코 연합회 회헌에서도 재확인되고 있다.[527] 아빠스는 미사와 성사직무 수행이라는 공동체의 필요성을 고려하여 어떤 형제를 선택하여 주교에게 그를 추천하였다. 부제의 경우도 마찬가지였다. 그러나 베네딕도는 또 다른 조건을 제시하고 있다. 이러한 직무를 수행하기에 '합당한 사람'(*qui dignus sit*)이어야 한다는 것이다. 하지만 모든 판단과 결정은 아빠스에게 돌린다.

2-4절 : 성직수도승에게 요구되는 특별한 자질과 덕이 언급된다. 특히 겸손과 순종 그리고 규칙에 대한 철저한 준수가 강조되고 있다. 일단 서품을 받은 수도승은 교만해지고(2절) 규칙과 아빠스의 명령을 소홀히 할 위험이 있다. 이것은 베네딕도의 체험에서 나온 것임이 분명하다. 그래서 그는 수도승 사제에게 겸손과 순종을 강조하고 있는 것이다. 베네딕도는 그에게 어떤 특권도 부여하지 않는다. 오

---

527) 참조:『수비아코 연합회 회헌』63조.

히려 훨씬 더 많은 것을 요구하고 있다. 3절의 '훨씬 더'(*multo magis*), 4절의 '망각해서는 안 된다'(*nec obliviscatur*), '더욱더' (*magis ac magis*)와 같은 표현 등이 이를 잘 드러내주고 있다. 그는 더욱더 '하느님에게 나아가야 한다.'(*in Deum proficiat*) '나아가다'(*proficere*)란 동사는 역동성을 드러내 준다. 즉 수도승생활은 언제나 하느님 안에서 걸어가야 하는 여정이라는 것을 상기시켜 준다. 사제의 역할을 묘사하기 전에 베네딕도는 먼저 그에게 필요한 자질과 덕을 언급하고 있다. 사제직은 어떤 특권으로 간주되어서는 안 된다. 오히려 하느님을 향한 여정에서 더 큰 열정으로 그분께 나아가기 위한 동기가 되어야 할 것이다.

5-7절 : 공동체 안에서의 서열에 있어 사제라고 어떤 특권이 부여되지 않는다. 그는 수도원 입회 때의 자리를 유지한다(5절). 그러나 예외적인 두 경우가 있다. 즉 제대직무를 수행할 때와 아빠스에 의해 승격되었을 경우이다. 후자의 경우 그의 '생활의 공로'(*vitae meritum*), '공동체의 추천'(*electio congregationis*) 그리고 '아빠스의 뜻'(*voluntas abbatis*), 이 세 가지 조건에 의해서 이루어진다(6절). 그에게 역시 십인장과 원장을 위해 제정된 규정이 적용된다(7절). 당시 수도원 안에서 사제의 직무는 아마도 주일에만 있었던 성체성사 거행과 강복을 주고 마침기도를 하는 것이었을 것이다. 평신도인 아빠스는 영적 가르침을 주고 영적지도와 교정을 하였다.

8-11절 : 끝으로 베네딕도는 사제의 잘못과 교정 문제를 언급하고

있다. 이 문제와 관련하여 그의 어조와 태도는 매우 강경하다. 사제가 규칙을 준수하지 않고 불순종할 경우가 가정되고 있다(11절). 이 경우 베네딕도는 그를 '반역자'(*rebellius*)로까지 간주하라고 한다(8절). 교정의 단계는 먼저 몇 차례의 경고가 있고 그래도 고치지 않으면 주교를 증인으로 세우라고 한다(9절). 이 모든 노력에도 개선의 여지가 없으면 수도원에서 내보내라고까지 한다(10절). 이것은 공동체로부터의 일시적 배제인 파문(*excommunicatio*)보다 훨씬 더 강도가 높다. 원장에 관한 규정을 연상시킨다.[528] 주교의 개입을 요청하는 것은 사제는 사제단의 일원이기 때문이기도 할 것이다.

결론

수도원의 사제에 관한 이 장에서 베네딕도가 강조하고자 하는 바는 무엇보다도 겸손과 순종이다. 그는 사제직을 무슨 대단한 것처럼 여기는 것을 경계하고 있다. 수도승 공동체 안에서 사제직은 단지 공동체의 성사적 필요성에 따라 거기에 봉사하기 위한 직무 그 이상도 이하도 아니었다. 베네딕도 공동체를 포함하여 수도승 공동체는 근본적으로 평신도 공동체였다. 평신도 아빠스가 모든 것을 통제하지만 그의 직무가 늘어남에 따라 여러 역할이 분담되어 형제들과 함께 하느님의 집을 운영해 나간다.

베네딕도의 이 장과 더불어 이제 비로소 수도원 안에 사제들이 생겨나게 되는 가능성이 열리게 되었다. 그래서 공동체 안에는 점차

---

528) 참조: 성규 65,21

성직수도승과 평수도승이라는 두 계층이 형성되게 되었고 11-12세기에는 수도원들은 거의 성직수도승으로 가득 차게 되었다. 이처럼 성규 62장은 성규 60장과 더불어 뜻하지 않게 수도승 성직화의 한 원인을 제공하는 결과를 초래하였다.

하지만 베네딕도의 이 규정은 무엇보다도 수도원의 성사문제 특히 성체성사 문제에 대한 하나의 해결책이었다. 고대(古代) 수도원들은 성체성사의 문제를 해결하기 위해서 다음 세 가지 해결책에 의존하고 있었다. 첫째, 인근교회에서 미사에 참석하는 방법. 둘째, 외부에서 사제를 초청하여 수도원 안에서 성체성사를 거행하는 방법. 셋째, 수도원내의 사제들에 의해 수도원 안에서 성체성사를 거행하는 방법이었다. 앞의 두 경우는 모두 외부 성직자에 의존하는 것이며, 세 번째 경우는 성직자가 수도승이 되기를 원할 경우와 수도승에게 서품을 주는 경우에 가능하다. 따라서 베네딕도의 가르침은 세 번째의 방법에 해당된다.[529]

수도원들은 점차 성사문제에 있어서조차 자립하기를 원했으며, 이러한 바람은 서방 수도원들이 성규에 의해 통일되어감에 따라 점차적으로 실현되었다. 이제 수도원들은 자체의 성직자를 두게 되었고 더 나아가 주교권을 갖게 되어 완전히 독립될 수 있었다.[530]

---

529) 참조: Adalbert de Vogûé, "Priest and Monastic Community in Antiquity", CS 22(1987:1), 18-20.
530) 참조: Sighard Kleiner, *Serving God first*, CSS 83, Kalamazoo, Michigan 1985, 372.

공동체 구성원 (성규 63-66장)

성규 62장을 끝으로 공동체에 받아들이는 문제를 마무리하고 베네딕도는 이제 63장부터 66장까지 공동체 구성원에 대해서 이야기해 나간다. 이 부분에서 다루어지는 내용은 공동체의 차례(63장), 아빠스 선출(64장), 원장(65장) 그리고 문지기(66장)이다.

제 63 장
공동체의 차례

본 문

¹수도원에서 각 사람은 수도승생활을 시작한 때와 생활의 공로나 아빠스의 결정에 따라 정해진 대로 자기 차례를 지킬 것이다. ²그러나 아빠스는 자기에게 맡겨진 양떼를 어지럽히지도 말고 마치 자기 뜻대로 무엇이든 할 수 있는 권한을 가진 듯이 어떤 일을 부당하게 처리하지도 말 것이다. ³오히려 자신의 모든 판단과 행위에 대해 하느님께 해명해야 된다는 것을 항상 생각할 것이다. ⁴그러므로 아빠스가 정하거나 형제들 자신이 이미 가지고 있는 차례에 따라 평화의 인사와 영성체를 하고 시편을 선창하고 공동기도석에 설 것이다. ⁵그리고 어디서든지 절대로 나이로 차례를 정하거나 편견을 가져서도 안 된다. ⁶왜냐하면 "사무엘과 다니엘"⁵³¹⁾이 원로들을

심판했을 때 그들은 여전히 소년들이었기 때문이다. ⁷그러므로 앞서 언급한 바처럼 아빠스가 깊이 숙고하여 올려주거나 정당한 이유로 내리는 사람들을 제외한 다른 모든 이는 수도승생활을 시작한 때에 따른 차례를 지킬 것이다. ⁸그래서 예를 들면 오전 8시에 오는 사람은 그의 나이나 지위가 어떠하든 간에 오전 7시에 온 사람보다 후배임을 알아야 한다. ⁹어린아이들에 관해서는 모든 이가 그들이 항상 규율을 지키도록 감독할 것이다.

¹⁰그러므로 후배는 선배를 공경하고 선배는 후배를 사랑할 것이다. ¹¹이름을 부를 때는 아무도 상대방의 이름만을 불러서는 안 된다. ¹²선배는 자기 후배에게 '형제'라는 호칭으로 부르고 후배는 자기 선배에게 '공경하올 아버지'라는 뜻을 지닌 '논누스'라고 부를 것이다. ¹³그러나 아빠스는 그리스도를 대리한다고 믿기 때문에 '주님'과 '아빠스'라고 불려야 한다. 그가 그것을 요구해서가 아니라 그리스도께 대한 공경과 사랑 때문이다. ¹⁴아빠스 자신은 이 점을 생각하여 그러한 공경에 합당하게 처신할 것이다.

¹⁵어디서든지 형제들이 서로 마주치면 후배는 선배에게 강복을 청할 것이다. ¹⁶선배가 지나가면 후배는 일어나 그에게 앉을 자리를 내어줄 것이다. 만일 자기 선배가 명령하지 않으면 후배는 감히 선배와 함께 앉지 말 것이다. ¹⁷이렇게 해서 "서로 존경하는 일에 먼저

---

531) 1사무 2,26; 3,1.19-21; 다니 5,11-14; 6,3; 13,50.

나서십시오."532)라고 기록된 성경의 말씀이 실행될 것이다.

¹⁸청소년들은 성당과 식탁에서 질서 있게 자기 차례를 지켜야 한다. ¹⁹밖이나 어떤 다른 곳에서도 철들 나이에 이를 때까지 감독과 지도를 받아야 한다.

주 해

개관

성규 63장533)은 크게 제1-9절과 제10-19절 두 부분으로 나누어지는데, 첫 번째 부분에서는 공동체의 차례에 대해서, 그리고 두 번째 부분에서는 구성원 상호관계에 대해서 말하고 있다. 첫 번째 부분은 주로 아빠스 후계와 관련된 RM 92장과 병행되지만, 두 번째 부분은 매우 독창적인 베네딕도 고유 부분이다.

사실 성규 63장은 착한 열정에 관한 성규 72장과 영적 유사성을 지니면서 성규 마지막 부분과 긴밀히 연결되고 있다. 그렇다 하더라도 이 장은 보다 체계적으로 어떤 주제들을 다시 다루면서 성규의 다른 장들534)과도 분명 관계가 있다. 아빠스와의 수직적 관계 옆에 형제들 간의 수평적 관계를 설정하려는 베네딕도의 고심의 흔적이 엿보인다. 장의 구조는 다음과 같다.

---

533) 참조: 허성석, "공동체의 차례와 상호관계"「코이노니아」제31집 (2006년 여름), 65-94.
534) 성규 2,18-19; 60,4-8; 61,11-12; 62,5-7; 64,2.

제1부(1-9절) : 공동체 차례
    1절 : 차례를 정하는 기준
    2-3절 : 아빠스에 대한 권고
    4절 : 차례가 적용되는 경우
    5-8절 : 입회 순서에 따른 차례 설정
    9절 : 어린아이에 대한 규정

제2부(10-19절) : 구성원 상호관계
    10-12절 : 선배와 후배 관계
    13-14절 : 아빠스와 형제들 관계
    15-17절 : 선배와 후배 관계
    18-19절 : 청소년들에 대한 규정

  제1부에서 베네딕도는 공동체 구성원의 차례에 대해서 언급하고 있다. 이 부분은 RM 92장과 병행되지만, 베네딕도는 RM과는 분명하게 반대되는 태도를 취하고 있다. 즉, 아빠스의 의지에 따라 서열이 오르락내리락 할 수 있는 RM의 불안정한 차례와는 달리 베네딕도는 분명하고 확고한 교계적 차례를 제정한다.
  제2부에서는 '공동체의 차례'라는 이 장의 제목과는 다소 동떨어진 내용이 다루어지고 있다. 그것은 제1부에서 이미 다루어졌고 여기서는 형제들 상호관계가 언급되고 있다. 이 부분은 사실 베네딕도의 고유 부분으로 그 이전 수도승 문학 안에서는 보이지 않는 베네딕도의 독창적 생각을 담고 있다.[535] 베네딕도는 먼저 공동체의 차

례를 설정한 후 그것을 바탕으로 공동체 구성원 상호관계를 이야기한다. 이 부분에서는 구체적으로 선배와 후배, 아빠스와 형제들, 소년과 청년의 관계가 언급되고 있다.

주석
제1부(1-9절) : 공동체의 차례
1절 : 차례를 정하는 기준

공동체의 차례는 '수도승생활을 시작한 때'(*ut conversationis tempus*), '생활의 공로'(*ut vitae meritum*), '아빠스의 결정'(*discernit utque abbas*) 이 세 가지 기준에 따라 정해진다.

첫 번째 기준은 모두에게 적용되는 일반적 기준이다. 수도승생활을 시작한 때는 달리 '회심의 때'로 알아들을 수 있다. 왜냐하면 수도승생활은 세례 이후 두 번째 회심(*conversatio*), 즉 하느님께 돌아섬이기 때문이다. 베네딕도에게 있어 하느님께 돌아선 때가 무엇보다 중요하다. 그것은 영적 나이를 이룬다. 그래서 그는 모든 사람이 다 입회한 차례를 지키도록 명령하고 있다. 심지어 같은 날 입회했더라도 먼저 수도원에 도착한 사람을 차례에 있어 앞에 두기까지 한다.[536] 이 점에 관한 RM의 태도는 흥미 있다. RM은 고정된 차례를 인정하지 않을 뿐 아니라 과거의 공로로 인해 얻은 지위를 거부

---

535) 참조: Catherine Wybourne, "Community order in the rule of St. Benedict: Does it rest on the word of God or an act of faith?", *RBS* 18: St. Ottilien 1994, 196-197.
536) 참조: 성규 63,7-8.

하고 있다. 아빠스가 수도승들의 서열을 계속해서 바꿀 수 있다.[537] 베네딕도는 당시에 일반적인 것이 된 파코미우스 전통으로 되돌아가면서 자기 수도원 안에 세상의 질서를 폐지하고 대체하는 상대적으로 안정된 질서를 제정하였다. 이러한 차례의 회복은 RM에 비해 베네딕도 규칙이 낳은 가장 현저한 변경들 가운데 하나이다.[538] 이처럼 '수도승생활을 시작한 때' 라는 첫 번째 기준은 다소 비인격적이고 기계적인 것처럼 보일 수도 있다. 하지만 그리스도를 중심으로 모인 새로운 공동체는 이제 세속적 가치 기준이 아니라 영적 가치 기준에 따른다는 보다 깊은 의미를 담고 있다고 볼 수 있겠다.

베네딕도는 '수도승생활을 시작한 때' 라는 일반적 기준을 확고히 한 다음 '생활의 공로' 라는 예외적 기준을 언급하고 있다. 베네딕도는 수도원 안에서 한 수도승의 위치를 결정하는데 있어 그런 비인격적 기준에만 절대적으로 의존하지는 않는다. 그는 특별한 재능과 공로와 같은 보다 개인적 기준을 바탕으로 공동체 안에서 차례의 변화 가능성을 두고 있다.[539] 아빠스의 지위 자체도 특별하고 개인적 공헌에 의해서 결정된다. 아빠스에 관한 성규 2장에서 베네딕도

---

537) RM의 공동체에서는 형제들의 서열이 고정되어 있지 않다. 아빠스가 형제들의 생활태도에 따라 서열을 매일 바꿀 수 있었다(참조: RM 92,11.17: "교만으로가 아니라 겸손으로...과식이 아니라 절제로").
538) 참조: Adalbert de Vogûé, *The Rule of Saint Benedict: A Doctrinal and Spiritual Commentary,* trad. J. B. Hasbrouck, *CSS* 54, Kalamazoo, Michigan 1983, 305.
539) RM의 공동체에서 역시 각 사람의 생활의 공로에 따라 차례가 정해진다. 그러나 RM에게 있어서 이 기준은 예외적인 것이 아니라 유일한 것이다(참조: RM 92,2.41.71-76).

는 "아빠스로 세워질 사람은… 생활의 공덕과 지혜의 학식을 따라 선출되어야 한다."540)고 말하고 있다.

베네딕도는 수도승을 어떤 특권적 자리에 임명하는 권한을 궁극적으로 아빠스에게 부여한다. 수도승은 수도원에 입회한 때에 따라서 공동체 안에서 자기 자리를 갖게 된다는 일반원칙은 생활의 공적 앞에서 그 예외가 인정된다. 하지만 이 예외적 경우는 최종적으로 아빠스의 판단에 맡겨진다. "정당한 이유가 있다고 판단되면 아빠스는 각자의 위치를 정할 수 있다"541) 외래 수도승과 수도원의 사제에 관한 장들542)에서도 베네딕도는 이러한 예외를 아빠스의 판단에 맡기고 있다. 만일 아빠스가 어떤 외래 수도승의 훌륭한 품행을 인정할 경우 그를 좀 더 높은 자리에 있게 할 수 있다.543) 또 사제는 수도원에 입회할 때의 그 자리를 지켜야 하지만 아빠스의 뜻에 의해서 승격될 수 있다.544) 제63장 7절에서도 아빠스의 고려에 의해서 차례의 변화가 이루어짐을 언급하고 있다.545)

베네딕도에게 있어 아빠스의 판단은 이처럼 중요하다. 아빠스는 공동체 안에서 '그리스도의 대리자'(vices Christi)546)로서 자기에게 맡겨진 그리스도의 양떼를 그분께 이끌어가야 하는 중추적 역할과 임무를 가지기 때문이다. 그래서 아빠스는 자신의 판단에 대해 마지막 날 하느님께 해명해야 함을 늘 명심해야 한다.547)

---

540) 성규 64,2.
541) 성규 2,19.
542) 성규 61; 62.
543) 참조: 성규 61,11-12.
544) 참조: 성규 62,6.
545) 참조: 성규 63,7: "아빠스가 깊이 숙고하여 올려주거나…내리는."
546) 성규 2,2.
547) 참조: 성규 2,37-40; 64,7.

2-3절 : 아빠스에 대한 권고

베네딕도는 제1절에서 수도원의 차례를 정하는 기준을 언급한 후 곧바로 아빠스에 대해 권고하고 있다. 양떼를 어지럽게 하지 말며 부당하게 일을 처리하지 말라고 한다(2절). 그리고 항상 하느님에게 해명해야 함을 기억하라고 경고하고 있다(3절).[548]

베네딕도는 규칙 여러 곳에서 예외적인 경우가 아니면 본래의 위치에 그대로 두라고 아빠스에게 권고하고 있다.[549] 앞에서 보았듯이 차례를 정함에 있어 예외적 경우는 '생활의 공로'에 따른 것이다. '생활의 공로'란 생활이 거룩하고 지혜로운 것을 뜻한다.[550] 이것은 아빠스가 어떤 형제의 차례를 바꿀 수 있는 예외적 경우에 속한다. 하지만 이것을 누가 판단하는가? 베네딕도는 항상 최종결정을 아빠스의 판단에 맡긴다. 그러나 아빠스의 판단은 잘못하면 그의 취향과 선입견으로 인해 주관적으로 치우칠 수 있다. '공동체의 천거'(*electio congregationis*)[551]는 바로 아빠스의 판단에 객관성을 부여해 준다. 실제 한 공동체의 장상은 사람들을 편애하고 차별할 위험이 있다. 너무 자신의 주관적 취향과 판단에 치우치기 때문이다. 베네딕도는 아빠스에게 "수도원 안에서 사람들을 차별하지 말라"[552]고 권고한다. 모든 형제를 분명한 원칙과 동일한 기준에 따라 공정하게 대하는 것은 장상에게 요구되는 중요한 자세 중 하나이다.

---

548) 참조: 성규 2, 34.37-39; 3,11; 63,3; 64,7.
549) 참조: 성규 2,19; 61,11.12; 62,6; 63,4.
550) 참조: 성규 21,1.4; 31,1; 64,2; 66,1.
551) 성규 62,5; 참조: 성규 21,1; 64,1; 65,14.
552) 성규 2,16.

4절 : 차례가 공동체 안에서 구체적으로 적용되는 경우들이 나열되고 있다. "평화의 인사와 영성체를 하고 시편을 선창하고 공동기도석에 설 것이다." 모두 전례 안에서 적용되고 있다. 그만큼 베네딕도에게 있어 하느님의 일이 무엇보다 중요했다. 이는 그의 일차적 관심사가 영적인 데 있었다는 것을 간접적으로 말해주고 있다. 그러나 공동식사나 공동체 모임 등 일상의 다른 모든 것에서도 차례가 지켜졌음은 분명하다.[553]

5-8절 : 입회순서에 따른 차례 규정

이 부분에서 베네딕도는 공동체 안에서 차례를 정하는데 있어 물리적 나이나 사회적 지위를 철저히 배제하고 있다. 그는 "어디서든지 절대로 나이로 차례를 정하거나 편견을 가져서도 안 된다."(5절)고 한다. 또 "오전 8시에 오는 사람은 그의 나이나 지위가 어떠하든 간에 오전 7시에 온 사람보다 후배임을 알아야 한다."(8절)고 말한다.

입회 전 사회적 지위나 신분은 새로운 삶 안에서는 무의미하다. 이제 수도승들은 그리스도 안에 모두 평등하다.[554] 베네딕도는 두 가지 방법으로 옛것을, 즉 그의 수도승들 사이에 세속적 차별을 허물었다. 먼저 그는 아빠스가 사회적 신분에 따라 수도승들을 차별하지 말라고 권고하고 있다.[555] 그리고 공동체 안에서 배제되는 또 다른 세속적 구별은 출생일(나이)이다. 이 장에서 세 번에 걸쳐 자연적 출생일은 수도승들 가운데 중요하지 않다고 말한다.[556] 그 대신

---

553) 참조: 성규 61,6-7. 554) 참조: 갈라 3,28.
555) 참조: 성규 2,16-18. 이 본문은 갈라 3,26-29에 직접 토대를 두고 있다.

새로운 기준, 즉 공동체 입회 날이 제시된다. 노예와 자유인 간의 차별을 부정하는 것은 정당하다는 인상을 준다. 하지만 자연적 나이를 부정하는 것은 전통 사회가 인정하는 것을 정면으로 거스르는 것이다.557) 사실 그리스도 안에 새로운 공동체인 수도원 안에서 물리적 나이는 그리 중요하지 않다. 중요한 것은 수도승생활을 시작한 때부터 계산되는 영적 나이이다. 파코미우스 규칙은 각 사람은 나이가 아니라 오로지 서원 날짜에 따라 정해진 자리를 갖는다고 주장한다. 규칙은 이렇게 말하고 있다. "나이대로 하지 말고 서원 순서대로 한다."558)

수도원의 연륜은 세속 나이나 수도승생활의 연수가 아니다. 누가 하느님께 더욱더 가까이 나아갔느냐 하는 것이 보다 더 중요하다. 영적, 내적 성숙이 보다 중요한 것이다. 이런 점에서 세상의 기준과는 확연히 다르다고 할 수 있다.

9.18-19절 : 베네딕도는 제1부와 제2부 끝에 주제와는 약간 동떨어진 나이어린 소년들에 대한 취급을 이야기하고 있다. 베네딕도 공동체 안에는 청소년들이 있었다. 그들 역시 수도공동체를 이루는 한 구성원이었다. 하지만 그들의 경우 신체적으로나 정신적으로, 또 인격적으로나 영적으로 아직 미숙한 상태에 있기 때문에 성인들과는 다른 취급을 받았다. 그들은 언제 어디서나 항상 다른 이들로부터

---

556) 참조: 성규 63,1.4.5.
557) 참조: Terrence Kardong, *Together Unto Life Everlasting,* Assumption Abbey Press 1984, 135-136.
558) 히에로니무스 『파코미우스 규칙』 서언 3.

감독과 지도를 받아야 했다. 베네딕도는 이렇게 말하고 있다. "어린 아이들에 관해서는 모든 이가 그들이 항상 규율을 지키도록 감독할 것이다."(9절) 또 "청소년들은 성당과 식탁에서 질서 있게 자기 차례를 지켜야 한다. 밖이나 어떤 다른 곳에서도 철들 나이에 이를 때까지 감독과 지도를 받아야 한다."(18-10절) 이들에 대한 우려는 대개 무질서이다. 그래서 감독과 지도를 통해 질서 잡혀야 한다는 것이다.

제2부(10-19절) : 구성원 상호관계
10-12.15-17절 : 선후배 관계

공동체 구성원들 간의 첫 번째 관계는 선후배 관계이다. 수도원 안에서 수도승생활을 시작한 때이든 생활의 공적에 따라서든 엄연히 차례가 존재한다면 수도공동체는 하나의 위계적인 조직체임이 분명하다. 그 안에는 당연히 차례에 있어 앞선 사람과 뒤선 사람이 있기 마련이다. 베네딕도는 그들의 호칭과 상호 자세에 대해서 이렇게 말하고 있다.

"후배는 선배를 공경하고 선배는 후배를 사랑할 것이다."(10절) 또 "선배는 자기 후배에게 '형제'라는 호칭으로 부르고 후배는 자기 선배에게 '공경하올 아버지'라는 뜻을 지닌 '논누스'라고 부를 것이다."(12절)

선배를 부르는 호칭과 관련하여 베네딕도의 가르침은 오늘날의 정서상 어색할 뿐만 아니라 비합리적으로 보이기까지 한다. 사실 이것은 현실적으로 불가능하게 보인다. 하지만 이것이 담고 있는 내용을 파악하는 것이 중요하다. 선배 혹은 원로를 '논누스'(*nonnus*)라고 부르는 관습은 전통적인 것이었다.559) 그러나 베네딕도는 이 관습에 새로운 것을 적용하였다. 즉 선배가 아빠스의 부성(*paternitas*)에 참여하는 것이다. 그리스도의 대리자인 아빠스에게 돌려지는 '존경'이 선배에게도 돌려진다. 이처럼 베네딕도는 선배 또는 원로 역시 어느 정도 아빠스의 부성에 참여시키고 있는 것이다. RM에서는 아빠스 이외에 아무도 영적 부성이 인정되지 않는 점을 감안할 때 이것은 베네딕도의 새로움이라 할 수 있다.

선후배 상호자세에 대해서 베네딕도는 한마디로 후배는 자기 선배를 공경하고 선배는 자기 후배를 사랑하라는 것이다. 아마도 베네딕도의 이 가르침은 에페 5,22에 그 배경을 두고 있는 듯 보인다. 거기서 바오로는 남편과 부인의 관계를 이야기하고 있다. 즉 부인은 자기 남편에게 복종하고 남편은 자기 부인을 사랑해야 한다는 것이다. 베네딕도는 또 선행의 도구에 대해 말하는 성규 4장에서도 비슷한 말을 하고 있다. "연로한 이를 공경하라. 연소한 이를 사랑하라."560)

'공경'과 '사랑'은 서로 밀접히 연결되어 있지만, 보통 공경 혹은 존경은 아랫사람이 윗사람에게 드러내는 것이며, 사랑은 윗사람이 아랫사람에게 보여주는 것이다. 사랑의 경우 선배에게만이 아니라 후배에게 역시 해당한다. 아랫사람 역시 윗사람을 사랑해야 한다. 규칙서 여러 곳에서 볼 수 있듯이 사랑은 상호적이다.561) 하지만 공경의 문제는 약간 다르다. 예컨대 선배가 과연 후배를 공경할 수 있

---

559) 참조: 히에로니무스 『서간』 22.   560) 성규 4,70-71.
561) 참조: 성규 4,26; 35,6; 63,13; 71,4; 72,8

는가? 경직된 위계제도 안에서는 도저히 불가능하겠지만 베네딕도의 공동체 안에서는 이것 역시 가능하다. 베네딕도는 모든 면에서 형제들이 서로 다투어 공경하기를 원한다.(17절)[562] 따라서 선배 역시 후배에게 공경심을 보여주어야 했음이 분명하다. 이것이 베네딕도 공동체의 새로운 면일 것이다. 사실 공경에는 윗사람 아랫사람이 따로 없다. 공경심은 단지 연소한 이가 연로한 이에게만 보여주는 것이 아니다. 연로한 이 역시 연소한 이에게 공경심을 보여주어야 한다.

베네딕도는 사랑은 공경을 동반한다고 가르치고 있다. 사랑과 공경은 거의 분리할 수 없다. 사랑은 정중하고 공경은 항상 사랑을 포함한다. 사랑 없이 남을 공경하는 것은 불가능하며, 또 남에 대한 존중과 공경심을 드러내지 않는 사랑은 참된 사랑이 아닐 것이다.

13-14절 : 아빠스와 형제들 관계

공동체 안에서 우리가 살펴 볼 두 번째 관계는 아빠스와 형제들의 관계이다. 아빠스는 무엇보다도 공동체 안에서 '그리스도의 대리자' 역할을 한다. 따라서 형제들은 그를 '주님'과 '아빠스'라고 불러야 한다(13절). 아빠스란 명칭에 그리스도께 언급되는 '주님' (*Dominus*)이란 명칭이 부가됨으로써 아빠스는 형제적 사랑의 상승과정 안에서 하나의 수렴점이 된다. '사랑'은 공동체에 생명을 불어넣어야 하며, 공동체는 사랑을 통하여 그리스도께로 올라가야 한다.

---

562) 참조: 성규 72,4.

그리스도께 대한 공경과 사랑이 그분을 대리하는 아빠스에게 주어지고, 결국 형제들은 아빠스를 통해 그리스도께 공경과 사랑을 드림으로써 그리스도께로 더욱 가까이 나아가게 된다. 다시 말해 아빠스를 향한 형제적 사랑 실천으로 그리스도를 향한 사랑에 결합되는 것이다. 하지만 형제들과의 관계에 있어 아빠스에게도 요구되는 것이 있다. 아빠스는 형제들로부터 받는 존경과 사랑이 자기가 잘나서 또 직책상 당연히 받아야 하는 것이 아님을 명심해야 한다. 그래서 베네딕도는 아빠스에게 이런 공경과 사랑을 받기에 '합당한 처신'을 요구하고 있다(14절). 아빠스는 자기 말과 행동으로 형제들에게 그리스도를 드러내야 한다.

결론

수도공동체 안에서 차례를 정한다는 것은 오늘날 우리 현대인의 정서에는 비민주적이고 불필요하게 느껴질 수도 있다. 사실 엄격한 서열을 갖춘 공동체는 가정과 같은 포근한 이미지보다는 권위주의적인 계급사회나 혼이 없는 메마른 집단의 이미지를 더 강하게 풍길 것이다. 그럼에도 불구하고 공동체 안에 차례를 정하는 것은 다른 의미를 지니고 있다.

일차적으로 그것은 공동체 안의 질서와 평화를 유지하는데 도움을 주지만, 이보다 더 중요한 의미와 중요성을 갖는다. 즉 그리스도 안에 새로운 공동체, 새로운 가치 기준에 따른 삶을 표현하는 것이다. 그리스도를 중심으로 모인 새로운 신앙공동체 안에서는 더 이상 세속적 가치기준에 따른 차별이나 구분이 없어진다. 세상에서는 개인의 재능, 재력과 권력, 학벌이나 가문 등이 각 사람의 가치나 높낮이를 평가하는 기준이었다. 하지만 세례와 수도서원을 통해 하느님의 자녀로 새로 태어난 수도자들은 이제 그리스도 안에 모두가 한 형제자매로서 평등하다. 따라서 더 이상 사회적 신분이나 계층, 인종이나 민족, 출신가문 등이 문제가 되지 않는다. 이제부터는 새로운 가치기준에 따라 차례가 정해진다. 그것은 **'하느님께 먼저 돌아선 순서'** 와 또 **'하느님께 앞서 나아간 순서'** 이다. 우리가 위에서 보았듯이 '수도승생활을 시작한 때' 와 '생활의 공적' 이 바로 그것이다. 이것이 베네딕도가 제시하는 신앙 안에서의 새로운 가치기준이다.

　새로운 가치기준에 따라 차례가 정해진 공동체 안에서 그 구성원들 간의 상호관계 역시 상호 사랑과 상호 공경이 지배한다. 윗사람이건 아랫사람이건 모두 서로에 대해 공경심을 갖고 서로를 존중하고 사랑한다. 그 중심에는 아빠스가 있고 끝에는 그리스도가 계시다. 형제들은 서로를 존경하고 사랑하듯이 그리스도의 대리자인 아빠스에게도 그러한 존경과 사랑을 드러냄으로써 결국 그리스도를 공경하고 사랑하게 되는 것이다. 이것이 바로 이 장에서 베네딕도가 제시하는 가르침이라 할 수 있다.

제 64 장
아빠스 선출

본 문

¹아빠스 선출에 있어 항상 다음 원칙을 따라야 한다. 즉 전 공동체가 하느님에 대한 두려움으로 만장일치로 선출하는 사람이나 혹은 비록 소수일지라도 보다 더욱 건전한 의견을 지닌 공동체의 일부가 선출하는 사람을 세우는 것이다. ²세워질 사람은 비록 공동체 차례에 있어서는 마지막이라 하더라도 생활의 공로와 가르침에서의 지혜를 바탕으로 선출되어야 한다.

³이런 일은 없어야 하겠지만 만일 전 공동체가 자기들의 악습에 동조하는 사람을 공모하여 선출하고 ⁴이러한 악행이 어떤 식으로든 그 지역 관할 주교에게나 혹은 아빠스들이나 인근 신자들에게 알려지게 된다면, ⁵그들은 악한 무리의 음모가 성공하지 못하도록 막고 하느님의 집에 합당한 관리자를 세워야 한다. 그들은 다음 사실을 알아야 한다. ⁶즉 만일 그들이 순수한 의도와 하느님을 향한 열정으로 그것을 행한다면 이에 대해 후한 상급을 받을 것이지만, 만일 반대로 그것을 행하기를 소홀히 한다면 죄를 범하는 것이다.

⁷일단 아빠스로 선출되면 그는 자기가 어떤 책무를 받았으며 그것에 대해 누구에게 "해명해야 하는지를"[563] 항상 생각할 것이다.

⁸또 명령하기보다는 더욱 섬겨야 함을 알아야 한다. 그러므로 그는 하느님의 법에 능통할 필요가 있다. ⁹그럼으로써 "옛 것과 새 것을 끄집어 낼"⁵⁶⁴⁾ 수 있는 인식의 보고(寶庫)를 갖게 될 것이다. 그는 정결하고 절제 있고 자비로워야 하며, ¹⁰언제나 "자비가 심판을 능가하게"⁵⁶⁵⁾ 할 것이다. 그러면 그 역시 같은 자비를 얻게 될 것이다. ¹¹악습을 미워하고 "형제들을 사랑할 것"⁵⁶⁶⁾이다. ¹²책벌함에 있어 현명하고 과도함이 없게 할 것이다. 이는 녹을 너무 지우려다 그릇을 깨버리지 않기 위함이다. ¹³또 자신의 연약함을 항상 인정하고 "부러진 갈대를 꺾어서는 안 된다."⁵⁶⁷⁾는 것을 기억할 것이다. ¹⁴이로써 우리가 말하려는 바는 악습을 기르도록 허락하라는 것이 아니라 오히려 이미 언급한 바와 같이 각 사람에게 더 적합하게 보이는 방법에 따라 현명과 사랑으로 그것을 뿌리 뽑아야 한다는 것이다. ¹⁵그리고 두려움의 대상이 되기보다는 오히려 사랑받도록 힘써야 한다.

¹⁶아빠스는 부산떨고 소심해서도 또 극단적이고 완고해서도 안 되며 질투하고 너무 의심이 많아서도 안 된다. 그러면 잠시도 안심할 수 없기 때문이다. ¹⁷오히려 그는 자기 명령에 있어 용의주도하고 심사숙고할 것이다. 그래서 어떤 것을 명령할 때 그것이 하느님에 관한 것이든 세상일에 관한 것이든 분별 있고 절제 있게 할 것이다.

---

563) 루카 16,2.
565) 야고 2,13.
567) 이사 42,3.

564) 마태 13,52.
566) 1베드 2,17; 3,8.

¹⁸ "만일 내가 내 양무리를 심하게 몰아 지치게 하면 모두 하루에 죽어버릴 것이다."⁵⁶⁸⁾고 말한 거룩한 야곱의 분별력을 생각해야 한다.

¹⁹ 그러므로 이 야곱의 예와 덕행의 어머니인 분별력에 관한 또 다른 예들을 거울삼아 모든 것을 절제 있게 안배하여 강한 이는 더 나아가기를 갈망하게 하고 약한 이는 물러나지 않게 할 것이다.

²⁰ 무엇보다도 그는 모든 점에서 기존 규칙을 준수하여 ²¹ 잘 관리한 후 '자기 동료들에게 제 때에 곡식을 나누어 준 종' 이 들었던 바를 주님에게서 들을 수 있도록 할 것이다. ²² 즉 그분은 이렇게 말씀하신다. "진실로 너희에게 말한다. 주인은 자기의 모든 재산을 그에게 맡길 것이다."⁵⁶⁹⁾

주 해

개관

　성규 64장은 성규 2장과 더불어 성규 전체에서 아빠스에 대해 할애된 두 개의 장 중 하나이다. 성규 2장에서 베네딕도는 아빠스의 자질에 대해서 언급했다면 여기서는 이제 아빠스 선출 문제에 대해서 이야기하고 있다. 이와 병행되는 RM 93장에서는 아빠스 선출이 아니라 전임 아빠스에 의해서 선출된 새 아빠스 착좌예식에 대해서

---

568) 창세 33,13.　　　　　569) 마태 24,47.

90개의 절로 길게 이야기하고 있다. RM의 경우 재임 중인 아빠스가 새로운 아빠스를 지명한다. 이 장에서는 아빠스 자신의 인격 안에 아빠스의 카리스마가 강하게 강조된다. 그러나 성규의 경우 전 공동체가 자기 아빠스를 선출하기 위하여 소집된다. 그러나 법적으로는 명확하지 않다. 과연 누가 이 선거를 소집하고 주재하는가? 여하튼 아빠스 선출을 공동체에 맡긴 것은 베네딕도의 새로움이 아닐 수 없다. 그만큼 공동체에 대한 신뢰를 표현하는 것이라 할 수 있다. 이 장은 크게 아빠스 선출(1-6절)과 아빠스의 지도(7-22절)로 구분된다. 특히 제2부는 매우 아름다운 부분이다. 그 구조를 보면 다음과 같다.

1-6절 : 아빠스 선출
   1-2절 : 합당한 아빠스를 선출
   3-6절 : 합당하지 않은 아빠스를 선출
7-22절 : 아빠스의 지도

주석

1-6절 : 아빠스 선출

  공동체를 다스리기에 합당하고 자격을 갖춘 한 사람을 공동체 자체가 선택한다. 베네딕도는 아빠스 선출 원칙(1절)과 선출될 사람의 자격(2절) 그리고 합당하지 않은 아빠스를 선출했을 경우의 절차(3-6절) 등을 말하고 있다.

1절 : 선출 원칙에 있어 두 가지 조건이 제시되고 있다. 첫째, 공동체 전체가 하느님을 두려워하는 마음으로 '만장일치'(*omnis concors*)로 선출하는 사람이 세워져야 한다. 둘째, '건전한 의견을 지닌 공동체 일부'(*pars parva saniore consilio*)가 선출하는 사람이어야 한다. 이 두 조건 모두 오늘날 우리가 이해하기는 쉽지 않다. 공동체 모두가 동의하는 만장일치라는 것도 오늘날은 거의 불가능하게 보일뿐더러 만일 의견이 갈렸을 경우 비록 소수라도 건전한 의견을 지닌 공동체 일부라는 표현도 참으로 모호하다. '건전한 의견'인지 아닌지 과연 누가 판단한단 말인가? 베네딕도는 이에 대해 아무 언급이 없다. 만일 만장일치로 어떤 형제가 추대되지 않을 경우 다수가 아닌 소위 건전한 의견이라고 판단하는 소수가 추대하는 사람을 아빠스로 세운다는 것이 과연 가능한 일인가? 아빠스 선출 원칙과 관련하여 많은 의문점이 제기될 수 있다. 베네딕도가 이런 규정을 하는 것을 보면 분명 아빠스 선출 모임을 주재하는 제3의 어떤 인물이 있었던 것처럼 보인다. 그러나 그에게 이런 전권이 부여되었단 말인가? 우리는 이에 대해 정확히 알 수 없다.

2절 : 베네딕도는 아빠스로 선출될 사람의 자격을 두 가지로 간단하게 언급한다. 즉 '생활의 공로'(*vitae merito*)와 '가르침에서의 지혜'(*sapientiae doctrina*)이다. 공동체 안에서의 서열은 고려되고 있지 않다. 비록 서열 상 맨 마지막 자리에 있더라도 위의 자격을 갖춘 사람이 선출되어야 한다고 규정하고 있다. 베네딕도에게 있어서 아빠스직을 수행할 사람이 어떤 재능이나 능력을 소유했는지, 수도승들에게 호감을 사고 있는지, 상당한 관리능력을 가지고 있는지는 그리 중요하지 않다. 오히려 아빠스 후보자는 영성생활에서 다른 사람보다 더 나아간 하느님의 사람이어야 한다고 생각하고 있다. 그는 말보다는 삶의 모범으로 형제들을 가르칠 수 있어야 한다. 베네딕도의 관심은 이처럼 영적인데 있었다.

3-6절 : 전 공동체가 공모하여 합당하지 않은 아빠스를 선출했을 경우(3절)의 절차에 대해 말하고 있다. 이것을 보면 베네딕도는 다수가 항상 하느님의 뜻을 대변하지는 않는다는 것을 확신하고 있는 듯하다. 이 경우 문제해결을 위해 '그 지역 관할 주교'(교구장 주교)의 개입을 요청한다. 그가 후보자의 적합성을 판단하고 선출을 추인하게 되는 것인가? 그렇다면 공동체의 자율이나 선택권의 문제는 어떻게 되는 것인가? 공동체 자체의 선택이 공동체 밖의 다른 사람들에 의해 좌지우지 될 수 있다는 말인가? 이해하기가 좀체 쉽지 않다. 이 경우 역시 앞에서와 같이 상당히 애매한 부분이 많다. 아마도 당시 수도공동체와 지역교회와의 관계는 오늘날 우리가 생각하는 것과는 많이 달랐을 수도 있을 것이다.

아무튼 베네딕도는 이 경우 지역주교와 인근 수도원 아빠스들, 그리고 심지어 인근 지역 신자들에게까지 문제해결을 의탁하고 있다. 그들이 개입하여 합당한 아빠스를 세우라고 요구한다(4-5절). 더 나아가 그렇게 하지 않는다면 하느님에게 죄를 짓는 것이라고까지 말한다(6절). 그 목적은 '악한 무리의 음모가 성공하지 못하도록'(5절) 하기 위한 것이라고 하고 있다. 그러나 어떤 방법으로 개입하는

지에 대해 전혀 언급이 없다.

　이 규정은 오늘날은 거의 현실성 없는 것임은 틀림없다. 하지만 베네딕도의 관심과 강조점은 합당한 사람이 수도공동체의 아빠스로 세워져야 한다는 것이다. 왜냐하면 수도공동체는 세속단체나 집단과는 다른 바로 '하느님의 집' 이자 '주님을 섬기는 학원' 이기 때문이다. 그 기준은 바로 생활의 공로와 가르침의 지혜가 되어야 한다는 것이다.

7-22절 : 아빠스의 지도

　베네딕도는 아빠스 선출 문제를 언급한 후 이제 일단 선출된 아빠스가 공동체를 어떻게 다스려야 하는지 그 지도 지침에 대해서 이야기하고 있다. 아빠스의 의무와 책무 등에 대한 이 부분은 성규 2장에서 언급된 바가 다시 새로운 방식으로 완결되고 있다. 이 부분의 내용을 간단히 요약하여 살펴보자.

7-8절 : 아빠스는 강한 책임감을 가져야 한다.

공동체를 제대로 다스리기 위해서 아빠스는 자신이 어려운 직무를 받아들였다는 점을 확실히 알고 있어야 한다. 베네딕도는 아마도 이에 대한 체험을 했을 것이다. 아빠스 직무는 쉽지 않은 직무임이 분명하다. 그것은 상당한 인내와 지속적인 노력을 요구한다. 베네딕도는 그래서 아빠스는 자기 직무에 대한 정확한 인식과 하느님에게 해명해야 함을 명심하라고 강조하고 있다(7절). 그리고 공동체를 다스리되 명령하기보다는 오히려 섬김으로써 하라고 권고한다(8절).

9-10절 : 아빠스에게 필요한 긍정적 자질이 언급되고 있다. 아빠스는 하느님의 법, 즉 성경을 잘 알아야 하고 정결, 절제, 자비와 같은 덕을 지녀야 한다(9절). 정결, 절제, 자비는 바오로 서간에서 주교에게 요구되는 자질들이다.570) 우리는 여기서 아빠스가 주교와 같다고 결론짓기 보다는 오히려 수도적 지도력은 모든 선한 그리스도교 지도력의 자질을 공유해야 한다고 말해야 할 것이다. 특히 베네딕도는 자비를 많이 강조하고 있다.571) "자비가 심판을 능가하게" 하라고 말한다. 그러면 그 역시 같은 자비를 받게 되리라는 것이다(10절). 자비에 대한 이 강조는 매우 아름답고 내용상으로는 이 장 전체의 핵심과도 같다. 형제들과의 관계에서 과도한 엄격함으로 흐르는 경향에서 자유로워질 필요가 있다. 그보다는 오히려 이해와 자비를 드러내는 것이 중요하다. 아빠스의 무기는 냉혹한 율법의 엄격함이 아니라 사랑의 유연성이어야 할 것이다. 그 때 그 역시 자비를 얻게 될 것이다.

11-15절 : 아빠스는 다스림에 있어 현명과 중용을 잃어서는 안 된다(12절). 책벌과 사랑, 이 둘은 아빠스가 사용해야 하는 두 가지 필요한 도구이다. 그는 상황에 따라 이것들을 사용해야 한다. 아빠스가 파문을 해야만 하는 형제에게 동시에 사랑을 보여주기는 쉽지 않다. 그러나 항상 존중해야 할 원칙은 이것이다. 즉 "악습은 미워하고 형제들은 사랑할 것이다."(11절) 이런 식으로 잘못한 형제의 인

---

570) 참조: 1티모 3,2-4; 티토1,7-9; 2,2-5.
571) 참조: 성규 4,74; 7,46; 34,4; 37,1; 53,14; 64,9.10.

격과 생활을 다시 회복시키게 될 것이다. 아빠스는 분명 악습을 뿌리 뽑되 늘 현명과 사랑으로 그렇게 해야 한다(14절). 베네딕도는 아빠스에게 "자신의 연약함을 항상 인정"하라고 권고하고 있다(13절). 이것은 이 장의 핵심과도 같다. 자신의 연약함을 인정할 때 형제들의 연약함도 이해하고 받아들이게 될 것이다. 이처럼 베네딕도는 아빠스에게 형제들에 대한 사랑과 자비를 강조하고 있다. 이것이 부족한 장상은 형제들에게 늘 엄격하고 결국 부러진 갈대를 꺾는 어리석음을 범하게 될 것이다. 아빠스는 "두려움의 대상이 되기보다는 오히려 사랑받도록 힘써야 한다."(15절)

16-19절 : 부산떨음, 소심, 과격, 완고, 질투, 의심 등 아빠스의 부정적 자질들이 언급되고 있고 동시에 분별력이 강조되고 있다. 베네딕도는 이렇게 말하고 있다. "아빠스는 부산떨고 소심해서도 또 극단적이고 완고해서도 안 되며 질투하고 너무 의심이 많아서도 안 된다." (16절) 여기서 핵심 말마디는 '부산떨지 말라'(*non sit turbulentus*)는 것이다. 이 말은 '야훼의 종'을 묘사하고 있는 이사야서 42장 4절에서 유래한다. 베네딕도가 마음속에 이 야훼의 종을 생각하고 있었음은 의심의 여지가 없다. 왜냐하면 그는 13절에서 이사야서 42장 3절을 인용하고 있기 때문이다. 따라서 아빠스는 부드럽게 인도하여 공동체에 생명을 가져다주는 '야훼의 종'의 모습에 그 자신을 맞추어야 한다는 것이다.

베네딕도는 17-19절까지 분별력에 대해 강조하고 있다. 특히 19절에서는 분별력이 '덕행의 어머니'(*mater virtutum*)로까지 묘사되고 있다. 이 표현은 카시아누스의 『담화집』에 나오는 표현과 매우 비슷하다.[572] '분별력'(discretio)은 매우 중요한 단어로 베네딕도의 표현에 의하면 "강한 이는 더 나아가기를 갈망하게 하고 약한 이는 물러나지 않게"(19절) 하는 것이다. 이 얼마나 아름다운 가르침인가! 인간에 대한 깊은 이해와 지혜가 묻어나고 있다.

20-22절 : 아빠스는 규칙을 충실히 준수해야 한다(20절). 모든 것을 규칙에 따라 행하라고 강조하고 있다. 양떼를 돌보는 지침은 바로 규칙이다. 베네딕도는 복음의 충실한 종의 비유를 들어[573] 아빠스에게 자기에게 맡겨진 양떼를 잘 돌보라고 말한다(21절). 그러면 후에 상급을 받으리라는 희망을 제시하며 맺고 있다(22절). 성규 2장은 아빠스에게 하느님의 엄정한 심판에 대한 두려움을 제시하면서 매우 강한 어조로 끝난데 반해 이 장에서는 두려움이 기쁜 희망으로 대체되고 충실한 종에게 약속된 상급을 약속하고 있다. 이처럼 성규 64장은 이상적 목자이며 겸손하고 온유하고 인내로운 종이신 그리스도에게서 영감을 받고 있다.

결론

앞에서 살펴본 바와 같이 아빠스 선출이라는 제목으로 된 성규 64장은 실제로는 아빠스의 지도 지침에 더 많은 부분을 할애하고

---

572) 참조 『담화집』 2,4,4: "모든 덕행의 어머니이며 보호자이고 지도자는 분별력이다."(John Cassian, *The Conferences*, op.cit., 87)
573) 참조: 마태 24,47.

있다. 제1부의 아빠스 선출에 관해서는 간단한 지침만 제시하고 있고, 제2부에서 아빠스의 지도에 대한 실제적 지침들을 제시하고 있다. 베네딕도에게 있어 아빠스는 규칙과 공동체와 더불어 수도승생활을 구성하는 세 근본요소 중 하나이다. 따라서 아빠스 선출에 있어 전 공동체는 하느님을 두려워하는 마음으로 생활의 공로와 가르침에 있어 지혜로운 합당한 사람을 선출해야 함을 그렇듯 강하게 역설하고 있는 것이다. 아빠스의 지도에 있어서는 무엇보다도 자신의 약함을 기억하여 형제들에게 자비와 사랑을 드러내야 하며 분별과 중용으로 지도해야 함을 강조하고 있다.

이 장을 마치기 전에 우리는 아빠스와 공동체의 관계[574])에 대해 간략히 살펴보고자 한다. RM 안에서 아빠스는 사도들의 후예요 계승자인 주교와 동일한 수준에 놓여진다. RM은 단지 수직적 관계만을 다루는 반면 베네딕도는 수도승들 사이의 수평적 관계 역시 소개하고 있다. 수도승생활의 기원을 볼 때 공동체와 아빠스의 관계를 다르게 설정하고 있는 두 전통, 즉 은수생활 전통(이집트 사막)과 회수도승생활 전통(파코미우스-바실리우스) 중 서방에 도입된 것은 무엇보다도 그 주위로 제자들이 모이는 영적 스승의 카리스마적 상에 대한 이집트 개념이다. RM은 이 전통을 받아들인다. 그에게 있어 아빠스는 제자들을 교육하고 자기 교회를 다스리는 주교처럼 하느님을 향해 그들을 인도해야 하는 스승이다. 성규는 이것을 부분적

---

574) 드 보궤 신부는 이미 오래 전 성규 안에서 공동체와 아빠스의 관계를 정확하고 자세히 연구하였다(참조: A. de Vogûé, *La communauté et la abbé dans la Règle de saint Benoît*, Paris-Brussels: Desclée-de-Brouwer, 1961).

으로 비슷한 개념으로 바꾼다. 아빠스는 신적 봉사의 학교에서 스승일 뿐 아니라 동시에 형제들을 사랑하고 그들에게서 사랑을 받을 수 있는 사부인 것이다.

드 보궤는 공동체에 앞서 존재하는 카리스마적 사부의 상으로서 아빠스의 상을 강조하고 있다. 이 상에서는 아빠스가 제자들을 위한 일치의 구심점이 된다. 수도원은 일종의 학교이고 아빠스는 스승이며, 수도승들은 그의 말을 경청하기 위해 함께 모인 제자들이다. 아빠스 안에는 카리스마적 측면과 제도적 측면이 동시에 존재하고 있다. 하지만 오늘날 카리스마적 측면은 많이 사라진 것이 사실이다. 만일 제도적 측면만 남아 있다면 더 이상 전통적 의미에서의 아빠스의 위상을 주장하는 것은 무리일 것이다.

제 65 장
원 장

본 문

¹원장의 임명으로 인해 수도원들에서 너무 자주 심각한 물의가 빚어진다. ²어떤 원장들은 사악한 교만심에 부풀어 자신을 둘째 아빠스라 여기고 스스로 폭정권을 장악하여 물의를 조장하고 공동체 안에 불화를 일으키기 때문이다. ³이런 일은 무엇보다도 아빠스를 세우는 동일한 주교나 동일한 아빠스들이 원장까지도 임명하는 그런 수도원들에서 발생한다. ⁴이것이 얼마나 불합리한 일인지는 쉽게 이해된다. 왜냐하면 그가 임명되는 바로 그 때부터 교만해질 수 있는 소지가 그에게 주어지기 때문이다. ⁵실제로 그는 자신이 자기 아빠스의 권한에 속해 있지 않다는 생각을 하게 되는데, ⁶이는 아빠스를 세운 사람들로부터 그 자신도 세워졌다고 생각하기 때문이다. ⁷여기서 시기, 논쟁, 비방, 경쟁, 불화, 혼란이 야기된다. ⁸그래서 아빠스와 원장 간에 불협화음이 일게 되면 이 불화로 인해 그들 자신의 영혼 역시 위험에 처하게 될 수밖에 없을 것이다. ⁹그리고 그들 밑에 있는 사람들도 이쪽 혹은 저쪽 편을 들며 파멸하게 될 것이다. ¹⁰이 위험스런 상황에 대한 책임은 이런 혼란을 조장한 사람들에게 돌아간다.

¹¹그러므로 우리는 평화와 사랑을 유지하기 위하여 수도원의 조

직구성은 아빠스의 재량에 맡기는 것이 바람직하다고 생각한다. [12]앞에서 규정한 바와 같이 만일 가능하다면 수도원의 모든 운영은 아빠스의 지도하에 십인장들을 통하여 이루어지게 할 것이다. [13]여러 사람에게 일을 분담할 때 한 사람이 교만해지는 일이 없을 것이다. [14]그러나 만일 지역 상황이 그것을 요구하거나 공동체가 겸손하게 이치에 맞게 그것을 요청하고 아빠스 역시 그것을 바람직하다고 판단하면, [15]아빠스는 하느님을 두려워하는 형제들의 의견을 참조하여 자기가 원하는 사람을 선택하여 친히 그를 원장으로 임명할 것이다.

[16]그러나 원장은 자기 아빠스가 명령하는 바를 공손히 실행할 것이다. 그는 아빠스의 뜻이나 명령을 거스르는 것은 아무것도 해서는 안 된다. [17]왜냐하면 다른 사람들 위로 높여지면 높여질수록 그만큼 더 규칙의 규정을 준수하는데 주의를 기울여야하기 때문이다.

[18]만일 원장이 악습에 젖은 것이 발견되거나 허영심에 빠져 교만해지거나 규칙을 무시하는 자로 드러나거든 네 번까지 말로써 충고할 것이다. [19]만일 고치지 않거든 규정된 벌에 처할 것이다. [20]만일 그래도 고치지 않거든 그 때는 원장직에서 해임시키고 그 자리에 다른 합당한 사람을 대체시킬 것이다. [21]만일 이런 후에 그가 공동체 안에서 조용하고 유순하게 있지 않거든 수도원에서 쫓아내기까지 할 것이다. [22]그러나 아빠스는 자신의 모든 판단에 대해 하느님에게 해명해야 함을 생각하여 시기심이나 질투심의 불꽃이 자기 영

혼을 사르는 일이 없도록 할 것이다.

주 해

개관

　당가에 관한 성규 31장과 비교할 때 성규 65장의 어조가 매우 다름을 알게 된다. 앞에서는 아빠스의 핵심 협력자로서 형제들의 물질적 필요와 관련된 모든 것을 돌보는 이상적 당가상(當家像)이 다루어졌다. 그러나 이 장에서는 그 어조가 상당히 강하고 거칠게 바뀌고 있다. RM에는 없는 원장직이 성규 안에 받아들여지지만 거기에는 어떤 제한들이 있다. 베네딕도는 원장(*praepositus*)직에 대해서는 전혀 호감을 느끼지 못하고 있음이 분명하다. 원장은 별로 바람직하지 않은 아빠스의 협력자로 나타나고 있다. 단지 상황이 베네딕도에게 이 장을 규정하도록 강제하는 인상마저 주고 있다(14절). 사실 베네딕도는 이미 공동체를 십인장 제도로 조직하였다(12절). 이 장의 구조는 다음과 같이 되어 있다.

　　1-10절 : 원장 선출에 따른 폐단

　　11-13절 : 베네딕도의 이상(*ideo ... expedire*)

　　14-15절 : 베네딕도의 양보(*quod si*)

　　16-17절 : 원장의 처신(*qui tamen*)

　　18-21절 : 사악한 원장 교정규정(*qui ... si*)

　　22절 : 아빠스에 대한 권고(*tamen*)

주석

1-10절 : 원장 선출에 따른 폐단

원장에 대한 장을 시작하면서 베네딕도는 이 장의 거의 반을 원장 임명에 따른 온갖 폐단과 위험에 대한 묘사에 할애하고 있다. 그만큼 원장직에 대한 베네딕도의 불신을 잘 드러내주고 있다. 대부분 부정적 어휘가 사용되고 있다. 예컨대, 물의, 사악한 교만심, 폭정권, 불화, 시기, 논쟁, 비방, 경쟁, 혼란, 불협화음, 위험, 파멸 등이다.

'원장'(*praepositus*: 1절): 이 용어는 일반적으로 '으뜸' 혹은 '첫째'를 의미한다. RM에서는 십인조의 조장을 나타낸다. 성규 안에서는 '원장'의 의미로 사용되고 있다. 그러나 RM에서 아빠스직을 계승할 '제 2인자'(*secundus*)로서의 원장과는 성격이 다르다. 성규에서는 아빠스에게 임명된 보조자일 뿐이다.

'자신을 둘째 아빠스'(*secundos esse abbates*: 2절): 원장이 자신을 둘째 아빠스로 여기는 데서 바로 온갖 남용과 폐단이 비롯된다. 이런 일은 실제 있었던 것처럼 보이고 오늘날에도 충분히 있을 수 있는 폐단이다.

베네딕도는 3절에서 이 모든 폐단과 위험의 근본원인을 언급하고 있다. 즉 "아빠스를 세우는 동일한 주교나 동일한 아빠스들이 원장까지도 임명하는"데서 유래한다는 것이다. 그러다 보니 "아빠스를 세운 사람들로부터 그 자신도 세워졌다고 생각"(6절)할 수 있다는 것이다. 이처럼 베네딕도는 원장을 공동체에서 선출하는 가능성에 대해 깊은 불신을 표현하고 있다. 이는 공동체에서 선출되어 주교나 아빠스들에 의해서 세워진 원장은 자신을 아빠스와 같은 수준에 놓기를 원하기 때문이다.

베네딕도는 아빠스와 원장 간에 생기는 불협화음으로 공동체가 갈라지고 결국 모두를 파멸로 이끌게 되리라고 예언하고 있다(8-9절). 그리고 이에 대한 책임을 이런 혼란을 조장한 사람들, 즉 아빠스와 원장에게 돌아간다고 경고하고 있다(10절).

11-13절 : 베네딕도의 이상

그래서 베네딕도는 이상적인 경우를 언급하고 있다. 그것은 수도원 조직구성을 아빠스의 재량에 맡기는 것이다(11절). 그리고 가능하면 공동체 운영을 아빠스의 지도 하에 십인장들을 통하여 이루어지게 하는 것이다(12절). 이는 여러 사람에게 일이 분담될 때 한 사람이 교만해지는 일이 없기 때문이다(13절). 베네딕도에게 있어 '아빠스 하에 공동체의 일치'가 무엇보다도 강조되고 있다. 그는 이렇게 할 때 공동체의 평화와 사랑이 유지될 수 있다고 보았다(11절).

14-15절 : 베네딕도의 양보

원장을 임명하는 경우와 절차에 대해 말하고 있다. 원장 임명은 다음의 경우로 제한된다. 즉 지역 상황의 요구(*locus expetit*)나 공동체의 요청(*congregatio petierit*)이 있을 경우이다. 그러나 이것은 다시 아빠스의 긍정적 판단(*abbas iudicaverit expedire*)이 있을 경우로 다시 제한되고 있다(14절). 그리고 임명할 경우의 절차는 먼저 "하느님을 두려워하는 형제들의 의견을 참조하여" 아빠스 자신이 원하는 사람을 임명한다(15절). 결국 베네딕도는 원장 임명과 관련한 모든 권한을 아빠스에게 돌리고 있으며, 원장 임명에 상당히 주의를 기울이고 있다.

16-17절 : 원장의 처신

베네딕도는 원장에게 아빠스에 대한 공손함(reverentia)과 절대적 순종(16절) 그리고 더욱 철저한 규칙준수를 요구하고 있다(17절). 원장은 아빠스의 명령에 따라 모든 일을 공손하게 행해야 할 뿐만 아니라 오히려 다른 사람 보다 더 규칙을 철저히 지켜야 한다는 것이다. 그러나 베네딕도는 원장의 역할에 대해서는 특별한 언급이 없다. 그의 역할은 다만 아빠스가 명령하는 바에 한정되고 있을 뿐이다.

그러나 원장의 역할은 아빠스 부재시(不在時)에 아빠스를 대리하고 또 공동체가 클 경우 아빠스의 권한 일부를 나누어 받아 아빠스를 보좌하는 것이다. 후에 아빠스는 손님들과 여행으로 인해 점차 공동체에서 분리되고 원장이 공동체의 중심에 나타나게 된다. 베네딕도 이후 그레고리우스는 아빠스들이 무능할 때 원장들을 임명하였다.

18-21절 : 사악한 원장 교정규정

사악한 원장에 대한 교정절차가 언급되고 있다. 각 절마다 '만일'(Si)이라는 가정법을 써가며 최악의 경우들이 가정되고 있다. 먼저 악습에 젖었거나 허영심에 빠져 교만해 졌거나 규칙을 무시하는 경우 네 번까지 말로 충고한다(18절). 그래도 고치지 않을 경우 규정된 벌에 처한다(19절). 그 다음 단계는 원장직에서 해임시킨다(20

절). 그런 후에도 말썽을 일으키면 최악의 처방이 주어진다. 즉 수도원에서 쫓아내라고(*pellatur*)까지 말하고 있다(21절). 이는 수도원의 사제에 관한 성규 62장을 연상케 하는 언급이다.[575]

22절 : 아빠스에 대한 권고

마지막으로 베네딕도는 원장에 대한 교정과 책벌에서 있을 수 있는 과도함이나 남용을 경계하고 있다. 아빠스가 시기심이나 질투심으로 인해 이렇게 할 수 있다는 가능성을 부정하지 않는다. 그래서 아빠스에게 마지막 날의 심판에 대해 경고하고 있다. 자신의 모든 행위에 대해 하느님께 해명해야 함을 생각하고 처신하라고 권고한다.

결론

위에서 살펴본 바와 같이 베네딕도는 원장직에 대해 상당히 부정적 견해를 갖고 있었다. 이는 그의 체험에 기인하고 있음이 분명하다. 그는 이렇게 말하고 있다. "원장의 임명으로 인해 수도원들에서 너무 자주 심각한 물의가 빚어진다."(1절) 베네딕도는 이런 사례를 많이 듣거나 보아 잘 알고 있는 듯하다. 그래서 수도원 안에 원장을 두지 않는 것을 가장 이상적인 일이라고 여기고 있다. 사실 베네딕도의 이런 우려는 인간 공동체 안에서 충분히 있을 수 있는 일이다. 원장 스스로 자신을 제2의 아빠스로 착각하여 월권을 하거나 부적절한 처신을 하는 경우를 우리는 흔치 않게 경험할 수 있다. 그것은

---

[575] 참조: 성규 62,10: "만일 그래도 고치지 않고 그의 잘못이 두드러지거든 그를 수도원에서 내보낼 것이다."

자신의 직무에 대한 이해부족에서 나온 것이다. 원장직은 아빠스직과는 분명 다르다. 그것은 아빠스직을 대체할 수 없다. 아빠스직이 지니고 있는 카리스마적 특성과 제도적 특성 모두에 참여하는 것이 아니기 때문이다. 당가, 십인장 등 아빠스의 다른 협조자들과 마찬가지로 원장 역시 아빠스의 카리스마적 특성을 공유하는 것이 아니다. 단순히 규율의 실제적 차원에서 아빠스의 협조자일 뿐이다. 이에 대한 착각에서 이 장에서 그렇듯 세세하게 열거되고 있는 온갖 남용과 폐단이 유래한다.

사실상 원장(*praepositus*) 직무는 수도승전통 안에 있던 것이었다. 이후 클뤼니 전통 안에서 '프래포시투스'(*praepositus*)는 '프리올'(*prior*)이 된다. 중세 수도승적 환경과 문헌들 안에 이 두 가지 직무가 마치 두 개의 분리된 것으로 언급되고 있다. 즉 '프리올'은 영적인 면을 감독하고 '프래포시투스'는 지상적인 면을 감독하는 직무로 나타난다. 11-12세기 카말돌리회나 카르투시오회와 같은 은수생활운동 안에서 원장 직무가 아빠스 직무를 대체하게 된다. 오늘날까지도 이 수도회들에는 아빠스 제도가 없다. 이는 역사적 동기, 즉 관을 쓴 봉건적 아빠스 상에 대한 반대 때문이기도 하고 동시에 더 이상 아빠스의 필요성을 느끼지 못한 영적 동기 때문이기도 하였다. 하지만 오늘날 베네딕도 규칙을 따르는 대부분의 수도승 공동체가 베네딕도가 이처럼 부정적으로 생각했던 원장을 두고 있으니 참으로 아이러니한 일이 아닐 수 없다. 물론 당시와는 다른 상황과 문맥 안에서 그러하다는 것은 분명하다.

제 66 장
문지기

본 문

¹수도원 문간에는 말을 받고 응답할 줄 아는 현명하고 나돌아 다니지 않을 성숙한 원로를 둘 것이다. ²문지기는 문간 옆에 방을 가져 방문객들이 거기서 자기들에게 응대할 사람을 항상 발견할 수 있게 할 것이다. ³또 누가 문을 두드리거나 가난한 사람이 외쳐 부르는 즉시 그는 '하느님 감사합니다.' 혹은 '강복하소서.'라고 대답할 것이다. ⁴그런 다음 하느님에 대한 두려움에서 오는 온갖 양순함과 사랑의 열성으로 서둘러 응대할 것이다. ⁵만일 문지기가 도움을 필요로 하면 그에게 보다 젊은 형제 하나를 붙여줄 것이다.

⁶수도원은 가능한 한 그 안에 우물, 방아, 농장과 같은 필요한 모든 것이 있고 또 그 안에서 다양한 공예가 이루어질 수 있도록 건축되어야 한다. ⁷그래서 수도승들이 밖에 나돌아 다닐 필요가 없게 할 것이니, 이는 그들의 영혼에 전혀 유익하지 않기 때문이다.

⁸우리는 이 규칙이 공동체에서 자주 읽혀져 어떤 형제도 몰랐다는 핑계를 대는 일이 없기를 바라는 바이다.

주 해

개관

　성규 66장은 RM 95장과 병행되는데 RM은 문지기에 대한 언급과 더불어 자신의 규칙을 끝내고 있다. 이 점으로 미루어볼 때 이 장은 성규 일차 편집의 마지막 장이라 할 수 있다. 성규 66장은 53장과 긴밀한 관계를 가지고 있다. 53장에서는 손님 환대의 자세와 방법에 대해 언급했다면 여기서는 실제로 손님을 제일 먼저 맞게 되는 수도원 문지기의 자질, 자세, 역할 등에 대해서 구체적으로 이야기하고 있다. 문지기는 수도승 공동체가 세상과 첫 접촉을 하는 문과 같다. RM 95장과 비교해 보면 RM의 경우 세상으로부터의 철저한 분리가 강조된다. 거기서는 폐쇄된 문과 더불어 끝나고 있다. 수도승은 하느님과 함께 수도원 안에 있다. 수도원 안은 바로 천국과도 같이 묘사되고 있다.[576] 반면 성규 66장에서는 물론 봉쇄도 언급되지만 동시에 세상에 대한 개방이 강조되고 있다. 장의 구조는 다음과 같이 되어 있다.

　1-5절 : 세상을 향한 개방
　6-7절 : 세상에 대한 봉쇄

---

[576] 참조: RM 95,22-24: "정문은 항상 닫혀 있어야 할 것이니, 형제들이 주님 때문에 세상에서 격리되어 천상에 있는 것처럼 수도원 구내에 주님과 함께 갇혀 있기 위해서이다. 수도원 정문 바깥쪽 손잡이 부분에 쇠고리를 달아 둘 것이니..."

8절 : 성규

이 장은 매우 흥미롭다. 왜냐하면 두 부분이 서로 연결되어 있지만 사용된 어휘는 매우 다르기 때문이다. 베네딕도가 마음에 두고 있는 부분은 3-4절이다.

주석

1-5절 : 세상을 향한 개방
이 부분은 매우 열정적이고 전례적이다. 세상과의 첫 접촉에서 무엇보다도 '응답'(responsum)이 강조되고 있다. 반면 성규 53장에서는 '세심한 돌봄'(cur a sollicite)이 강조되었다.

1절 : 문지기의 자질로 '말을 받고 응답할 줄 아는 현명함'과 '나돌아 다니지 않을 성숙함'이 요구되고 있다. 베네딕도는 문지기가 한가하게 나돌아 다니는(vacari) 것에 매우 부정적이다.

2절 : 문지기의 첫 번째 역할은 '듣고 응답하는 것'(accipere responsum et reddere)이다. 그러기 위해서는 무엇보다 '한 장소에 있는 것'이 중요하다. 장소의 중요성이 강조되고 있다. 이를 위해 문지기의 방을 문간 옆에 두라고 말하는 것이다.

3-4절 : 손님을 맞이하는 절차가 언급된다. 문지기의 현존은 올바른 응답을 위한 것이다. '현존해 있는 것'은 장소적인 것이 아니라 일

종의 자질이다. 즉 단순히 '기계적 현존'이 아닌 '올바른 현존'이어야 한다. 손님을 올바로 맞이해야 하는 것이다. 누가 찾아와서 부르면 듣고 제대로 응대해야 한다.

3절에서 마지막으로 '가난한 사람'(*pauper*)이 언급되고 있다. 문지기는 특별히 가난한 사람을 잘 맞이해야 한다는 것이 베네딕도의 생각이었다. 왜냐하면 그리스도는 특히 가난한 사람의 모습으로 우리에게 다가오신다고 믿었기 때문이다. 그래서 누가 찾아오거나 가난한 사람이 부르면 "하느님 감사합니다."(*Deo gratias*) 혹은 "강복하소서."(*Benedic*)라고 응답하라는 것이다.

4절에서 언급되는 말들은 모두 중요하다. 먼저 '온갖 양순함으로'(*cum omni mansuetudine*)는 성규 전체에서 단지 두 번 언급된다.[577] '사랑의 열성'(*fervore caritatis*)은 성규 53장과 72장의 표현과 매우 유사하다.[578] 이 모든 것의 토대에 '하느님에 대한 두려움'(*timor Dei*)이 있다. 이것은 모든 임원에게 요구되는 중요한 자질 중 하나이다.[579]

5절: 베네딕도는 문지기 소임이 결코 쉽지 않다는 것을 잘 알고 있는 것 같다. 그래서 문지기가 도움을 요청하면 젊은 형제를 하나 붙여주도록 배려하고 있다.

---

577) 참조: 성규 68,1: "온갖 양순함으로"(*cum omni mansuetudine*)
578) 참조: 성규 53,3: "애덕의 지극한 호의로"(*cum omni officio caritatis*); 72,3: "지극히 열렬한 사랑으로"(*ferventissimo amore*).
579) 참조: 성규 3,11; 31,2; 36,7; 53,21; 65,15.

결국 이 첫 번째 부분에서 '응답하다'(*respondere*) 란 말이 네 번 (1.2.3.4절)이나 나타나고 있음을 볼 수 있다. 대화를 위해서, 손님을 맞이하기 위해서는 무엇보다도 '응답' 하는 자세가 중요하다. 사람들을 상대하는 문간 소임은 선호되는 소임은 아닐 것이다. 젊은 형제에게는 무료할 수 있고 또 수도원에 찾아오는 다양한 사람의 요구에 응답하다보면 지치고 타성에 젖을 수도 있다. 그러다 보면 손님에게 불친절하게 되고 결국 손님을 통해 수도원을 방문하는 그리스도를 제대로 환대할 수 없게 된다. 그래서 베네딕도는 문지기의 자질로 무엇보다도 말을 주고받을 수 있는 현명함과 분별없이 나돌아 다니지 않을 성숙함을 요구하고 있는 것이다.

6-7절 : 세상에 대한 봉쇄

전반부와 달리 세상에 대한 봉쇄를 다루는 이 부분은 부정적이다. 이 부분은 RM과 『이집트 수도승들의 역사』(*Historia Monachorum*)에 영향을 받은 듯하다.[580] 베네딕도는 수도원 안에 필요한 모든 시설을 갖추어(6절) 수도승들이 밖으로 나돌아 다닐 필요가 없게 하라고 권고한다. 그것은 그들 영혼에 전혀 유익이 되지 않는다는 것이다(7절). 6절에서 열거되는 설비 중 '우물'(*aqua*)은 베네딕도에게 있어 매우 중요하다. '방아'(*molendinum*)는 아마도 6세기에 베네딕도의 새로움일 것으로 보인다. 7절의 '영혼들에게'(*animabus*) 란

---

[580] 참조: RM 95,17-18: "정문 안쪽 (수도원) 구내에는 필요한 모든 것, 즉 (빵을 굽는) 화덕과 작업장과 화장실과 정원 및 필요한 모든 것이 있어야 하니, 이는 형제들이 자주 외출하여 세속사람들과 어울리게 되는 기회를 없애기 위해서이다."; *HM 17,2*

표현은 자칫 이원론의 인상을 줄 수 있으나 베네딕도에게 있어 결코 이원론을 뜻하는 것이 아니다. 여기서 역시 영적인 것에 대한 그의 관심이 드러나고 있다.

8절 : 끝으로 베네딕도는 규칙을 언급하고 있다. 이 규칙이 자주 읽혀져 규칙의 규정을 모두가 인식하고 있도록 하여 아무도 몰랐다고 변명하는 일이 없도록 권고하고 있다.

결론

'문지기는 수도원의 얼굴과 같다.' 는 말을 종종 한다. 그만큼 수도원에 처음 오는 사람에게 수도원에 대한 첫 인상을 심어주는 사람이기 때문이다. 손님을 맞이하는 그의 자세나 처신에 따라 수도원에 대한 긍정적 혹은 부정적 이미지가 새겨진다. 문지기의 불친절하고 분별없는 처신은 더 이상 그 공동체를 방문하고 싶은 마음을 앗아간다. 베네딕도는 이 소임을 수도원의 중책 중 하나로 여기고 있음이 확실하다. 그래서 현명하고 성숙한 원로에게 이 소임을 맡기라고 하는 것이다. 이 장에서 우리는 베네딕도가 개방과 봉쇄의 조화와 균형을 이루려 노력하고 있음을 볼 수 있었다. 세상에 대한 개방은 언제나 봉쇄와 더불어 나아가야 할 것이다.

부가된 장 (성규 67-73장)

성규 53장부터 시작하여 성규 66장까지 '수도원과 세상'이란 큰 주제에 대해 다루어졌다. 이제 성규 67장부터 73장까지의 장들은 이후에 써져 부가된 것으로 추정되고 있다. 따라서 이 장들에서는 베네딕도의 체험이 많이 반영되어 있고 또 강조점도 앞의 장들과는 많이 다르다. 앞부분이 개인의 수덕적, 금욕적 차원에 강조점이 있었다면, 이 부분에서는 '공동체', '형제적 사랑' 등 공동체적, 수평적 차원이 강조되고 있다. 따라서 베네딕도가 영감을 얻고 있는 원천도 다르다. 전반부는 RM, 카시아누스 등의 영향을 많이 받았다면 후반부는 아우구스티누스의 영향이 많이 나타나고 있다. 이 부분에서 우리는 오랜 체험을 한 베네딕도의 원숙한 영적 가르침을 접하게 될 것이다.

제 67 장
여행하는 형제

본 문

¹여행을 가야하는 형제는 모든 형제와 아빠스에게 기도를 청할 것이다. ²또 공동기도의 마무리기도 때마다 항상 부재중인 모든 이를 기억할 것이다. ³반면 여행에서 돌아오는 형제는 돌아온 당일 모

든 법적 시간경마다 공동기도가 끝날 때 성당 바닥에 엎드려 ⁴모두에게 기도를 청할 것이다. 이는 그들이 여행 중에 나쁜 것을 보았거나 실없는 이야기를 들으면서 범했을 수도 있는 잘못들 때문이다. ⁵아무도 감히 수도원 밖에서 보거나 들은 어떤 것을 다른 사람에게 전해서는 안 된다. 이것은 극심한 피해를 초래하기 때문이다.

⁶만일 누가 감히 그렇게 한다면 규정된 벌에 처할 것이다. ⁷아빠스의 명령 없이 수도원 봉쇄구역을 나가거나 어디든지 가거나 또는 사소한 것일지라도 어떤 것을 행하는 자에게도 같은 벌을 줄 것이다.

주 해

개관

고대에나 현대에나 수도원 밖 외출은 불가피한 일이다. 베네딕도는 이 장에서 다시 외출의 위험성과 통상적으로 봉쇄구역 안에 머무를 필요성을 강조하고 있다. RM은 여행에 대해 여러 장을 할애하고 있다.581) RM에게 있어 여행은 수도승들에게 전혀 바람직하지 않은 것으로 묘사되고 있다. 이 장은 성규 66장과 비슷한 구조로 되어 있다. 크게 두 부분으로 나누어지는데 전반부(1-4a절)는 긍정적, 전례적이고 복수로 언급되는데 반해, 후반부(4b-7절)는 부정적이고 단수로 언급되고 있다.

---

581) 참조: RM 56-68장.

주석

1-4a절 : 제1부를 구성하는 이 부분은 매우 전례적이고 공동체적이다. 모두 전례 안에서 파견된다. 여행을 해야 하는 형제는 아빠스와 공동체의 기도로 파견되고(1절) 공동체기도 중에 기억된다(2절). 그들은 비록 여행 중에 있지만 기도를 통해서 공동체와 함께 있다. 그리고 전례를 통해서 돌아온다. 여행을 다녀 온 후에는 다시 모두에게 기도를 청한다(3절). '모두'(*omnes*)가 강조되고 있다. 여행을 떠날 때와 돌아왔을 때 모두에게 기도를 청하라고 한다(1.4절). 이처럼 뒤에 '공동체'가 있다.

4b-7절 : 이 부분은 전반부와는 달리 상당히 부정적이다. 먼저 여행을 다녀온 후 모두의 기도를 청하라고 하는 이유가 언급되고 있다. 그것은 "여행 중에 나쁜 것을 보았거나 실없는 이야기를 들으면서 범했을 수도 있는 잘못들 때문이다."(4b) 또 수도원 밖에서 보고 들은 것을 형제들에게 전해서는 안 된다고 엄명하고 있다. 베네딕도는 그것이 '극심한 피해를 초래'(*plurima destructio est*)할 수 있다고 보았기 때문이다(5절). 특히 약한 이들에게 더욱 그러할 수 있다. 따라서 베네딕도는 이것을 어길 경우 규정된 벌에 처하라고 강하게 말하고 있다(6절). 마지막에 아빠스에 대한 순종을 강조하며 장을 맺고 있다(7절). 이 장의 처음(1절)과 마지막(7절)에 아빠스가 언급되고 있다. 이로써 베네딕도는 수도승의 여행이 장상에 대한 순종 하에서 이루어지는 것임을 명확히 하고 있다.

결론

우리는 이 장의 핵심요소를 다음과 같이 정리해 볼 수 있다. 첫째, 공동체와 공동전례의 중요성이다. 수도승은 공동전례 안에서 수도원 밖으로 파견되고 다시 전례를 통해서 돌아온다. 그는 여행 중에 있더라도 늘 공동체와 함께 한다는 것이다. 둘째, 순종 안에서 이루어지는 필요한 여행이라는 점이다. 자기 뜻에 의해서 임의로 봉쇄구역을 떠나는 것이 아니라 공동체의 필요에 따라 장상의 명령이 있을 때 거기에 순종하는 여행임을 분명히 하고 있다. 제1절의 '여행을 가야하는'(*dirigendi in via*) 이란 표현이 이를 잘 말해주고 있다. 이는 하나의 의무적인 뉘앙스를 풍긴다. 셋째, 약한 이들의 교화에 대한 관심과 배려이다. 밖에서 보고 들은 것을 형제들에게 전하지 말라고 하는 것은 바로 이런 이유 때문이다. 즉 약한 이들이 그러한 내용을 전해 듣고 흔들릴 수 있는 걸림돌이 될 수 있다는 것이다. 끝으로 현실주의이다. 베네딕도는 바로 앞장 끝부분에서 수도승이 밖에 나돌아 다니는 것은 영혼에 유익하지 않다고 말한 바 있다.[582] 수도승은 항상 봉쇄구역에 머물러야 한다는 것이 베네딕도가 생각하는 이상이었을 것이다. 그러나 바로 다음 장인 이 장에서 그는 여행에 대해서 규정하고 있다. 이것은 바로 불가피한 경우가 있을 수 있는 현실을 수용한 것이다. 이처럼 이상과 현실의 조화와 균형을 이루려고 노력하는 것은 바로 베네딕도의 특징 중 하나이다.

---

582) 참조: 성규 66,7.

제 68 장
불가능한 명령을 받은 경우

본 문

¹만일 어떤 형제에게 우연히 힘들거나 불가능한 명령이 주어질 경우, 그는 온갖 양순함과 순종으로 명하는 사람의 명령을 받아들일 것이다. ²만일 자기에게 부과된 임무가 완전히 자기 능력의 한계를 벗어난 것으로 보이거든 그는 인내심을 가지고 적절한 때에 자기 장상에게 그 일을 수행할 수 없는 이유를 밝힐 것이다. ³그는 교만이나 반항 혹은 거부하는 태도로 그렇게 해서는 안 된다. ⁴만일 그의 설명 후에도 장상이 자기 명령을 고수하거든 아랫사람은 그렇게 하는 것이 자기에게 유익하다는 것을 알고 ⁵하느님의 도우심을 믿으며 사랑으로 순종할 것이다.

주 해

개관

규칙 마지막 장들에서는 결코 쉽지 않은 수도승적 이상이 제시되고 있다. 베네딕도는 성규 5장에서 순종에 대해서 다룬 다음 성규 68장에서 다시 그 주제를 다루고 있다. 그에게 있어 성규 5장으로는 충분하지 않았다. 그래서 이 장은 마치 성규 5장의 중요한 부록과도 같다. 그러나 5장의 경우와는 상황이 많이 다르다. 거기서는 순종의 일반적 가르침을 언급했다면 이 장에서는 제목이 말해주는 바와 같이 극단적인 경우가 다루어지고 있다. 형제들 쪽에서 매우 어려운 경우이다. 그러나 여기에는 신앙의 차원에서만 가능한 보다 깊은 순종이 있다. 이런 경우 우리는 아브라함의 경우처럼 하느님의 다양한 부르심을 기억할 필요가 있다. 어려운 상황에 직면할 때 우리는 하느님 말씀을 경청하려고 노력해야 한다. 사실 수도승생활은 인간적으로는 불가능하지만 하느님은 그것을 가능하게 하신다. 이 장에서 다루어지고 있는 문제의 핵심은 바로 이것이다. 만일 진정으로 순종하기를 원하는 형제가 이런 경우를 당하면 어떻게 행동해야 하는가? 베네딕도는 그것을 세 단계로 제시하고 있다.

주석

1절 : 제1단계

만일 어떤 수도승이 완수하기 매우 어렵거나 불가능한 명령을 받을 경우 일단 '온갖 양순함과 순종으로'(*cum omni mansuetudine et oboedientia*) 그것을 받아들이라고 한다. 어떤 저항이나 거부감 없이 단순히 명령된 바를 듣고 수용하는 것이다.

2-3절 : 제2단계

명령을 받아들여 검토해 본 후 그 명령이 자기 능력의 한계를 뛰어 넘는 것이라고 판단되면 자기 어려움의 이유를 장상에게 말하라고 한다. 베네딕도는 이런 가능성을 열어두고 있다. '만일...보이거든'(*si...viderit*)이란 표현은 개인의 판단을 존중하고 있음을 단적으로 드러내주고 있다. RM의 경우 수도승은 장상의 명령에 맹목적으로 순종해야 한다. 장상은 수도승에게 명령하고 수도승은 맹목적으로 순종하고 나머지 모든 책임은 장상에게 돌아간다. 베네딕도는 이런 맹목적 순종을 거부하고 있다. 그는 각 수도승의 양심과 자유를 존중하고 있다. 그러나 이 경우 몇 가지 조건을 달고 있다. 우선 '인내심을 갖고 적절한 때'(3절)를 선택해야 한다는 것이다. 이것은 현실을 반영한 지혜로운 가르침인 듯하다. 때를 잘못 선택하면 서로에게 상처만 될 수 있기 때문이다. 그리고 교만이나 반항 혹은 거부하는 태도로 그렇게 해서는 안 된다고 말한다(4절).

4-5절 : 제3단계

불가능한 사유를 장상에게 밝힌 다음에도 장상이 자기 명령을 고수할 최악의 상황이 가정되고 있다(4절). 아마도 대부분의 수도승은 이 단계에까지 오기가 쉽지 않을 것이다. 대개는 여기서 순종의 한계와 어려움을 느끼게 된다. 베네딕도는 이 경우 "하느님의 도우심을 믿으며 사랑으로 순종하라."(5절)고 권고한다. 왜냐하면 그는 그렇게 하는 것이 더 유익하다고 생각하기 때문이다. 이것은 인간의 능력으로는 도저히 불가능하고 신앙 안에서만이 가능한 일일 것이다. 그래서 베네딕도는 마지막에 '하느님의 도우심'(*de adjutorio Dei*)에 의지하라고 말하는 것이다.[583] 또 '사랑으로'(*ex caritate*) 라는 표현은 이 장의 핵심과도 같다.[584] 사랑으로 하는 순종이야말로

---

583) 참조: 성규 머리말41; 18,1; 28,5; 35,17.
584) 참조: 성규 72,5.11; 5,2; 7,34; 35,2.6; 66,4.

순종의 절정이라 할 수 있을 것이다. 이것은 겸손의 넷째 단계에서 묘사된 영웅적 순종을 드러내고 있다.[585]

결론

이 장에서는 성경인용이 전혀 없고 그리스도도 언급되지 않는다. 그러나 우리는 이미 성규를 통하여 순종은 금욕적 수행이 아니라 그리스도 모방임을 알고 있다. 우리에게 영웅적 순종을 요구하는 것은 바로 그리스도의 모범인 것이다. 생애 말년에 순종은 보다 더 미묘하고 복잡하다. '하느님의 도우심'에 대한 믿음과 '사랑'이 없으면 도저히 불가능하다. 베네딕도는 '순종 안에서의 성장'을 강조한다. 이러한 순종은 보다 더 개인적이고 심오하며 책임감 있는 순종이다. 베네딕도는 결코 수도승의 자존심을 꺾게 하지는 않는다. 바실리우스 역시 마찬가지다.

성규 68장은 순종에 대한 가르침의 절정이라 할 수 있다. 한스 본 발타살(Hans von Balthasar)은 이렇게 말하고 있다. "오로지 그리스도의 모범만이 놀랄만한 성규 68장을 정당화한다."[586] 성부는 성자에게 불가능한 것, 곧 십자가 죽음을 명령하셨다. 그러나 먼저 성자는 성부께 순종하기 불가능한 이유들을 제시하셨다.[587] 만일 수도승이 자기가 받은 명령을 실행하기 불가능한 이유들을 겸손하게

---

585) 참조: 성규 7,35-43.
586) Von Balthasar H.U., "Les thèmes johanniques dans la Règle de St.Benoît et leur actualité", in *CC* 37(1975), 6.
587) 참조: 마태 26,39.

자기 장상에게 제시한다면 그것은 겟세마니에서의 그리스도의 모범을 따르는 것이다. 그래도 만일 아빠스가 자기 명령을 고수한다면 순종하는 수도승은 십자가에 죽기까지 순종하신 그리스도를 따르는 것이다.

제 69 장
상호변호 금지

본 문

¹수도원 안에서 어떠한 경우에도 어떤 수도승이 감히 다른 수도승을 변호하거나 마치 그를 보호하려는 일이 없도록 주의할 필요가 있다. ²비록 두 사람이 매우 가까운 친족관계라 하더라도 그러하다. ³수도승들은 어떤 식으로든 감히 이렇게 행동하는 일이 절대 없어야 한다. 왜냐하면 이것은 매우 심각한 다툼의 원인이 될 수 있기 때문이다. ⁴만일 누가 이 규정을 어기면 매우 가혹하게 처벌할 것이다.

주 해

개관

성규 69장은 성규 26장과 같이 매우 부정적이다. 이 장과 다음에 오는 성규 70장은 한 쌍을 이룬다. 두 장은 서로 반대되는 내용을 다루고 있지만 결국은 똑같이 위법적인 두 행위이다. RM은 이러한 경우들은 전혀 예견하지 못했다. 만일 베네딕도가 이것들에 대해서 말하고 있다면 아마도 그가 특별히 성 파코미우스 안에서 이에 대해 규정하고 있음을 들었기 때문일 것이다. 그러나 무엇보다도 그의 삶의 체험에서 이런 경우가 있을 수 있음을 알고 있었음이 분명하다. 이 장은 잘 못 이해된 형제적 사랑에 대해 다루고 있다. 공동생활은 절대적으로 초자연적 질서 위에 토대가 놓여진다. 그러나 종종 신앙심을 대체하는 인간적 우정과 호감 그리고 친숙함이 있을 수 있다. 그러한 인간적 애정은 진리의 모습을 어둡게 하고 잘못한 형제를 변호하게 하는 위험이 있다.

주석

1절: 베네딕도는 '어떠한 경우라도'(quavis occasione) 라는 표현을 써가며 한 형제가 다른 형제를 변호하거나 보호하는 일이 있어서는 안 된다고 강조하고 있다. 사실 잘못을 범했거나 그로 인해 처벌받은 어떤 형제를 변호하는 것은 아빠스에게 속한 교정권을 침해하는 것이다. 물론 베네딕도는 입회순에 따른 서열을 인정하면서 선배나 원로에게 후배에 대한 우선권을 인정하면서 아빠스의 지위에서 어떤 부분을 부여하였다.[588] 아빠스처럼 '공경하올 아버지'란 뜻의 '논누스'라고 불린 선배 혹은 원로는 자기 지위를 너무 진지하게 받아들이려는, 그리고 젊은이에게 일종의 부성을 행사하려는 유혹을 받을 수 있다. 이러한 직권 남용은 원장의 경우와 비슷하다.

2절: 그렇다 하더라도 어떤 형제를 변호하는 것은 때때로 가족의 유대라는 보다 자연적인 이유를 지닌다. 그래서 베네딕도는 매우 가까운 친족관계라 하더라도 그렇게 해서는 안 된다고 말하고 있다. 나이와 지위처럼[589] 친족관계는 수도승이 되면서 포기하는 옛 인간

---

588) 참조: 성규 63,12.   589) 참조: 성규 63,8.

의 한 표상이다. 카시아누스는『제도서』에서 한 아버지의 이탈을 찬양하고 있는데, 그 아버지는 자기와 함께 수도원에 들어온 자기 아들에게 가해진 모진 대우에 결코 슬퍼하지 않고 함께 있었다.[590]

3절 : 베네딕도는 3절에서 다시 이런 행동을 금지하며 그 이유를 설명하고 있다. 즉 "매우 심각한 다툼의 원인이 될 수 있기 때문"이라는 것이다. 베네딕도는 부적절한 보호자로 인해서 공동체 안에서 야기되는 갈등을 넌지시 말하려고 하는 것 같다. 실제로 이것은 충분히 상상할 수 있는 일이다. 개인적 친분으로 인해 어떤 형제의 잘못을 변호하고 그를 보호하려는 모습은 공동체 안에서 흔치 않게 보게 된다. 잘못한 형제에 대한 변호와 처벌받은 형제에 대한 보호는 분명 그릇된 애덕이다. 이것은 공동체의 질서와 평화를 파괴하는 애덕을 거스른 잘못이다.

4절 : 베네딕도는 이 규정을 어기면 누구든 가혹하게 처벌하라고 경고하고 있다.

결론

이 짧은 장에서 베네딕도는 그릇된 형제적 사랑과 그로 인한 월권행위를 경고하고 있다. 이러한 행위는 공동체 안에 충분히 분란의 소지가 될 수 있다고 보았기 때문이다. 특히 친족관계에서 흔히 발

---

590) 참조:『제도서』4,27 (John Cassian, *The Institutes,* op.cit., 92-93).

생활 수 있는 변호나 보호 행위는 그리스도 안에 새롭게 형성된 공동체의 평화와 일치를 깰 수 있다는 것이다. 이러한 규정 역시 베네딕도의 체험에서 나오는 것으로 보인다. 참된 형제적 사랑은 다른 형제의 잘못을 무조건 감싸주고 덮어주는 것은 아닐 것이다. 그 형제가 자신의 잘못을 고칠 수 있도록 옆에서 도와주고 격려해주는 것이리라.

제 70 장
월권행위 금지

본 문

¹수도원 안에서 모든 월권행위의 기회를 피해야 한다. ²이 때문에 우리는 아빠스에게서 그러한 권한을 받은 사람이 아니면 아무도 형제들 중 누구를 파문시키거나 때릴 권한이 없음을 규정하는 바이다. ³"죄를 짓는 이들은 모든 사람 앞에서 꾸짖어 다른 사람들도 두려움을 가지게 할 것이다."591) ⁴그러나 15세까지의 어린이들은 모든 이가 부지런히 규율을 감독할 것이나, ⁵정도와 이치에 맞게 할 것이다.

⁶만일 누가 아빠스의 명령 없이 감히 어떤 성인(成人)을 어떤 식으로든 교정하려 한다거나 혹은 어린이들에게 분별없이 화를 낸다면 규정된 벌을 줄 것이다. ⁷이는 "네가 싫어하는 일은 아무에게도 하지 마라."592)고 씌어져 있기 때문이다.

주 해

개관

앞 장과는 달리 성규 70장에서는 다른 형제에 대한 그릇된 변호

---

591) 1티모 5,20. 592) 토비 4,15.

가 아니라 그릇된 교정의 문제를 다루고 있다. 이것은 앞 장과는 반대되는 경우이지만 마찬가지로 월권행위이다. 허락 없이 다른 형제를 책벌하고 파문하는 것 역시 아빠스의 교정권을 침해하는 것이다. 이 장은 파코미우스의 『계명과 제도집』 5장과 체사리우스의 『동정녀를 위한 규칙』 26장 6절에 영향을 받았다. 여기서 사용되는 핵심 어휘는 '월권하다'(*praesumere:* T.1.6절), '아빠스'(*abbas:* 2.6절), '규칙'(*regula:* 6절)이다. 이 어휘들은 이 장에서 언급되는 내용을 단적으로 드러내주고 있다. 즉 월권행위에 대해 아빠스와 규칙의 권위로 금지하는 것이다. 이 장의 구조는 크게 1-3절과 4-7절 두 부분으로 되어 있는데, 전반부의 분위기는 부정적인데 반해 후반부는 매우 긍정적이다. 각 부분 모두 성경구절로 끝나고 있는 점이 특이하다. 그 구조를 보면 다음과 같다.

제1부(1-3절) : 월권행위에 대한 단죄
제2부(4-7절)
   4-5절 : 어린이에 대한 규정
   6-7절 : 월권행위에 대한 일반규정

주석

1-3절 : 월권행위에 대한 단죄
   베네딕도는 이 장 서두에 "수도원 안에서 모든 월권행위의 기회를 피해야 한다."(1절)고 못 박고 있다. 앞 장에서 언급된 잘못과 같이 여기서 말하고 있는 잘못은 서열로 조직된 한 공동체 안에서 충분히 일어날 수 있는 위험을 안고 있다. 원로는 어떤 젊은 형제를 보호하려는 유혹을 받을 수 있는 것과 마찬가지로 그를 교정하려는 유혹 역시 받을 수 있다. 베네딕도는 이 두 경우 모두 아빠스에게 절대적 교정권을 부여한다(2절). 이미 파코미우스는 누가 만일 장상에게서 권한을 받지 않았다면 수도원 안에서 아무도 한 형제를 꾸짖어서는 안 된다고 말한 바 있다.[593] 따라서 명령 없이 가해진 파문이나 체벌은 공적 처벌을 받아야 하는 중대한 범죄이다. 그래서 베네딕도는 1티모 5장 20절을 인용하며 "모든 이 앞에서 꾸짖어 다른 사람들도 두려움을 갖게 할 것이다."(3절)라고 강하게 말하고 있다.[594] 체사리우스 역시 이에 대해 언급하고 있다.[595]

4-5절 : 어린이에 대한 규정

베네딕도는 어린이의 경우 모두의 감독을 받도록 규정하고 있다(4절). 그는 15살로 연령을 고정하는 점에서는 RM과 일치하고 있지만[596] 성인들에게 부여하는 감독 임무는 새로운 점이다. 그렇듯 모든 형제에게 교육적 역할이 부여되고 있다. 반면 RM에서는 단지 교계제도의 구성원들과 아빠스와 십인장들에게만 이러한 역할이 부여되고 있다. 베네딕도는 모든 이에게 어린이를 감독하라고 하지

---

593) 『계명과 제도집』 5: "허락 없이 형제를 견책할 권한을 아무도 갖고 있지 않다."
594) 참조: 성규 48,20.
595) 『동정녀를 위한 규칙』 26,6: "모든 사람 앞에서 징계하라"는 사도의 말씀에 따라 공동체가 모여 있는 데서 이 벌을 줄 것이다."
596) 참조: RM 14,79: "15세까지의 어린이는 파문하지 말고 잘못에 대한 벌로 매로 때릴 것을 우리는 명한다."

만 "정도와 이치에 맞게" 하라고 제한을 두고 있다(5절). 이러한 권한은 자칫 어떤 어린 형제에 대한 자신의 불쾌함이나 악감정을 표출할 위험이 있다. 이런 태도는 올바르지 않고 어린이 교육에도 도움이 되지 않는다. 따라서 베네딕도는 성인들에게 분별과 중용을 요구하고 있는 것이다.

6-7절 : 월권행위에 대한 일반규정

이 마지막 부분에서는 아빠스의 명령이 강조되고 있다. 누구도 아빠스의 명령 없이 성인과 어린이에게 월권행위를 하지 못하도록 규정하고 있다. 그럴 경우 규정된 벌을 주라고 한다(6절). 다시 어린이에 대한 존중이 나타난다. 공동체 안에서 이런 남용은 절대 있어서는 안 될 것이다. 이 장을 끝내면서 베네딕도는 "너에게 행해지기를 원하지 않는 바를 남에게 행하지 말라."[597]는 성경의 황금률을 상기시키고 있다(7절). 이렇듯 법적인 배경으로 시작된 이 장은 애덕에 대한 언급으로 끝나고 있다. 아빠스의 권한에 대한 고려에서 사랑의 의무에로 건너가고 있는 것이다.

결론

베네딕도는 인간 공동체 안에서 발생할 수 있는 대표적 월권행위에 대해 앞 장과 이 장에서 규정하고 있다. 앞 장에서는 그릇된 애덕의 경우에 대해서 이야기했다면 이 장에서는 장상의 허락 없이 다

---

597) 참조: 마태 7,12; 루카 6,31; 토비 4,16.

른 형제를, 특히 어린이를 교정하려는 남용에 대해서 다루었다. 후자의 경우는 약자에 대한 보호의 차원이라 할 수 있다. 결국 베네딕도는 이 규정으로 수도승 공동체 내부에 사랑과 평화를 유지하려고 노력하고 있는 듯하다.

제 71 장
상호순종

본 문

¹모든 이는 순종의 미덕을 아빠스에게 드러낼 뿐만 아니라 형제들끼리도 서로 순종해야 한다. ²그들은 '이 순종의 길을 통하여 하느님에게 나아간다.'598)는 것을 알아야 한다. ³그러므로 아빠스나 그에게서 임명된 원장의 명령이 우선적이다. 우리는 다른 사적인 명령을 이보다 앞세우는 것을 허락하지 않는다. ⁴그 외의 경우에는 모든 후배는 사랑과 주의를 다하여 자기 선배에게 순종할 것이다. ⁵만일 누가 다투기를 즐겨하는 것이 발견되면 책벌할 것이다.

⁶만일 어떤 형제가 아무리 사소한 이유 때문에라도 아빠스나 어떤 선배에게서 어떤 식으로든 질책을 받거나 ⁷또는 어떤 선배가 조금이라도 자기에 대해서 화 나 있거나 불편해한다고 느끼거든 ⁸지체하지 말고 즉시 그의 발 앞에 부복하여 마음이 풀려 강복을 줄 때까지 보속을 하며 계속 엎드려 있을 것이다. ⁹이렇게 하기를 거부하는 사람은 체벌할 것이며, 만일 그래도 완고하거든 수도원에서 쫓아낼 것이다.

---

598) 참조: 집회 2,18.

주 해

개관

　이 장은 성규 안에서 성규 5장과 68장과 더불어 순종에 바쳐진 세 개의 장 가운데 하나이다. 베네딕도는 성규 5장에서 순종에 관한 영적원리와 일반규정을 제정하였고, 성규 68장에서는 보다 어려운 경우를 예견하고 그 적용을 언급하였다. 이제 성규 71장에서는 순종의 미덕과 관련된 원칙이 반복 강조되고 있다.

　사실 RM에 따르면 오로지 한 교사에게 종속됨으로써 하느님의 뜻을 알고 실천할 수 있다. RM 안에서 그러한 보증은 제자들로부터의 보다 큰 충실성과 보다 완전한 순종을 요구하는데, 이는 오직 장상만이 하느님의 뜻을 알고 실행하기 때문이다. 그를 통하여 하느님의 뜻이 공동체를 구성하는 사람들에게 전달 가능하게 된다.

　이와 반대로 성규는 전적으로 하나의 장으로 상호순종과 관련된 규정을 제정하면서 모든 수도승은 명령하는 자의 능력이나 영적 성숙과는 별도로 그런 권한을 지닌 사람에 의해 지도될 수 있음을 분명하게 제시한다. 강조점은 명령 자체의 내용이라기보다는 오히려 그것이 가능한 행위에 놓여진다. 더 이상 RM에서처럼 명령하는 사람에게 요구되는 교사(*doctor*)의 특성은 나타나지 않는다. 순종은 이제 장상을 통해 전달된 선(미덕)을 구성하는 개인적 행위가 된다.

　이 장은 크게 두 부분, 즉 상호순종에 대해서 언급하고 있는 1-5절과 선배에 대한 순종 안에서의 겸손을 말하는 6-9절로 구분된다. 각 부분의 끝은 모두 책벌을 언급하며 강하게 끝나고 있다.

주석

1-5절 : 상호순종

베네딕도는 순종을 아빠스에게 뿐 아니라 형제들 상호간에도 드러내야 한다고 말한다(1절). 아빠스에게 하는 순종이 수직적 차원이라면 형제 상호간 순종은 수평적 차원이라 할 수 있다. 순종의 수평적 차원에 대한 강조는 베네딕도의 새로움이라 할 수 있다. 물론 RM 역시 3장에서 상호순종을 권고하고 있기는 하지만 아빠스에 대한 절대적 순종이 규칙 전체를 지배하고 있다. 이에 반해 베네딕도의 개념은 훨씬 더 독창적이다.

'순종의 미덕'(*bonum oboedientiae*, 1절): 베네딕도는 순종을 미덕 혹은 선으로 제시하고 정의하고 있다. 사랑(애덕)의 선을 드러내고 자라게 해야 하는 것으로서의 순종개념과 그 제시는 성규의 특징 중 하나이다. 그것은 서로 타인에게 종속되는 자세 위에 바탕을 둔 순종이다. 미덕으로서의 이 순종은 바로 하느님에게 나아가게 하는 길이다(2절).

그러나 이 상호순종은 자칫 무질서로 빠질 위험이 있다. 그래서 베네딕도는 여기에 어떤 규정을 덧붙이고 있다. 평화는 적절한 질서를 유지함으로써 보호된다고 보았다. 그는 순종에 있어 우선순위를 제시하고 있다. 무엇보다도 공적인 명령, 즉 아빠스와 그에게서 임명된 원장의 명령이 우선적이고(3절), 그 다음은 서열 순에 따른다. 즉 후배는 자기 선배에게 사랑과 주의를 다하여 순종해야 한다(4절). 이 사랑에 힘입어 수도승은 그리스도의 모범을 따르면서 형제들에게 봉사하기 위하여 자기 뜻과 자기 관심사를 포기하게 된다.

베네딕도는 만일 누가 다투기를 즐겨하면 책벌하라고까지 강하게 말하고 있다(5절).

6-9절 : 선배에 대한 순종 안에서의 겸손

이 부분에서 말하는 내용은 오늘날 우리의 사고로는 좀체 이해가 쉽지 않다. 바로 앞에서 상호순종이 언급된 후 즉시 후배를 구두로 교정하는 권한이 선배에게 함축적으로 부여되고 있다. 후배는 자기 선배의 질책을 겸손하게 받아들여야 한다는 것을 상기시키고 있다(6절). 또한 자기로 인해 단순히 선배가 화나 있거나 흥분되어 있어도 그의 마음을 풀어야 한다고 말한다(7-8절). 베네딕도는 이렇게 하지 않을 경우 체벌하고 그래도 고치지 않을 경우는 수도원에서 쫓아내라고까지 말한다(9절). 이것은 수도원 사제와 원장에 대한 규정을 상기시킨다.[599]

언뜻 보면 이 규정은 비인간적이고 과도하게 보일 수 있다. 하지만 자세히 들여다보면 이해할 수 있고 타당하다는 것을 알게 된다. 규칙이 모든 형제의 일치와 조화에 엄청난 중요성을 돌리고 있다는 점을 발견하게 된다. 공동체 안에 경쟁과 다툼과 오해가 일어나는 것은 지극히 인간적이다. 그러나 형제들 간에 불목이 지속되는 것은 결코 허락되어서는 안 된다. 베네딕도는 자기 공동체 안에 분노나 미움이 지속되는 것에 결코 관대하지 않다. 형제와 다툰 후 평화와 화목 속에 살려고 노력하지 않는 수도승은 공동체 구성원이 되기에

---

[599] 참조: 성규 62,10; 65,21.

합당하지 않다. 그는 오히려 수도원을 떠나는 것이 더 낫다. 베네딕도에게 있어 형제적 친교는 절대적 가치를 갖는다. 바로 이런 차원에서 이 규정을 이해할 수 있을 것이다. 그래도 의문이 남는다. 왜 후배에게만 그것을 요구하고 있는가 하는 것이다.

결론

상호순종을 규정하는 이 장은 하느님께서 장상을 통해서 뿐만 아니라 어떤 형제를 통해서도 우리에게 말씀하신다는 사실을 상기시켜 준다. 따라서 형제들은 서로 순종해야 하며 그럼으로써 하느님께 나아가게 된다는 것이 베네딕도의 가르침이다. 이 수평적 차원은 RM에서는 잘 보이지 않는 반면 성규에서는 부각되고 있는 베네딕도의 특징적 면모 중 하나이다.

상호순종은 언뜻 이해하기가 쉽지 않을 수 있다. 어떻게 서로 순종한다는 것인가? 과연 서로 순종한다는 것이 무슨 의미인가? 이런 의문들이 제기 될 수 있다. 하지만 그리스도를 만나고 그분을 모방하고자 하는 것이 우리의 목표라고 한다면 이 의문에 대한 해답은 저절로 주어진다. 우리는 전례 안에서, 사람들 안에서, 자연 안에서 그리스도를 만난다. 사람들의 경우 일차적으로 장상과 병자들, 노인과 어린이, 손님, 가난한 이 안에서 그분은 우리에게 다가오신다. 그래서 베네딕도는 그들 안에 계신 그리스도를 영접하라고 가르치는 것이다. 그리고 우리와 함께 사는 형제자매들 안에도 그리스도께서 현존하신다. 이런 믿음이 있을 때 우리는 서로 안에 계신 그리스도를 발견하려 노력하게 되고 서로 순종과 공경을 하게 될 것이다. 중요한 것은 그리스도께 대한 사랑 때문에 모두에게 순종하는 것이다.

제 72 장
수도승의 좋은 열정

본 문

¹하느님에게서 멀어지게 하여 지옥으로 이끄는 사악한 나쁜 열정이 있듯이 ²악습에서 멀어지게 하여 하느님과 영원한 생명으로 인도하는 좋은 열정이 있다. ³그러므로 수도승은 지극히 열렬한 사랑으로 이 열정을 키워야 한다. ⁴즉 "서로 공경하기를 먼저하고"[600], ⁵육체나 품행상의 "약점을 지극한 인내로 참아 견디며"[601], ⁶서로 다투어 순종하고 ⁷ "아무도 자기에게 유익하다고 여기는 것을 찾지 말고 오히려 다른 이에게 유익하다고 여기는 것을 찾을 것이며"[602], ⁸ "순수한 형제적 사랑을 실천할 것이다."[603] ⁹사랑으로 하느님을 두려워하고 ¹⁰자기 아빠스를 진실하고 겸손한 애덕으로 사랑할 것이며, ¹¹아무것도 그리스도보다 우선시하지 말 것이니, ¹²그분은 우리를 모두 함께 영원한 생명으로 인도하실 것이다.

---

600) 로마 12,10.
601) 로마 15,1; 갈라 6,5.
602) 1코린 10,24; 필리 2,4.
603) 로마 12,9-10; 1베드 1,22; 2베드 1,7.

주 해

개관

　이 장과 마지막 장인 성규 73장은 이후에, 즉 오랜 체험과 공동체가 성장한 이후에 써졌다. 따라서 성규의 첫 부분과는 매우 다르다. 체험과 더불어 수도승생활에 관한 베네딕도의 생각 역시 발전되었다. 이 장들 안에서 우리는 보다 진전된 베네딕도의 생각을 볼 수 있다.

　성규 72장은 매우 잘 편집된 하나의 구성물이자 성규 전체 안에 나타나는 모든 주제의 종합이라 할 수 있다. 이 장은 성규의 정점과도 같다. 성규 7장이 베네딕도 영성의 토대라고 한다면 이 장은 그 절정이라 말할 수 있다. 이 장에서 베네딕도는 수도승에게 용기를 북돋아 사랑의 길로 나아가도록 부추기고 있다. 성규 72장(베네딕도 영성의 절정)은 성규 7장(베네딕도 영성의 토대)과는 다르다. RM과 카시아누스의 영향을 주로 받은 성규 7장은 개인적, 금욕적 측면이 강한 반면, 아우구스티누스의 영향을 많이 받은 이 장은 공동체적 측면이 강하게 부각되고 있다. 여기서는 무엇보다 공동체와 사랑이 강조된다. 이 장 전체는 사랑의 어휘가 휘감고 있으며, 그리스도를 향하고 있다. 오늘날 우리에게는 성규 7장 보다는 성규 72장이 더 중요한 의미를 지닌다. 이 장은 크게 세 부분으로 구분해 볼 수 있다.

1-3절 : 좋은 열정의 소개와 초대

4-11절 : 좋은 열정의 내용
　4-8.10절 : 형제들을 향한
　9절 : 하느님을 향한
　11절 : 그리스도를 향한
12절 : 좋은 열정의 결과

주석

1-3절 : 좋은 열정의 소개와 초대
　베네딕도는 '나쁜 열정'(*zelus malus*)과 대비하며 '좋은 열정'(*zelus bonus*)을 소개하고 있다. 전자는 하느님에게서 멀어지게 하여 지옥으로 이끄는(1절) 반면, 후자는 악습에서 멀어지게 하여 하느님과 영원한 생명으로 이끈다(2절). 따라서 그는 '지극히 열렬한 사랑으로'(*ferventissimo amore*) 좋은 열정을 키우도록 우리를 초대한다(3절).

4-11절 : 좋은 열정의 내용
　좋은 열정으로 초대한 후 이제 그 내용을 구체적으로 열거하고 있다. 먼저 형제들을 향한 내용(4-8절), 장상에 대한 내용(10절), 하느님을 향한 내용(9절) 그리고 그리스도를 향한 내용(11절)이 언급되고 있다.

4-8절 : 형제들을 향해서는 '서로 공경하기를 먼저'(4절) 하라고 한다. 공경에 대한 언급은 "모든 사람을 공경하라."는 성규 4장 8절의

가르침에 비해 훨씬 더 깊이를 지닌다. 하지만 어떤 식으로 공경을 하는가? 아마도 그 방식은 상황에 따라 다를 것이다. 둘째, 육체나 품행상의 약점을 참아주라고 한다(5절). 그는 '지극한 인내로' (*patientissime*) 라는 최상급을 사용하고 있다. 공동생활에서 다른 형제의 인간적 약점을 견디는 것은 결코 쉬운 일이 아님을 잘 알았기 때문일 것이다. 셋째, 서로 다투어 순종하라고 한다(6절). 즉 순종하는데 있어 서로 경쟁하라고 북돋고 있는 것이다. 그만큼 순종은 베네딕도에게 있어 중요하다. "이 순종의 길을 통하여 하느님에게 나아간다."604)고 생각하고 있다. 여기서 말하는 순종은 그 대상의 윤리적 자질과는 무관하다.605) RM의 경우 선한 모든 이에게만 순종하라고 말한다.606) 넷째, 아무것도 자기에게 유익한 것을 찾지 말고 다른 형제에게 유익한 것을 찾으라고 한다(7절). 이 장에서 유일하게 부정형이 사용되고 있는 절이다. 즉 '아무것도...말라' (*nullus*)는 이 부정형은 사랑의 철저성을 표현하고 있다. 끝으로 '순수한 형제적 사랑' (*caritatem fraternitatis caste*)을 드러내는 것이다(8절). 즉 이기심 없이 형제를 사랑하라는 말이다. 형제적 사랑은 수도승생활과 그리스도인 삶의 핵심을 이루는 중요한 가치를 지닌다.

10절 : 장상을 향해서는 이렇게 말하고 있다. "자기 아빠스를 진실하고 겸손한 애덕으로 사랑하라."(*abbatem...diligant*)고 한다. 이 규정은 절대적이다. 그러나 이것은 베네딕도가 앞에서 아빠스에게 했

---

604) 성규 71,2. 605) 참조: 성규 4,61.
606) 참조: RM 3,67: "선한 모든 이에게 온전한 마음으로 순종하라."

던 권고에 부응한다. 그는 먼저 아빠스에게 "아버지의 애정을 드러내라."(*pium patris ostendat affectum*)[607] 또 "형제들을 사랑할 것이다."(*diligat fratres*)[608]라고 권고한 바 있다. 따라서 그리스도 자체를 목적으로 하고 있는 애덕행위 안에서 형제들과 아빠스의 상호사랑이 표현되는 것이다. 베네딕도가 분명 이 절에서 의도적으로 사용하고 있는 동사 '딜리제레'(*diligere*)나 명사 '아펙투스'(*affectus*)는 매우 친밀한 사랑의 경우에만 사용되는 표현들이다.

9절 : 하느님을 향해서는 '사랑으로 두려워하라'(*amore...timeant*)고 한다. 베네딕도에게 있어 하느님에 대한 두려움(*timor Dei*)은 공포가 없는 보다 긍정적 의미를 지닌 두려움이다. 이 절에서 잘 드러난다. 사랑으로 인한 두려움, 즉 경외심과 같은 것이다. 반면 RM에게는 이것은 공포를 포함하고 있다. 베네딕도는 이런 두려움을 모든 임원에게 요구한다. 오늘날 사랑과 두려움은 자주 서로 배제되는 상대개념으로 해석된다. 그러나 전통은 그렇지 않다. 전통에 따르면 하느님 두려움에 대한 생각은 자기 존재에 대한 생생한 내적 지각을 나타낸다. 카시아누스는 이에 대해 다음과 같이 설명하고 있다. "사랑으로 충만한 이 두려움은 벌에 대한 공포나 보상에 대한 갈망에서 오지 않고 단지 크나큰 사랑에서 생겨난다...이 때문에 벗들이나 신랑들은 상호사랑에 조금이라도 상처를 낼까 두려워하는 것이다..."[609]

---

[607] 성규 2,24.   [608] 성규 64,11.
[609] 『담화집』 11,13(John Cassian, *The Conferences*, op.cit., 419-420).

11절 : 그리스도와의 관계에서 "아무것도 그리스도보다 우선시하지 말라."610)고 말하고 있다. 이 구절은 베네딕도 영성의 그리스도 중심성을 단적으로 드러내주고 있다. 성규 전체의 핵심 장과도 같은 72장의 핵심이라 할 수 있다. 아퀴나따 뵈크만에 의하면 이 절은 성규 전체의 독서를 위한 열쇠와 같다. 모든 것이 결국 이리로 수렴되고 있다.

12절 : 이 절은 성규 전체의 결론과도 같이 보인다. 베네딕도는 좋은 열정의 결과를 단적으로 언급하고 있다. 우리가 열렬한 사랑으로 이 좋은 열정을 키워갈 때 "그리스도께서 우리를 모두 함께 영원한 생명으로 인도하실 것"이라는 것이다. 여기서 몇 가지 주목할 만한 점이 발견된다. 먼저 '우리를 모두 함께'(nos pariter) 라는 표현이다. 이는 서원 때 제대에 바쳐진 사람들 가운데 아무도 잃지 않는 것을 뜻한다. 회수도승생활은 '혼자'가 아니라 '함께' 영원한 생명으로 나아가는 삶이다. 따라서 함께 가는 삶이다. 또 다른 점은 주체의 변화이다. 앞 절까지는 모두 '복수', 즉 '수도승들'이 그 주체였으나 이 절에서는 주체가 '단수', 즉 '그리스도'로 바뀐다. 지금까지는 수도승들이 능동적으로 열정을 키워갔지만 마지막에는 수동적으로 그리스도에 의해 인도되는 것이 매우 의미심장하다. 하느님을 향한 우리 영적 여정의 초기에는 우리 스스로 악습에서 멀어지려는 능동적 열정이 필요하지만 결국 이 여정은 우리 노력만으로 이루어지는

---

610) 참조: 성규 4,21; 5,2.

것이 아니라 그리스도 안에서 인도되는 여정인 것이다.

결론

  좋은 열정은 우리를 악습에서 멀어지게 한다. 따라서 먼저 악습에서 정화될 필요가 있다. 그런 다음 우리는 사랑에 도달한다. 그리스도가 역시 중심에 있다. 이 장은 그리스도 중심성이 매우 강하다. 그리스도 안에 그리고 그리스도와 함께 우리는 모두 영원한 생명을 향한 여정 중에 있는 것이다. 우리가 모두 그리스도를 향할 때 우리는 그분 안에 일치하게 되고 그분은 우리 모두를 영원한 생명으로 인도하신다는 것이 성규 72장의 핵심 가르침이자 베네딕도 영성의 백미라 할 수 있다.

제 73 장
맺음말 : 초보자를 위한 규칙

본 문

¹우리가 이 규칙을 쓴 이유는 수도원들에서 이것을 준수함으로써 어느 정도 품행을 올바르게 하고 수도승생활을 시작하고 있다는 것을 보여주기 위함이다. ²그러나 수도승생활의 완덕에 서둘러 도달하고자 하는 사람을 위해서는 거룩한 교부들의 가르침이 있다. 이것을 지키는 사람은 완덕의 정점에 도달하게 될 것이다. ³사실상 신적 권위로 써진 신구약 성경의 어느 면(面)이나 어느 말씀인들 인간생활을 위한 가장 올바른 규범이 아니겠는가? ⁴혹은 거룩한 가톨릭 교부들의 어느 책인들 우리 창조주께 도달하는 바른 길을 우리에게 가르치고 있지 않겠는가? ⁵그리고 교부들의 『담화집』과 『제도서』와 『교부들의 생애』뿐 아니라 우리의 거룩한 사부 바실리우스의 규칙 역시 ⁶거룩하게 살고 순종하는 수도승들을 위한 덕행의 도구가 아니고 무엇이겠는가? ⁷그러나 게으르고 악하게 살며, 태만한 우리에게는 부끄러움으로 얼굴을 붉히게 한다.

⁸그러므로 누구든지 천상본향을 향해 서둘러 가고자 한다면 초보자를 위하여 쓴 이 최소한의 규칙을 그리스도의 도움으로 실행하여라. ⁹그러면 너는 마침내 하느님의 보호하심으로 우리가 위에서 언급한 가르침과 덕행의 정점에 도달하게 될 것이다. 아멘.

규칙 끝

주 해

개관

성규 73장은 그 위치와 가르침 그리고 그 복합성으로 인해 학자와 독자 모두로부터 특별한 흥미를 끈다. 일반적으로 이 장은 성규의 주요 부분이 아닌 따로 분리된 일종의 요약처럼 간주되고 있다. 왜냐하면 성규 73장은 성규 전체를 요약하며 저자의 최종 생각을 제시하고 있기 때문이다. 이 장은 성규 머리말, 무엇보다도 머리말 1-4절과 45-50절과 매우 유사하다. 예를 들어 역동적 어휘(*ad, per, festinare, ...*)라든지 2인칭(*tu*) 사용[611] 그리고 '들어라' (*obsculta*)[612]로 시작하는 성규 첫 마디와 '도달하다' (*pervenies*)[613]로 끝나는 성규 마지막 말마디는 서로 연속성이 있어 보인다. 즉 '듣는 것'으로 시작해서 영원한 생명에 '도달하는 것'으로 끝나고 있다. 이를 통해 볼 때 이 규칙은 동일한 저자에 의해서 써진 것처럼 보인다. 성규 73장은 시작-진보-영원한 생명이라는 매우 단순한 구조로 되어 있다.

주석

1절: 규칙 저술 동기가 제시되고 있다. 즉 "어느 정도 품행을 올바르게 하고 수도승생활을 시작하고 있다는 것을 보여주기 위함"이라는 것이다. 이 구절은 베네딕도의 겸손을 잘 드러내고 있다. 성규 72장까지 규칙을 제정한 다음 마지막에 와서 '수도승생활의 시작'

---

611) 성규 머리말 1-4절과 성규 73장.   612) 성규 머리말 1절.
613) 성규 73,9.

(*initium conversationis*)을 위한 것에 불과하다는 말로써 다른 규칙 제정자들과는 달리 자신의 규칙 자체를 상대화하고 있다. 위의 말마디는 우리는 언제나 여정 중에 있음을 말해주고 있다.

2-6절 : 베네딕도는 자신의 규칙을 상대화한 후 완덕의 정점에 서둘러 나아가고자 하는 사람들을 위해서 교부들의 가르침과 성경의 가르침을 제시하고 있다. 성경(3절)이 교부들의 가르침(2절. 4-6절)으로 둘러싸여 있는 점이 흥미롭다. 성경은 모든 가르침의 원천이자 핵심이기 때문이다. 베네딕도가 5절에서 구체적으로 제시하는 목록 중 『담화집』과 『제도서』는 요한 카시아누스의 작품임이 분명하지만 베네딕도가 그의 이름을 언급하지 않는 이유는 젤라시아누스 교령614) 때문이다. 카시아누스가 반(半) 펠라지아누스 이단 혐의로 단죄되었기 때문에 구태여 논란을 일으키지 않으려고 베네딕도는 의도적으로 그의 이름은 거명하고 있지 않다. 반면 바실리우스는 '우리의 거룩한 사부'(*sancti patris nostri*)라는 표현이 붙어 언급되고 있다(5절). 바실리우스는 정통 신앙의 보증이자 교회와 회수도승생활의 교부로서 간주되었기 때문이다.

---

614) 젤라시아누스 교령(*Decretum Gelasiamum*)은 494년 로마의 한 시노드에서 작성된 것으로 보이는 라틴어로 된 교의적 작품이다. 5개의 장으로 구분되는데, 그 중 제5장에서 이단자와 이교도들의 책들에 대해서 언급하고 있다. 여기서 "거룩한 정통 교회의 교부들의 작품들을 읽을 수 있다"고 말하고 있는데, 정통 교부들이란 예를 들면 치프리아누스와 아우구스티누스 등이다. 치프리아누스의 기도에 관한 가르침은 성규 20,72에서 직접 인용되고 있다. 또한 베네딕도는 RM보다도 더 아우구스티누스의 영향을 받았는데, 특히 형제관계와 공동소유에 관한 것 등에서이다.

7-9절 : 베네딕도는 다시 현실로 되돌아온다. "게으르고 악하게 살고 태만한 우리"(7절) 라는 표현으로 우리의 현실을 상기시키고 다시 원점으로 돌아간다. 이런 우리는 적어도 "그리스도의 도움으로 초보자를 위하여 쓴 이 최소한의 규칙을 실행하라."(8절)고 권고하고 있다. 그러면 덕행의 정점에 이르고 마침내 영원한 생명에 도달하게 되리라는 것이다(9절). 여기에 몇 가지 주목할 만한 점이 있다.

베네딕도는 이 장 마지막 부분인 제8절에서 역시 자신의 규칙을 '초보자를 위한 최소한의 규칙'(*minimam inchoationis Regulam*)으로 언급하고 있다. 이것은 베네딕도의 겸손을 잘 드러내 준다고 보겠다. 또 '그리스도의 도움'(*adiuvante Christo*)이란 표현은 규칙준수는 우리 힘으로 하는 것이 아니라 그분의 도움으로 이루어지는 것임을 말해주고 있다. 동시에 앞 장에서 이미 언급한 바 있듯이 우리 영적 여정은 우리 혼자서 가는 것이 아니라 그리스도와 함께 그리스도 안에서 이루어지는 것임을 다시 한 번 강조하고 있다. 여기서 역시 그리스도 중심성이 드러나고 있다. 이처럼 규칙 전체는 그리스도로 수렴되고 있다. 그리고 9절에서 '도달하다'(*pervenire*)란 동사는 규칙의 일관성을 암시해 주고 있다. 즉 우리 영적 순례여정은 '듣는 것'(*obscultare*)에서 시작하여 마침내 영원한 생명에 '도달하는 것'으로 끝난다는 것이다.

결론

성규 73장은 72장과 더불어 성규 해석을 위해 매우 중요하다. 이 두 장을 통해 우리는 수도승생활에 대한 베네딕도의 견해와 이상이 발전되었음을 알 수 있다. 베네딕도의 수도승적 견해는 점차 금욕주의에서 회수도승생활로 발전하였다. 그리고 수도승적 이상은 수직적, 개인적 차원에서 점차 수평적, 공동체적 차원으로 나아갔다. 베네딕도에게 있어 공동체와 공동생활은 매우 중요하다. 수비아코에서 깊은 고독과 침묵 중에 철저한 개인 수행을 통해 하느님과의 일치를 이룬 다음 몬테카시노에서 공동체 생활을 통해 형제적 사랑으로 나아갔던 것이다. 성규 안에는 베네딕도 자신의 개인적 체험을 통한 이런 영적 여정의 흐름이 그대로 반영되어 있는 듯하다. 이제 성규 마지막 장을 끝내기 전에 지금까지 살펴본 바를 토대로 베네딕도라는 인물을 다음과 같이 묘사해 볼 수 있을 것이다.

베네딕도는 세상과 교회에 상당히 개방되어 있었고 낙관적이고 이상주의적이었지만 동시에 현실주의적이었다. 그는 늘 현실을 받아들이지만 동시에 이상을 제시하며 수도승에게 나아가야 할 지점과 방향을 제시하고 있다. 그는 성경과 교부들의 전통에 깊이 뿌리를 둔 전통의 사람이었고 상당한 분별력과 균형감각을 지녔던 인물임에 틀림없다. 무엇보다도 본질적인 것이 무엇인지 아는 사람이었다. 마침내 성규 72장에서는 더 이상 규칙이 아닌 사랑이 중심에 놓이고 있다는 점이 이를 단적으로 증명해주고 있다. 그리고 베네딕도는 늘 여정 중에 있는, 하지만 많은 에너지를 소유한 인물이었던 것 같다. 끝으로 깊은 인간이해를 지녔고 그 결과 융통성과 유연성 또한 돋보이는 분이었다. 규칙을 통해 드러나는 베네딕도 성인의 이러한 인품은 세기를 통해 수많은 사람을 하느님을 찾는 여정으로 끌어 당겼고 중용과 여백을 특징으로 하는 그의 규칙은 천 오백년 이상 이 여정의 확고한 영적 지침으로 자리매김 해왔던 것이다.

부 록

부록 1. 종합정리를 위한 안내

입문 부분

1. 하느님 찾는 영적 여정에서 성규가 우리에게 지닌 의미
2. 성규를 연구하는 이유
3. 성규 해석을 위한 두 가지 방법
4. 성규 편집과정
5. 성규 편집에 있어 영향을 미친 요소
6. 성규의 원천, 원천 분류, 직접적 원천
7. 성규와 RM의 병행부분
8. RM과의 비교에서 나타나는 성규의 특성
9. 베네딕도 성인의 생애와 정신, 가르침 등에 대해 알 수 있는 원천
10. 베네딕도 성인의 생애에 있어 주요 단계와 그 특징
11. 성규를 오늘날까지 시대를 초월한 수도승생활 규칙서로서 살아남게 한 요소

주해 부분

1. 성규에 나타난 수도승생활의 이상(목표, 수단).
2. 베네딕도회 수도승생활의 세 구성요소, 각각의 의미와 상호관계
3. 회수도승생활의 세 중심축인 규칙, 아빠스, 공동체의 관계

4. 교정의 의미와 목적

5. 봉쇄와 개방의 동기와 목적 그리고 그 상호관계

6. 성규 58장에 나타난 서원 예식의 핵심

7. 그리스도의 현존이 구체적으로 드러나는 곳

8. 성규 해석에 있어서 72장과 73장이 중요한 이유

9. 함께 사는 이유(공동생활의 의미)

10. 성규를 통해서 본 베네딕도 성인의 인물묘사

부록 2. 성규 용어 소사전

객실
　수도원의 손님들을 맞이하는 수도승들의 주거 공간과 분리된 별도의 장소(참조: 성규 1,10; 31,9; 42,10; 53,T.1.3.6.8-10.12-13.16.21.23-24; 56,1-2; 58,4; 61,1.5)

계응송(*Versus*)
　시간전례나 식탁의 강복을 시작하는 시편 형식(참조: 성규 9,1.5.10; 11,2.4.7; 12,4; 13,11; 17,3-5.8.10; 18,1.10.18; 35,16; 38,3; 43,10.13.17; 53,14; 58,21-22)

공동식당(*Refectorium*)
　공동체가 식사를 위해 모이는 장소. 베네딕도회 삶은 공동생활이므로 식당은 성당과 더불어 공동체 생활에서 공동체 의식을 드러내고 함양하는 가장 중요한 장소 중 하나. 우리말로는 '공동식탁'으로 번역했음(참조: 성규 24,3-4; 25,1; 38,1; 39,1; 43,T.13.15; 44,1.9; 48,5; 56,T.1; 63,18)

교회 교부들
　가톨릭교회에서 그들의 가르침이 채택되어 진 초세기 그리스도교 저술가들(참조: 성규 9,8; 18,25; 42,3; 48,8; 73,2.4-5)

구시경(*Nona*)

제9시, 즉 오후 3시경에 거행되는 전례기도. 이 때 베드로와 요한이 성전에서 기도한 것, 불구자의 치유, 복음서에 기록된 지진과 예수의 죽음을 상기함(참조: 성규 15,3; 16,2.5; 17,5; 18,3.7.9; 48,6.11-12)

기도소(*Oratorium*)

전례기도나 개인기도를 위해서 따로 마련된 거룩한 장소. 성당이나 또는 경당과 비슷한 장소. 엄밀한 의미에서 오늘날의 성당 개념과는 차이가 있지만 우리말로는 성당으로 번역하였음(참조: 성규 7,63; 11,13; 24,4; 25,1; 35,15; 38,3; 43,8; 44,1-2.6.9; 45T; 50,T.1; 52,T1.5; 58,17; 58,26; 63,18; 67,3)

기로바구스(*Girovagus*)

이 수도원 저 수도원을 전전하며 손님으로 묵으면서 계속해서 떠돌아다니며 생활하는 수도승(참조: 성규 1,10)

끝기도(*Completorius*)

하루를 마감하는 시간전례. 과거에는 종과경(終果經)이라고도 했음(참조: 성규 16,2.5; 17,9; 18,19; 42,T.8)

당가(當家 *Cellararius*)

수도원 재정과 살림살이를 돌보는 임무를 맡은 수도자. 그 어원은 '광', '창고', '독방' 등을 뜻하는 라틴어 첼라(*cella*)에서 유래함(참

조: 성규 31,T.1; 35,5.10-11; 36,10; 39,5)

독수도승(Anachorita)

다른 사람들과 떨어져 철저한 고독 속에서 생활하는 수도승. 혹은 '광야', '사막'을 뜻하는 그리스말 '에레모스'(eremos)에서 유래한 '사막이나 광야에서 사는 사람'이란 뜻을 지닌 은수자(eremita)로도 칭해짐(참조: 성규 1,3)

리브라(Libbra)

수도승에게 허락된 하루 빵의 양. 약 300-325그람 정도(참조: 성규 39,4-5)

밤기도(Vigilia)

동트기 전 한밤중에 드리는 전례기도. 이 기도는 이미 오셨고 부활하셨으며 앞으로 오실 주님에 대한 기다림을 표현하고 고취함(참조: 성규 8,3-4; 9,8-11; 11,10; 10,3; 11,T.1-2.11; 12,T.1; 13,T.1.12; 14,T; 15,3; 16,2.4.5; 17,1; 18,6.20.23; 35,15; 43,4)

봉쇄구역(Claustrum)

베네딕도에 따르면 선행의 도구들을 사용할 작업장(참조: 성규 4,78; 67,7)을 뜻함. 즉시 하나의 문으로 둘러쳐진 안뜰을 뜻하게 됨. 현재는 수도원 안에 외부인의 출입이 통제되는 수도승들만의 공간(참조: 성규 4,78; 67,7)

사라바이타(Sarabaita)

베네딕도 성규 1장에 묘사된 수도승의 한 부류로서 베네딕도는 이들에 대한 언급을 피하고 단지 그 이름만 거명함(참조: 성규 1,6.11)

삭발(Tonsura)

세상에 대한 포기의 표지(참조: 성규 1,7)

삼시경(Tertia)

제3시, 즉 오전 9시경에 거행되는 전례기도. 이 때 성령강림과 그리스도의 처형을 기억함(참조: 성규 15,3; 16,2.5; 17,5; 18,3.7.9; 48,11)

성독(聖讀 Lectio divina)

성경을 천천히 읽다가 마음에 와 닿는 구절이 있으면 거기에 머물며 그 구절의 뜻을 깊이 헤아리고 음미하면서 마침내는 기도와 관상에까지 나아가는 독서. 성독은 우리 눈, 입, 귀, 마음, 이성 모두를 사용하는 전인적 독서임(참조: 성규 48,1)

수도승 생활에 정진(Conversatio morum)

베네딕도 규칙에 따른 수도승 서약의 하나. 이 서약으로 수도승은 옛 행동방식을 포기할 뿐 아니라 주님을 향하여 진정으로 돌아서서 복음과 규칙이 제시하는 길을 따라 나아갈 것을 약속함(참조: 성규 머리말 49; 1,3.12; 21,1; 22,2; 58,1.17; 63,1; 73,1-2)

수도원(*Monasterium*)

'회수도원' 참조

수련자(*Novitius*)

베네딕도 규칙에 제시된 규정과 정신에 따라 일 년간 수도승생활을 갈망하며 배우는 사람. 수도회에 따라 수련기를 2년을 하는 경우도 있으나 법정 수련기는 1년임(참조: 성규 1,3; 58,5.11.20-21.23)

스카풀라레(*Scapulare*)

어깨를 뜻하는 라틴어 스까뿔라(*scapula*)에서 유래한 수도승의 일복. 아마도 일하는 동안에 평상복을 보호하기 위하여 무릎까지 오도록 하여 걸친 의복이었던 것 같음(참조: 성규 55,6)

시편집(*Psalterium*)

시편 150편 전체(참조: 성규 8,3; 18,24.25)

십인장(十人長 *Decanus*)

10명의 수도승들로 구성된 십인조(十人助)를 책임진 수도승(참조: 성규 21,T.1.3.5; 62,7; 65,12)

아빠스(*Abbas*)

베네딕도회와 시토회와 같은 수도승 공동체 장상에게 붙여지는 명칭. 교회법적으로는 엄밀히 자치권을 지닌 대수도원(*Abbatia*) 장상에게 붙여짐. 그 어원은 '아버지'를 뜻하는 아람어 '압바' (*abba*)

에서 유래했고 수도승생활 초기 이집트 사막의 영적 사부를 칭했던 명칭임. 여자 공동체 장상은 '아빠띠사'(*Abbatisa*)라고 함(참조: 성규 1,2; 2,T.1-4.6-7.11.19.23.30; 3,1.5.9.11; 4,61; 5,12; 7,44; 9,5; 11,6-10; 21,2-3; 22,2; 24,2; 25,5; 26,1; 27,T.1.5; 28,2.6; 31,4.12.15; 32,1.3; 33,2.5; 36,6.10; 39,6; 41,4; 42,10; 43,5.11; 44,3-6.8-9; 46,3-5; 47,1-2.4; 48,25; 49,8.10; 50,2; 51,2; 53,12-13.16; 54,1-3; 55,3.8.16-18.20-21; 56,T.1; 57,1.3; 58,19.29; 60,4; 61,4.11-13; 62,1.3.6; 63,1-2.7.13; 64,T.1.4.7; 65,2.3.5-6.8.11-12.14-16.22; 67,1.7; 70,2.6; 71,1.3.6; 72,10)

아침기도(*Matutinus*)

해가 뜰 무렵 거행되는 전례기도. 저녁기도와 더불어 하루의 두 기둥 중 하나를 이룸. 신랑인 그리스도를 맞이하는 교회의 신원을 잘 드러내 주며, 태양이요 빛으로서 오시는 그리스도를 맞이하여 그분을 찬미하는 기도라 하여 '찬미의 기도'(Laudes)라고도 함. 이 기도는 또한 그리스도의 부활을 상기시켜줌(참조: 성규 8,4; 11,10; 12,T.1; 13,T.1.12; 15,3; 16,2.5; 17,1; 35,15)

원장(*Praepositus*)

수도원 서열상 두 번째 인물. 아빠스로부터 임명되어 그를 도와 수도원을 다스리고 아빠스 부재(不在)시 그를 대리함. 프리올(*Prior*)이라고도 함(참조: 성규 21,7; 62,7; 65,T.1.3.8.15-16.18; 71,3)

육시경(Sexta)

제6시, 즉 정오에 거행되는 전례기도. 이 때 가죽 수선공의 집에서 드린 베드로의 기도와 그리스도의 고통 및 예수의 승천을 상기함(참조: 성규 15,3; 16,2.5; 17,5; 18,3.7.9; 48,4-5)

은수자(Eremita)

'독수도승' 참조

일시경(Prima)

그 날의 시작, 즉 오전 6-7시경에 해당하는 제1시에 거행되는 시간전례의 한 부분. 제2차 바티칸 공의회(SC 89d)에 의해서 폐지됨(참조: 성규 15,3; 16,2.5; 18,4-5; 48,3)

저녁기도(Vespera)

일몰에 거행되는 전례기도. 아침기도와 더불어 하루의 두 기둥 가운데 하나를 이룸. 하루 동안 우리에게 주어진 은총과 우리가 올바로 행한 것에 대해 감사드리기 위하여 저녁때 바치는 기도(참조: 성규 13,12; 15,3; 16,2.5; 17,7; 18,12.15.18; 24,6; 41,7-8; 42,5; 48,6)

정주(定住 Stabilitas)

베네딕도회 세 가지 서약 중 하나로 수도승을 특정한 수도승 공동체에 결정적으로 귀속되게 하는 서원(참조: 성규 4,78; 58,9.17; 60,9; 61,5)

쿠굴라(*Cuclula*)

　수도승을 특징짓는 소매와 통이 매우 넓은 의복. 오늘날 대부분의 수도승 공동체에서 전례 때 걸치는 기도복(참조: 성규 55,4-5.10.14.19).

투니까(*Tunica*)

　수도승이 쿠쿨라(*Cucula*) 속에 걸치는 의복. 성 베네딕도 당시에 농부들의 평상복이었음. 성직자들이 입는 수단과 비슷(참조: 성규 7,42; 55,4.10.14.19).

파문(*Excomunicatio*)

　수도승을 일시적으로 공동체 생활에서 배제시키는 벌(참조: 성규 23,T.4; 24,T.1; 26,T.1.2; 27,T; 28,1.3; 30,2; 44,T.1.9; 51,3; 70,2).

하느님의 일(*Opus Dei*)

　공동 전례기도로서 하루의 다양한 시간에 거행되어 '시간전례' 또는 수도자 성직자들이 의무적으로 바치는 기도라 하여 '성무일도'라고도 칭함. '법적 시간경'(성규 67,3)과 동일한 의미. 우리말로는 '공동기도' 혹은 '시간경'으로 번역하였음(참조: 성규 7,63; 16,T; 19,2; 22,6.8; 43,T.3.6.10; 44,1.7; 47,T.1; 50,3; 52,2.5; 58,7; 67,2-3).

헤미나(*Hemina*)

　수도승에게 허락된 매일의 포도주 량. 현대 도량으로 정확히는 알

수 없어 학자마다 조금씩 차이가 있지만 대개 반 리터 정도임(참조: 성규 40,3)

회수도승(*Coenobita*)
다른 사람들과 함께 공동생활을 하는 수도승(참조: 성규 1,2.13)

회수도원(*Coenobium*)
수도승들의 공동체가 생활하는 장소. 수도원(*Monasterium*)과 동의어(참조: 성규 5,12)

부록 3. 성규와 RM 구조 비교표

내용 구분			성규	RM
수도승생활로의 초대			머리말	시편주해(Ths.)
수도승생활의 토대	기본구조	수도승의 부류 아빠스의 자질 공동체 회의 소집	1장 2장 3장	1장 2장 2, 41-50
	영적토대	선행의 도구 순종 침묵 겸손	4장 5장 6장 7장	3-6장 7장 8-9장 10장
하느님의 일		밤기도 아침기도 알렐루야 낭송시기 낮 시간경 기도하는 자세	8-11; 14장 12-13장 15장 16-18장 19-20장	33; 44; 49장 35; 39; 45장 44-45장 34-37; 40-42장 47-48장
수도원 내부조직화	생활규정1	십인장 취침규정	21장 22장	11장 11,108-123; 29장
	잘못과 교정	대소 파문 아빠스의 염려 퇴회한 형제의 재입회 어린이에 대한 책벌 보속 방법	23-26장 27-28장 29장 30장 43-46장	12-15장 64장 14,79-86 13-14; 73장
	수도원 재산	당가의 자질 수도원의 도구와 물건 개인소유의 금지 필요성에 따른 분배	31장 32장 33장 34장	16장 17장 82장
	수도승의 식탁	주간 주방봉사자 병든 형제 노인과 어린이 주간 독서자 음식의 분량 음료의 분량 식사시간 끝기도 후의 침묵	35장 36장 37장 38장 39장 40장 41장 42장	18-23; 25장 69-70장 28,19-26 24장 26장 27장 28장 30장

내용 구분			성규	RM
수도승생활로의 초대			머리말	시편주해(Ths.)
수도원내부조직화	생활규정2	기도시간을 알림	47장	31-32장
		매일의 노동	48장	50장
		사순시기를 위한 규정	49장	51-53장
		먼 곳에서 일하거나 여행하는 형제	50장	54-60장
		가까운 곳으로 여행하는 형제	51장	61-62장
		수도원 성당	52장	68장
수도원과 세상	세상을 향한 개방	손님환대	53장	65;71-72;78-79장
		수도승을 위한 서신이나 선물	54장	76장
		의류와 신발	55장	81-82장
		아빠스의 식탁	56장	84장
		수도원의 장인	57장	85-86장
	공동체에 받아들임	공동체에 받아들이는 절차	58장	87-90장
		귀족이나 가난한 이의 자녀봉헌	59장	91장
		사제를 받아들임	60장	
		외래 수도승을 받아들임	61장	79; 87장
		수도원의 사제	62장	
	공동체 구성원	공동체의 차례	63장	92장
		아빠스 선출	64장	92-94장
		원장	65장	92-93장
		문지기	66장	95장
부가된 장		여행하는 형제	67장	20,1-13; 66장
		불가능한 명령을 받은 경우	68장	
		상호변호 금지	69장	
		월권행위 금지	70장	
		상호순종	71장	
		수도승의 좋은 열정	72장	92,51.71
		맺음말: 초보자를 위한 규칙	73장	

부록 4. 성규에 따른 시편배열

구분 시간경	한 주간에 바치는 시편 수 (중복 시편 포함)			각 시간경에 바칠 수 있는 시편	부족한 시편수 (ⓐ<>-ⓑ)	보충방법	ⓑ 주일
	주일	평일(6)	계				
밤기도	14 (고정2+12) <14>	84 (14×6) <72> {(14-고정2)×6}	98 <86>	3,20-34(15개),36-41(6), 43-49(7),51-55(5),57- 61(5),65,67-74(8),76- 86(11),88,92-108(17), 148-150(3) 총 80개	6	시편 36,77,88,104, 105,106을 둘로 나눔(성규 18,21)	시편 3,94 (고정: 일→토) 20-31(12) 총 14개(14)
아침기도	4 (고정2+2) <4>	24 (4×6) <12> {(4-고정2)×6}	28 <16>	5,35,42,50,56,62,63, 64,66,75,87,89,91, 117,142 총 15개	1	토요일에 '신명기 성가' 1개로 대치 (성규 13,9)	시편 66,50 (고정: 일→토), 117,62 총 4개(4)
1시경	4 <4>	18 (3×6) <18>	22 <22>	118편(의 4개연), 1,2,6-19(14) 총 17개	5	118의 4개연을 주일에 바치고 또 8,17을 둘로 나눔(성규 18,5)	118의 4개연 총 4개(1)
3시경	3 <3>	18(3×6) <3> (∵고정3)	21 <6>	118(의 18개연), 119-127(9) 총 9개 (단, 118은 1시경과 중복되기에 제외함)	9	118의 나머지 18개연을 주일과 월요일 3, 6, 9시경에 각각 3연씩 바침 (성규 18,3.7)	118의 3개연 총 3개(0)
6시경	3 <3>	18(3×6) <3> (∵고정3)	21 <6>				118의 3개연 총 3개(0)
9시경	3 <3>	18(3×6) <3> (∵고정3)	21 <6>				118의 3개연 총 3개(0)
저녁기도	4 <4>	24(4×6) <24>	28 <28>	109-116(8),128-132(5), 134-141(8),143-147(5) 총 26개	2	138,143,144를 둘로 나누고 116과 115는 하나로 합침 (성규 18,16-17)	109-112(4) 총 4개(4)
끝기도	3 (고정3) <3>	18(3×6) <0> {(3-고정3)×6}	21 <3>	4,9,133 총 3개	0		4, 90, 133 (고정: 일→토) 총 3개(3)
총계	38 <38>	222 <135>	260 <173>	150개	23		38(26)

* 시편배열은 각 시간경에 바칠 수 있는 시편을 요일에 따라 순서대로 배열한 것임.
☞ 단위=시편: 편; 시편 수: 개; ⓐ의 < >= 실제 필요한 시편 수; ⓑ의 ( )= 실제 새로운 시편 수;

ⓒ

	시편 배열								비고
	평일							총계	
월	화	수	목	금	토	계		
고정2,32-34(3),36¹,36², 37-41(5),43,44 총 14개(11)	고정2,45-49(5),51-55(5),57,58 총 14개(12)	고정2,59-61(3),65, 67-74(8) 총 14개(12)	고정2,76,77, 77,78-86(9) 총 14개(11)	고정2,88,88,92, 93,95-102(8) 총 14개(11)	고정 2,103,104,104, 105,105,106, 106,107,108, 148-150(3) 총 14개(9)	84 (66)	98 (80)	
고정2,5,35 총 4개(2)	고정2,42,56 총 4개(2)	고정2,63,64 총 4개(2)	고정2,87,89 총 4개(2)	고정2,75,91 총 4개(2)	고정2,142, 신명기 성가 총 4개(1)	24 (11)	28 (15)	
1,2,6 총 3개(3)	7,8,9 총 3개(3)	9,10,11 총 3개(2)	12,13,14 총 3개(3)	15,16,17 총 3개(3)	17,18,19 총 3개(3)	18 (16)	22 (17)	시편 118은 22개 연으로나 나눔
118의 3개연 총 3개(0)	119,120,121 (고정: 화→토) 총 3개(3)	고정3 총3개(0)	고정3 총3개(0)	고정3 총3개(0)	고정3 총3개(0)	18 (3)	21 (3)	
118의 3개연 총 3개(0)	122,123,124 (고정: 화→토) 총 3개(3)	고정3 총3개(0)	고정3 총3개(0)	고정3 총3개(0)	고정3 총3개(0)	18 (3)	21 (3)	
118의 3개연 총 3개(0)	125,126,127 (고정: 화→토) 총 3개(3)	고정3 총3개(0)	고정3 총3개(0)	고정3 총3개(0)	고정3 총3개(0)	18 (3)	21 (3)	
113, 114, (115+116), 128 총 4개(5)	129,130, 131,132 총 4개(4)	134-137(4) 총4개(4)	138,138, 139,140 총 4개(3)	141,143, 143,144 총 4개(3)	144,145, 146,147 총 4개(3)	24 (22)	28 (26)	
고정3 총 3개(0)	고정3 총 3개(0)	고정3 총 3개(0)	고정3 총 3개(0)	고정3 총 3개(0)	고정3 총 3개(0)	18 (0)	21 (3)	
37(21)	37(30)	37(20)	37(19)	37(19)	37(15)	222 (124)	260 (150)	

굵은 숫자= 고정시편
고정= 동일한 시편의 반복 예) 고정2 = 지정된 시편 2개가 반복된다는 의미

부록 5. 성규에 따른 각 시간경의 순서와 방법
(성규 9-14; 17; 18장)

밤기도			아침기도	
평일		주일	평일	주일
겨울철 (11/1-부활절)	여름철 (부활절-11/1)			
.계응송 3번 ('주님, 제 입시울을...') .시편 3, 영광송 .시편 94 (후렴과 함께 또는 이어서) .암브로시우스 찬미가	좌동	좌동	.시편 66(후렴×) .시편 50(후렴×) .시편 2편 .성가 1개(예언서) ⇒ 월→금	좌동 .시편 50(알렐루야와 함께) .시편 117, 62편 .세 젊은이의 찬가 (Benedictiones)
.6개 시편(후렴과 함께)	좌동	.항상 시편 20부터 시작 좌동	.시편148-150 .독서 1개(사도서간)	좌동 .독서 1개(묵시록)
.계응송 .아빠스 강복				
.독서 3개(성서 또는 교부들의 성경주해서) ⇒ 사이에 응송 3개(3번째 응송에만 영광송: 선창자)	.독서 1개(구약) ⇒ 후에 짧은 응송	.독서 4개, 응송 4개 (네번째 응송 후에만 영광송: 선창자)	.응송 .암브로시우스 찬미가 .계응송 .즈카르야의 노래 .탄원의 기도 .주님의 기도(장상)	좌동
.6개 시편(알렐루야와 함께)	좌동	좌동		
.사도의 독서 .계응송 .탄원의 기도(기리에)	좌동	.계응송 .독서 4개, 응송 4개 (요령은 상동) .예언서에서 뽑은 찬가 3개 (알렐루야와 함께) .계응송 .아빠스 강복 .독서 4개(신약), 응송 4개(상동) .찬미가(Te Deum Laudemus) .독서 1개(복음서) .아멘 .찬미가(Te decet Laus) .강복 *곧바로 아침기도		
* 아침기도 전까지 시편이나 독서를 묵상 (∵밤이 길기 때문)	* 잠깐 휴식 후 동틀 때 아침기도 (∵밤이 짧기 때문)			

	1시경		3, 6, 9시경		저녁기도	끝기도
	평일	주일	평일	주일		
.계응송 (하느님...) .찬미가		좌동		좌동	.계응송(하느님...) .찬미가 .시편 4개 (후렴과 함께) .독서 1개 .응송 .암브로시우스 찬미가 .계응송 .성모의 노래 .탄원의 기도(기리에) .주님의 기도(장상)	.시편 3개(4,90,133편) ⇒ 후렴 없이 이어서 .찬미가 .독서 1개 .계응송 .탄원의 기도(기리에) .강복
.시편 3개(각 시편 끝에 영광송) ⇒ 인원이 많을 경우 후렴과 함께	.시편 4개 (118편 4개연)		1시경과 동일	.시편 3개 (118편 3개연)		
.독서 1개 .계응송 .탄원의 기도 (기리에) .마침기도		좌동		좌동		

부록 6. 각 시간경의 구분 유무

구분 \ 시간경	밤기도	아침기도	1,3,6,9시경	저녁기도	끝기도
여름, 겨울 구분	O	×	×	×	×
주일, 평일 구분	O	O	O	×	×

알렐루야 낭송시기(성규 15장)

시간경 \ 시기		부활절-성령강림	성령강림-사순절 시작	사순절
밤기도	주일	시편이나 응송과 함께	후반 6시편과 함께	없음
	평일	〃	〃	
아침기도	주일	〃	시편과 함께	
	평일	〃		
1시경	주일	〃	시편과 함께	
	평일	〃		
3,6,9시경	주일	〃	시편과 함께	
	평일	〃		
저녁기도		〃	알렐루야 대신 후렴사용	
끝기도		〃